이 책에 쏟아진 찬사

이 책은 세상을 조금이라도 더 낫게 만들려는 간절한 마음에서 시작되었다. 기업이 높은 수익을 내고 성공하려면 직원과 지역사회와 공공 부문의 협력자들에게 의존해야 한다고 말한다.
　　　　　　　　　　　　　　　　　　　―사티아 나델라, 마이크로소프트 CEO

기업이 오늘날 직면한 도전과제를 해결할 방법을 다루는 이 책은 기업의 용기와 인간을 향한 존중을 강조한다. 지난 10년간 유니레버를 이끈 경영 전략을 너무나 솔직히 밝히고 있어 놀랍다.
　　　　　　　　　　　　　　　　　　　―예스페르 브로딘, 이케아 CEO

이 책은 기업이 수익을 내는 것과 사회가 번영하는 것은 양립할 수 없다는 통념을 무자비하게 깨부수며, 더 나아가 흥미진진하고 희망찬 미래를 제시한다. 더불어 지속가능한 미래로 나아갈 열쇠를 기업이 어떻게 확보할 것인지 현실적이고 실용적으로 일러준다.
　　　　　　　　　　　　　　　　　　　―앨런 조프, 前 유니레버 CEO

기업의 리더라면 반드시 읽어야 할 책이다. 넷 포지티브 철학과 전략으로 기업을 성공적으로 이끌었던 폴의 오랜 경험에서 비롯된 지혜가 녹아 있다. 미래를 대비하는 실용적인 경영 사례로 가득한 이 책은 모든 경영인에게 용기 있는 행동을 촉구한다.
　　　　　　　　　　　　　　　　　　　―리처드 브랜슨, 버진그룹 창업자

폴 폴먼과 앤드루 윈스턴은 미래에 기업이 어떤 모습이어야 할지 대담하게 전망한다. 주주 우선주의라는 실패한 도그마에 여전히 매달리는 사람이라면 이 책을 외면할 것이지만, 우리는 이 책을 열렬히 환영한다.
　　　　　　　　　　　　　　　　　　　―아리아나 허핑턴, 허핑턴포스트 미디어그룹 회장

유니레버의 지난 10년은 원칙적인 행동과 용기가 기업의 성공 전략임을 증명한다. 이 책은 지금까지 당신이 읽은 어떤 책과도 다를 것이다.

−케네스 프레이저, 前 머크 CEO

이 책의 핵심 주장은 기업이 지닌 자원을 모두가 상생하는 시스템 구축에 투입할 때, 그 시스템 덕분에 기업도 성공한다는 것이다. 사회와 지구를 위하는 목적 지향적인 접근법이 장기적인 이익뿐 아니라 즉각적인 이익도 만들어내는 것을 보면 매우 놀랍다.

−아제이 방가, 前 마스터카드 회장

이 책은 이해관계자 자본주의를 논리적으로 지지한다. 기업의 리더라면 반드시 읽어야 한다.

−마크 베니오프 세일즈포스 CEO

성장하는 시장에서 성공하고 싶은 기업의 리더라면 반드시 읽어야 한다. 이 책의 내용은 바로 기업의 미래다.

−나타라잔 찬드라세카란, 타타선즈 회장

ESG경영이 유일한 장기 전략임을 알고 있지만 구체적으로 어떻게 해야 하는지 모르는 기업 리더에게 꼭 필요한 지침서다. 이 책은 넷 포지티브의 길을 걷는 것이 쉽다는 말은 하지 않는다. 하지만 그 길은 충분히 가볼 가치가 있다. 거기에 우리의 미래가 놓여 있기 때문이다.

−이자벨 코셰르, 前 엔지그룹 CEO

사회에 기여하고 환경을 보호해도 경영 성과를 올릴 수 있다는 매력적인 주장을 담고 있는 책이다.

−앨 고어, 미국 45대 부통령이자 노벨 평화상 수상자

이 책은 탄소중립이 우리를 충분히 먼 곳까지 데려다준다는 발상을 설득력 있게 키워나간다. 비즈니스 현안에 뒤처진 리더나 이들을 지지하는 기득권층이라면 이 책이 매우 불편할 것이다.　　　　　　　—**메리 로빈슨**, 前 아일랜드 대통령

우리에게 필요한 것은 넷 포지티브 기업만이 아니라 넷 포지티브 운동이다. 이 책은 그 운동의 시발점이 될 것이다.

　　　　　　　—**무함마드 유누스**, 그라민은행 설립자이자 노벨 평화상 수상자

폴은 기업이 평등한 세상을 만들려고 할 때 전 세계 정부도 함께 보조를 맞출 가능성이 매우 높다고 말한다. 이 책은 기업의 용기가 세상을 바꾸는 과정과 방법을 상세하게 보여준다.　　　—**응고지 오콘조이-웨알라**, 세계무역기구 사무총장

이 책은 CEO가 들고 다니는 가벼운 경영서가 아니다. 경영진과 직원 사이 새로운 사회적 계약으로 나아가는 경로를 제시하는 책이다. 두 저자는 지구와 인간을 소중히 여겨 회사를 번창하게 만드는 방법을 흥미진진하게 설명한다.

　　　　　　　—**샤란 버로우**, 국제노동조합총연맹 사무총장

기후를 보호하는 산업 시장을 만들려면 넷 포지티브 기업이 반드시 필요하다. 이 책은 넷 포지티브 기업을 운영하는 방법뿐 아니라 기저의 금융 혁신 방법도 다뤄 매우 실천적이다.　　　—**마크 카니**, 前 영국중앙은행 총재, 유엔기후행동특사

두 저자는 지구가 맞닥뜨린 도전과제의 압도적인 규모에도 전혀 움츠러들지 않고 우리에게 희망을 안겨준다. 넷 포지티브 세상의 기차가 이제 막 출발하려는데, 가장 용감하고 똑똑한 리더가 이미 그 기차에 타 있는 것과 같다.

—크리스티아나 피게레스, 前 유엔기후변화협약 사무총장,
『한배를 탄 지구인을 위한 가이드』 저자

이 책은 기업의 CEO와 정치인, 시민운동 활동가들이 함께 협력해 우리가 사는 지구의 궤도를 재설정하는 방법을 다룬다. 저자들은 그때 필요한 기술과 과학을 우리가 이미 갖고 있다고 말하며 무엇보다 사고방식의 혁명이 필요하다고 이야기한다.

—폴 호켄, 『플랜 드로다운』, 『한 세대 안에 기후위기 끝내기』 저자

앞으로 이 책의 내용은 경영학 커리큘럼에 포함되어야 한다. 기업과 사회를 하나로 연결하는 이 책이 경영인에게 전하는 분명한 메시지는 "넷 포지티브 전환은 필연적이며, 곧 당신의 차례가 될 것이다"라는 것이다.

—셀리아 브라바드, 미시간대학교 지속가능성연구소Erb Institute 박사

유니레버의 브랜드 헬만 마요네즈가 '워런 버핏이 대주주로 있는' 크래프트하인즈 케첩을 이겼다는 입맛 도는 이야기는, 퇴행성 사업 모델에서 재생성 사업 모델로 전환하는 방법을 다루는 CEO 대상 고급 강의 같다. 일독을 권한다.

—존 엘킹턴, 『그린 스완』 저자

여전히 많은 투자자들은 기업이 사회적 책임을 다해서 이익을 얻을 수 있다는 말을 믿지 않는다. 이 책은 그들이 꼭 알아야 할 안건과 고위경영진에게 맡겨야 할 과제에 대한 통찰을 제공한다.

—히로 미즈노, 前 일본공적연금GPIF 최고투자책임자

이 책의 아름다움은 이 책이 다루는 규모에 있다. 기업을 개혁하는 것에서 끝나지 않고 산업을 전환하고, 시장을 변혁하며, 자본주의가 세상에 공헌하게 만드는 방법까지 다룬다.　　**—재클린 노보그라츠**, 비영리 임팩트투자사 어큐먼펀드 창업자

자랑스럽게도 나는 폴 폴먼과 함께 유엔의 지속가능개발목표의 초안을 작성했다. 그는 번영하는 사회를 건설하면 기업도 성장할 수 있다는 주장을 세계에서 가장 강력하게 해온 사람이다. 기업의 리더라면 그의 대담하고도 혁신적인 제안을 경청할 필요가 있다.　　**—존 포데스타**, 前 미국진보센터 대표

전 세계는 지금 건강, 성장, 불평등, 기후변화, 생물다양성이라는 깊고도 복잡한 일련의 도전과제에 직면해 있다. 이 문제를 해결하려면 공공 부문과 민간 부문이 새로운 방식의 협력관계를 긴급히 구성해야 한다. 이 책은 이런 도전과제의 규모와 시급성을 입증하는 한편, 기업이 새로운 협력관계를 어떻게 수용해야 하며 스스로 경제적·사회적 재생을 위한 강력한 추동력이 되려면 어떻게 변모해야 하는지 정확히 보여준다.　　**—니콜라스 스턴**, 영국의 경제학자

넷 포지티브

Net Positive:
How Courageous Companies Thrive by Giving More Than They Take

비누를 팔아 세상을 구하려는 유니레버의 ESG경영 전략

net positive

넷 포지티브

폴 폴먼 · 앤드루 윈스턴 지음 | 이경식 옮김

현대
지성

여전히 출발선 뒤에 서 있는
전 세계 수십억 명의 사람들을 위해.
또 더 나은 세상을 만들려고
그들과 함께 서 있는 용기 있는 리더를 위해.

넷 제로를 넘어 넷 포지티브로

이 책을 쓰는 것을 오랫동안 망설였다. 내가 말하고자 하는 것이 이미 다른 사람들이 한 것일지도 모른다는 노파심과, 많은 CEO가 그랬듯 자기가 걸어온 역사를 실제와 다르게 왜곡하려는 시도로 보일지도 모른다는 우려 때문이었다. 그때 『하버드비즈니스리뷰』 편집장 아디 이그네셔스는, 유니레버가 걸었고 또 내가 걸었던 변혁의 길과 우리가 앞으로 나아가야 할 방향을 많은 사람에게 들려주는 것 자체로 의미 있는 일이라고 설득했다. 여전히 망설였지만 앤드루 윈스턴이 함께할 것이라는 말에 결국 책을 쓰기로 마음먹었다. 나는 오래전부터 앤드루 윈스턴을 존경하고 있었다. 유니레버 CEO로 일하면서 앤드루가 쓴 『녹색 황금Green to Gold』과 『빅 피봇The Big Pivot』의 도움을 많이 받았다.

많은 사람이 스스로 배제되고 뒤처졌다고 느끼게 만드는 경제 시스템은 궁극적으로 스스로를 개조할 것이라는 믿음이 오래전부터 있었다. 증거는 도처에 넘쳐난다. 민주주의의 힘이 발휘되는 사건과 전에게 "세상에는 왜 폴 폴먼과 같은 사람이 드물까?라고 질문하는 것이 옳지 않을까요?" 하고 대답했다.

왜 폴일까? 레이 앤더슨을 비롯해 파타고니아의 이본 취나드와 기업가이자 환경운동가인 폴 호켄과 같은 지속가능성 분야의 초기 리더들이 넷 포지티브의 여정을 시작했지만, 이들은 그저 중견 기업인 자기 회사를 경영했을 뿐이다. 월마트와 같은 몇몇 대기업이 그 길을 따라 나아가고 있었지만, 그 어떤 곳도 폴이 시도했던 것처럼 하려 하진 않았다. 즉 지속가능성을 핵심 과제 혹은 사명으로 설정하지 않았다. 하지만 폴은 모든 것을 걸었다. CEO 동료들과 세계 리더들에게 진실을 말했다. 근본적으로 다른 기업 운영 방식을 지치지 않고 설파했다. 또 지금까지 해오던 대로 하다가는 기업이 망하고 말 것임을 강조하며 장기적인 성공을 초점에서 놓치지 않았다.

나는 그게 마음에 들었다. 그런데 나만 그랬던 것이 아니었다. 전문가들은 1년에 한 번씩 지속가능성을 전략으로 잘 녹여낸 기업을 선정한다. 이 조사에서 유니레버는 10년 연속 이름을 올렸다. 이는 유니레버가 회사의 경영 실적을 포함한 모든 측면에서 놀랍도록 일관성을 유지한다는 뜻이다.

우리에게는 현 상황에 안주하지 않고 기꺼이 도전하는 수많은 기업 리더가 필요하며, 이런 사람들을 존경해야 한다. 단기적인 주주 이익을 가장 중요하게 여기는 GE의 잭 웰치와 같은 CEO가 더는 추앙의 대상이 되어서는 안 된다. 기업계를 수십 년 동안 지배해온 그들의 경영 방식은 회사가 직원을 해고하면 오히려 주가가 오르면서 공존을 해치는 방식이다.

2010년대에 나는 유니레버의 북미지속가능성자문위원회 위원이 되었다. 그러다 폴과 유니레버 최고지속가능성책임자이던 제프 시브라이트를 만났고, 이렇게 책을 쓰자는 제안을 받았다. 나는 지속가능성 전략을 다루는 또 한 권의 책이 출판될 줄은 몰랐지만, 그것이 세상에 공헌하는 기업을 배출하는 특별한 기회임은 분명했다. 유니레버의 이야기는 널리 알려졌지만, 그 변화를 주도한 사람의 관점에서 보자면 아직 충분하지 않다. 또한 이 책은 유니레버 이야기만 다루는 것이 아니고 유니레버의 동력이 되었던 다른 회사의 경험까지 함께 서술한다. 내가 맡은 일은 외부자의 공정한 시각으로 내부자의 이야기를 읽기 쉬운 글로 만드는 것이었다.

나중에야 확인한 사실이지만 "폴 폴먼과 같은 사람을 어떻게 하면 많이 만들어낼 수 있을까?" 하는 질문은 올바른 질문이 아니다. 사람들이 아무리 그런 CEO를 존경한다고 하더라도 (또 그런 사람에게 아무리 보수를 많이 준다고 하더라도) 기업 리더 혼자서는 위대한 기업을 만들 수 없다. 만약 기업의 성공이 오로지 CEO에게서 비롯된다면, MBA의 모든 수업과 경영서적은 리더십에만 초점을 맞출 것이다. 하지만 기업은 CEO 말고도 핵심 원칙, 전략, 전술, 협력업체* 그리고 기업 문화와 같은 무형 요소를 필요로 한다.

이 책은 기업의 리더에게 지도와 나침반을 제공한다. 다만 경로를 구체적으로 표시하지는 않는다. 선구자의 발상과 교훈을 토대로 모

---

* 어떤 기업에게 원료나 부품을 공급하는 업체를 말한다. 이 책에서는 공급업체와 같은 뜻으로 사용한다.

두 각자 자기만의 길을 가야 하기 때문이다.

나는 이 책을 통해 기업계가 한 단계 성숙하고 다함께 번영하는 세상을 이끌었으면 한다. 이 책에서 비롯된 작은 파문이 큰 파도가 되어 내 인생까지 '넷 포지티브'하게 만들어주면 좋겠다.

앤드루 윈스턴

유니레버가 워런 버핏의 164조 인수 제안을
거절한 이유는?

2017년 초 유니레버는 거의 죽음과 다름없는 경험을 했다. 당시는 유니레버가 야심찬 전략인 '유니레버 지속가능한 삶 계획USLP, Unilever Sustainable Living Plan'을 채택한 지 7년이 지났을 때였다. USLP는 다른 사람의 삶을 풍요롭게 만드는 것을 기업의 목적과 사업의 핵심으로 삼는 전략이었다. 유니레버는 환경 발자국environmental footprint*을 절반으로 줄이고, 10억 명의 사람들이 건강과 복지를 개선하도록 도우면서, 매출을 두 배로 늘리는 목표를 차근차근 달성하고 있었다. 유니레버는 소수의 다른 선도적인 기업들과 '좋은 회사'의 정의를 새롭게 써나가는 중이었다.

그 전략은 효과가 있었다. 처음에는 전혀 성장하지 못하거나 성장률이 낮은 해가 이어졌지만 마침내 매출이 33퍼센트 늘어서 600억 달러를 기록했으며, 주가는 동종업계는 말할 것도 없고 유럽 FTSE지

---

* 사람이 사는 동안 자연에 남긴 영향을 토지의 면적으로 환산한 수치

수*도 넘어섰다. 유니레버는 도브, 바세린, 벤앤제리스, 럭스, 헬만, 크노르, 라이프보이, 오모, 매그넘 등 300개가 넘는 브랜드를 통해 날마다 25억 명의 사람들과 연결되면서 진정한 글로벌 회사로 성장했다. 유니레버는 USLP 전략의 일환으로 수십 개의 브랜드를 인수하기도 했는데, 이들 대부분은 철저하게 목적을 추구하는 회사였다. 또 유니레버는 전망에 맞지 않고 느리게 움직이는 사업체는 매각했다.

케첩으로 유명한 경쟁사 크래프트하인즈의 알렉산드르 베링 회장이 런던의 유니레버 본사를 방문했을 때였다. 유니레버 CEO 폴 폴먼은 베링이 자기 사업체 중 하나를 팔겠다고 제안할지도 모른다고 생각했다. 그러나 만남은 완전히 다른 방향으로 전개되었다. 베링은 유니레버를 시가총액보다 18퍼센트 높은 1,430억 달러**에 인수하겠다고 제안한 것이다.[1] 적대적 인수합병은 때로 미소를 띠고 시작하기도 한다. 그러나 아무리 미소를 띠어도 적대적일 수밖에 없으며, 기업의 영혼을 파괴한다.

크래프트하인즈는 2015년 브라질의 사모펀드 3G캐피털과 전설적인 투자자 워런 버핏이 운영하는 버크셔해서웨이에 인수되었다. 그 둘은 크래프트하인즈의 최대주주로 이번 유니레버 인수합병 제안에서도 손을 잡고 있었다. 사모펀드 3G캐피털은 그때까지 단 한 번도 공개매수에서 실패한 적이 없었다. 3G캐피털은 단기 수익을 늘리기 위해 최대한 비용 절감을 하는 것으로 유명했다. 『포춘』은 3G캐피털

- 영국 『파이낸셜타임스』와 런던증권거래소LSE가 1995년 공동으로 설립한 FTSE인터내셔널에서 발표하는 세계 주가지수
- 당시 환율로 약 164조 4,500억 원

27
들어가며

의 CEO 호르헤 파울루 레만Jorge Paulo Lemann을 "비용을 먹어치우는 남자"라고 묘사했다.[2] 그러나 이 기록은 유니레버와의 9일 동안의 치열한 싸움 끝에 결국 깨지고 말았다.

소비재 산업에 종사하는 기업과 CEO는 두 부류로 나뉜다. 하나는 차입금을 최대로 활용하고 비용 절감과 수익 확대, 세금 최소화를 꾀하는 쪽으로 크래프트하인즈를 필두로 한다. 다른 하나는 『파이낸셜타임스』가 표현했듯이 "굶주린 듯 투자를 확대해 결국 비즈니스를 파괴하고야 마는 모델에 분노하는" 쪽이다.[3]

3G캐피털은 기업의 목적은 오로지 주주를 위한 이윤 창출이라는 주주 우선주의shareholder primacy가 어떤 모습인지 보여주는 완벽한 표본이다. 이와 달리 유니레버는 더 나은 세상을 위해 기업이 접촉하는 다양한 집단의 이익에 부응하는 회사가 되고자 했다. 사회에 공헌한다는 이런 방향성은 유니레버가 140년 전 빅토리아 시대에 비누로 사회의 위생 환경을 개선하고자 했던 때부터 시작되었다.

오늘날 USLP는 유니레버 경영철학의 근간을 확장하는, 세계에서 가장 포용적인 사업 전략이다. USLP는 '지속가능성에도 불구하고'가 아니라 '지속가능성 덕분에' 수익을 창출하겠다는 목표다. 즉 수익을 창출하면서 부수적으로 사회적 목적을 달성하는 것이 아니라 사회적 목적을 달성해 수익을 창출하는 것이다. 유니레버는 기업의 목적이 흐려지면 실적이 나빠진다는 것을 오랜 세월의 경험을 통해 깨달았다. 따라서 도저히 양립할 수 없는 과제를 설정한 조직에 인수합병되는 것은 전략적으로도 재정적으로도 재앙이 된다고 바라보았다. 유니레버의 임원들도 3G캐피털에 매각되면 많은 돈을 벌 수 있다는 사실을 알았지만 3G캐피털과 유니레버의 전략적 가치관 차이로 끝내 그 제안을 받아들이지 않았다. 장기적 가치에 대해 아무런 기대도 하지 않는 사람들의 손에 유니레버를 넘겨 의미 있는 사업 모델이 사라지게 할 수 없다고 판단했다.

물론 유니레버의 임원들도 비용 통제와 이윤 증가라는 매력에는 살짝 흔들렸다. 그러나 지금 당장 투자자들에게 더 많은 이득을 안겨주기 위해 인건비, 연구개발비, 브랜드 비용을 줄였다가는 미래에 재앙이 닥칠 것이 분명했다. 그들은 자신이 가장 잘 아는 사업 모델에 집중할 때 장기적으로 3G캐피털이 할 수 있는 것보다 더 많은 이익과 가치를 창출할 것이라고 굳게 믿었다. 지난 7년 동안 그랬듯이 사회적 목적을 놓치지 않고 계속 투자하면 매출액과 순이익을 개선해 나갈 수 있으리라 전망했다.

게다가 3G캐피털이 인수한 회사가 나중에 어떻게 되는지는 과거 사례만 봐도 불 보듯 뻔했다. 아프리카에서 물과 인권 프로젝트로 큰 성과를 거두었던 음료업계의 선도적 업체 사브밀러SABMiller를 비롯해 잘 나가던 여러 기업이 3G캐피털에 인수된 뒤, 비용 절감이라는 족쇄에 묶여 압박받았다. 3G캐피털에 인수되었던 회사에서 탈출한 수많은 사람들은 사회적 목적에 따라 운영되는 회사에서 일하고 싶어 유니레버를 찾아오기도 했다.

회사를 팔아버리라는 압박이 거셌지만 폴은 100년 역사를 가진 회사를 3G캐피털과 같은 회사에 넘기고 싶지 않았다. 적어도 자신이 리더로 있는 한 그렇게 할 수 없다고 생각했다. 유니레버가 크래프트하인즈의 제안을 거부하고, 뒤이어 이어질 적대적 인수합병의 온갖 시도를 막아내려면 도움이 필요했고 빠르게 움직일 필요가 있었다.

◀◀ 크래프트하인즈의 인수합병 시도, 그 뒷이야기

유니레버의 사업 모델을 회의적으로 바라보던 사람들은 회사가 비틀거리는 것을 보고 싶어 했다. 주주 우선주의를 주장하던 많은 주류 투자자들은 지속가능성을 허황된 개념이라고 생각했다. 그러나 유니레버의 사업 모델은 효과가 있었다. 인수 시도가 있던 당시에 유니레버의 영업이익률은 상위권은 아니었지만 네슬레, 다농, 몬델리즈 등과 같은 경쟁사에 비해 높았다. 매출과 순이익도 빠르게 증가하고 있었다. 유니레버의 투하자본이익률*은 지속적으로 19퍼센트를 유지했다. 유니레버는 장기적으로 신뢰할 수 있는 주주 가치를 창출하고 있었는데, 이것은 유니레버 사업 모델의 결과였다.

또한 반대로 생각해보면 3G캐피털이 시가총액 외에 추가로 제시했던 18퍼센트의 웃돈은, 현재의 사업 모델이 단기적으로도 가치가 있다고 본다는 뜻이었다. 일반적으로 이런 웃돈은 인수합병의 성공을 보장하기에 충분했지만, 유니레버에서는 힘을 발휘하지 못했다. 유니레버 경영진과 이사회 그리고 회사의 동맹자들이 사업을 대하는 태도를 얼마나 중요시하는지 3G캐피털은 과소평가한 것이다. 유니레버를 비판하는 사람들은 유니레버가 지역사회와 정부 그리고 유엔

---

* 자기자본과 타인자본을 합친 투하자본 대비 세후 순영업이익의 비율

두 회사는 기업 모델 스펙트럼의 양극단을 대표했다. 하나는 소수의 자본 소유자에게 봉사해 기업의 이윤이 고스란히 그들에게 돌아가게 한다. 주주 수익률을 극대화하며 당장의 수익을 높일 목적으로 비용 절감에 집착한다. 또 기업이 사회와 다른 사람에게 끼치는 외부효과externalities에 대해 최소한의 책임만 지려고 한다. 이에 비해 다른 하나는 기업의 목적을 전혀 다르게 생각해서, 기업이 모든 이해관계자와 공존함으로써 장기적으로 번성하기를 기대한다. 그래서 기후변화, 불평등과 빈곤, 생물다양성 상실, 인종차별 등 세상이 안고 있는 커다란 문제를 해결하는 데 힘을 보탠다. 일반적으로 사람들이 주주 자본주의*와 이해관계자 자본주의**의 차이를 궁금해할 때 우리는 이 두 가지 기업 모델을 들어 설명한다.

아직은 소수지만 점점 더 많은 기업이 추구하는 두 번째 모델은 번영하는 미래와 안정된 사회를 만드는 데 유일하게 적합한 모델이다. 그러나 더 많은 가치를 창출하고 더 많은 고객과 협력자를 끌어안으며 지구를 치유하고 모든 사람의 복지를 증진하려면, 기업은 더 많은 노력을 기울여야 한다. 이 모델을 먼저 추구하는 기업은 미래에서 유리한 위치를 차지하며, 결국 성공할 가능성이 높다. 이제 이런 기업이 표준이 되고 대세가 될 시점이 되었다. 우리는 지금 매우 독특한 시대에 살고 있다. 새로운 세상을 상상하며 기업을 '넷 포지티브'하게 만들 기회가 믿을 수 없을 정도로 풍성한 시대다.

---

* 기업이 주주 이익 극대화를 추구하는 경영 방식
** 고객, 협력업체, 지역사회, 정부 등 다양한 이해관계자의 번영과 공존을 우선시하는 경영 방식

'덜 나쁘게'가 아니라 '더 좋게'

지속가능성 분야 권위자인 윌리엄 맥도너와 미하엘 브라운가르트는 저서 『업사이클*The Upcycle*』에서 환경적 영향을 0으로 줄임으로써 '덜 나쁘게' 되고자 하는 시도는 우리를 잘못된 길로 이끈다고 말한다. '덜 나쁘게'가 아니라 '더 좋게' 되려고 해야 한다는 것이다. 일반적으로 사람들은 쓰레기, 탄소 등의 발생량이 줄어드는 그래프를 원한다. 그러나 발상을 뒤집어 음수에서 점점 0으로 접근하는 그래프를 생각해보자. 즉 이때의 0은 "정점이 아니라 역전 상황이 벌어지는 교차점"이며 그 뒤로 그래프는 양수의 범위에서 계속 상승한다.[11] 예를 들어 안전지수가 양수 영역으로 상승하는 것은 사고가 전혀 일어나지 않는다는 뜻일 뿐만 아니라 "일을 할수록 건강해지는 일터"가 된다는 뜻이다. 그 회사는 지역사회와 고객을 건강하게 만든다. 이런 긍정적인 영향은 기업의 이른바 '손자국handprint'에 기여한다.*

넷 포지티브 기업은 인류의 가장 오래된 행동 규범인 "남에게 대접을 받고자 하는 대로 너희도 남을 대접하여라"라는 황금률을 실천한다. 세계시민을 자처하는 활동가 킴 폴먼은 저서 『상상 속의 세포들 *Imaginal Cells*』에서 이 격언이야말로 "인류애의 기반이며 성공한 종교와 문화를 지탱하는 기초"라고 했다.[12] 우리는 이 뜻을 성공한 기업을 지탱하는 기초로 확장하고자 한다. 넷 포지티브 기업은 바로 이 규칙을 준수하며, 지구와 사람들을 존중한다. 또한 연민과 돌봄이라는 가치에 활력을 불어넣고 무너진 인간성을 회복하려고 노력한다.

---

* 탄소발자국처럼 부정적인 의미가 내포된 '발자국footprint'과 반대되는 긍정적인 개념

우리가 전망하는 넷 포지티브 기업의 바른 모습은 자기가 어떤 식으로든 영향을 미치는 모든 사람의 복지를 개선하는 것이다. 제품, 운영과 관련된 협력업체, 지역사회, 고객 그리고 심지어 미래 세대 및 지구까지 포함하는 모든 이해관계자의 복지를 개선하는 기업이다.

넷 포지티브 기업은 우리가 가야 할 방향을 일러주는 북극성과 같다. 어떤 기업도 이 모든 목표를 한꺼번에 달성할 수는 없다. 그러나 우리가 경제를 살리고 지구를 살리고자 한다면 반드시 가야 하는 지향점임은 분명하다. 우리가 던지는 궁극적인 질문은 이것이다. 당신 회사가 세상에 존재함으로써 과연 조금이라도 더 나은 세상이 될 수 있을까? 기업은 이 질문에 "그렇다"라고 답할 수 있어야 한다.

상자1　밀턴 프리드먼은 죽었다

지난 50년 동안 시장 경제에 속한 모든 기업 리더는 주주를 위한다는 단 하나의 이념을 추구했다. 그렇게 자유방임주의를 주장한 미국의 경제학자 밀턴 프리드먼Milton Friedman을 찬양했던 것이다. 신자유주의 경제학이라는 성전 안에서 의미 있는 지표는 기업의 이익, 주식시장, 국가의 GDP 등 오로지 금전적인 것뿐이었다. 오랜 세월 동안 몇몇 기업이 다른 전망을 제시했지만 대부분 부차적이고 지엽적인 것으로 치부되었다. 기업계에서 프리드먼의 철학은 의심할 여지가 없는 절대 진리로 군림했다. 그러나 지금은 이런 믿음에 균열이 나타나고 있다. 기업의 성공이 예전보다 훨씬 더 많은 것에 좌우되는 현대 사회에서는 프리드먼조차도 예전의 주장을 철회할지도 모른다. 기후변화의 규모와 긴급함, 불평등 해소에 대한 도덕적 의무 그리고 변화하는 금융 시장의 특성을 고려할 때, 분기별 성과에 급급한 주주 우선주의는 현재 세상에 터무니없을 정도로 맞지 않으며, 궁극적으로는 패망으로 가는 길이다. 우리가 살아남고 번영하려면 낡은 철학을 내팽개쳐야 한다. 이런 사실은 빨리 이해하고 받아들일수록 좋다.

탄소 포지티브가 넷 포지티브?

기업은 '넷 포지티브'라는 표현을 사용하면서도 이것을 탄소발자국에 한정해서 좁은 뜻으로 사용한다(탄소 네거티브carbon negative나 탄소 포지티브carbon positive라는 말도 들어보았을 테지만, 혼란스럽게도 이것들은 본질적으로 동일한 것이다). 이런 접근법은 책임을 회피하는 것이다. 어떤 회사든 돈을 주고 탄소배출권을 사서 자기가 배출한 탄소를 상쇄하기만 하면 그 회사는 넷 포지티브라고 주장할 수 있는 구조라서 그렇다. 우리는 이런 식의 상쇄를 장기적 목표로 삼지 않는다. 어떤 회사가 어느 지역에서는 탄소배출을 줄이면서 저소득 계층이 모여 사는 다른 지역에서는 천식을 유발하는 해로운 물질을 내뿜는 공장을 방치한다면 바람직하다고 할 수 있을까? 또 어떤 회사가 자기 공장에서는 100퍼센트 재생 가능 에너지*를 사용하면서 자기 공급망에 속한 공장들이 화석 연료를 사용하도록 방치하는 것은 바람직한 모습일까? 아니다. 우리가 생각하는 넷 포지티브 기준은 이것보다 높다.

---

* 시간이 지나면서 자연적으로 보충될 수 있는 자원으로부터 수집된 에너지

넷 포지티브는 임팩트투자* 전문가 제드 에머슨이 처음 도입하고 마이클 포터와 마크 크레이머가 구축한 개념 '공유가치shared value'와도 다르다. 공유가치는 기업이 하는 나쁜 일을 전면적으로 부정하지 않는다. 그만큼 지속가능성에 대한 목표가 너무 낮다는 말이다. 그렇다면 만약 모든 기업이 공유가치를 추구한다고 하더라도 기후변화와 불평등 그리고 인종차별이라는 문제를 우리에게 지금 필요한 규모와 속도로 해결할 수 없을 것이다.

그렇다고 오해는 하지 말아야 한다. 넷 포지티브는 완벽을 추구하지 않는다. 다만 부정적인 영향을 끼치는 문제를 고쳐나가며, 한 걸음 나아가 다른 사람을 위해 긍정적인 가치를 창출하는 것이 목표다.

이상적인 넷 포지티브 기업의 모습

넷 포지티브 기업은 통상적인 방식과는 다르게 운영된다. 이를테면 탄소배출을 줄이고, 재생 가능 에너지와 재생 가능 원료만 사용하며, 쓰레기를 배출하지 않고 100퍼센트 재활용 및 순환 시스템을 마련하고, 사용한 공업용수를 깨끗하게 정화한다. 또 인간애를 지향하는 기업으로서 가치사슬** 안에서 일하는 모든 사람이 생활임금***을 보장받는 존엄성을 누리도록 한다. 인종과 능력에 대한 포용적인 관점으로 폭넓은 기회를 제공하고, 경영과 임금 형평성에서 성별 균

- 수익을 창출하면서도 사회나 환경 문제 해결을 목적으로 하는 투자 방식
- •• 기업 활동에서 부가가치 창출에 직접적 또는 간접적으로 관련된 모든 활동의 연계를 말한다.
- ••• 물가상승률과 가계소득 및 지출을 고려할 때 실제 생활이 가능한 최소 수준의 임금

형을 추구한다. 그리하여 제품과 서비스 그리고 목적 지향적인 계획을 통해 소비자와 지역사회는 예전보다 더 나은 삶을 누린다. NGO는 적대자가 아니라 대등한 협력자로 대우받는다. 정부 지도자들에게 기업 리더는 이기적인 목적의 로비스트가 아니라 모두에게 이익이 되는 시스템을 개발하려고 애쓰는 집요하고도 헌신적인 협력자가 된다. 그리고 장기적 가치 창출을 지지하는 투자자들은 건전한 재정적 보상을 얻는다.

넷 포지티브 기업이 고객과 세상을 위해 일할 때 어떻게 수익을 창출하며 성장할 수 있을지 상상해보라. 사회가 맞닥뜨리는 문제를 만드는 것이 아니라 그 문제를 해결할 때 어떤 모습일지 상상해보라.

- 식품 회사와 농산물 회사는 재생농법을 수용해 토양을 건강하게 만들고, 생물다양성을 보호하며, 수백만 톤 규모의 탄소배출을 줄인다.
- 알루미늄, 시멘트, 철강을 생산하는 제조업체는 무탄소 제품을 개발하고 공기 중 탄소를 제거한다.
- 소비재 기업은 판매하는 모든 제품으로 인간 복지와 지구 복지를 개선한다.
- 원료 개발 회사는 생산물이 지구로 그대로 환원되는 생산물을 개발하기 위해 노력 하며, 기업이 속한 지역사회의 삶을 개선한다.
- 소셜미디어 기업은 사람들이 진실에 접근하기 쉽게 하며, 자신의 의견을 표명하는 민주적 절차를 강화하도록 돕는다.
- 의류 회사는 자원을 추가로 사용하지 않고도 성장을 이어가고, 생활임금을 제공하며, 작업장에서 노동자의 품위를 회복시키고, 전 세계

하고 책임성이 있는 공급망 등과 같은 심각한 문제에 대해 기업이 앞장서서 정부 및 시민단체와 협력해야 할 때다"라고 말했다.[19] 또한 그는 『타임』에서 "만일 지금 이 자리에 있게 해주었던 바로 그 존재들을 우리가 돌보지 않는다면, 계속 이 모습으로 살아남지 못할 것이다"라고 했다.[20] 우리가 처한 혼란이 기업에게서 비롯된 것임을 염두에 둔다면, 그 모든 것을 바로잡을 근본적인 책임도 기업에게 있다.

◀◀ 기후변화와 불평등이라는 현실

다만 기업이 이유를 묻는 것은 정당하다. 지금 당장 기업이 큰 위험을 감수하고 변화를 모색해야 하는 이유는 무엇일까? 그 대답은 우리에게 여러 가지 비상사태가 발생했으며, 주어진 시간이 많지 않다는 것이다.

인류는 상품을 거래하고 공급과 수요를 효율적으로 맞추기 위해 자본주의라는 놀랍고 무자비한 장치를 만들어냈다. 자본주의는 기하급수적인 경제 성장을 낳았고 수억 명이나 되는 사람들을 가난에서 구제했다. 그러나 동시에 인류를 위협하는 실존적인 위기를 초래했다. 현재 경제 시스템은 근본적인 약점 두 가지를 안고 있다. 하나는 유한한 행성에서 무한한 성장을 기반으로 한다는 것이고, 다른 하나는 성장에 따른 혜택을 모두가 아니라 소수에게 준다는 것이다.

인류의 자원 소비는 지구 이외의 다른 행성을 찾지 않는 한 언제까지고 지금의 속도로 계속되어서는 안 된다. 최근 몇 년 동안 우리는 지구가 재생할 수 있는 자원보다 더 많은 자원을 사용한 날을 '지구 생태 용량 초과의 날Earth Overshoot Day'로 지정해 경각심을 일깨우고 있다.[21] 이날을 기준으로 그해 주어진 생태 자원을 모두 소진했다는 뜻이며 이후부터 연말까지는 미래 세대가 사용할 자원을 끌어다 쓰는 것으로 계산한다. 이런 일이 무한하게 이어질 수 없다. 경제학자 케네스 볼딩은 "유한한 환경에서 무한한 성장을 할 수 있다고 생각하는 사람은 미치광이 아니면 경제학자다"라고 비꼬았다.[22]

이 책에서 우리는 인류가 맞이한 실존적 여러 위기를 다루면서 지구와 인간의 건강에 영향을 미치는 일련의 얽히고설킨 도전을 뭉뚱그려 '기후변화와 불평등'이라는 줄임말로 사용할 것이다. 기후변화는 대기 및 수질의 오염이나 생물다양성 감소와 같은 환경 문제를 대표하는 표현이고 불평등은 세계적인 인종차별, 성차별, 포용성 부족 등과 같은 사회적 문제를 대표하는 표현이다.

우리의 생물물리학적 기반이 모두 위협받고 있다. 50년도 채 되지 않는 시간 동안 포유류, 조류, 양서류 그리고 어류의 개체수가 68퍼센트나 줄었다.[23] 우리는 상품 생산을 늘리기 위해 인도네시아와 아마존의 숲을 파괴하면서, 대기를 치명적일 정도로 오염시키며(해마다 거의 900만 명이 조기사망한다) 기후변화를 가속화시킨다.[24] 생물다양성, 기후, 인간의 건강, 사회의 발달과 경제 성장 사이의 연관성은 점점 더 명확해진다. 건강하지 못한 지구에서 건강한 사람이 있을 수 없다.[25] 지구 온난화로 너무 덥거나 너무 자주 홍수가 일어나면 대략 10억 명에서 30억 명이 기후 난민이 될 것이다.[26] 애플의 CEO 팀 쿡은 "우리가 치러야 할 대가는 결코 작지 않으며 실패는 결코 선택사

항이 아니다. 기후에 대비하는 계획을 세우지 않으면 당신이 하는 일도 실패할 것이다"라고 말했다.[27]

기후변화에서 수조 달러 규모의 글로벌 GDP 손실이 나타날 것이라는 추정치는 여러 곳에서 쉽게 찾아볼 수 있다. 스위스의 재보험사 스위스리Swiss Re는 전 세계 GDP의 절반이 "생물다양성에 의존하기 때문에"[28] 2050년까지 전 세계 GDP가 거의 20퍼센트 줄어들 것이라고 말한다.[29] 이것은 충분히 구체적이고 무서운 수치이지만, 실존적 위협은 더 있다. 마이애미, 다카, 마닐라 등의 해안 도시가 사람이 살 수 없는 곳으로 바뀌면 여기에 따르는 '비용'은 도대체 얼마일까? 특정 회사가 감당해야 하는 비용을 헤아리는 편이 오히려 더 쉬울 수 있다. 최근 5년 동안 AT&T는 기후 때문에 손상된 장비와 인프라를 수리하는 데 10억 달러를 지출했다.[30] 비용 상승이라는 냉혹한 현실 때문에라도 기업은 지속가능성을 추구할 수밖에 없다([상자2] 참조).

불평등 수준도 높게 치솟고 있다. 자본주의 경제는 모든 사람이 부와 복지를 누리는 정의로운 세상을 건설하지 못하고 있다. 코로나19로 인해 유색인종이 백인보다 2~4배 높은 입원율과 사망률을 기록했다는 사실은 미국에 오랫동안 오점으로 남을 것이다.[31] 여성에게 주어지는 기회의 문도 여전히 좁다. 지금과 같은 속도라면 성별 임금 격차가 완전히 해소되기까지는 257년이 걸린다.[32]

지난 30여 년 동안 발생했던 소득과 부는 모두 상위 1퍼센트 혹은 0.1퍼센트 사람에게 돌아갔다. 중간소득자로서는 나아진 것이 아무것도 없다. 코로나 팬데믹 이전에도 세계 인구의 약 절반은 하루에 5.5달러 미만을 벌었고, 2억 6,000만 명의 어린이가 교육을 받지 못했으며, 8억 2,000만 명이 굶주렸다. 또 해마다 520만 명의 어린이가 다섯 번째 생일을 맞기 전에 예방할 수 있었던 전염병 때문에 죽었다.[33] 유엔 사무총장 안토니우 구테흐스António Guterres의 표현을 빌면 "극소수의 사람들만 슈퍼요트를 타고 항해하고 나머지는 바다에 떠다니는 부유물을 붙잡고 간신히 목숨을 이어가고 있다."[34]

어떤 이들은 불평등이 문제인 것은 맞지만 이 문제를 왜 기업이 감당해야 하냐고 묻는다. 그들이 원하는 방향으로 대답하자면, 가처분소득*을 가진 사람의 수가 늘어나지 않으면 경제가 성장하지 않기 때문이다. 또한 불평등이 사회를 불안정하게 만들기 때문이다. 아리얼인베스트먼트의 공동 CEO이자 스타벅스 이사회 의장인 멜로디 홉슨은 "시민의 불안정은 경제적 불평등에 기초하고 있기 때문에 기업에 불리하며" 경제 성장을 위협하는 요소라고 말한다.[35]

민간 조사기관 랜드RAND Corporation는 만약 미국의 소득분배가 1970년대 중반부터 꾸준히 이루어졌다면 하위 90퍼센트가 50조 달러의 부를 획득했을 것이라고 추정했다.[36] 이때 중위소득도 지금의 5만 달러가 아니라 약 10만 달러로 두 배가 되었을 것이다.[37]

코로나 팬데믹의 초기 몇 달 동안 영국인 중 단지 9퍼센트만 코로나19가 없던 예전으로 돌아가길 바랐다는 사실은 놀라운 일이 아니다.[38] 그만큼 사람들은 그린뉴딜Green New Deal** 시행을 원한다. 정부가 경기 부양에 수십조 달러를 투자해 이미 낡고 망가진 시스템을 재

---

* 개인소득 중 소비나 저축에 자유롭게 사용할 수 있는 소득
** 환경과 사람이 중심이 되는 지속가능한 발전

를 창출한다. 시간이 지남에 따라 기업 리더는 비용을 절감하고, 위험을 줄이며, 더 많은 혁신을 이루고, 가치 있는 기업 평판 및 브랜드를 구축하며, 인재를 유치하고, 직원 참여도를 높인다. 일에 몰두하는 조직은 생산성이 17퍼센트 향상되고, 매출이 20퍼센트 증가하며, 수익성도 21퍼센트 높아진다는 갤럽의 작업 현장 연구도 있다.[42] 지속가능성이 높은 기업은 가족 및 지구에 좋은 제품을 찾는 소비자가 늘어남에 따라 매출 증가라는 노다지를 캐는 주인공이 될 것이다.

유니레버는 이 노다지의 주인공이 되어 지금까지 계속 그 보상을 받고 있다. 유니레버의 목적 지향적인 브랜드는 유니레버의 나머지 브랜드에 비해 69퍼센트나 빠르게 성장했으며 수익률도 더 높다.[43] 또 공장이 있는 나라 안에서 필요한 것을 조달함으로써 새로운 시장에 한결 친근하게 다가갈 수 있었을 뿐만 아니라 깊은 신뢰도 구축할 수 있었다. 목적 지향적인 회사를 인수해 수익률이 높아지기도 했는데, 유니레버가 그런 회사를 인수할 수 있었던 것도 지속가능성 분야에서 그동안 쌓은 신뢰 덕분이었다. 뉴욕대학교에서 수천 편의 논문을 바탕으로 메타 분석을 해보니, 지속가능성을 실천하는 기업과 재무 성과 개선 사이에 강력한 상관성이 있음이 확인되었다.[44] 비영리단체 저스트캐피털JUST Capital은 미국 상장기업 900곳을 환경 및 사회 분야에서의 성과를 기준으로 100위까지 '저스트 100JUST 100'이라는 순위를 매긴다. 이때 100위권 기업의 리더는 다른 기업에 비해 직원 임금을 18퍼센트 많이 주었고, 녹색 에너지를 123퍼센트 많이 사용했으며, 다양성 목표를 설정했을 가능성이 여섯 배 높았고, 자기자본이익률도 7.2퍼센트 높았다.[45]

반대 상황도 생각해볼 필요가 있다. 즉 여전히 아무 행동도 하지 않으며 지속가능성에 대해 침묵하는 상황 말이다. 2020년 미국에서는 각각 1조 달러가 넘는 비용을 안겼던 자연재해가 22회나 발생했다. 모든 자연재해는 앞으로 몇 년 사이 수십조 달러의 비용을 전 세계 경제에 안겨줄 것이다.[46] 이 상황을 금융 부문과 묶어서 생각하면 피할 수 없는 심각한 결론이 하나 도출된다. 우리가 이런 위험을 누그러뜨릴 아무 행동도 하지 않는다면 문제를 맞닥뜨려 해결해야 할 때 궁극적으로 훨씬 더 많은 비용이 든다는 자명한 사실이다.

투자자의 수익

이해관계자에게 좋은 것은 주주에게도 좋다. 이 명제의 사실 여부는 오랜 세월 동안 추측만 무성했다. 그러나 이제는 탄탄한 데이터가 확실하게 입증한다. 환경·사회·투명성ESG 성과에 초점을 맞추는 기업은 시장에서 더 높은 수익을 기록한다.* 2020년에는 지속가능한 지수의 81퍼센트가 기준점을 상회했으며, 또 ESG 점수 상승에 가중치를 둔 포트폴리오가 4년 동안 "기준점보다 0.81~2.43퍼센트포인트 더 나은 실적을 거두었다."[47] 그런데도 투자자들은 ESG에 초점을 맞추는 것이 과연 성과를 내는 데 유리한지 여전히 초조하게 묻는다. 이것은 정말 이상한 질문이다. 역사상 그 어떤 자산군도 다른 자산군보다 투자 성과가 언제나 좋지는 않았기 때문이다.

---

* ESG에서 'G'는 거버넌스로 관리 시스템을 뜻하는데, 이 책에서는 투명성 혹은 투명한 지배구조로 번역한다.

현재 자금은 지속가능성 분야라는 한 방향으로 빠르게 움직이고 있다. 여기에 투자된 글로벌 자산 규모는 40조 달러를 기록한 뒤에도 계속 늘어나고 있다.[48] 신용평가회사 무디스가 내놓은 발표에 따르면 2020년 지속가능성 채권 시장의 총액은 4,910억 달러였다.[49] 투자자들은 자기가 투자한 기업에게 기후 관련 전략과 ESG 쟁점에 어떤 식으로 접근하고 있는지 설명하라고 압박한다. 기후변화에 대한 주주행동주의*는 막 시작되었다. 이를테면 2021년 엑손모빌 주주들은 임원 두 명을 경영진의 추천 과정을 거치지 않고 선임했다. 이 둘은 이해관계자 가치를 중요시하는 헤지펀드가 '주목해야 할 인물'로 콕 집어 지명한 사람들이었다.

9조 달러를 운용하는 세계 최대 자산운용사 블랙록의 CEO 래리 핑크Larry Fink가 투자자들에게 보내는 연례보고서도 지속적으로 ESG에 초점을 맞춘다. 그는 기업의 경영진에게 탄소발자국 및 기후위기에 대한 자료를 꾸준히 요구해왔다. 2021년 그는 CEO들에게 "넷 제로 경제로 전환되면 사업 모델에 영향을 받지 않을 기업은 없다. 여기에 신속하게 대비하지 않는 기업은 주식 가치 평가에서 타격을 입을 것이다"라고 말했다.[50] 주가 상승에 대한 전망은 넷 포지티브를 도와주는 강력한 순풍이 될 것이다.

기업의 목적 재고
미국 대기업의 CEO 180여 명이 모인 이익단체 비즈니스라운드테

---

* 주주가 기업의 의사결정에 적극적으로 개입해 자신들의 이익을 추구하는 행위

이블BRT, Business Roundtable은 2019년 8월 기업의 목적을 밝히는 성명을 발표했다. 그들은 "우리는 주주들뿐만 아니라 다수의 이해관계자를 위해 복무한다"라고 말했다. 몇 달 뒤 다보스 선언은 다음과 같이 천명했다. "기업은 사회에 공헌하고, 지역사회를 지원하며, 성실하게 세금을 납부하고, 환경 지킴이 역할을 하며, 우리의 생물권을 보호하고 또 재생 가능한 경제를 옹호한다." 그저 하나의 성명으로 거기에 참여한 기업들도 이후 대부분 바뀌지 않았을 뿐 아니라 그 여파도 대단치 않았지만, 말로 표현하는 것 자체는 매우 중요하다. 이제 기업은 더는 주주 수익만 극대화할 수 없다고 분명히 말해야 한다.

2015년 전 세계 193개국이 유엔의 지속가능개발목표SDGs, Sustainable Development Goals에 동의했다. 글로벌목표Global Goals라고도 불리는 이것은 서로 연관된 17개의 목표와 169개의 세부 목표로 나뉜다. 기아, 물, 교육, 성 평등, 불평등 감소, 양질의 일자리 기회, 에너지, 기후 행동 등에서 2030년 세상이 어떤 모습일지 짐작할 수 있는 로드맵과 점수표를 제공한다. 어떤 기업이나 국가도 그 목표를 최우선순위로 설정하지는 않지만, 그 목표는 기업에게 장기적인 성장을 위한 실행 가능한 모델을 제시한다. 월마트의 최고지속가능성책임자인 캐슬린 매클로플린은 "SDGs가 우리에게 공통 언어를 제공한다. 그것은 모든 문제 해결의 열쇠인 로제타석*이다"라고 말했다.[51]

이런 청사진과 함께 멋진 나침반도 우리에게 있다. 스톡홀름복원력

• 1799년 나폴레옹의 이집트 원정군이 이집트 나일강 하구 로제타 마을에서 발견한 비석조각으로, 고대 이집트어와 이집트 상형 문자의 해독에 큰 도움을 주었다.

연구소Stockholm Resilience Centre가 내놓은 지구위험한계선planetary boundary*에 대한 연구(이 연구는 기후와 물 등의 15개의 자연 영역 중 9개가 티핑포인트에 접근하는 것으로 추정한다)와 경제학자 케이트 레이워스의 『도넛경제학』(학고재, 2018) 등이 제시하는 관점이 바로 그것이다. 이 책에서 깊이 다루지는 않겠지만 그것들은 커다란 발상 하나로 포괄할 수 있다. 바로 세상은 유한하며 뛰어넘을 수 없는 생물물리학적 한계가 존재한다는 사실과 모든 사람이 인간적이고 도덕적인 최소한의 수준을 누리면서 살고 싶어 한다는 사실이다. 환경의 최대 한계와 인간적인 삶의 최소 한계 사이 "인류가 번영을 누릴 수 있는 안전하고 사회적으로 정의로운 공간"이라고 레이워스가 부르는 것이 존재한다.[52] 넷 포지티브 기업은 바로 그 공간에서 사업을 운영한다.

삶의 복지 개선

SDGs를 달성하면 사회적으로는 공정하고, 환경적으로는 안전하며, 경제적으로 번영하고, 더 예측가능하고 회복력이 높은 세상이 만들어질 것이다. 유엔의 지속가능개발위원회가 발간하는 보고서 「더 나은 기업, 더 나은 세상Better Business, Better World」은 SDGs를 달성하기만 하면 2030년까지 최소 12조 달러 규모의 사업 기회가 열리고 3억 8,000만 개의 일자리가 창출될 것이라고 계산했다.[53] SDGs를 넘어선 영역에서도 기회는 있다. 탄소중립을 위해 GDP의 1~1.5퍼센트를 지출하면 앞으로 30년 동안 160조 달러의 기후 관련 비용을 피할 수

---

* 지구 및 인류의 지속가능한 발전을 위해 반드시 보존해야 하는 영역들

있다.[54] 세계가 자원을 어떻게 다루는지 분석한 보고서 「서큘래러티 갭*Circularity Gap*」*은 지금 세계 경제의 물질 재활용 수준이 8.6퍼센트 밖에 되지 않는다고 추정한다.[55] 이것은 우리가 엄청난 실패를 하고 있다는 뜻이지만 반대로 순환 사업 모델을 통해 우리가 수조 달러의 가치를 창출할 수 있다는 뜻이기도 하다.

◀ 기술은 이미 우리 편에 서 있다

2014년 국제에너지기구International Energy Agency는 2050년이면 태양광 발전 비용이 급락해 1kwh당 0.05달러를 기록할 것이라고 예측했다.[56] 그런데 이 예측은 30년 빠른 2020년에 실현되었다. 지난 10년 동안 태양광과 풍력 발전 비용은 각각 90퍼센트와 70퍼센트 감소했다.[57] 게다가 재생 가능 에너지 발전 설비는 현재 다른 모든 형태의 발전 설비보다 건설 비용이 싸다.[58] 배터리 가격도 그만큼 빠르게 떨어지고 있어 전기차 시장은 커지고 있다. 주요 자동차 기업들은 휘발유 자동차와 디젤 자동차 생산을 단계적으로 중단하고 전기차 생산 체제로 전환하겠다고 약속했다(예를 들어 GM은 2035년까지, 혼다는 2022년까지 유럽연합 시장에서 그렇게 하겠다고 약속했다).[59] 다임러 AG는 모든 내연기관 연구개발을 중단했다.[60] 미국의 대기 전문가 지나 매카시Gina McCarthy가 말했듯이 "이제 민간 부문이 그것을 믿느냐 마느냐 하는

• '서큘래러티갭'은 자원의 수요와 재생자원 공급 사이의 격차를 말한다.

것은 문제가 아니다. 민간 부문은 앞으로 그 일을 추진할 것이다."[61]

빅데이터 처리, GPS 모델링, 드론 기반 항공 사진, 로봇 공학, 컴퓨터 화면 활동, 인공지능 등 수많은 기술은 세계경제포럼이 '4차 산업혁명'이라고 부르는 일에 힘을 실어준다. 식품 시스템에서 정밀농업 precision agriculture•은 씨앗, 물, 비료 그리고 살충제가 정확하게 필요한 곳에, 적절한 양만 투입해 환경을 보호한다. 또 자율주행하는 존디어 John Deere 트랙터는 굴러다니는 인공지능 컴퓨터다. 한편 프랑스의 에너지 관리 및 자동화 기업인 슈나이더일렉트릭과 같은 회사는 에너지 낭비를 대폭 줄이는 건물 관리 시스템을 제공한다. 우리는 더 스마트한 주택, 도시를 구축할 기술을 이미 갖고 있다. 특히 모바일 기술이 불평등과 극심한 빈곤을 줄이고 있음도 입증되었다.

◖◗ 청년층은 변화를 원한다

밀레니얼 세대와 Z세대는 장년층에 비해 지속가능성과 기후변화에 훨씬 더 신경 쓰고, 기업이 여기에 대응해 무엇인가를 해야 한다고 믿는다. Z세대 10명 중 9명은 환경 문제와 사회 문제를 해결할 의무가 기업에게 있다고 생각한다.[62] 맥킨지 보고서 「진짜 세대: Z세대와 이 세대가 기업에 의미하는 것 *True Gen: Generation Z and its implications for companies*」은 다음과 같이 결론내렸다. "투명한 세상에서 젊은 소비자는

•   비료와 농약의 사용량을 줄여 환경을 보호하면서도 농작업의 효율을 개선하는 농업

브랜드의 윤리와 협력업체를 비롯한 공급망의 윤리를 따로 구분하지 않는다. 어떤 기업이 하는 행동은 그 기업이 표방하는 이상理想과 일치해야 하며, 또 그 이상은 전체 이해관계자에 녹아 있어야 한다."[63] 젊은 세대는 자기 신념에 따라 행동한다. 10대 소녀 기후 운동가 그레타 툰베리Greta Thunberg만 봐도 그렇다. 이제 머지않아 기업 조직 안에 툰베리가 적어도 한 명씩은 있게 될 것이다.

이렇게 되면 기업은 압박감을 느낄 수밖에 없고 바람직한 상황을 만들게 된다. 기업은 "재생 가능 에너지는 너무 비싸다", "유색인종은 자격과 소양을 충분히 갖추지 않았기 때문에 채용할 수 없다", "쓰레기를 발생시키지 않고 어떤 것을 생산한다는 것은 불가능하다" 등의 잘못되고 끈질긴 믿음을 돌파해나가야 한다.

인류는 이미 필요한 기술과 해결책을 갖고 있다. 문제를 해결하겠다는 과학자와 기업가도 많다. 필요한 자본도 마련되어 있다. 그럼에도 우리의 발목을 붙잡는 것이 있다면 그것은 바로 의지와 리더십, 상상력의 부족이다.

우리 앞에 선택지가 놓여 있다. 느린 성장, 불평등 그리고 경직된 국경을 선택할 것인가? 아니면 혁신, 생산성의 폭발, 포용적 성장, 회복력이 높은 산업 그리고 연결성이 회복된 세계를 선택할 것인가?

모두가 상생하며
성과를 내는
새로운 경영 패러다임

넷 포지티브 경영의 5가지 원칙

더 나은 세상을 만드는 일을 그만두는 것은 잘못이 아니다.
하지만 홀가분한 마음으로 내팽개칠 수는 없을 것이다.

― 타르폰(1세기의 랍비)

유리그릇처럼 깨지기 쉬운 물건을 파는 가게에서는 "파손 주의! 파손 시 배상"이라는 안내문을 눈에 잘 띄는 곳에 붙여둔다. 다룰 때 조심하라는 경고다. 그런데 지난 50년 동안 전 세계 경제학자와 기업은 자기 행동이 어떤 소중한 것을 깨뜨릴지 생각도 하지 않은 채 무작정 전 지구적인 실험을 감행했다. 그들은 자기 믿음이 틀리지 않다는 확신으로 단기 수익과 주주 우선주의를 불멸의 교리처럼 떠받들었다. 그들의 눈에는 그 도구들이 효율적으로 보였을 테다. 모든 사람이 단하나의 지표에만 집중할 때 어떤 일이 일어날지는 전혀 생각하지 않았다. 그 결과, 좋은 일과 나쁜 일이 모두 극단적으로 나타났다.

앞에서도 언급했듯이 불과 수십 년 사이에 10억 명이나 되는 사람들이 경제 성장 덕분에 극심한 빈곤에서 벗어났다.[1] 그러나 이제는 그에 따른 부정적인 면이 긍정 효과까지 전부 상쇄하면서 총체적인 복지를 훼손하려 들고 있다. 간단히 말하면, 기업계에 속한 우리가 정부와 소비자의 강력한 지원을 받아 이 세상에 균열을 낸 것이다.

1장 모두가 상생하며 성과를 내는 새로운 경영 패러다임

까딱하다간 이제 세상이 깨질 위험을 안고 있다.

기후변화와 불평등은 기하급수적으로 악화되어 존재 자체를 위협한다. 이대로 방치하면 그 균열은 기업은 말할 것도 없고 인류와 지구까지 집어삼키는 거대한 블랙홀이 될 것이다. 그때면 아무도 우릴 구하러 오지 않을 것이다. 부서지기 쉬운 물건을 깬 사람은 우리니까 그 책임도 우리가 져야 한다. 자기 회사는 말할 것도 없고 협력업체의 직원 그리고 투자자뿐만 아니라 사회 전체를 책임져야 한다는 뜻이다. 이런 관점을 지니고 있던 유니레버는 세계 최대의 비정부단체나 마찬가지였다. 특이하게도 수익 창출을 추구하는 비정부단체 말이다.

현재 주주 자본주의 모델에서 기업은 지역과 사회에 책임감을 지니지 않은 채, 공해나 불평등과 같은 문제를 '다른 사람의 문제'로 남겨두고 오로지 금전적 가치만을 추구한다. 파타고니아의 전前 CEO 로즈 마카리오가 "기업은 환경에 해를 끼친다. 기업이 책임을 지지 않을 때 그리고 그 피해를 억제하는 방법에 아무런 관심을 갖지 않을 때 문제가 발생한다"라고 했던 지적은 타당하다.[2]

책임감을 기반으로 하는 넷 포지티브 경영의 다섯 가지 핵심 원칙은 기업 성과를 완전히 다른 차원으로 끌어올릴 것이다. 이 원칙은 기업 리더의 시야를 넓히고, 자기가 하는 일을 돌아보게 하며, 사회에서 맡아야 할 기업의 역할을 재정립하게 한다.

이 다섯 가지 원칙을 채택한다는 것은 근본적으로 전환한다는 것이기에 당연히 어려운 일이다. 그러나 이 원칙들은 서로를 강화하므로 많은 것을 나누어주면서도 성과 높은 기업으로 만들어준다.

◖ 모든 결과에 책임을 진다

공급망이나 물류, 투자는 아웃소싱할 수 있어도 결과에 대한 책임은 아웃소싱할 수 없다. 기업이 사회에 떠넘기는 환경 비용과 사회적 비용은 표면화하기가 나날이 어려워지고 있다. 지구위험한계선은 기업에 실질적인 비용을 부담시키고 있다. 예를 들면 극단적인 기후나 물 부족 등이 그렇다. 이해관계자는 사회에 미치는 영향을 스스로 감당하라고 기업을 압박한다. 즉 기업은 공급업체와 고객에게 발생하는 문제와 차후 제품의 수명이 다하는 시점에 발생하는 모든 문제를 '나의 책임'이라고 말해야 한다. 얼핏 들으면 터무니없는 비약처럼 들릴 수도 있지만, 이것은 넷 포지티브 경영에 반드시 필요한 원칙이다.

혹시 당신 회사는 화석 연료를 사용해 에너지를 생산하거나 무언가를 싸게 제조하는가? 그렇다면 당신은 탄소와 대기 오염이 사회에 부과하는 모든 비용을 책임지지 않아도 되기 때문에 그만큼 더 많은 이익을 얻을 수 있다. 혹시 당신 회사는 수익성이 좋은 식품을 생산하고 있는가? 그렇게 해서 높은 이윤을 얻고 있다면 아마도 그 공급망에서는 노예 노동과 무분별한 산림 파괴가 자행되고 있을지 모른다. 또한 당신은 부유한 사람들에게 저비용의 투자 기회를 제공하면서 가난한 사람들에게는 고금리 금융 상품을 제시할지도 모른다. 그래도 아무 문제는 없을 것이다. 우리 사회에 불평등을 어떻게 증가시켰는지에 대해 굳이 생각하지 않는다면 말이다.

이제 기업 리더는 공급망에서부터 제품의 수명이 끝나는 시점까지 회사가 사회에 미치는 영향에 책임을 져야 한다. 가정용품 회사 웨이

페어가 미국 정부에 매트리스를 판매했을 때, 이 회사의 경영진은 그 제품이 멕시코 불법 이민자 어린이를 수용하는 수용소로 갈지 몰랐다. 정부의 이민 정책에 반대하는 고객들은 불매 운동을 벌였고, 직원 500명은 항의 차원에서 작업을 거부했다. 웨이페어는 20만 달러 규모의 매출은 물론이고 브랜드 평판에도 타격을 입었다.[3]

코카콜라가 페트병에 안티몬*을 사용하면서 이것이 내용물에 영향을 주지 않는다는 사실만 생각했지, 나중에 쓰레기 매립지에서 소각할 때 발생하는 유해 성분이 사람들의 건강을 해친다는 사실까지는 고려하지 않았다. 세탁 세제 제조업체 타이드도 비슷하다. 세제 용기를 화려한 색깔로 디자인할 때 어린아이가 포장만 보고 맛있는 사탕이나 과자로 오인할 가능성 혹은 사춘기 아이들이 이 세제를 퍼먹는 치명적인 챌린지를 할 가능성은 미처 생각하지 못했다. 이런 사례는 수도 없이 많다.

유니레버의 미백 화장품은 인도에서 날카로운 공격을 받고 있다. 많은 인도 여성이 밝은색 피부를 추구하는 것이 자신의 선택이라면서 유니레버 제품을 옹호하지만, 그것은 유니레버의 다른 브랜드 도브가 지닌 메시지와 심각하게 어긋나는 것이었다. 도브의 브랜드 목적은 여성이 자존감을 쌓고 자기만의 독특한 아름다움에 자부심을 갖게 만드는 것이기 때문이다. 그래서 유니레버는 그 화장품에서 미백 성분을 제거하고 제품의 브랜드를 'Fair & Lovely맑고 사랑스러운'에서 'Glow & Lovely빛나고 사랑스러운'로 바꾸었다. 그러나 이미 입은 브랜드

• 　합금을 만드는 데 흔히 쓰이는 금속 원소

평판의 타격은 돌이킬 수 없었다. 이런 실수에서 얻을 수 있는 교훈은 제품이 모든 사람에게 어떻게 받아들여질지 다양한 차원에서 검토하고 선제적으로 대응해야 한다는 것이다. 설령 그렇게 해서 잘못을 통절하게 깨닫더라도 말이다. 예를 들어보자. 유니레버는 인도에 화장실 수백만 개를 짓고, 지역사회에 전기를 공급해 음식 조리에 편리함을 안겨주었다. 그런데 정작 유니레버가 운영하는 차茶 농장의 노동자들 중에는 집에 제대로 된 화장실과 전기 시설을 갖추지 않은 사람들이 많았다. 다른 사람에게 이러쿵저러쿵 말하기 전에 가장 가까이 있는 사람들의 문제부터 해결하는 것이 옳지 않을까?

기업이 지구에 미치는 모든 영향과 결과에 책임을 진다는 것은 단지 부정적인 문제를 발견하는 것만은 아니다. 효율성 및 비용 절감의 기회와 성장을 위한 혁신 그리고 사람들과의 긴밀한 연결성 등 기업이 줄 수 있는 모든 긍정적인 영향과 결과를 더 엄격하게 살펴봐야 한다. 모든 것에 책임을 지고 나설 때 기업의 문화가 바뀌고, 기업의 초점이 바뀌며, 기업은 더 인간적으로 변화한다. 이때 기업의 경영진과 직원은 회사가 끼칠 수 있는 영향을 다시 한 번 생각하게 되고, 회사와 관련된 모든 사람의 복지를 개선하는 방향으로 나아가게 된다. 이 순간 기업은 넷 포지티브 기업에 한 걸음 더 다가선다.

◀ 장기적인 이익을 추구한다

단기적인 사고는 매혹적이다. 해결하는 데 몇 년이 걸리는 복잡한 문제를 걱정하기보다 지금 당장의 수익을 극대화하는 것에 집중하는 편이 한결 쉽다. 많은 투자자뿐 아니라 자사주를 갖고 있거나 퇴직 시점이 가까운 임원들도 회사의 단기 수익에 초점을 맞춘다. 그만큼 주가가 금방 오를 테니까 말이다. CEO조차 단기 성과를 추구하는 경향이 있다. CEO의 임기가 갈수록 짧아지기 때문이다. 세계에서 내로라하는 대기업 가운데 3분의 1 이상이 불과 10년도 안 돼 두 번 이상 CEO가 바뀌었다.[4]

사회에 공헌하는 넷 포지티브 기업을 만드는 과정은 길고 긴 과정이기에 넷 포지티브 경영으로 인한 많은 혜택은 현재의 경영진이 은퇴한 뒤에나 나타날 가능성이 높다. 실은 그 전에 회사 자체가 없어질 가능성도 무시하지 못한다. 단기적인 수익 및 기술에만 초점을 맞추는 추세가 강화됨에 따라 1958년 61년이던 S&P 500 기업의 수명은 현재 18년밖에 되지 않기 때문이다.[5] 상장기업의 수도 1990년대 중반 이후 절반으로 줄어들었다.[6]

이사회의 압박은 CEO를 단기 수익에 집중하게 한다. 임원으로 지내는 것이 보장되는 기간은 전 세계 평균 1.7년으로 충격적일 정도로 짧다.[7] 또한 고위경영진을 대상으로 한 설문조사에서 투자자보다 이사회의 단기 성과 압박이 더 심한 것으로 드러났다.[8] 이런 환경이니 기업 리더가 단기 수익에 집중하는 것은 놀라운 일도 아니다.

그렇다고 기업이 단기 수익을 무시해야 한다거나 사회에 공헌하기 위해 지금 당장의 수익을 나중으로 미루어야 한다는 말이 아니다. 다만 기업의 리더에게는 도전과제를 해결할 자유와 기회가 필요하고, 분기별 노력이 아닌 여러 해에 걸친 노력이 필요하다는 뜻이다. 분기별 수익에만 매달려서 경쟁하다가는 기후변화나 불평등과 같은 중대한 문제를 해결하지 못한다. 시스템적 사고와 깊은 협력관계는 단기적 사고에서 결코 나오지 않는다.

장기적인 가치를 창출한다는 것은 어떤 해에 획기적인 시도를 한다는 뜻이 아니라, 오랜 기간에 걸쳐 해마다 꾸준하게 투자해 복리 효과와 일관성의 이득을 꾀한다는 뜻이다. 폴이 CEO로 재직한 10년 동안 유니레버는 10년 연속 외형적인 성장과 실질적인 성장을 동시에 달성했다. 공장 설비나 지적 재산에도 투자하는데 협업과 인류의 미래에 투자하지 못할 이유가 어디 있겠는가? 한 분기 내에 성과를 입증하고자 하는 기업 리더라면 이 책을 읽을 필요가 없다. 만약 당신이 그런 리더라면 지금 당장 이 책은 덮고 다른 책을 선택하라.

2010년에 10년 후 미래를 바라보면서 설정된 USLP는 유니레버 전체에 걸쳐 장기적인 사고를 강제해왔다. 경영에서 철학을 실천하기 위한 도구였으며, 기업을 다른 사람에게 봉사하는 주체로 전환하기 위한 로드맵이었다.

일부 임원은 온갖 갑작스러운 충격(예를 들면 팬데믹)으로 빠르게 변화하는 세상에서 장기적인 계획은 쓸모없다고 말한다. 그러나 기업은 시나리오플래닝*과 같은 여러 가지 도구를 사용해 사고의 폭을 확장해야 한다. 즉 회사가 10~20년 동안 무엇을 할 것인가에 대한 상세한 전략을 개발하는 것이 아니라, 회사 그 자신이 누구인지 고찰하는 것이 핵심이다. 변하지 않는 기업의 가치는 무엇인지, 나의 회

•   예상 가능한 여러 시나리오를 도출해 예기치 못한 상황에 대비하는 경영 전략 기법

사는 왜 존재하며 세상에 어떤 도움을 줄 수 있는지 생각해야 한다.

장기적인 가치에 초점을 맞출 때 성과가 뒤따른다는 증거는 점점 늘어나고 있다. 맥킨지글로벌연구소와 FCLT글로벌이 수행한 연구에 따르면, 장기적인 관점으로 운영되는 기업에서는 "평균 매출액과 수익증가율이 각각 47퍼센트와 36퍼센트 높았고 시가총액도 빠르게 늘어났다." 또한 장기적인 관점을 지닌 기업은 연구개발에 더 많이 투자했으며 힘든 시기도 더 잘 견뎌냈다.[9]

장기적인 전망으로 실패한 기업보다 단기적인 전망에 초점을 맞춘 바람에 실패한 기업이 더 많다. 보잉이 안전 문제를 중요시하지 않은 것이나, 웰스파고가 윤리보다 수익을 우선시했던 것이 잘 알려진 실패 사례다.* 기업은 재난을 극복하고 다시 일어설 수 있지만, 브랜드가 입은 피해는 사라지지 않고 엄연한 현실로 존재한다.

역설적이게도 당면한 문제가 너무 커서 단기 수익에 초점을 맞추는 것이 옳다고 정당화하는 사람들도 있다. 이것은 위험에 맞닥뜨렸을 때 맞서 싸우거나 도망치거나 둘 중 하나를 선택하는 동물적 본능에 따른 것이다. 현재에 초점을 맞추는 것이 안전해 보이지만 실제로는 그렇지 않다. 장기적인 안목과 명확한 도덕적 나침반을 지니고 기업을 경영하는 편이 훨씬 더 안전하다. 그때 회사는 변화에 휩쓸리지 않고 오히려 그 변화를 주도할 것이다. 강력한 회복력으로 폭풍을 이겨낼 뿐만 아니라 그 폭풍에서 장기적으로 수익을 거둘 것이다.

---

* 웰스파고는 고객의 승인 없이 수백만 개의 계좌를 개설하고 금융 상품을 강매하는 등 사기 부정영업 행위를 저지른 사실이 드러나서 신뢰를 잃었고, 보잉은 기체 결함을 숨겼다가 들통이 나서 신뢰를 잃었다.

◀ 모든 이해관계자에게 수익을 안겨준다

기업이 사회에 대한 책임을 다하려고 노력하는 초기에는 주로 지역사회 문제를 살폈다. 이때의 목표는 NGO나 그 밖의 이해관계자가 기업에 가까이 접근하지 않도록 하고 그들과의 갈등을 피하는 것이었다. 오늘날에도 기업은 대부분 기업 바깥에 있는 집단들과 선의를 갖고 함께 일하면서도 여전히 "그게 우리에게 어떤 이득이 될까?"라는 질문을 앞세운다. 그러나 넷 포지티브 기업은 이해관계자의 요구를 무엇보다 우선으로 생각한다. 기업이 존재하는 가장 핵심적인 이유는 고객의 요구를 충족하고 고객의 삶을 더 낫게 만드는 것이기 때문이다. 이런 논리를 확장하면 직원이나 지역사회는 기업이 비위를 맞출 대상이 아니라 번영을 누리도록 도와주어야 할 대상이 된다.

이 원칙은 넷 포지티브 경영의 핵심이다. 실제로 이 원칙은 지구를 치유하고 지구에 사는 생명체의 삶을 개선하는 새로운 제품이나 서비스를 제공하는 문제와 연결된다. 또는 다양성과 포용성을 갖춘 회사를 만들어나가는 한편 직원이 삶의 목적을 깨닫도록 도우며 그들의 건강과 복지를 개선하는 일과 연결된다. 협력업체가 효율적이고 지속가능한 회사로 성장해 긴밀한 관계를 구축하고 공동 혁신을 촉진하게 만드는 일을 촉발한다. 그리고 일자리를 제공하고 세금을 납부하는 것만으로도 충분히 책임을 다했다는 케케묵은 주장을 넘어 기업을 지역사회가 번창하도록 돕는다(학교를 짓거나 상하수도 시설 및 에너지 인프라를 구축하거나 하는 것들이 그런 예다).

이런 향상된 관계 속에서 수익과 성장을 추구하는 것은 잘못된 일이 아니다. 간혹 협력자들은 기업이 세상에 공헌하면서 비영리단체처럼 행동하길 기대하기도 한다. 폴이 유니레버 CEO 초창기에 유니세프 총재를 만났을 때도 그랬다. 이 자리에서 유니세프 총재는 유아사망률을 줄일 수 있도록 비누를 기부해달라고 요청했다. 이때 폴은 '비누'는 없고 라이프보이*는 있다면서 필요한 만큼 주겠다고 답했다. 그 말을 들은 총재는 처음에 깜짝 놀라서, 브랜드를 광고하려는 의도가 이기적이라고 말했다. 그러나 시간이 지난 뒤 유니세프는 라이프보이를 지원받는 일에 전혀 불편함으로 느끼지 않았으며, 유니세프와 유니레버는 위생에 관한 문제에서 글로벌 협력관계를 맺고 지역사회가 번영하도록 돕고 있다.

복지를 개선하는 일의 일부로 브랜드 제품을 제공하는 것은 모두에게 이로운 전략으로 나쁠 것이라고는 아무것도 없다. 만일 애플이나 델이 지역사회 개발의 일환으로 특정 기술을 제공한다면, 그들도 분명 자기 회사 컴퓨터 제품을 이용할 것이다. 여기서 잊지 말아야 할 것은 모두에게 긍정적인 결과는 반드시 수익성을 갖추어야 한다는 사실이다. 회사가 성장할수록 회사는 좋은 일을 더 많이 할 수 있다. 마케팅 예산과 브랜드 예산은 기업의 설립 자금보다 훨씬 큰 경우가 대부분이며, 기업의 규모가 클수록 기업이 사회에 미치는 영향도 그만큼 커진다.

우리는 논의에 참석할 권한이 없는 중요한 이해관계자(예를 들면 미래 세대나 지구 그 자체)를 위한 원원의 해결책을 찾아야 한다. 우리의

---

* 유니레버의 손 세정제 브랜드

후손에게 될 수 있으면 문제를 적게 넘겨주어야 한다. 지구가 가진 자원을 다 써버리고 살아가기 어려운 기후를 만들어 넘겨준다면 그들로서는 얼마나 끔찍하겠는가! 지구는 비록 말은 못해도 소통은 한다. 오늘의 극심한 날씨가 앞으로 어떤 일이 일어날지 예고하며 지구가 보내는 경고의 메시지인 것처럼 말이다.

　모든 이해관계자에게 수익을 안겨주기 위해 그들을 동시에 만족시키거나 동등한 관심과 자원을 제공해야 한다는 뜻은 아니다. 모든 사람을 동시에 우선할 수는 없다. 몇 년 동안에는 직원의 삶을 개선하는 데 상대적으로 더 많은 돈을 쓰다가, 또 몇 년 동안에는 소비자에게 더 나은 서비스를 제공하는 브랜드와 제품에 투자하는 식으로 운영해야 한다. 또는 지역사회나 급속한 탄소감축 및 재생 가능 에너지에 투자하기 위해 주주에게 돌아갈 단기 수익을 희생시킬 수도 있다. 이때 각각의 이해관계자 집단에 돌아갈 장기적인 결과는 손실이 아니라 이익이 되어야 하며, 여기에는 주주 집단도 포함된다. 즉 한 집단의 이해관계자를 위한 결과를 극대화하는 것이 아니라 모든 이해관계자 집단이 누리게 될 결과를 총체적으로 최적화하는 것이다.

◖◗ 주주 가치 창출은 목표가 아닌 결과다

"기업에게 수익은 산소와 같다. 수익을 충분히 창출하지 못하는 기업은 도태된다. 그러나 만약 당신이 인생을 숨 쉬는 것이라고만 생각한다면, 당신은 중요한 무언가를 놓치는 것이다."[10]

경영학의 아버지로 불리는 피터 드러커가 했던 말이다. 여러 해 전에 헨리 포드도 오로지 수익만을 좇는 기업은 그렇게 하는 순간 그 기업이 존재할 이유가 사라지기 때문에 반드시 망한다고 했다. 그러면서 "사업으로 돈을 버는 가장 좋은 방법은 돈을 버는 것에 대해 너무 많이 생각하지 않는 것이다"라고 말했다.[11]

지금은 수익에 좀비처럼 집착했던 지난 50년 동안의 헛된 꿈에서 깨어나야 할 때다. 주주 가치가 목표가 되어서는 안 된다. 세상에 공헌하는 장기적인 기업을 만드는 데 가장 큰 장애물은 분기별 실적에 대한 끊임없는 압박이다. 이것이 기업과 경제를 비뚤어지게 만든다. 연기금이나 국부펀드*와 같은 일부 기관투자자는 기후변화와 같은 시스템적인 위험을 우려하지만, 상장기업에 대한 지배적인 영향력은 여전히 자산 투자자와 분석가가 행사한다.

많은 투자자는 장기 투자를 하지 않는다. 주식의 평균 보유 기간은 20세기 중반에 8년이었지만 2020년에는 약 5개월로 대폭 줄었다.[12] 기업의 주주를 그 기업의 운전석에 앉히면 모든 이해관계자의 복지를 최적화하는 시스템을 구축할 수 없다. 그러나 연구논문에 따르면 기업이 장기적인 사고를 채택하면 "투자한 자본에 대한 수익으로 연간 1조 5,000억 달러를 추가로 벌어들일 수 있다"라고 한다.[13] 이렇게 되면 그토록 원하던 엄청난 규모의 주주 가치가 실현되지 않겠는가!

주주 가치라는 강박에서 벗어나야 하는 철학적인 이유도 있다. 시장은 종종 경제 현실과 완전히 단절되기 때문이다. 2020년 팬데믹

---

* 정부가 외환보유고와 같은 자산을 가지고 주식이나 채권 등에 출자하는 투자 펀드

기간에 세계 경제는 한 차례 짧은 폭락 뒤 약 4억 개의 정규직 일자리가 사라졌음에도 불구하고, 빠르게 중요 지수들이 사상 최고치로 돌아왔다.[14] 다시 말해 잠재적인 주주들이 해당 주식의 가치가 향후 현금 흐름과 연동된다고 믿는다면 굳이 주식을 사라고 설득할 필요가 없다. 그 장기적인 흐름을 공고히 하기만 하면 자기 주식을 살 투자들은 저절로 따라올 것이기 때문이다.

기업에서 주주에게 돌아가는 수익은 유일한 목표가 아니라 기업 운영의 결과여야 한다. 그러나 거기까지 가기에는 아직 갈 길이 멀다. CEO들의 머릿속에서 투자자는 여전히 지배적인 위치를 차지하고 있다고 다우케미컬 CEO였던 앤드루 리버리스는 말한다.[15] 안타깝지만 리버리스의 진단은 데이터로도 뒷받침된다. 2019년 스탠퍼드대학교가 CEO 및 CFO를 대상으로 한 조사에 따르면 응답자의 89퍼센트가 주주 이익을 사업 계획에 녹여내는 것이 중요하다고 생각한 반면, 응답자의 5퍼센트만이 이해관계자의 이익이 주주의 이익보다 중요하다고 대답했다.[16]

CEO와 CFO는 단기적 관점의 접근을 저항이 가장 적은 경로로 본다. 그러나 그 저항은 머지않아서 그들의 발목을 붙잡을 것이다. 이콜랩의 CEO 더그 베이커가 말했듯이 단기 수익에 대한 압박은 기업을 운영하는 데 일정한 역할을 하지만, 단기적인 압박에만 초점을 맞추면 결국 "쉬운 만남, 어려운 인생"에 맞닥뜨리게 된다. 단기적인 소용돌이에서 한발 물러서는 가장 좋은 방법은 투자자들과 대화를 너무 많이 하지 않는 것이다. 투자자들에게 직접적이고 공개적으로 "더는 분기별로 수익을 보고하거나 지침을 제공하지 않을 것이다"라고 말하라.

폴은 CEO로 취임한 지 약 3주가 지났을 때 그랬다. 이사회가 즉시 해고할 수는 없을 것이라고 생각하고 말했던 것이다. 분기별 보고를 하지 않겠다는 것은 매우 이례적인 조치였다. CEO는 대부분 연간 수백 차례 투자자를 만난다. 전략, 성장, 혁신, 고객 지향 등 CEO라면 해야 할 업무 외 아무 관련이 없는 일에도 너무 많은 시간을 할애한다는 뜻이다. 끊임없이 돌아가는 수익 추구라는 러닝머신에서 내려오지 않는 한 CEO는 금융 시장에 잡혀 있는 인질일 뿐이다.

10년 동안 재임했던 폴의 실적은 어마어마했다. 총주주수익률 292퍼센트를 기록했는데, 이것은 FTSE지수의 수익률 131퍼센트를 훨씬 능가하는 수치였다. 이런 성과는 3개월마다 투자자들에게 실적을 보고하지 않고 오로지 USLP의 목표를 추구하는 데서 왔다. 일견 급진적으로 보일 수 있겠지만 수익을 우선시하자는 밀턴 프리드먼의 선언이 나오기 40년 전, 존슨앤존슨의 CEO였던 로버트 우드 존슨도 이와 비슷한 접근법을 갖고 있었다. 그는 그 어떤 것보다 환자와 의사와 간호사를 우선적으로 섬겨야 한다는 기업 철학을 밝힌 "우리의 신조Our Credo"를 썼다. 그다음에 섬겨야 할 대상이 회사의 직원이었고, 그다음이 지역사회였다(존슨은 지역사회 범주에 환경보호도 포함시켰다). 그리고 마지막 대상은 주주였는데, 그의 표현을 빌자면 주주는 "공정한 수익률을 실현"할 수 있었다.[17] 다시 말하지만 '최대의' 수익률이 아니라 '공정한' 수익률이다.

그러나 안타깝게도 분기별 성과 보고라는 관행을 폐기한 유니레버의 선례를 따른 기업은 거의 없었다. 앞으로 넷 포지티브 기업은 유니레버의 선례를 따라야 한다. 몇몇 CEO는 비록 유니레버의 수준까지 가지 않았지만 유니레버처럼 투자자들을 밀어내는 경영을 하고 있다. 2014년 애플은 기후변화 및 에너지와 관련된 목표를 발표했다. 당시 투자자들이 팀 쿡에게 수익성이 명백하게 보장된 기후 관련 사업만 하라고 요구했지만, 팀 쿡은 만일 기후변화의 의미와 그로 인해 예상되는 파장을 믿지 않는다면 지금 당장 애플 주식을 팔라고 말했다(그 뒤로 지금까지 애플의 주가는 다섯 배 올랐다). 팀 쿡은 애플이 단기적 수익을 초월하는 수많은 선택을 한다는 것을 지적하면서 "내가 오로지 투자수익률을 높일 목적으로만 일하길 바란다면, 우리 주식을 팔고 나가는 게 좋다"라고 덧붙였다.[18]

이 모든 역학을 바꾸는 또 다른 경로도 있다. 만약 자본을 가진 사람들이 장기적인 가치 창출에 담긴 가치를 알아보기만 한다면, 우리는 주주들을 우선순위의 뒷자리에 두어야 한다고 열심히 말할 필요가 없다. 비영리 연구단체 FCLTFocusing Capital on the Long Term(장기적 관점의 자본에 집중하기)글로벌은 이런 변화를 실현하기 위해 노력한다. 블룸버그, 시스코, 다우케미컬, 로열DSM, 타타, 유니레버, 월마트와 같은 다국적기업들과 바클레이즈, 블랙록, 칼라일그룹, 피델리티, 골드만삭스, 스테이트스트리트, TPG 등과 같은 주요 자산 보유자 및 투자운용사들이 여기에 참여하고 있다. FCLT글로벌은 장기적인 관점에 집중하는 것이 얼마나 높은 성과를 거두는지 분석하고, 기업이 더 나은 관행을 채택할 수 있도록 다양한 로드맵과 도구를 개발한다.

투자자들은 서서히 올바른 방향으로 나아가고 있다. 대부분의 투자자가 장기적인 관점에 초점을 맞출 때까지 당신이 할 수 있는 최선은 분기별 성과를 놓고 벌어지는 광기를 털어내는 것이다.

◀ 시스템 변화를 끌어내기 위해 협력한다

장차 빚어질 결과를 파악하고 책임지지 않는다면 모든 이해관계자가 맞이할 결과를 개선할 수 없다. 이것은 넷 포지티브를 지향하는 기업이나 CEO가 혼자서 모든 책임을 진다거나 혼자서 모든 일을 해나가야 한다는 뜻이 아니다. 이 세상에 난 균열을 바로잡겠다는 당신에게는 협력자가 필요하다.

　모든 기업은 자기가 생각하는 것보다 훨씬 더 많은 사람과 접촉한다. 대부분 그들의 영향은 직접 통제할 수 있는 범위 바깥에서 작동한다. 따라서 기업이 세상에 미치는 영향은 시스템상의 문제를 해결하는 것을 필요로 함은 말할 것도 없고, 협력도 필요로 한다. 어떤 기업이 인권이나 탈탄소화와 같은 거대한 문제에 맞서 혼자 애를 쓴다고 치자. 이 기업은 그 문제를 30~40퍼센트 정도는 해결할지도 모른다. 그러나 100퍼센트 해결하려면 시스템 자체를 바꾸어야 한다.

　예를 들어보자. 플라스틱 쓰레기는 경제를 구성하는 여러 부문과 소비자 수십억 명이 연결된 골치 아픈 문제다. 만약 어느 기업이 단일 제품의 해양 플라스틱 쓰레기를 모아 처리하는 등의 일을 하면 어느 정도 마케팅 효과를 누릴 순 있어도, 이것만으로는 플라스틱 쓰레기 처리라는 문제를 해결하지 못한다. 해당 부문 전체에 걸친 광범위한 협력과 각국의 문화 및 정부 정책의 변화 없이는 불가능한 것이다.

소비자를 직접 상대하는 식품 기업은 해결해야 할 복잡한 과제를 점점 더 많이 마주한다. 어느 식음료 대기업 CEO는 예전에 좋은 제품은 맛이 좋고 안전하기만 하면 그만이었지만 지금은 달라졌다면서, 원료 조달에서부터 제조, 유통에 이르는 전 과정에서 비롯되는 영향에 책임을 지는 제품이 좋은 제품이라고 말했다. 책임을 바라보는 이런 넓은 관점은 오늘날 사업의 기본 전제조건이다.

지구에서 생산되는 식품 중 40퍼센트는 그냥 버려진다. 엄청난 자원 낭비다. 전 세계 온실가스 배출량의 30퍼센트가 식품 생산 과정에서 나오고, 식품을 생산하는 데 전 세계 담수의 70퍼센트가 사용된다는 점을 생각하면 더욱 그렇다. 이에 네슬레, 켈로그, 테스코, 유니레버 등이 참여하는 연합체인 챔피언스 12.3Champions 12.3 coalition은 2030년까지 음식물 쓰레기를 절반으로 줄이겠다는 이른바 '지속가능개발목표 12.3'을 설정했다.

마찬가지로 전 세계의 영양 및 건강 문제도 다양한 주체가 함께하지 않을 때는 해결되지 않는다. 우리가 사는 세상에는 비만인 사람이 6억 5,000만 명이 넘는 한편, 저체중인 사람도 4억 6,000만 명이 넘으며, 다른 20억 명은 미량영양소 결핍증에 시달린다.[19] 또한 5,000만 명이 넘는 5세 이하 어린이가 키와 몸무게가 적정 수준에 미치지 못하는 '소모wasting 증후군'에 시달린다.[20] 또 유아가 생애 첫 천 일 동안에 충분한 영양을 섭취하지 못해 정신 능력이 손상되는 저신장증stunting 문제와 많은 나라가 씨름하고 있다.[21] 유니레버는 유아 영양실조 문제를 해결하기 위해 영양증진운동SUN, Scaling Up Nutrition에 앞장섰다. 자사 식품에 비타민, 철분, 요오드(아이오딘)를 첨가해 600억 회분을 만들었고 2022년까지 2,000억 회분 생산을 목표로 하고 있다. 이와 같은 목표는 많은 문제를 한꺼번에 해결하는 데 도움이 된다.

시스템 문제를 해결하고자 하는 협력에는 제대로 된 법률도 필요하다. 무임승차자를 차단하는 구속력 있는 틀이 없을 때는 어떤 정책이 나와도 효과가 왜곡되고 만다. 설령 올바른 효과라고 해도 효과는 미미할 뿐이다. 기업은 기후 목표, 인권 기준, 아동노동법, 세법, 공정한 경쟁을 보장하는 보조금 제도 등과 같은 여러 정책을 다루는 자리에 적극적으로 나설 필요가 있다. 이때 사용하는 틀은 유엔의 지속가능개발목표가 되어야 한다.

유니레버와 같은 회사에서 일하는 사람은 지속가능성 전망의 기준이 높다는 사실에 종종 부담감을 느낀다. 때문에 넷 포지티브 경영의 다섯 가지 원칙을 새롭게 추가하는 것으로 생각할 게 아니라 모든 것을 관통하는 대의로 생각하는 게 좋다. 기업은 때로 비용 절감에 혈안이 될 수도 있다. 그러나 이런 행동이 핵심 전략 차원이 아니라 더 나은 모델이라는 가치 차원에서 이루어진다면 아무런 문제가 없다. 즉 당신 회사가 지역사회를 풍성하게 만드는 일에 힘을 보태려고 할 때 예산을 어디에 쓸지에 깐깐하게 군다고 해서, 그 지역사회의 복지를 개선하겠다는 생각이 달라지는 것은 아니라는 뜻이다.

넷 포지티브 경영은 부수적인 문제가 아니라 핵심적인 문제다. 넷 포지티브를 지향하는 리더라면 먼저 시작하는 만큼 더 많은 기회를 얻을 수 있다. 보다 나은 기업을 만들겠다는 단호한 결심과 헌신이 필요한 때다.

모두가 상생하며 성과를 내는
새로운 경영 패러다임

▶ 회사의 운영부터 가치사슬, 지역사회부터 지구 전체에 기업이 미치는 영향을 깊이 이해하고 그에 대해 책임을 진다.

▶ 회사와 전 세계에 이득이 되는 장기적 편익을 추구한다.

▶ 회사뿐 아니라 협력업체의 운영과 고객의 삶도 최적화한다.

▶ 투자자에게 해줄 보상의 비중을 줄이고 자본을 어디에 어떻게 투자할 것인지 생각한다.

▶ 다른 회사나 단체와 진정한 협력관계를 구축하겠다는 열린 마음을 가진다. 독불장군처럼 하겠다는 생각을 버리고 다른 회사가 생각해낸 방식이라도 효과가 있다면 기꺼이 채택한다.

비즈니스 리더는
어떻게 세상을 구하는가

넷 포지티브 리더의 5가지 특징

어제 나는 정신이 맑았고 세상을 바꾸고 싶었다.

오늘 나는 현명하기에 나 자신을 바꾸고 있다.

— 루미(13세기 이란 시인)

서양의 경제 시스템은 크게 두 가지 비극적 오해를 토대로 한다. 하나는 자연 세계에 대한 오해이고, 다른 하나는 인간 본성에 대한 오해다. 사람들은 지난 300년 역사에서 가장 중요한 사상가로 꼽히는 애덤 스미스와 찰스 다윈을 오해한다. 그들이 실제로 하지 않았던 말을 그들이 했다고 믿고 있다.

찰스 다윈은 '최적자 생존survival of the fittest'이라는 문구를 만들지 않았다. 생물학자 재닌 베니어스가 지적하듯이, 다윈은 환경에 잘 적응할 때 생존에 유리하다고 했지 환경에 '가장' 잘 적응해야만 생존한다고 하지 않았다. 많은 종이 다른 종을 파괴하는 것이 아니라 그들과 협력함으로써 번성한다. 생태계는 전반적인 건강 및 회복력을 위해 협력한다. 자연은 우리 머릿속에 주입된 것처럼 누구 하나가 죽어야만 끝나는 세계가 아니다.

인간 본성도 마찬가지다. 자유 시장에 대한 집착은 1776년에 출간된 애덤 스미스의 『국부론』을 잘못 읽은 바람에 형성되었다. 자유주의자와 신자유주의자는 자본주의에 대한 규제와 제약을 최소화하기 위해 스미스의 '보이지 않는 손'이라는 유명한 개념을 들고 나온다. 그들은 아무런 제약도 받지 않는 시장이 최상의 결과를 가져다준다고 말한다. 그러나 스미스를 이런 식으로 해석하는 것은 틀렸다.

'보이지 않는 손'은 스미스의 저작에서 겨우 몇 번 언급된 사소한 개념이다. 이 개념은 『국부론』이 출간되기 17년 전, 그가 펴낸 『도덕감정론』(한길사, 2016)에서 처음 소개되었는데, 스미스는 이기심이 결과적으로 공동의 이익 즉 공동선을 낳는다고 주장했다. 그러나 이때 그가 강조했던 내용은 개인의 이기심이 아니라 사회의 공동선이었다. "시장에서 기민하게 행동하는 사람들(즉, 부자들)은 삶의 필수품을 거의 똑같이 나누는 보이지 않는 손에 이끌린다"라고 썼다.[1] 애덤 스미스가 이토록 철저한 사회주의자였던가?

스미스는 인간 본성을 낙관적으로 바라보며 이 본성을 토대로 해서 부의 확산 이론을 정리했다. 스미스는 이기심이 연민이나 정의와 나란히 놓인다고 믿었다.[2] 『도덕감정론』의 첫 부분은 이렇게 시작한다.

"인간이 아무리 이기적인 존재라 할지라도, 기본 바탕에는 선한 본성도 있다. 인간은 다른 사람의 운명과 처지에도 관심을 갖는다. 또 자신에게 아무런 이득이 없을지라도 다른 사람의 행복을 진심으로 바라기도 한다. 비록 다른 사람의 행복에서 아무런 이득도 얻지 못하고 그저 바라보는 것만으로 기쁨을 느낄 뿐이지만 말이다."[3]

요컨대 사람은 타인이 행복해하는 것을 보면 자기도 행복해진다. 때문에 타인을 행복하게 만들려는 노력은 이기적인 것이다.

스미스와 다윈을 오독한 결과, 인간에게는 냉혹한 사업과 경제만

남았다. 20세기 경제학은 사람과 조직에 오로지 효용만을 극대화하는 온갖 모델을 개발했다. 시장을 냉혹한 기계로 바꾸어놓으면서 사람 자체를 고려 대상에서 제외했다. 심지어 기업의 재무제표는 사람을 자산으로 여기지도 않는다. 재무상태표에 직원은 그저 부채로만 존재할 뿐이다.

단기적인 성과를 내라는 요구가 CEO와 임원을 옭아매는 것은 NGO들조차 잘 알고 있다. 그린피스Greenpeace와 국제앰네스티Amnesty International의 사무총장이었던 쿠미 나이두Kumi Naidoo는 "현명한 경영진조차도 분기별 보고서의 압박 때문에 일을 온전히 밀고 나갈 수 없을 정도다"라고 말한다.⁴

물론 어떤 사람들은 자기를 가두고 있는 시스템을 선호한다. 폴은 요르단에 있는 자타리 난민수용소를 방문하는 동안 그곳을 방문한 다른 CEO들을 만났다. 억만장자이며 헤지펀드 투자운영자이던 어떤 이는 "피비린내 나는 보트피플 상황" 때문에 지중해에서 요트를 타고 즐기려던 휴가를 망쳐버렸다며 불평했다. 이런 이야기는 슬프지만 권력의 전당에서는 드물지 않다.

수많은 책과 강의와 그리고 경영대학원의 사례연구가 리더십이라는 주제를 탐구해왔다. 누군가에게 본받을 만한 덕목의 본질이 무엇인지 알려고 사람들은 오랜 세월 노력했다. 높은 수준의 목표, 전략적 사고, 지능, 호기심이 바로 그것이었으나 오늘날처럼 불안정하고 불확실하며 복잡하고 모호한 세상에서는 이런 것들 말고도 다른 리더십 덕목이 필요하다. 바로 적응력과 회복력이다.

여기에 더해 넷 포지티브 기업을 이끄는 리더에게 필요한 자질은 무엇보다 '좋은 사람'으로 표현되는 인간성이다. 자기 자신을 편안하게 대하며, 진실하며, 말과 행동이 일치하고 타인의 안부를 염려하는 사람이 바로 그런 사람이다. 만약 당신이 그 이상적인 모습에 다다르려면 어떻게 해야 할까? 어쩌면 새로운 기술을 개발해야 할지도 모르고, 아무런 위험이 없는 현재의 안전지대에서 용감하게 벗어나야 할지도 모른다.

넷 포지티브 리더의 공통적인 특징 다섯 가지를 여기 2장에서 집중적으로 살펴보려 한다. 세상은 이윤을 극대화하는 데만 골몰하는 구닥다리 개념인 '회사 사람company man'과 정반대 위치에 서는 리더, 약자를 포용하고 배려하고 공감하는 인간적인 리더를 필요로 한다.

◀ 기업의 목적을 알고 있다

2000년대 초였다. 존 레플로글의 사업과 인생은 모든 것이 순조로웠다. 그는 디아지오의 자회사인 기네스의 대표였으며 아내 및 어린 딸들과 함께 멋진 마을에 있는 멋진 집에 살고 있었다. 그러던 어느 날 자신의 멘토와 인생의 목적에 대해 이야기 나눈 뒤 두 어린 딸들과 함께 차에 탔는데, 문득 모든 것이 무너지는 느낌을 받았다. 꼭 필요한 어떤 것을 실천하지 않고 있음을 깨달은 것이다.

맥주를 파는 행위는 아무런 문제가 없었으며, 디아지오라는 회사도 업계에서 평판이 좋았다. 그러나 레플로글은 더 많은 것을 원했기에 지속가능성을 중시하는 회사에서만 일하겠다고 마음먹었다. 그는

"나는 흑백의 세상에서 벗어나 컬러의 세상에서 살기로 했다"라고 표현한다. 그 후 목적 지향적인 회사로 유명한 버츠비Burt's Bees와 세븐스 제너레이션Seventh Generation 두 곳의 CEO가 되면서 커다란 성공을 거두었다(나중에 그는 이 두 회사를 유니레버에 매각했다).

열정은 자신을 찾게 하지만 목적은 자기보다 더 큰 무언가에 푹 빠져서 자신을 잃어버리게 한다. 사람들은 자기 관심을 쫓아서 취미로 삼기도 하고 직업으로 삼기도 한다. 많은 사람이 이렇게 해서 경력을 쌓고 성공하지만 대부분 자신의 일에서 목적을 찾지는 않는다. 성취감은 좋아하는 일을 하는 것에서만 찾을 수 있지 않고, 더 큰 사명에 복무하고 다른 사람의 삶을 의미 있는 방향으로 돌려놓는 것에서도 찾을 수 있다([상자2-1] 참조). 누군가를 돕고 무언가를 나누어주고 봉사함으로써 어떤 변화를 만들어내는 일은 자기 안에 있는 더 큰 가능성을 끌어내는 경로가 된다. 이러한 의무감과 사명은 목적 지향적인 브랜드와 넷 포지티브 기업을 만드는 데 꼭 필요한 토대다.

상자2-1　자신의 목적 찾기

당신은 누구이며 왜 여기에 있을까? 이것은 철학자들이 수천 년 동안 해답을 찾으려고 매달린 질문이다. 어떤 사람은 그것을 '가장 잘하는 것을 찾는 과정'으로 규정한다. 오프라 윈프리도 자기의 목적은 "교사가 되어 학생들이 스스로 생각하는 것보다 더 훌륭한 사람이 되게 하는 것"이라고 말했다.* 넷 포지티브를 실행하는 리더로서 자신의 목적을 찾기 위한 핵심 질문은 이것이다. "더 나은 세상

2장 비즈니스 리더는 어떻게 세상을 구하는가

을 만들기 위해 내가 남들과 다르게 해야 할 일은 무엇인가?"

* Stephanie Vozza, "Personal Mission Statements of 5 Famous CEOs (and Why You Should Write One Too)," Fast Company, February 25, 2014, https://www. fastcompany.com/3026791.

자신의 목적이 무엇인지 깨달은 사람은 오로지 수익에만 초점을 맞추는 직장에서 인지부조화를 느끼기 쉽다. 그 직장은 자기가 수행해야 할 임무의 빈껍데기일 뿐이다. 관심이 오로지 수익과 봉급에만 있는 사람이라면 괜찮을지도 모른다. 그러나 사람들은 대부분 (수익이나 봉급보다는) 자기 자신과 가족을 향한 열망이 더 크다. 자신의 목적이 무엇인지 파악한 사람들은 스스로를 올바른 길로 인도하는 등대를 마음속에 가지고 있으며, 그 등대의 도움을 받아 도덕적인 리더가 된다. 자기 가치관을 직장에서 실천하고 자기 목적을 실행하기 위해 살아가는 사람은 살아 있다고 느끼며, 주변에 있는 모든 사람에게 최고의 가치를 안겨준다.

파타고니아의 창업자 이본 취나드는 의미 있는 회사를 성공적으로 일군 가장 좋은 본보기로 꼽힌다. 취나드는 미국 메인에서 어린 시절 내내 야외활동을 하며 자랐다. 그리고 세계에서 내로라하는 산악인이 되었고, 등산 장비를 팔 생각으로 파타고니아를 창업했다. 소비자의 사랑을 받는 회사로 성장하면서 야외활동용 고품질 의류를 내놓았으며, 최근 10년 동안에는 야외활동을 하는 사람들이 먹을 건강하고 윤리적인 식품을 팔았다. 이 회사가 추구하는 가치는 단순명료하다. 바로 지구에 해가 되지 않는 범위에서 최고의 제품을 만들고 회사의 모든 활동을 통해 자연을 보호하는 것이다.

취나드는 기업의 리더라는 위치가 늘 불편했다. 『파타고니아, 파도가 칠 때는 서핑을』(라이팅하우스, 2020)에서 말했듯이 60년 동안 사업을 했다는 사실을 인정하는 것이 "자기가 알코올 중독자이거나 변호사임을 받아들여야 하는 것만큼" 힘들었다. 그러나 취나드는 기업이 지닌 힘을 알고 있다. "기업은 음식을 생산하고, 질병을 치료하고, 사람들을 고용하고, 우리의 삶을 풍요롭게 할 수 있으며 (…) 이런 좋은 일을 하면서, 영혼을 잃지 않고 수익을 낼 수 있다."[6]

파타고니아는 사람들이 야외활동을 즐길 수 있도록 돕는 동시에 환경을 보호한다. 실제로 이 회사는 수익의 1퍼센트를 풀뿌리 환경단체에 무려 35년 동안 기부해왔다. 그러면서도 믿을 수 없을 정도로 좋은 실적을 올렸다. 단 한 번도 성장을 추구한 적은 없지만 빠른 속도로 10억 달러 매출을 돌파했다(사실 마음만 먹으면 그보다 훨씬 더 성장할 수도 있었지만 그렇게 하지 않았다). 파타고니아는 고객을 흥분시키는 더 나은 운영 방식, 즉 재활용 등으로 자원 사용을 줄이고 평생 수리를 보장하고, 직원에게 엄청난 복지를 제공함으로써 성장의 길을 걸었다. 파타고니아는 월마트처럼 자기보다 훨씬 더 큰 여러 기업에 영감을 주었고, 이런 기업들은 취나드에게 조언을 구하기도 했다.

취나드와 로즈 마카리오를 비롯해서 2014~2020년까지 파타고니아를 빠르게 성장시켰던 CEO들은 지구에 대한 의무라는 핵심적인 목적에 충실했다. 미국이 2018년 기업의 세금을 깎아주는 법률을 제정했을 때, 마카리오는 회사가 절약한 1,000만 달러를 환경 문제 해결을 위해 기부했다. 그들은 자기가 옳다고 믿는 일을 할 때는 매출이 타격을 입는 것조차 두려워하지 않았다. 파타고니아는 사람들의 소비 관념에 끊임없이 문제를 제기하고 필요하지 않은 제품은 사지 말아야 한다는 발상을 널리 홍보했다. 또 미국 정부가 몇몇 국가기념물 및 공원의 규모를 줄였을 때, 제품을 온라인 판매하던 홈페이지를 완전히 갈아엎고 "대통령이 여러분의 땅을 훔쳤다"라는 내용으로 도배해 정부 정책을 비판했다.

취나드는 늘 개인의 가치관과 기업의 가치관을 일치시켰다. 그는 "오래 지속되는 기업에서 사업을 수행하는 방법이야 언제든 바뀔 수 있지만, 가치관과 철학은 한결같다"라고 말했다.

목적 지향적인 리더가 운영하는 목적 지향적인 회사는 사회에 도움이 되고, 경쟁 회사보다 높은 성과를 거두며 최고의 인재를 회사로 끌어들인다. 실제로 파타고니아와 유니레버 두 회사 모두 세계에서 가장 일하고 싶은 회사로 꼽힌다. 일이 늘 즐겁지만은 않기에 의미 있는 일을 선택하는 편이 훨씬 쉬운 것이다.

존 레플로글은 자기 인생에서 의미 있는 전환을 한 뒤로 줄곧 "아무리 힘든 순간이라고 해도 그 시간을 보낼 가치가 있음을 나는 안다"라고 말한다. 넷 포지티브 경영을 하면 힘든 일이 많이 닥칠 것이다. 기업의 성과를 높게 유지하면서 기후변화에 맞서 싸우거나 정의와 평등을 위해 싸우는 일은 결코 쉽지 않다. 그러나 인생의 목적은 최악의 순간에도 당신이 나아갈 길을 인도한다. 정신과의사 빅터 프랭클은 1942~1945년까지 아우슈비츠 강제수용소와 다하우 강제수용소에서 지냈다. 그는 홀로코스트에서 부모와 아내와 동생을 잃었지만 희망의 끈을 놓지 않았다. 20세기 가장 중요한 책으로 꼽히는

『빅터 프랭클의 죽음의 수용소에서』(청아출판사, 2020)에서 그는 "인생은 상황 때문에 견딜 수 없는 것이 아니라 의미와 목적이 없을 때 견딜 수 없다"라고 썼다.[7] 상상할 수 있는 최악의 상황에서 살아남기 위한 도구로 의미를 꼽은 것이다. 그렇다면 우리도 존재론적인 위협에 맞서는 힘든 싸움을 얼마든지 할 수 있지 않을까?

◖ 높은 수준의 공감 능력이 있다

"신의 은총이 없었다면 나도 그렇게 되었을 것이다"라는 영국의 성직자 존 브래드포드의 말은 수백 년에 걸쳐 사회에 스며들었다. 이 명언은 인생에는 많은 행운이 존재함을 알려준다. 어떤 CEO나 리더가 최고의 자리에 오르기까지 기울였던 노력을 평가절하하려는 뜻은 아니지만 많은 사람이 엄청나게 유리한 지점에서 인생을 출발했다는 사실은 부인할 수 없다. 이 책을 쓰는 우리만 해도 그렇다. 우리는 부유한 나라에서 태어난 백인 남성이며, 부모님은 우리가 잘살 수 있도록 도왔다. 인생의 복권에 당첨된 상태로 이 세상에 태어났던 셈이다.

운이 좋았다는 사실을 인정하면서 운이 나쁜 다른 사람의 처지에 공감하기란 쉽지 않다. 직원들은 전체 응답자 중 45퍼센트만 자기 회사의 CEO가 공감 능력을 가지고 있다고 생각한다.[8] 슬프게도 특히 남자들은 연민의 마음을 갖는 것이 세상을 살아가는 데 약점이 될 뿐이라고 배우는 경우도 많다.

오늘날의 리더는 설령 불편하더라도 공감과 연민의 능력을 길러야 한다. 벤앤제리스의 전前 CEO 조스테인 솔하임은 다음과 같이 말했다. "만일 대자연에 우리가 가하는 고통을 인식하지 못하거나, 미국에서 흑인이 느끼는 깊은 불안과 두려움에 공감하지 못한다면 지속 가능한 기업을 운영할 자격이 없다."[9]

20세기 철학자 존 롤스John Rawls가 개발한 '무지의 장막veil of ignorance' 이라는 사고 훈련은 공감 능력을 개발하는 데 도움이 된다. 자, 이런 상상을 해보자. 당신이 지금 어떤 정치경제 시스템을 만들려고 하는데 "사회에서 자기가 차지하는 위치나 계급적·사회적 지위가 무엇인지 모르고, 자신에게 주어진 자산이나 능력, 지능, 힘 등이 얼마나 되는지 모른다." 부유한 나라에서 백인 남성으로 태어날지 혹은 시리아 난민수용소에서 여자아이로 태어날지도 모른다면, 당신은 어떤 유형의 시스템을 설계하겠는가? 어떤 종류의 정책을 시행하길 바라며, 기업이 어떻게 행동하길 바랄까?

이 질문에 대한 대답은 명백하다. 당신은 존중, 평등, 연민, 인간애, 정의 등의 가치를 그 시스템의 핵심에 둘 것이다. 그 시스템 안에서는 돈이 아닌 사람을 중심으로 모든 사람이 복지와 존엄성을 누릴 수 있을 것이다. 또 기업의 경영진은 이런 가치를 실현하려고 적극적으로 노력할 것이다. 아마도 당신은 이 세상이 마치 마법처럼 저절로 건강하고 정의로워지길 기다리지 않을 것이다.

마스터카드의 CEO였던 아제이 방가는 어떤 사람을 돋보이게 하는 것은 지능지수IQ나 감성지수EQ와 같은 오래된 척도만이 아니라고 말한다. "당신은 날마다 출근할 때 품위지수DQ, Decency Quotient를 갖추어야 한다. 당신과 함께 일하는 사람, 당신의 지시를 받고 일하는 사

람, 당신에게 지시를 내리는 사람 그리고 당신 주변에 있는 사람을 배려할 필요가 있다"라고 말한다.[10]

인도의 거대 소프트웨어 회사 위프로Wipro의 회장 아짐 프렘지는 인간을 향한 사랑을 자기 삶의 핵심 가치로 삼았다. 그는 회사 주식 가운데 상당량을 가난하고 취약한 사람의 삶을 바꿀 목적으로 재단을 설립해 기부했는데, 그 금액이 무려 210억 달러나 된다. 프렘지는 "겸손함이라는 핵심적인 덕목을 유지하기만 하면 성실하게 사는 일은 쉬워진다"라고 말했다.[11]

2021년 나이지리아 출신 응고지 오콘조-이웨알라Ngozi Okonjo-Iweala 가 세계무역기구WTO의 사무총장이 되었다. 여성이 세계 기구의 수장이 된 것도 처음이었지만 아프리카인인 것도 처음이었다.[12] 그녀는 코로나19 백신의 공평한 분배를 목적으로 스위스 제네바에 본부를 두고 설립된 세계백신면역연합GAVI의 의장이었으며, 스탠다드차터드 은행과 트위터의 이사이기도 했다. 그녀는 자기 자신보다 일의 사명을 우선한다. "나에게 주어진 일을 할 때 나는 자아를 핸드백 안에 넣어둔다"라고 말할 정도다.[13] 이케아의 CEO 예스페르 브로딘도 기업과 사회를 지속가능하게 하는 기업을 운영하면서도 언제나 변함없이 겸손하다. 그는 스웨덴 스타일을 유지하며 늘 낮은 자세로 사람들을 존중한다. "당신과 당신의 장점을 믿어라. 사람들이 당신의 장점에 의존하는 것을 잊어버리지 마라. 함께할 때 우리는 진정으로 더 강해지기 때문이다"라고 덧붙인다.[14]

인도네시아의 팜유 생산에 대한 접근법을 어떻게 바꿀 수 있을까? 의류 부문이나 전자 부문의 공급망에 속해 있는 모든 노동자가 생활임금을 보장받도록 하려면 어떻게 해야 할까? 공장이나 데이터센터에 전력을 공급하려면 재생 가능 에너지의 생산 및 보관에 어떤 조치가 필요할까? 이런 어려운 문제를 푸는 유일한 방법은 세상을 향해 겸손하게 "나는 그 모든 답을 갖고 있지 않다. 그러므로 나를 도와달라"라고 말하는 것이다. 위프로의 프렘지가 말하듯이 "리더십은 자기보다 더 똑똑한 사람들과 함께 일할 수 있는 자신감이다."

◖ 가장 큰 도전과제를 추구할 용기가 있다

넷 포지티브 리더의 다섯 가지 특성은 모두 중요하고 또 서로가 서로를 강화하지만, 특히 용기는 모든 것을 지배한다. 시인 마야 안젤루Maya Angelou는 이 사실을 "용기는 모든 덕목 중에 가장 중요하다. 왜냐하면 용기 없이는 어떤 다른 덕목도 일관되게 실천할 수 없기 때문이다"라는 말로 멋지게 표현했다.[15]

　'courage'라는 단어의 어원은 고대 프랑스어이자 라틴어인 'coeur'로 '마음'을 뜻한다. 즉 공감과 목적의식을 지니면 도저히 내릴 수 없는 결정을 내릴 수 있고, 마지막까지 최선을 다할 수 있으며, 불편함을 극복할 용기가 생긴다. 이때의 마음은 평온하기만 해서는 부족하다. 세븐스제너레이션의 공동설립자이자 미국지속가능경영협의회ASBC, the American Sustainable Business Council 의장인 제프리 홀렌더는 "지속가능성 보고서를 발표할 때 당신의 변호사가 심장이 덜컥 내려앉는 느낌을 받지 않는다면, 당신이 일을 제대로 못했다는 뜻이다"라며 지속가능성 목표나 성명서는 사람들을 긴장하게 만들 정도로 공격적이어야 한다고 말했다.

예를 들어보자. 시멘트 부문은 온실가스를 가장 많이 배출하는 부문 중 하나로 전 세계 탄소배출량의 약 8퍼센트가 여기서 나온다.[16] 그런데 인도의 달미아시멘트는 과감하게도 2040년까지 탄소배출량을 제로 이하로 낮추겠다는 목표를 설정했다. 물론 세계에는 이보다 더 공격적인 목표도 있지만, 에너지 집약적인 시멘트 부문에서 이런 목표는 무모해 보인다. CEO 마헨드라 싱Mahendra Singh은 업계 최대의 탄소 포집 및 저장CCU 시설을 건설하는 거대한 실험에 투자하고 있다. 생산 공정에서 이산화탄소를 포집해 연료나 화학물질 등으로 변환함으로써 탄소중립 시멘트를 만들겠다는 시도다.[17] 싱은 "달미아시멘트의 2040년 목표는 이해하기 어렵고 구체적으로 시각화하기 어렵지만, 꿈을 꾸기는 쉽다"라고 말한다.[18]

우리가 맞닥뜨린 도전은 위압적이며 따라서 이것을 붙잡고 늘어질 용기 있는 사람이 필요하다. 크리스티아나 피게레스Christiana Figueres는 2010~2016년까지 유엔기후변화협약UNFCCC의 사무총장을 지냈다. 2015년의 역사적인 파리기후변화협약*이 타결된 데는 피게레스가 기여한 공로가 크다. 『뉴요커』는 "전 세계의 모든 업무 중 피게레스에게 주어진 업무가 권위(사실상 거의 없다) 대비 책임(지구 멸망을 막는 일)의 비율이 가장 높다"라는 말로 그녀에게 주어진 임무가 얼마

---

* 2015년 12월 12일 파리에서 열린 21차 유엔기후변화협약 당사국총회COP21 본회의에서 195개 당사국이 채택한 협정으로, 산업화 이전 수준 대비 지구 평균온도가 섭씨 2도 이상 상승하지 않도록 온실가스 배출량을 단계적으로 감축하는 내용을 담고 있다.

나 어려운 것이었는지 명쾌하게 표현했다.[19] 피게레스는 약 190개국 리더가 모두 받아들일 수 있는 제안을 만들어냈다. 기업이 기후 문제에 어떻게 접근해야 할지 설명하면서 "리더십이 필요하고, 장기적으로 냉정한 비용편익분석이 필요하며, 도덕적 용기가 필요하다"라고 말했다.[20] 그리고 그녀는 그 모든 것을 보여주었다.

리더는 용기와 윤리 기준을 지니고 옳다고 생각하는 것을 할 수 있다. 심지어 무장한 사람들을 화나게 만드는 위험까지도 무릅쓰면서 말이다. 에드워드 스택이 공격용 소총 판매를 중단하고 21세 미만에게는 총기를 팔지 않기로 결정했을 때, 미국에서 이 결정은 마치 폭탄을 다루는 것만큼이나 위험했다. 그는 플로리다 대학살에서 살아남은 고등학생들이 시작한 전 세계적인 총기 안전 운동을 지켜보았다(스웨덴의 그레타 툰베리는 이 운동에 영감을 받아 125개국 2,000여 개 도시에서 일어난 '기후를 위한 학교 파업 시위'를 조직했다). 그리고 그는 "우리는 아이들이 그 운동을 국가를 상대로 하는 싸움으로 끌고 갈 수 있도록 충분히 용감해져야 한다"라고 말했다.[21]

스택은 아버지가 창업한 딕스스포팅굿즈Dicks Sporting Goods 물려받아 850개 매장을 보유하고 3만 명의 직원이 일하며 80억 달러가 넘는 매출을 기록하는 회사로 키웠다. 그중 총과 장비, 옷을 판매하는 브랜드 필드앤드스트림Field & Stream의 수익 규모는 약 10억 달러였다. 하지만 테러범이 학교에서 아이들을 무차별적으로 살해하는 데 사용했던 그 소총을 판매한 곳도 바로 그곳이었다. 그가 총기 사업에서 손을 떼고 싶다고 회사 경영팀에 말했을 때 경영팀이 추정한 미래 매출 손실 규모는 최하 2억 5,000만 달러였다. 수많은 단골고객이 떨어져

나가는 것은 말할 것도 없었다.[22] 스택은 수익에 미치는 영향은 신경 쓰지 않는다고 말했다. 그 결정의 여파는 예상한 것보다 더 나쁘기도 했고 더 좋기도 했다. 직원 수십 명이 회사를 떠났다. 매출도 큰 타격을 입었다. 적어도 처음에는 그랬다. 살해 위협도 받아서 스택은 경호원들의 보호를 받아야 했다. 그런데 얼마 뒤 긍정적인 반응이 연쇄적으로 일어났다. '사주기(돈쭐)' 바람 덕분에 딕스스포팅굿즈의 매출이 오르기 시작한 것이다. 게다가 월마트, 크로거, REI 등과 같은 다른 총기 판매 회사도 총기 판매 규제에 잇달아 동참함에 따라 경쟁 압력도 줄어들었다.[23] 딕스스포팅굿즈는 사냥용품 사업을 포기한 매장에서 새롭게 판매할 상품을 찾았다.[24] 이렇게 해서 딕스스포팅굿즈의 재무 상태는 빠르게 회복되었다.[25]

리더십 전문가이며 『최고는 무엇이 다른가』(스몰빅라이프, 2019)의 저자이자 세계적인 의료장비 회사 메드트로닉Medtronic의 CEO였던 빌 조지는, 몇몇 기업 리더는 "재무 관련 숫자에 너무 집착하고 위험이 뒤따르는 의사결정을 회피하고 실패를 두려워하기 때문에" 용기가 부족하다고 말한다.[26] 그러면서 펩시코의 CEO였던 인드라 누이의 사례를 제시한다. 누이는 설탕이 들어간 음료뿐 아니라 건강에 좋은 제품들로 포트폴리오를 구성하지 않으면 우수한 재무적 성과를 유지할 수 없다는 사실을 깨달았다. 이에 '목적이 있는 성과PwP, Performance with Purpose'라는 전략을 개발한 뒤에 자기 뜻을 꿋꿋이 지키며 굽히지 않았다. 투자자들은 화가 나서 길길이 뛰었고 그녀는 해임 직전까지 갔다. 그러나 그녀는 단기적인 성과와 변혁을 위한 투자 사이 균형을 맞추었다. 이렇게 할 수 있는 것이 바로 용기다.

너무도 많은 기업이 중요한 쟁점을 팔짱 끼고 지켜보기만 한다. 어떤 식으로든 대세가 결정되면 따르겠다는 말을 공공연히 하면서 말이다. 이런 회사의 경영진은 "우리도 더 많은 일을 하고 싶다. 하지만 솔직히 말해서 우리 회사가 유니레버는 아니잖아"라면서 얼버무린다. 역사상 가장 혁신적이고 영향력 있는 회사로 꼽히는 애플처럼 되지 못한다는 사실을 이런 식으로 변명하는 말도 많이 들었다. 슬픈 일이다. 경쟁업체를 압도적으로 따돌리고 유능한 인재를 끌어들이는 활기찬 기업으로 만들겠다는 생각을 왜 하지 않는 것일까?

물론 투자자를 상대하기란 어렵다. 강력한 세계 리더를 공개적으로 반박한 제약 회사 머크의 CEO에게 힌트를 얻어보라. 머크의 CEO 케네스 프레이저는 미국 제조업협회 회장직을 사임하면서 엄청난 용기를 보여주었다. 그는 버지니아의 샬러츠빌에서 열린 신新나치주의 집회를 두고 당시 대통령이던 트럼프가 백인우월주의자를 옹호하며 "양 진영에 모두 훌륭한 사람들이 있다"라고 말한 사실을 참을 수 없었다.[27] 이런 대통령과 양심상 도저히 일할 수 없다며 회장직을 내려놓았고 "미국의 리더라면 반드시 모든 사람이 평등하게 태어났다는 미국인이 가진 고귀한 이상과 반대되는 증오와 편협함과 집단우월주의를 드러내는 표현을 거부해야 한다"라고 말했다.[28] 조지 플로이드 사건*이 일어난 뒤에도 프레이저는 "플로이드는 내가 될 수도 있고 또 다른 아프리카계 미국인 남자가 될 수도 있다"라고 다

---

* 2020년 5월 미국 미네소타주 미니애폴리스에서 경찰의 과잉진압으로 비무장 상태의 흑인 남성 조지 플로이드가 사망한 사건

시 한 번 더 공개적으로 발언했다.[29] 그는 기업계를 향해 "경찰 개혁 및 자본에 대한 리더십을 발휘해야 한다. 기업계가 힘을 합치면 실업 문제와 기회 불평등에 긍정적인 영향을 줄 수 있다"라고도 말했다.[30]

프레이저의 사례가 뉴스거리가 되어서는 안 된다. 이런 이야기가 희귀하게 여겨지는 것 자체가 비극이다. 왜 기업 리더는 사람들이 원하는 세상을 지지하길 어려워할까? 인권과 노예 노동의 종식을 위해 싸우는 것, 성적 지향과 피부색이나 능력이 다른 사람에게도 동일한 기회를 주는 조직을 바라며 싸우는 것, 지구의 파괴를 적극적으로 회피하기 위해 싸우는 것을 왜 위험하다고 느낄까? 최종 목적지에 다다르는 방법을 알기는 어렵겠지만, 사람들이 옳다고 알고 있는 것을 당당하게 말하는 행위는 조금이라도 쉽게 하도록 만들어야 한다.

◀◀ 도덕적 리더십을 일관되게 발휘한다

리더의 책임은 궁극적으로 사람들에게 공동의 목적을 불어넣고 사람들을 단결시키는 것이다. 단지 에너지를 제공하는 것이 아니라 에너지를 촉발하는 것이다. 다른 사람들에게 동기를 부여하고 더 높은 성과를 거두도록 조언하는 것이며, 사람들이 모두 스스로 어디를 향해 나아가고 있는지 깨닫게 하고 그 목적을 명쾌하게 표현하는 방법을 깨우치도록 돕는 것이다. 또는 폴의 멘토 중 한 명인 빌 조지가 말했듯이, 사람들이 자기의 진정한 목적을 발견하도록 도와서 그들이 "신뢰할 수 있는 진짜" 리더가 되게 만드는 것이다. 조지는 자기 직원이 하는 일의 선한 영향력을 그들이 직접 볼 수 있게 하려고 노력했다. 예를 들어 메드트로닉의 CEO일 때 그는 정기적으로 페이스메이커(인공심박조율기)로 새 삶을 얻은 사람을 회사로 정기적으로 초대해서, 고객들이 자기 생명을 구하는 데 그 제품이 어떤 역할을 했는지 직접 말하게 했다.

기업계의 (또는 인생의) 리더가 언행이 일치하는 모습을 보인다면 사람들은 더 신뢰하고 영감을 얻으며 기꺼이 따른다. 직원은 리더의 위선을 귀신같이 알아낸다. 모든 경영진의 말과 행동 그리고 우선순위 설정은 스스로를 얼마나 헌신하는지 드러낸다. 이것이 바로 '리더의 그림자shadow of a leader'이며 이것은 기업의 문화를 규정하는 데 기여한다. 오늘날의 투명성 수준에서 보면 직장에서 행동뿐만 아니라 사생활도 중요하다. 재택근무와 화상회의가 기하급수적으로 늘어나면서 직장 동료가 다른 동료의 집을 속속들이 들여다볼 수 있게 되었다. 소셜미디어로 인해 우리의 행동은 언제나 다른 사람의 시야에 노출되어 있다. 인지도가 높은 고위 리더일수록 더 그렇다.

왜 자신의 가치관을 숨기는가, 왜 자신의 가치관이 직장에서는 실현되지 않는 것으로 가정할까? 환경보호 단체의 이사이면서도 자기 회사에서는 환경보호에 아무런 기여도 하지 않는 사람을 우리는 알고 있다. 어둠 속에서 행동하거나 수동적으로 행동하는 일이 더는 가능하지 않다. 행동하지 않는 것 그 자체가 행동이다.

직원들은 회사의 리더가 본인 입으로 밝혔던 가치관과 위배되는 행동을 똑똑하게 지켜본다. 그러므로 리더라면 직장에서나 집에서나 가장 우선시하는 것이 무엇인지 보여줄 방법을 찾아야 한다. 예를 들어 일과 삶의 균형 및 행복을 가장 우선한다고 행동으로 사람들에게 보여줄 수 있다. 지쳐서 녹초가 된 사람은 그 누구에게도 멋지게 봉사하지 않는다. 자신을 갉아먹으며 일하다가는 결국 지구에는 기력이 모두 소진된 사람들만 남게 될 것이다.

폴은 인맥을 자기 리더십의 핵심으로 삼았다. 그는 시장 조사차 세계를 돌 때면, 해당 지역의 유니레버 지사에 가기 전 먼저 현지인을 만나서 그들이 살아가는 모습을 보고 들었다. 그들이 사는 집을 방문하기도 했다. 유니레버의 연례 리더십 총회 자리에서 수백 명의 임원에게 새로운 사고를 유도해줄 책을 나누어주었고, 때론 메모를 작성해 건네주기도 했다. 유니레버의 생태계에 속한 사람들과의 연결성을 강화하는 노력도 했다. 예를 들면 유니레버 협력업체의 공장에서 일하다가 사망한 직원의 부인을 만난 일이 그런 것이다. 회사가 직접 통제하는 범위 바깥에 있는 사람의 안전까지 책임지는 모습은 그가 어떤 가치를 소중하게 여기는지 모두에게 보여주었다.

때로 커다란 사건이나 스트레스는 리더의 가장 좋은 모습과 가장 나쁜 모습을 동시에 끌어낸다. 코로나19가 전 세계를 강타했을 때 몇몇 기업은 시장 상황이 어려워지자 고객과 했던 약속, 협력업체와 했던 약속을 내팽개쳤다. 직원들과 했던 약속을 지키지 않거나 직원을 일방적으로 해고하기도 했다. 그러나 어떤 기업은 자기가 했던 약속을 지켰으며 어려운 상황 속에서도 인간애를 발휘했다. 에어비앤비의 CEO 브라이언 체스키는 코로나 위기 때 "해고의 고통에 공감하는 투명한 메시지"로 찬사를 받았다.[31] 몇몇 리더는 말과 행동이 일치하는 모습을 보였다. 존슨앤존슨의 컨슈머헬스사업부의 최고의료책임자였던 에드 커프너 박사는 팬데믹 초기 최악의 시기에 뉴욕시립 병원에서 자원봉사를 했다.[32] 그는 자신의 행동을 "상대적으로 쉬운 결정"이라고 말했지만 사실 그것은 위험한 선택이었고, 회사의 직원들도 모두 알았을 것이다.

2021년 1월 미국에서 트럼프 후보를 지지했던 사람들이 의사당에 난입했던 사건도 기업의 가치관을 파악할 수 있었던 계기였다. 많은 기업이 이 사태를 보고도 침묵을 지켰다. 명백한 도덕적 해이였다. 그러나 메리어트인터내셔널의 안 소렌슨을 비롯한 많은 CEO는 지체 없이 나서서 쿠데타 시도를 지지하는 정치인에게는 기부금을 주지 않겠다는 입장을 분명히 했다. 많은 직원 및 잠재 고객이 등을 돌릴 수 있는 위험 부담이 큰 행동이었지만, 분명 옳은 일이었다.

◖ 변혁적인 협력관계를 찾아나선다

오랜 세월 동안 기업 전략은 기업이 어떤 역량을 지니고 있는지 혹은 그 역량을 바탕으로 어떻게 할 것인지에 집중해왔다. 그러나 기업 내부에서 바라보는 관점은 전체 중 한 부분일 뿐이다. 넷 포지티브 사고방식의 핵심은 세상이 필요로 하는 것(즉 기업을 외부에서 바라보는 관점)이 무엇인지 이해하는 것이다. 당신 회사가 무엇을 잘하는지 혹은 무엇을 세상에 제공할 수 있는지만 따져서는 안 된다. 외부 관점을 기업에 도입할 때 비로소 우리가 맞닥뜨리고 있는 커다란 문제에 대한 해결책을 갖출 수 있다. 이때 다른 사람이 하는 말을 겸손하게 경청하고 더 큰 목표로 나아가기 위해 이해관계자와 협력할 방법을 찾으려는 리더의 자질은 필수다. NGO나 비판자들에게 배우기, 소비자 행동에 영향 미치기, 지속가능성을 토대로 하는 정부 정책 지지하기, 최신 과학 받아들이기 등이 모두 기업의 통상적인 활동이 되어야 한다는 뜻이다.

지속가능한 기업을 만드는 과정 가운데 초기의 몇 단계에는 쉽게 달성할 수 있는 과제가 가득하다. 이것들은 대부분은 기업 내부 차원의 과제로 비용을 감수하기만 하면 쉽고 빠르게 해결책을 찾아낼 수 있다. 그러나 자기 혼자 혹은 회사 혼자서 할 수 없는 것들이 얼마나 많은지 금방 알게 된다. 혁신적인 변화를 이루어내려면 폭넓은 협력관계가 꼭 필요하다. 리더는 뒤에서 지시만 하는 것이 아니라 다른 사람 및 다른 회사와 함께 일한다는 것을 직원들에게 명시적으로 보여주어야 한다.

다양한 집단과 잘 협력하는 것이야말로 요즘 시대에 요구되는 리더십 기술이다. 혹시라도 이해관계자 사슬 속에 있는 사람을 향해 당신이 가질 수 있는 어떤 경멸(예를 들면 NGO는 상업적인 감각이 없다는 예단 등)을 철저하게 떨쳐내야 한다. NGO 리더도 사업을 하는 사람들은 영혼이 없다고 생각해서는 안 된다. 진부하게 들릴지 몰라도 윈윈의 해법을 찾는 것이야말로 이해관계자의 공통 기반을 찾고 모든 구성원 사이의 간극을 해소하는 다리를 놓는 길이다.

많은 기업과 CEO가 변혁적인 협력관계를 구축하는 데 몰두하고 있다. 프랑수아 앙리 피노는 구찌, 입생로랑, 발렌시아가 등 고급 브랜드를 보유한 190억 달러 규모의 명품 대기업 케링Kering을 이끌고 있다. 피노는 여러 해 전부터 자연을 보호하는 방법에 대해 목소리를 높이며 혁신적인 태도를 취해왔다. 케링의 브랜드인 푸마는 주요 기업 중 최초로 자연이 기업에 주는 것의 금전적인 가치를 추정했다. 이 추정에 따른 '환경적인 차원의 수익과 손실'은 기업이 아무런 비용도 지불하지 않은 채 자연에서 얼마나 많은 가치를 뽑아내는지를 보여주어 사람들의 이목을 끌었다.

피노와 그의 회사는 엄청나게 넓은 땅을 차지하고 엄청난 물을 공업용수로 사용하며 엄청나게 큰 탄소발자국을 남기는 패션 산업을 바꾸어놓기 위해 이해관계자와 협력하고 있다. 케링은 케임브리지대학교와 손을 잡고 패션 분야의 회사가 생물다양성 보호에 어떻게 영향을 미칠 수 있을지 연구하고 있으며, 비영리 환경보호단체인 국제보호협회Conservation International와 함께 2025년까지 약 1만 제곱킬로미터의 농지를 재생 농업용지로 바꾸겠다는 계획을 실천하고 있다. 이 계획은 케링의 전체 공급망에서 사용하는 땅의 여섯 배를 생명력 있는 땅으로 만들겠다고 했던 약속 중 하나다.[33]

이에 프랑스의 에마뉘엘 마크롱 대통령은 피노에게 패션 산업 부문에서 환경보호를 주도해달라는 임무를 맡겼고, 그 뒤 피노는 폴이 설립한 이매진IMAGINE의 도움을 받아 환경보호를 위한 패션 브랜드 글로벌 협약 패션팩트Fashion Pact를 시작했다. 이 협약에서 참가자들은 기후, 생물다양성, 해양이라는 세 분야에서 영향을 줄이기 위해 실질적 노력을 하자고 합의했다.

한 분야의 거물 기업 20개가 한자리에 모여 협력할 때 얼마나 큰 영향력이 발휘될까? 이들은 재생 농업용지를 몇 제곱킬로미터나 만들 수 있을까? 과연 브랜드를 통해 얼마나 많은 사람들에게 영감을 줄 수 있을까? 이런 질문에 대한 답은 아직 나오지 않았다. 그러나 모두가 협력하며 진정한 변화의 가능성을 탐구하는 일은 무척이나 흥미롭다.

성서에는 "추수할 것은 많은데, 일꾼이 적다"라고 적혀 있다(마태복음, 9장 37절). 세상에는 필요한 것도 많고 해야 할 좋은 일도 많지만 직접 나서서 그 일을 할 사람은 충분하지 않다. 모두를 위한 사회를 건설하는 데 책임을 느끼는 리더가 더 많이 필요하다. 기업과 세상을 인간애가 넘치는 곳으로 만들고자 하는 운동에 기업의 리더가 어울리지 않는 것처럼 보이지만, 불가능하다고 단정할 근거는 없다. 얼마든지 얼굴 없는 로봇과 같은 기업 조직과 경제에서 벗어나서 서로의 얼굴을 바라보고 인간애를 느낄 수 있다.

그러기 위한 첫 번째 단계는 세상에서 일어나는 일에 관심을 갖는 것이다. 지구상에는 수억 명이 밤에 주린 배를 움켜쥐고 잠자리에 들고 다음 날 아침에 살아서 눈을 뜰지 장담하지 못한다. 25억 명이나 되는 사람들이 깨끗한 식수와 위생 시설을 이용하지 못한다. 대부분의 나라에서 여성은 남성과 동등한 권리를 누리지 못한다. 이런 불평등과 비인간적인 사례는 수도 없이 많다. 당신은 이런 일에 관심이 있는가?

폴은 여러 해 전 미국의 한 라디오 인터뷰에서 지속가능성 활동을 하는 이유가 무엇이냐는 질문을 받았다. 그것이 주주를 위한 것이냐 아니면 손자와 손녀를 위한 것이냐는 질문도 함께였다. 그러자 폴은 곧바로 "그야 물론 손자 손녀들을 위해서죠"라고 대답했다. 그때 앤드루가 인터뷰를 듣고 있었는데 처음에는 폴의 대답이 지속가능성이 기업의 재무적인 성과에 얼마나 도움이 되는지 설명할 좋은 기회를 놓쳤다고 생각했다. 그러나 조금 더 생각해본 뒤 "사랑하는 사람들을 위해서"가 확실한 정답임을 깨달았다. 다른 사람을 위해 일하지 않는다면 굳이 일할 이유가 무엇이겠는가. 설령 그 대상이 권력의 핵심층이라고 해도 말이다.

어떻게 하면 세상을 치유할 수 있을까? 해결책은 어쩌면 "사랑으로 치유한다"라는 대답만큼 간단할지 모른다. 결국 일에서 인간성을 찾는 것은 내가 누구를 위해 일하는지 알아내는 것이고, 내가 사랑하는 사람들이 부끄러워하지 않는 인생을 살아가는 것이다. 유럽의 한 대형 자동차 회사의 CEO가 최근 이사회 회의에서 숙제를 하나 냈다. "당신이 이사회에서 실천한 것에 대해 당신의 손자손녀들에게 편지를 쓰시오." 만약 당신이 이런 편지를 쓴다면 그 편지에는 어떤 내용이 담길까?

비즈니스 리더는 어떻게 세상을 구하는가

▶ 세상에 공헌해야 한다는 책임의식을 키우고, 직원들이 자기 가치관을 회사에서 실현하도록 장려한다.

▶ "내가 어떤 조건과 환경에서 태어났는지 모른다고 가정할 때 과연 나는 어떤 세상을 원할까?"라고 묻는다.

▶ 용기에 보상을 지급하고, 권력을 향해서는 진실을 말하며, 옳은 일이면 어떤 대가를 치르더라도 실천한다.

▶ 자신의 가치관을 행동으로 보여주여 도덕적 리더십을 발휘한다.

▶ 공감과 연민과 겸손함을 지니는 한편 회사 밖의 다른 조직이나 기업에게 도움과 협력관계를 공개적으로 요청한다.

3장

목적은 어떻게
기업의 전략이 되는가

아무리 작아도 양심적으로 운영되는 기업보다
더 위대한 기업은 없고
아무리 커도 정직과 형제애 없는 기업보다
더 옹졸한 기업은 없다.

— 윌리엄 레버(유니레버 창업자)

무엇이 사람들에게 동기를 부여할까? 무엇이 사람들을 행복하게 만들까? 철학자들은 수천 년 동안 이 질문의 답을 구하려고 노력했다. 반면 20세기 경제학자들은 이 질문에 대한 답을 매우 단순하게 보았다. 사람들은 오로지 더 많은 돈과 물건을 원한다는 것이다.

앤드루가 경제학 학위를 받았을 때 모든 경제학 모델은 인간은 오로지 효용을 극대화하려고 하고 다른 이들을 이기려 한다고 가정했다. 그런데 행동경제학을 포함한 새로운 연구 분야에서는 사람이 늘 이성적이지 않으며 의사결정에 영향을 미치는 인지 편향이 수십 가지나 된다고 결론내렸다. 예를 들어 사람들은 진실이라고 믿고 있는 것을 확인시켜주는 정보를 애써 찾거나, 자기가 이미 알고 있는 정보에 너무 많이 의존한다는 것이다.

하버드대학교 경영학과 교수 니틴 노리아와 폴 로렌스는 2002년 출간한 『충동Driven』에서 인간의 본성은 선택에 어떤 영향을 미칠까라는 의문을 파고들었다. 이들은 인정사정없는 냉혹한 경제 모델에

딱 들어맞는 성취와 방어라는 기본적인 욕구가 인간에게 있다는 점을 인정한다.[1] 그러나 이들은 다른 두 가지 근본적인 욕구를 추구해야 한다고 말한다. 다른 사람과 유대감을 형성하려는 결속 욕구와 자기가 사는 세상을 알고자 하는 이해 욕구다. 사람에게는 연결과 의미 그리고 목적이 필요하다. 포드햄대학교의 마이클 퍼슨 교수는 노리아와 로렌스의 연구를 바탕으로 『인본주의 경영*Humanistic Management*』에 자신의 의견을 담았는데, 그는 앞서 말한 네 가지 욕구를 모두 만족시키려고 노력하는 회사를 상상해보라고 한다. 그 회사는 다른 회사처럼 성과와 성장을 가장 중심적인 가치로 설정하겠지만, 연결성과 목적의식성도 동시에 추구한다는 것이 결정적인 차이일 것이다.

직원이 개인적인 의미를 찾게 하는 것은 반反기업적 전략이 아니다. 인간의 기본적인 욕구를 충족하는 것은 기업이 성공으로 나아가는 확실한 길이다. 물론 직원에게 좋은 보수를 주는 것도 삶의 질을 높여주는 방법이지만, 각자 개인의 목적을 발견하고 그것을 추구하도록 도와주는 것이 직원을 행복하게 만드는 핵심이다. 당연하게도 이 과정은 조직의 목적을 찾는 것에서부터 시작된다.

◖ 유니레버의 심장을 되살리다

2000년 유니레버는 베스트푸드Bestfoods를 243억 달러에 인수했다.[2] 이것은 유니레버 역사상 최대 규모이자 식품 산업 역사상으로도 최대 규모의 인수였다. 유니레버는 미래를 낙관하고 적극적으로 매입에 나섰다. 기대치는 무척 높았다. 그러나 2008년이 되자 전혀 다른 상황이 전개되었다.

주가가 10년 동안 움직이지 않은 것이다. 일부 브랜드는 주춤하고 있었고, 미국 지역 세제 브랜드와 같은 몇몇 덩치 큰 부문을 매각한 뒤에는 수익이 550억 유로에서 380억 유로*로 떨어졌다. 유니레버는 이윤과 연평균성장률이 경쟁사에 20년 동안 뒤처졌다. 경쟁시장에서 유니레버는 2000년대 유일하게 쪼그라든 기업이었다. 세계 최대 소비재 회사로서의 지위를 잃었고, 주요 경쟁사인 네슬레와 P&G에 비해 수익과 시가총액에서 훨씬 뒤처지는 업계 3위로 추락했다.

예전에 있었던 일은 그야말로 옛날이야기가 되고 말았다. 시너지와 성장에 대한 기대감으로 높은 가격을 주고 여러 업체를 인수했지만, 거기에 따른 성과는 나오지 않았다. 주주들은 수익을 요구하고 나섰고, 경영진은 비현실적인 단기 수익 목표를 달성하는 데 초점을 맞추었다. 그 바람에 소비재 기업의 생명줄이라고 할 수 있는 투자와 혁신은 급격하게 줄었다. 여러 해 동안 유니레버는 공장을 새로 짓지 않았고, 새로운 브랜드를 출시하지도 않았으며, 실적이 저조한 사업체를 매각하는 것 말고 따로 의미 있는 인수합병은 하지 않았다. 핵심 브랜드도 광고와 홍보 부족으로 급격하게 내리막길을 걸었다. '마케팅'과 '혁신'이라는 단어는 '금융'과 '구조조정'으로 대체되었다. 이것이 바로 많은 기업이 경험했던 공감할 수 있는 죽음의 소용돌이다. 유니레버가 주주 우선주의 철학의 희생자가 되고 만 것이다.

---

* 2010년 유로 달러 환율은 1.21달러 수준이었다.

유니레버는 자신의 쇠퇴를 받아들이는 것 같았다. 주요 거점에서 시장점유율이 빠르게 떨어지고 있었지만 경보음은 전혀 울리지 않는 듯했다. 독일에서는 20년 만에 총매출액이 반토막 났다. 선택할 수 있는 전략이라고는 쪼그라들 대로 쪼그라든 사업체를 매각하고 시장에서 탈출하는 것이었다. 전반적인 쇠퇴는 기업 문화에 영향을 미쳤고, 조직은 오로지 내부 문제에만 초점을 맞추었다. '하나의 유니레버'를 만들겠다는 시도가 많았지만 회사는 쉽게 휘둘렸고, 직원들은 회사 전체보다는 자기의 지갑, 자기의 브랜드, 자기 부서 그리고 자기 지역에 더 많이 매달렸다. 회사에 대한 충성심과 자부심은 바닥으로 떨어졌다. 화장실에 비치된 비누는 유니레버의 비누가 아니라 경쟁사의 비누였다. 탕비실에 경쟁사의 차와 버터가 놓여 있었지만 유니레버의 마가린은 없었다.

그때 폴은 네슬레에서 최고재무책임자이자 미주 사업 책임자로 지내다 CEO로 유니레버에 발을 디뎠다. 그는 유니레버가 회사 바깥에서 영입한 최초의 CEO였다. 유니레버가 당시에 안고 있었던 수많은 문제는 지금 봐도 끔찍할 정도이지만, 유니레버가 가지고 있던 가능성은 매혹적이었다. 유니레버에는 소비자들이 사랑하는 제품을 파는 사람들로 가득 차 있었다. 목적성을 지닌 흥미진진한 조직의 심장은 여전히 거기 있었다. 비록 박동이 느리긴 했지만.

가치 있는 것들(가치관, 역량, 리더십)을 유지하면서도 시스템에 충격을 주고 기업을 예전처럼 활력이 넘치는 조직으로 되돌려 성과를 내야 했다. 짐 콜린스가 『좋은 기업을 넘어 위대한 기업으로』(김영사, 2021)에서 했던 비유를 들면 발전하면서 핵심을 강화해야 했다. 만약 성장, 투자, 혁신, 자부심, 통일성, 새로운 발상에 대한 포용성 등과 같은 기본적인 것이 갖추어지지 않는다면 나머지 것들은 저절로 무너진다. 의미 있는 큰일은 할 수도 없다. 심지어 '쓰레기 배출 최소화 zero waste'처럼 단순한 목표도 불가능해 보일 것이다.

유니레버는 반격에 나설 필요가 있었다. 직원 입장에서는 몰락하는 회사에서 일하는 것이 재미없었을 것이다. 유니레버가 맨 먼저 해야 할 일은 기본을 갖추는 것이었다. 즉 조직을 정리정돈하고, 인재를 적절한 자리에 배치하고, 전략을 예리하게 다듬는 것, 성장의 사고방식과 문화를 되살리는 것 그리고 앞으로 나아가는 것이다.

조직을 재편하다

건강한 기업의 토대가 없다면 넷 포지티브 모델을 시도해봐야 실패할 가능성이 높다. 필요한 자원과 에너지를 확보하지 못할 것이며 목적에 집중하지도 못할 것이기 때문이다. 유니레버에서 조직을 정리정돈하는 작업은 몇 가지 영역을 중심으로 이루어졌다.

1. **사업에 재투자하다**: 폴은 품질을 개선하고 경쟁력을 확보하며 핵심 사업의 활력과 성장을 재정립하기 위해 인력, 브랜드, 연구개발 그리고 제조에 대한 투자를 늘렸다. 그는 새로운 도구와 관행을 도입해 성장 목표 영역을 파악했고 비용을 절감했으며 재투자에 필요한 자본을 확보했다. 대부분의 기업에서도 그랬겠지만 그 작업은 유니레버에게도 무척 힘든 작업이었다.

첫해에 진행한 '2009년의 9개 핵심과제' 프로그램은 달성 가능한 성장과 비용 절감 목표를 직원들에게 제시했다. 글로벌 규모를 활용해 함께 협력하고 무엇을 달성할 수 있을지 증명하려고 했다. "우리는 유니레버다We are Unilever"라는 슬로건은 직원들의 마음을 사로잡았다. 지속가능성최고책임자였던 제프 시브라이트는 당시 직원들이 유니레버에서 '통일성Uni'을 느꼈다고 말한다. 또 다른 운동으로 '맥스 더 믹스Max the Mix'도 있었는데, 이것은 소비자에게 더 많은 가치를 제공하면서 회사도 더 높은 이윤을 챙길 수 있는 혁신적인 제품을 개발하는 데 초점을 맞춘 것이었다. 경영진은 연구개발의 효율성을 높이기 위해 혁신의 75퍼센트는 이윤을 늘리고 최소한의 규모의 경제를 달성해야 한다는 목표를 설정했다. 결과를 보면 새로운 시도는 평균적으로 매출액을 280만 유로밖에 늘리지 못했는데, 이것은 427억 유로라는 총매출액의 반올림 오차 수준에 불과했다.

성장을 재개하고 부가가치 창출에 기여하지 않는 비용을 제거하며 자본 운용을 포지티브 방식에서 네거티브 방식*으로 엄격하게 진행하자, 장기적이고 목적성이 있는 사업에 재투자하고 인수합병을 가속화할 수 있는 자본의 여유가 생겼다. 회사가 다시 예전의 모습을 보이자 조직의 자신감과 열정도 높아졌고, 더 많은 투자로 이어졌다. 이것이 선순환의 시작이었고 유니레버의 성장 바퀴는 점점 더 빠르게 굴러갔다.

• ESG 평가 기준에서 긍정적으로 평가되는 산업이나 기업을 투자대상에 포함하는 것이 '포지티브' 방식이고 부정적으로 평가되는 산업이나 기업을 투자대상에서 배제하는 것이 '네거티브' 방식이다.

2. 핵심가치를 기반으로 전망을 마련하다: 성장 메시지는 분명했다. 직원들이 목적, 다중이해관계자, 장기적 등과 같은 단어를 일관되게 사용하자 회사의 문화가 바뀌기 시작했다. 유니레버는 컴퍼스Compass(나침반)라는 새로운 전략 틀(프레임워크)을 만들었는데, 이것은 소비재 분야에서 승자가 될 수 있는 원칙을 설명하는 두 쪽 분량의 간단한 문서다. 유니레버라는 회사가 존재하는 이유를 명확하게 정리하는 한편 유니레버의 가치관, 행동 편향 그리고 리더십의 명확한 기준(예를 들면 성장 사고방식을 유지하는 것, 사람에 투자하는 것, 책임을 지는 것 등)을 담고 있었다. 원칙에 따라 운영되는 회사는 그때 그때 정해지는 규정이나 규칙에 따라 운영되는 회사보다 훨씬 더 효과적이다.

2010년 USLP가 설정되었고, 그로부터 1년이 지난 뒤 컴퍼스에 들어 있던 핵심적인 원칙은 새로운 사명에 맞추어 조정되었다. 이 작업을 통해 유니레버의 전략과 지속가능성 로드맵이 유기적으로 조정되고 결합되었다. 폴은 직원의 자부심을 강화하기 위한 일종의 언어 전이 차원에서, 새로운 전략은 언제나 USLP라고 말해야 한다고 강조했다. 자기의 게임을 하는 것은 중요하다. 남을 흉내 내려고 하면 아무리 잘해봐야 2등밖에 되지 못한다. 그것도 1등에게 멀리 뒤처진 2등이다.

3. 구조를 단순화해 속도를 높이다: 유니레버는 탈중심화하고 복잡성을 줄이기 위해 조직을 재편했다. 경영진은 유니레버라는 회사가 독립적인 사업체들이 모여 있는 거대 기업이 아니라 강력한

브랜드를 가진 단일한 기업으로 소비자에게 인식되길 원했다. 하지만 이것과 동시에 경쟁이 치열한 여러 시장에서 이길 수 있을 만큼 회사가 민첩하길 원했다. 그러려면 균형이 필요했다. 유니레버는 시장에서 더 빠른 피드백을 받고, 전달 과정에서의 의미 누락 현상을 최소화하기 위해 단순한 구조로 전환했다. 유니레버는 식품, 다과, 건강 및 미용, 가정 및 개인 관리 등의 주요 제품을 중심으로 조직 재편을 단행했다.

4. **이사회를 활성화하다**: 어떤 회사도 이사회의 지원 없이는 장기적으로 성공할 수 없다. 회사의 경영진은 단기 성과를 내라고 압박하는 주체로 이사회를 맨 먼저 꼽는다.[3] 이런 간극이 발생되는 원인으로는 이사회 구성원이 ESG가 무엇을 의미하며, 이것이 전략과 어떻게 연계되는지, ESG를 감독하는 방법은 무엇인지, 높은 외부 기대치에 대비하는 방법이 무엇인지 등을 이해하지 못한다는 사실을 꼽을 수 있다. 유럽연합의 기업을 대상으로 한 설문조사에서 이사진의 34퍼센트만이 기후변화에 대한 지식을 갖고 있다고 응답했는데, 반면 금융에 대한 지식을 갖고 있다고 답한 비율은 91퍼센트였다.[4] 이사진은 대부분 지금과는 다른 시대에 성장한 구세대에 속하고, 또 회사가 ESG 목적에 초점을 맞추는 것을 불편하게 여긴다. 그들은 회사가 ESG 관련 문제를 해결하려고 나설 때 더 많은 위험에 노출될 것이라고 걱정한다. 하지만 사실은 정반대다. 지속가능성과 관련된 문제들을 이해하고 관리할 때 위험은 줄어들고 기회는 늘어난다.

유니레버는 이사회를 장기적인 사업 모델을 지원하는 이사회로 바꾸어놓았다. 먼저 이사회의 인종적 다양성을 증가시켰다. 영국에서 성별 균형을 유지하는 이사회는 유니레버의 이사회가 유일할 정도다. 유니레버는 기후변화에서부터 음식의 미래까지 다양한 분야에서 상당한 지식을 지닌 사람을 이사회 구성원으로 모셨다. 유니레버의 경영진은 회사의 여러 활동에서 이사회를 전면에 내세웠는데, 그 덕분에 협상의 상대를 설득하는 성공률이 크게 높아졌다. 이사회가 경영진의 의도를 전적으로 이해하고 동조할 때 지속가능성은 회사의 DNA에 깊이 녹아든다. 크래프트하인즈가 유니레버를 인수하려고 시도하는 동안에도 유니레버의 이사회는 검증을 받았는데, 이때 이사회는 USLP를 고수하고 강화하는 것에 경영진과 하나가 되어 움직였다.

5. **직원들을 사명과 연결시키다:** 직원들의 믿음을 바꾸는 일은 조직의 구조를 바꾸는 것보다 훨씬 어렵다. 이전 경영진의 사임과 새로 선임된 CEO, 새롭게 설정된 강력한 목표는 많은 직원들에게 회의적인 관점을 지니게 했다. 게다가 당시는 회사를 활성화하려는 많은 시도가 실패한 뒤였다. 일부 직원에게는 USLP가 터무니없어 보였을 것이다. 유니레버는 컴퍼스를 이용해 모든 직원이 변화에 참여하도록 했다. 허니웰 CEO 래리 보시디의『실행에 집중하라』(21세기북스, 2004)의 내용을 빌려 17만 직원 모두에게 '3+1' 즉, 컴퍼스와 연결된 기업의 세 가지 목표와 개인이 해야 하는 한 가지 목표를 작성하라고 했다. 당시 유니레버의 인사

담당 책임자였던 샌디 오그는 고위경영진은 직원들이 작성한 계획서 몇 개를 읽어보고 해당 직원에게 전화를 걸어 "당신은 정말 멋지고, 당신이 하려는 일도 훌륭하다"라며 격려했다고 한다. 그런데 어떤 때는 "스웨덴에 있던 직원에게 전화를 걸어서 '당신이 작성한 '3+1' 계획서를 읽어봤는데 별로 좋지 않네요. 좀 더 노력해야겠어요'라고 말하기도 했다"라고 밝혔다.[5]

직원들에게 올바른 신호를 보내다

기본에 충실하는 것만으로는 수익 창출 토대를 마련하기에 충분하지 않았다. 경영진은 새로운 방향에 대해 명확한 신호를 보내야 했다. 리더는 자기가 하는 말과 행동 사이의 간극이 생기지 않도록 메시지, 약속, 태도에서 완벽한 일관성을 보여야 한다. 직원은 리더가 하는 말보다 행동을 더 잘 기억한다. 리더가 하는 말이 행동과 다를 때 누가 이 리더의 지시를 진지하게 받아들이겠는가?

폴이 투자자에게 앞으로 분기별 성과 및 전망을 내놓지 않겠다고 말한 것은 강력한 신호를 보내는 것이었다. 이 조치는 회사 조직에 더 큰 영향을 미쳤다. 폴이 보낸 신호는 관리자가 더 크게 생각해야 하고, 혁신과 정체된 브랜드에 투자해야 하며, 장기적인 차원의 의사결정을 내려야 한다는 내용을 담고 있었다. 이것은 분기별 목표치를 맞추기 위해 재무제표의 숫자를 조작하는 공공연한 악습과는 뚜렷하게 대비되는 것이었다.

유니레버의 경영진은 재활성화된 사명과 장기적인 전망으로 조직을 재편해야 한다는 신호를 회사 구석구석에 전파했다. 예를 들어 유니레버는 분기별 수익 산정을 하지 않는 대신 260억 달러 규모의 자기(직원들) 연금이 어떻게 관리되고 있는지 조사했다. 여느 펀드 운용사와 마찬가지로 유니레버는 화석 연료를 포함한 시장에 자금을 투자하고 있었다. 단기 수익을 노리며 석탄 회사에 연금을 투자하면서 한편으로는 장기적인 전망과 기후변화를 이야기한다는 것은 어불성설이었다. 또한 기후변화 때문에 심각한 타격을 입을 것이 분명한 유니레버가 이런 위기를 조장하는 기업에 투자한다는 것은 사실상 자해 행위였다.

유니레버는 연금 펀드를 유엔의 책임투자원칙PRI, Principles for Responsible Investment에 기반해 투자하게 하겠다고 약속했다. 유엔의 책임투자원칙은 ESG 성과를 고려하는 것이었다. 아울러 연금 펀드 매니저에게 제공되는 인센티브는 분기별 기준이 아니라 장기적인 기준으로 바꾸었다. 그러자 연금 펀드의 실적이 좋아지기 시작했다. 회사도 자금 조달에서 일관성을 유지하며 창의성을 발휘했다. 유니레버는 남아프리카공화국, 중국, 터키 그리고 미국에 지속가능한 공장을 건설하기 위해 3억 360만 달러 규모의 채권을 발행했는데, 이것은 기업이 발행한 최초의 지속가능성 채권이었다.[6]

유니레버는 임원 보상 체계도 개편했다. 2000년대에 매출이 줄어드는 상황이 이어질 때조차 회사는 임원에게 주는 상여금은 높은 수준으로 유지했었다. 성과와 보상의 불일치는 성장을 추구하고자 하는 의욕을 떨어뜨렸다. 유니레버는 같은 직급에 속한 사람들은 전 세계적으로 어느 지역에서든 세후 소득 기준으로 동일한 급여를 받을 수 있도록 체계를 조정했다(또한 자기의 급여를 스스로 정할 수 있던 장치도 없었다). 그 외에도 다양한 조직적 신호를 보냈다. 이를테면 USLP의 목표와 우선순위를 반영하도록 공급업체의 자격 조건을 수정한다든가, 재무 성과와 ESG 성과를 하나의 문서에 담는 것으로는 거의 최초라고 할 수 있는 통합 연차보고서를 발행한다든가, 인권 보고서 및 현대판 노예제도 보고서를 발행한다든가, 세법을 발표한다든가, 직원 채용 정책을 바꾼다든가, 경영진 비율 및 급여에서 성 불평등을 개선한다든가(유니레버는 2019년에 50대 50 비율을 달성했다), 이사회에 성별 및 인종적 다양성을 보장한다든가 하는 것이다. 이런 노력이 하나로 합쳐져 두 배 세 배의 효과가 나타났고 변화는 가속화되었다. 일관성은 신뢰뿐 아니라 더 많은 행동을 이끌어냈다.

또한 올바른 핵심성과지표KPI는 회사가 장기적으로 다중이해관계자의 이익을 지지한다는 명확한 신호를 보냈다. 올바른 신호를 보내는 데는 집중과 헌신뿐 아니라 용기가 필요했다. 하지만 정말 조금도 필요하지 않았던 것이 있다. 그것은 바로 돈이다. 회사가 어디에 신경을 쓰는지, 회사 운영 전반에 걸쳐 어떻게 가치관을 조화롭게 조정하는지 신호를 보내는 데는 비용이 전혀 들지 않았다. 그렇다면 그렇게 하지 않을 이유가 없다.

경영진을 재편하다

유니레버의 마케팅 책임자로 브랜드에 회사의 목적을 불어넣는 일을 했던 마크 매튜는 "만일 소비자의 마음속에 있는 브랜드를 바꾸고 싶다면, 직원들 특히 리더의 마음속에 있는 브랜드부터 바꿔야 한다"라고 말한다.[7]

유니레버가 조직을 정리정돈하는 작업에서 가장 큰 비중을 차지했던 것은 인사였다. 회사는 커다란 변화를 위해 인재를 적재적소에 배치해야 했다. 유니레버는 외부 회사에게 고위경영진을 평가하는 일을 맡겼다. 이를 통해 문화와 역량에 대한 그들의 통찰 수준이 낮다는 사실이 드러났다. 전반적으로 호기심이 적고 사고의 다양성이 부족하며 전 세계의 주요 동향에 대한 인식이 모자랐다. 2011년 유니레버의 인력관리부를 떠맡았던 최고운영책임자 더그 베일은 이를 "시스템적으로 생각하는 경향이 부족했다"라고 말한다.

초기 몇 달 사이 인사이동은 극적이라고 할 수준으로 대폭 이루어졌다. 건설적인 비판을 하는 사람은 조직에 있어도 괜찮지만 처음부터 끝까지 냉소로 일관하는 사람은 조직에 해롭다. 이런 사람을 생산적인 직원으로 바꾸어놓으려는 노력에 시간을 허비하는 회사는 어디에도 없다. 경영진 중에도 몇몇이 회사의 목적에 관심이 없다고 밝혔는데, 여기에는 당시 마케팅을 책임지고 있던 사람도 포함되어 있었다. 상위 100명의 임원 가운데 약 70명이 대대적으로 물갈이되었다.

인사 방식도 재조정해야 했다. 경영진은 직원의 평가를 USLP와 연동시켰다. 목적 지향적인 성과 문화를 만들기 위함이었다. 최고 경영진들은 미래의 성공에서 가장 중요한 업무를 맡았다. 유니레버는 커뮤니케이션, 마케팅, 지속가능성을 하나의 업무 즉 최고마케팅책임자라는 직책으로 통합했으며, 이 직책을 맡은 사람은 USLP를 회사에 내재화시키는 일을 담당했다. 이 직책을 처음으로 맡았던 키스 위드는 조직 내외부를 향한 메시지가 일관성을 유지하도록 하는 것이 자신의 역할이었다고 말한다. 그는 "유니레버는 USLP를 실현하는 데

도움이 되는 조직상의 체계를 구축했다"라고 말한다.[8]

또한 전략을 통합하고 일관성을 유지하기 위해서는 연구개발, 영업 및 고객 발굴, 마케팅, 공급망, 재무 등과 같은 주요 부서들이 적절한 역량을 갖추어야 했다. 대부분의 기업에서 재무 영역은 가장 바꾸기 어려운 분야로 유니레버에서도 다르지 않았다. 재무 담당 임원은 그 누구보다 투자자에 예민하게 반응한다. 또한 이들은 위험을 회피하는 경향이 있었다. 폴은 CFO이던 그래임 피케틀리에게 세계지속가능발전기업위원회WBCSD, World Business Council for Sustainable Development의 가치재규정Redefining Value 프로젝트와 같은 회의에 유니레버 대표로 참석하도록 했다. 뿐만 아니라 피케틀리는 글로벌 협의체인 기후 관련 재무정보공개 태스크포스TCFD의 부의장도 맡았다.

유니레버에서 이루어진 이런 식의 인사이동은 직원들이 회사의 목적과 사명을 진정으로 이해하는 데 도움이 되었다. 조직을 정리정돈하겠다는 이 모든 작업은 직원들에게 올바른 신호를 보냈고 유니레버의 심장을 더 세차게 뛰게 만들었다. 하지만 이런 것들은 어디까지나 기본적인 사항이었다. 힘든 일이긴 했지만 새로운 것은 아무것도 없었다. 한 단계 더 높은 수준에 도달하려면 더 많은 것이 필요했다. 유니레버는 목적을 지녀야 했다.

◀◀ 기업이 목적을 찾아야 하는 이유

기업이 나아갈 방향인 분명한 목적을 지닌다는 것은 회복력을 갖추게 해준다. 이것은 실패를 딛고 일어나서 성공으로 나아가게 해주며, 무관심을 극복하고 적극적인 참여를 이끌어내며, 경멸하는 마음 대신 존중하는 마음을 지니게 해준다.

과연 기업의 목적은 무엇일까? 옥스퍼드대학교 경영대학의 기업 미래The Future of the Corporation 프로그램 책임자 콜린 메이어Colin Mayer는 "기업의 목적은 이득을 창출하는 방식으로 문제를 해결하는 것이지, 문제를 발생시키거나 문제를 이용하는 방식으로 이득을 창출하는 것이 아니다"라고 말했다.[9] 이 말은 "자기 몫으로 챙기는 것보다 더 많은 것을 남에게 베푸는 것"이라는 뜻을 전술적으로 잘 포장한 표현이다. 조금 더 깊이 들어가서 말하면, 기업의 목적은 기업이 존재해야만 하는 지속적이고도 의미 있는 이유를 드러내야 한다. 기업이 수행하는 모든 활동은 이런 목적을 수익성 있게 또 장기적으로 실현하는 데 초점을 맞추어야 한다([상자3-1] 참조).

상자3-1 | **기업의 목적에 대한 질문**

'산림 파괴 제로zero deforestation'나 인권 존중이라는 목적을 지향하겠다는 약속은 회사 차원에서 전략적으로 이루어져야 한다. 당신 회사의 목적이 다음에 제시하는 다섯 가지 질문에 "예"라고 대답할 수 있는지 살펴라.

1. 그 목적이 회사의 현재 성장과 수익성에 기여하는가?
2. 그 목적이 전략적 의사결정과 투자에 영향을 미치는가?

"지속가능성을 일상화하겠다"라는 유니레버의 목적선언문과 비슷한 것을 마련한 기업이 많이 있다. 예를 들면 다음과 같다.

- **바이엘**: 모두가 건강하게, 아무도 굶지 않게
- **링크드인**: 전 세계 일터의 사람들에게 경제적 기회를 제공한다
- **테슬라**: 전 세계가 지속가능한 에너지로 전환하도록 촉진한다
- **팀버랜드**: 사람들에게 더 나은 삶을 살아가는 데 도움이 되는 것을 제공한다
- **이케아**: 많은 사람에게 보다 나은 일상을 제공한다
- **슈나이더일렉트릭**: 모든 사람이 우리의 에너지와 자원을 활용할 수 있도록 한다

기업이 내건 약속을 조직 구석구석에 녹여내는 것은 개별 제품에 대한 목적선언문도 개발한다는 뜻이다. 마즈Mars는 세계 최대의 반려동물 돌봄 사업을 하고 있는데 "반려동물을 위한 더 나은 세상을 만든다"라는 목적을 지니고 있다. 유니레버의 도브 브랜드는 "소녀들이

• 어떤 기업이 고객에게 어떤 가치를 제공하겠다고 명확하게 제시하는 내용

자존감을 높이는 데 도움을 준다"라는 목적이 있고, 크노르는 "건강에 좋고 영양가 있는 식품을 모든 사람이 쉽게 사서 먹을 수 있도록 한다"라는 목적이 있다.

기업의 목적은 브랜드 이해관계자를 올바른 쪽으로 인도한다. 또한 인수합병을 비롯한 전략적 차원의 기업 확장에 도움이 된다. 실제로 유니레버는 목적의식으로 운영되는 기업 수십 개를 인수했다.

회사의 처지를 반전시키는 방법으로 목적을 사용한 회사는 유니레버 말고도 많다. 예를 들어 위베르 졸리가 이끌었던 베스트바이가 그렇다. 졸리는 2012년 위기를 맞은 전자제품 소매유통업체 베스트바이에 CEO로 취임했다. 이때 그는 회사의 수익을 높이는 한편 비용을 절감해야 했다. 졸리는 "회사가 성장할 때 사람들에게 어떤 모습으로 비치길 바라는가?"라는 질문을 스스로에게 던졌다. 대답은 단순히 제품을 판매하는 데 그치지 않고 기술을 통해 사람들의 삶을 풍요롭게 만드는 것이었다.[10] (특히 아마존 때문에) 소매유통업이 쇠퇴하는 시대에 베스트바이가 설정한 이 목적은 혁신의 원동력이 되었다. 현재 이 회사의 시가총액은 2012년 시가총액의 네 배가 되었다.

기업의 목적은 고층 빌딩을 지탱하는 기둥처럼 조직이 더 높이 성장할 수 있게 해준다. 그런데 어떤 회사는 이 기둥을 땅속 깊이 묻지 않는다. 근본적인 문제가 있더라도 겉치레만 번드르르하게 하고 좋은 이야기만 한다. 엔론의 파산이나 보잉 737 맥스의 안전 문제* 등

---

* 2018년 10월 보잉 737 MAX은 출시된 지 3년 만에 똑같은 양상의 사고가 잇달아 발생하면서 기종 자체에 심각한 결함이 있는 것으로 밝혀졌는데, 결국 이 기종은 2019년 초에 전 세계에서 운항이 중단되었다.

과 같은 사례는 겉으로만 그럴듯한 기업의 사명에서 비롯된 것이다. 목적만 가지고서는 세상을 위해 봉사한다고 볼 수 없고 또 그렇게 되지도 않는다. 서비스와 가치관, 행동 등이 기본적으로 그 목적에 녹아들어 있어야 한다.

담배 회사 필립모리스는 흡연권이라는 목적을 지니고 있다. 그러나 만약 당신 회사의 핵심 제품이 지구를 죽이거나 사람이 살 수 없는 곳으로 만든다면, 그 목적은 과연 얼마나 가치가 있을까?

투자은행의 목적도 마찬가지다. 많은 투자은행이 자기의 목적에 대해 번드르르하게 말하지만, 만약 그들이 지속가능성을 추구하는 기업에 투자하지 않는다면 결국 그들의 투자자금은 지구를 고갈시키는 기업에 흘러간다. 프랑스의 선도적인 보험사 AXA는 2015년 투자 포트폴리오에서 석탄을 제외했는데, 이것은 "중요한 것을 보호함으로써 인간의 발전에 기여하는 행동을 한다"는 명시적인 기업 목적을 달성하기 위한 조치였다. 목적을 실천한다는 것은 단순하게 좋은 행동 하나를 선택하는 것이 아니라 모든 행동에서 일관성을 유지하는 것이다.

1. **목적을 법적 구조로 보장하라**: 기업이 다중이해관계자의 이익을 추구하는 회사임을 분명히 하려면 비콥B Corp 인증을 받아서 비콥benefit corporation(베네피트 기업)이 되는 방법이 있다. 비콥은 수익 극대화를 추구하는 전통적인 기업과 다르게, 기업의 목적을 모든 것의 중심에 놓고 선한 일을 하는 도구로 기업을 사용하겠다는 상호의존선언문Declaration of Interdependence에 서명한다. 만약 어떤

비콥이 원칙을 충실하게 지킨다면 이 기업은 넷 포지티브의 길로 나아가는 것이 분명하다. 작은 회사들만 이렇게 하는 것이 아니다. 프랑스의 식품 대기업인 다농은 상장기업으로는 최초로 비콥 인증을 받았던 브라질의 나투라*를 제치고 세계 최대의 비콥이 되었다.[11] 비콥은 74개국에 3,500개가 있고 이 숫자는 지금도 빠르게 늘어나고 있다.

한 단계 더 나아가 이익 법인이 되어 법적 구조에 목적을 심을 수도 있다. 유럽에서 다농은 프랑스 상장 기업 중 최초로 ESG 목표와 목적을 정관에 공식적으로 포함시켰다.[12] 놀랍게도 99퍼센트의 주주가 이러한 움직임을 지지했다. 유니레버는 운 좋게도 이 운동의 선구자였던 아이스크림 회사 벤앤제리스를 인수했고, 그 어떤 유니레버의 사업보다 더 나은 성과를 거두며 좋은 문화를 만드는 데 도움을 주었다.

2. **목적은 성과를 높인다:** 고성장 기업의 요인을 8년 동안 연구한 논문에 따르면, 성장에는 혁신과 같은 전통적인 동인 외에 다른 요소도 중요했다. 이 논문의 연구자는 뜻밖에도 목적이라는 요소가 "통일된 조직, 동기부여된 이해관계자, 수익성 있는 성장"을 창출했음을 발견했다.[13] 또 목적은 유능한 인재를 끌어들이고 직원의 적극적인 참여를 유도하며 심리적 차원의 복지를 제공했다. 선명한 목적을 지닌다는 것은 다른 어떤 것과도 비교할 수

• 자회사로 더바디샵을 보유한 화장품 기업

없는 흥분감을 만들어낸다.

저스트캐피털이 목적과 사회 공헌 수준을 기준으로 선정한 100대 기업은 다른 기업들에 비해 5년 동안 총주주수익률이 56퍼센트나 높았다.[14] 또한 영국의 회계법인 딜로이트의 조사에 따르면, 목적 지향적인 기업은 혁신 수준이 30퍼센트 더 높고, 직원 이직률은 40퍼센트 더 낮았다.[15] 게다가 영국의 비콥들은 전체 경제성장률보다 28배 높은 성장률을 3년 동안 기록했다.[16]

목적은 고객도 끌어당긴다. 소비자의 3분의 2가 목적을 추구하는 브랜드라면 유명하지 않은 브랜드라도 선택할 수 있다고 말하고, 그중 70퍼센트는 지속가능한 제품이라면 가격이 상대적으로 높더라도 기꺼이 그 제품을 선택하겠다고 말한다.[17] 또한 구글에 따르면 사람들이 온라인에서 제품을 찾을 때 '지속가능성'이라는 키워드를 2015년에 비해 2020년에 10배 더 많이 검색했다.[18] 목적 지향적인 기업은 지속가능하고 윤리적인 제품이 거래되는 수조 달러 규모의 시장에 쉽게 진입할 수 있을 것이다.[19]

목적을 찾는 경로는 여러 가지가 있다. 유니레버는 회사의 원래 사명을 재발견하는 것을 포함해 몇 가지 방법을 사용했다. 고위경영진과 모든 직원이 각자 개인의 목적을 찾을 수 있도록 지원했으며, 세상이 필요로 하는 것이 무엇인지 살피는 외부적 관점을 적용했다. 이때 어떤 문제를 중요하게 다루어야 할지 판단이 필요하다면 유엔의 SDGs를 참조했다.

기업에게는 목적과 성과 두 가지가 모두 필요하다. 유니레버는 이 둘에 모두 의지했던 역사를 지니고 있다.

◀ 유니레버의 목적을 찾아서

유니레버에게는 과감한 변화가 필요했다. 폴은 CEO직 제안을 수락하기 몇 주 전 유니레버의 길고 복잡한 역사를 공부했다. 1878년 레버 형제가 비누 공장 인근에 만들었던 노동자를 위한 공동체 마을 포트선라이트를 방문한 것도 그런 노력의 일환이었다. 레버 형제는 공장을 전면 가동하기도 전에 노동자와 그들의 가족이 사용할 주택, 학교, 건강관리 시설 그리고 극장과 미술관을 지었는데 그곳이 바로 영국의 위럴 지역에 있는 포트선라이트 마을이다.

그로부터 131년이 지난 뒤 폴은 유니레버의 모든 것이 시작된 바로 그 장소를 굳이 선택해 첫 번째 고위경영진 회의를 열었다. 주제는 유니레버라는 회사를 위대하게 또 지속되게 만들었던 가치는 무엇인가 하는 것이었다. 레버 형제는 빅토리아 시대 영국인의 건강 상태를 개선하겠다는 목적을 갖고 선라이트 세제와 라이프보이 비누라는 두 개의 브랜드를 만들었다. 레버 형제는 19세기에 이미 기업이 소비자와 함께 번영을 누리고 사회에 공헌한다는 관점을 지니고 있었던 것이다. 초기 목표는 "청결을 일상화하고 여성의 가사노동을 줄이는 것"이었다.[20] 요컨대 도덕적 자본주의를 채택했던 것이다.

모든 것이 순탄하지만은 않았다. 벨기에 정부의 도움을 받아 콩고에서도 포트선라이트와 똑같은 마을을 만들려고 했지만 실패했다. 그 바람에 강제노동 농장이라는 골치 아픈 문제도 발생했다.[21] 그럼에도 레버 형제는 진보적인 태도를 잃지 않았다. 유니레버는 연금과 주 6일 근무가 보장된 최초의 영국 회사였다. 노동자가 제1차 세계대

전으로 징집되었을 때도 이들을 해고하지 않았을 뿐만 아니라 남아 있던 가족에게 그 노동자들이 받던 임금을 계속해서 지불했다. 그로부터 한 세기가 지나고 폴의 후계자인 앨런 조프가 팬데믹이 시작된 뒤 여러 달 동안 노동자의 일자리를 보장한 것은 우연이 아닐 것이다.

유니레버 지속가능한 삶 계획USLP

사회에 공헌한 유니레버의 역사에 집중해 조직 정비 작업을 한 지 2년이 지나자 한층 더 공식적이고 통일된 전략이 필요했다. 더 멀리 앞을 내다보고 기업계의 지형을 올바르게 이해해야 했다. 그렇지 않으면 과거 향수에 젖어서 빠져나올 수 없었다.

이에 2010년 유니레버는 USLP라는 장기적인 경영 전략을 발표하고 실행에 들어갔다. 기업이 쇠퇴하는 것을 막고 기업의 목적과 정체성을 재발견하는 것이 USLP의 핵심이었다. USLP는 원대한 야망으로 목적의 위상을 '하면 좋은 것'에서 '성공하려면 반드시 해야 하는 것'으로 높였다. 유니레버의 지속가능성 책임자였던 개빈 니스Gavin Neath가 말하듯이, 폴은 기업의 목적을 "회사의 중심 전략으로 만들었고, 우리는 지표를 설정했고 직원이 이것을 달성하면 보상했다."[22]

"지속가능성을 일상화하겠다"라는 목적은 사회에 긍정적인 영향을 미치겠다는 목표로 구체화되었다. USLP는 10년 안에 다음을 달성하겠다는 담대한 목표를 세웠다.

- 우리는 10억 명 이상의 사람들이 건강과 복지를 개선하도록 돕는다
- 우리는 환경에 미치는 영향을 절반으로 줄인다

- 우리는 기업의 성장을 통해 수백만 명의 생계 수준을 높인다

환경에 미치는 영향을 절반으로 줄인다는 목표는 기업의 성장을 자원 사용으로부터 분리하겠다는 의미를 담고 있다. 예전보다 더 적은 자원을 사용해 성장하겠다는 뜻이다.

실제로 녹색 에너지만 사용하는 목표를 세우는 등 몇몇 목표는 더 멀리까지 나아갔다. 원재료나 부품을 100퍼센트 지속가능한 것으로만 사용하겠다는 것처럼 기준을 개선한 것도 있다. 그때가 2010년이라는 점을 상기하면 매우 공격적인 목표였다. 매출액 규모가 400억 달러였던 회사였기에 더욱 그러했다. 나머지 다른 두 개의 목표가 사회적 영향에 관한 것이었으므로 USLP의 의도는 넷 포지티브로 나아가는 것이었다.

이 세 가지 주요 목표 아래 보건 위생, 영양, 온실가스, 물, 쓰레기, 지속가능성을 보장하는 원재료, 더 나은 생계라는 일곱 개의 하위 범주가 있었다. 마지막 범주는 사회적인 의제 전반을 아우르는 것으로 나중에 유니레버의 지속가능성 부문 글로벌 책임자 마르셀라 마누벤스에 의해 직장 내의 공정성, 여성의 기회, 포용적인 기업이라는 세 가지 의제로 세분되었다([도표3-1] 참조).

USLP 이전에는 소수의 사명 지향적인 민간 기업만이 넷 포지티브 기업으로 존재하겠다는 계획을 세웠었다. 파타고니아, 이케아, 마즈 그리고 '미션 제로Mission Zero'* 목표를 설정한 인터페이스 등이 그

- 기업 활동이 지구에 부정적인 영향을 미치지 않도록 하겠다는 선언

도표3-1 유니레버 지속가능한 삶 계획

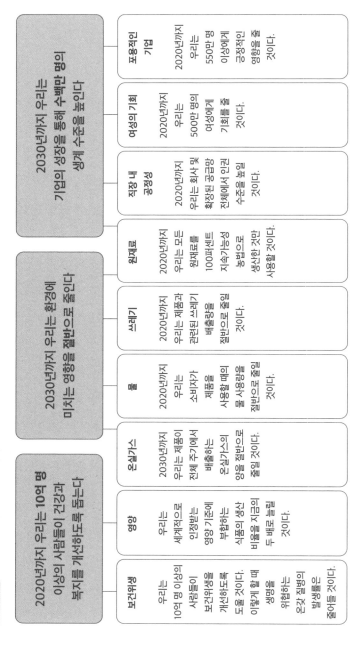

2020년까지 우리는 10억 명 이상의 사람들이 건강과 복지를 개선하도록 돕는다				2030년까지 우리는 환경에 미치는 영향을 절반으로 줄인다				2030년까지 우리는 기업의 성장을 통해 수백만 명의 생계 수준을 높인다		
보건위생	영양	온실가스	물	쓰레기	원재료	직장 내 공정성	여성의 기회	포용적인 기업

보건위생
우리는 10억 명 이상의 사람들이 보건위생을 개선하도록 도울 것이다. 이렇게 할 때 생명을 위협하는 온갖 질병의 발생률을 줄이들 것이다.

영양
우리는 세계적으로 인정받는 영양 기준에 부합하는 식품의 생산 비율을 지금의 두 배로 늘릴 것이다.

온실가스
2030년까지 우리는 제품이 전체 주기에서 배출하는 온실가스의 양을 절반으로 줄일 것이다.

물
2020년까지 우리는 소비자가 제품을 사용할 때의 물 사용량을 절반으로 줄일 것이다.

쓰레기
2020년까지 우리는 제품과 관련된 쓰레기 배출량을 절반으로 줄일 것이다.

원재료
2020년까지 우리는 모든 원재료를 100퍼센트 지속가능성 농법으로 생산한 것만 사용할 것이다.

직장 내 공정성
2020년까지 우리는 회사 및 확장된 공급망 전체에서 인권 수준을 높일 것이다.

여성의 기회
2020년까지 우리는 500만 명의 여성에게 기회를 줄 것이다.

포용적인 기업
우리는 2020년까지 550만 명 이상에게 긍정적인 영향을 줄 것이다.

136
넷 포지티브

런 기업이었다. 대형 기업에는 광범위한 지속가능성 목표가 거의 존재하지 않았다. 그러다 2007년 영국의 소매유통업체 막스앤스펜서가 기업 운영, 원재료, 고객 및 제품, 보건복지 등의 범주에서 약 100개의 지속가능성 목표를 설정한 '플랜 A'를 내놓았다(이 이름은 플랜 B가 따로 있을 수 없다는 이유로 붙여졌다). 유니레버는 매우 세부적이고 첨단적인 이 계획에 영감을 받았다.

USLP는 새로운 지평을 열었다. 10억 명이라는 차원이 다른 규모로 목표와 포부를 설정했으며, 10년 혹은 20년을 내다볼 정도로 시간 지평을 넓혔으며 현상 유지가 아니라 '줄인다'라는 발상을 도입했으며, 모든 브랜드 및 전체 가치사슬을 아울렀다. 또한 USLP는 회사뿐만 아니라 전체 시스템에 대한 목표 몇 가지도 설정했다. 단순한 전략이나 전술 이상이었다. 즉 USLP의 'P'는 계획plan이 아니라 철학philosophy을 뜻한다고 볼 수도 있었다. USLP는 빠르게 진화하는 세상에 대비하겠다는 포부이자 방법이었다.

USLP는 측정 가능한 결과라는 측면에서 많은 목표를 달성했다([상자3-2] 참조). 유니레버로서도 기업의 가치관을 만들고 실행하는 과정에서 많은 것을 배웠다. 그럼 이제부터 무엇이 효과가 있었는지, 성공하기 위해서는 무엇이 필요했는지, 나중에 다시 한다면 어떻게 할 것인지에 대해 살펴보자.

1. **USLP의 효과**: USLP는 두 가지 중요한 일을 했다. 세상을 향해 "우리는 모든 것에 대한 정답을 갖고 있지 않다"라고 말해 유니레버를 친근하고 인간적인 회사로 만들었으며 "우리는 그것을

USLP의 성공

10년을 바라보았던 USLP의 목표는 2020년 대부분 달성했으며 초과달성한 목표도 있다. 예를 들면 다음과 같다.

- 비용을 12억 유로 이상 절감했다.
- 13억 명의 보건위생 개선을 도왔다.
- 생산 과정에서 전기를 100퍼센트 재생 가능 에너지로 사용했다.
- 생산 과정에서 사용되는 에너지로 인한 이산화탄소 발생량을 65퍼센트 줄였다.
- 여성 직원 비율을 51퍼센트로 늘려 경영의 성 평등을 실현했다.
- 지속가능 원재료를 14퍼센트에서 67퍼센트로 늘렸다.
- 제품 생산량 1톤당 물 사용량을 49퍼센트로 줄였다.
- 모든 공장에서 매립 쓰레기 발생량을 제로로 만들었다.*

* USLP와 관련된 더 많은 통계치는 다음을 참조하라. Unilever Sustainable Living Plan 2010 to 2020 Summary of 10 Years' Progress, Unilever, March 2021.

혼자서는 할 수 없다"라고 말해 협력관계를 구축했다.

USLP는 애초에 일종의 길잡이별 역할을 의도했다. 동시에 세상이 변화함에 따라 함께 바뀌어나갈 수 있을 만큼 유연했다. 이 계획은 기업의 핵심 사업에 덧붙여지는 CSR(기업의 사회적 책임)이 아니고 전략의 일부였다. 이것은 기업의 성장이라는 개념과 단단히 연결되어 있어 이 전략이 성공하지 못하면 시장에서 두각을 나타낼 수 없었다. 그 반대도 마찬가지였다. 초기부터 USLP는 회계컨설팅사 PwC에 의해 검증된 회사의 투명성, 책임성, 정직성 그리고 신뢰를 판단하는 도구였다. USLP에는 50개가 넘는 공공적인 목표가 포함되어 있었고 역설적으로 목적 지향적인 운동이 사회에 도움이 될 뿐만 아니라 회사의 성장에 도움이 된다는 구체적인 증거를 제공했다.

2. **USLP 성공에 필요했던 것**: 직원들과 이해관계자의 승인은 필수적이다. 어떤 기업이든 USLP와 같은 전략을 혼자 할 수 없음은 분명하다. 협력관계가 반드시 필요하다. 또한 계획을 브랜드나 부서로 밀어붙이기 전에 신뢰가 형성되어 있어야 한다. 기업이 갖추어야 하는 이 신뢰는 주로 일관성에서 비롯된다.

3. **USLP의 교훈**: 유니레버는 다른 기업이 타산지석으로 삼을 수 있는 여러 가지 실수를 했다. 우선, 계획을 이해관계자에게 설명하고 설득하려면 정기적으로 소통할 수 있는 장치가 필요했는데 이런 점을 과소평가했다. 특히 이사회는 중요한 회사 내부 이해관계자였는데, 그들에게 세계적인 차원의 기준 및 회사의 접근법을 지속적으로 교육하는 데는 예상보다 많은 노력이 필요했다. 유니레버는 이를 위해 별도의 이사회위원회를 설치했다. 이 조치는 감사위원회나 보상위원회에 안건을 하나 추가하는 것보다 나은 선택이었다(오늘날에는 보고 요건이 늘어남에 따라 이사회 산하 감사위원회 위원도 비재무 분야 보고 사항을 다룰 역량을 갖추어야 한다).
　　대외적으로는 가치 창출과 관련된 논의에 주주들을 더 참여시켰어야 했지만 그렇게 하지 않았다. 분기별로 수익을 보고하던 관행을 폐지해 투자자들과 대화할 기회는 예전보다 더 줄어들었다. 폴이 한 일도 전략적인 것이었지만, ESG 성과를 재무 성과와 연결시키는 관행을 만들었어야 했다. ESG가 중요하다는 사실*에 대해 이해 수준이 낮았고, 성과를 측정하거나 비교할 수 있는 지표가 부족했기 때문에 ESG 관련 논의는 어려웠다. 지금이야 많은 데이터를 통해 알고 있지만, 그때만 해도 ESG와 가치 창출 사이의 연관성을 입증할 증거라고는 거의 없다시피 했다. 이윤을 목적이 아닌 결과로 다루는 모델을 홍보하고자 할 때는 어떻게든 투자자들이 이런 사실을 교육받을 수 있게 해야 한다. 그렇지 않으면 그 모델을 효과적으로 실행하기 어려워진다. 유니레버는 초기 투자자 일부를 잃었으며 장기적인 모델을 받아들일 투자자들을 끌어들이는 데 예상보다 많은 시간을 썼다.

돌이켜보면 USLP의 초기 계획에서는 ESG 중 'E(환경)'가 매우 많았고 'S(사회적 의제)'나 'G(지배구조의 투명성)'와 관련된 내용은 충분하지 않았다. 유니레버는 시간이 지나 부족한 영역을 강화했고, 사람들은 코로나19와 같은 사건들로 취약한 사회 계약** 및 인종적·소득적 격차를 해소할 필요성을 느꼈다.

유니레버 리더십 개발 프로그램ULDP

USLP는 재무적인 차원은 물론 숫자로 측정할 수 없는 여러 가지

- 이것을 'ESG 중대성materiality'이라고 표현한다.
- 개인이 모여 일정한 질서와 규율 밑에 서로 협력하고 공동의 이익을 추구해 사회나 국가를 이루는 것을 계약에 따른 것으로 보는 발상이다.

영역에서 성과를 안겨주었는데, 조직 전체를 관통하는 강력한 리더가 없었다면 성공하지 못했을 것이다. 폴은 리더십 스승 빌 조지에게 유니레버의 리더십 개발 담당 부사장 조너선 도너를 도와서 임원 교육 프로그램을 만들어달라고 요청했다. 이 두 사람은 리더십 전문가여러 명을 불러 '유니레버 리더십 개발 프로그램ULDP, Unilever Leadership Development Program'을 만들었다. 이 프로그램은 1주 단위의 훈련 프로그램으로 상위 100명의 임원을 대상으로 처음 실행되었다.

이 프로그램은 뷰카VUCA 세상을 가정해 10년 안에 어떤 유형의 기업이 필요할지 탐구했다. 핵심은 임원이 각자 자기만의 목적을 찾도록 하는 것이었다. 도너는 이 프로그램을 일종의 여행에 비유해 "자기가 누구인지, 인생에서 무엇을 하고 싶은지, 이것을 자기 자신보다 더 큰 어떤 것으로 어떻게 바꿀 수 있을지 살펴보는 길고 긴 여행길"이라고 묘사했다.[23] 도너는 조지의 발상 중 하나인 '호된 시련의 장crucible'에 매료되었다. 이것은 한 사람의 인생 경로와 리더십 스타일에 영향을 미치는 변혁적 사건을 말한다. 도너는 교육받는 임원들에게 지금의 자기로 만들어준 경험을 발표하고 공유하게 했다.

이 발표는 CEO부터 해야 했다. 매우 개인적인 이야기는 정직하고 진실하기에 사람 사이의 정서적인 거리를 좁혔다. 폴은 자신의 시련의 순간들을 사람들에게 털어놓았다. 아버지가 자녀들을 위해 일을 동시에 두 가지를 하며 고생하다 생을 마감한 이야기를 했고, 세계 각지에서 모인 맹인 여덟 명과 함께 킬리만자로를 올랐던 일화(이 경험이 계기가 되어 그는 관련 재단을 설립했고, 이 재단은 지금 2만 5,000명이 넘는 아프리카 시각장애인을 후원하고 있다)를 말했으며, 뭄바이에서 겪었던 끔찍한 테러를 이야기했다. 이렇게 CEO가 시범을 보이자 다른 사람들도 한결 편안하게 개인적인 이야기를 할 수 있었다.

그들은 투명성을 받아들였다. 『하버드비즈니스리뷰』가 소개한 사례에 따르면 "이 프로그램의 어느 훈련 과정에서 같은 자리를 놓고 경쟁하는 두 사람이 개인적인 자기 발전 계획까지도 공유했다."[24] 개인적인 사항을 솔직하게 드러내고 다른 사람과 공유하는 것은 투명성과 신뢰를 심어주는 강력한 방법이다.

또한 유니레버는 최고의 검색 회사인 MWM에 의뢰해 모든 임원을 대상으로 심층 면접을 한 다음 각자의 직업적 적성과 전망을 당사자에게 알려주었다. 임원은 그 프로그램을 거치면서 스스로를 성찰했고, 철저하게 객관적인 평가에 의존해 개인적인 성장 계획도 세웠다. 폴은 임원이 작성한 수백 개나 되는 계획을 모두 읽은 다음 일일이 피드백했다. 이런 과정 덕분에 폴은 임원이 가진 재능과 그들에게 필요한 것을 잘 파악할 수 있었다.

유니레버는 이 프로그램을 회사의 상위 1,800명으로까지 확대했다. 그 뒤에 일어난 변화의 물결은 유니레버라는 조직의 에너지를 가시적으로 보여주기에 충분했다. 유니레버는 시스템(피터 센게), 리더십(밥 토머스), 지속가능성(리베카 헨더슨) 등의 분야에서 선도적인 사상가와 손을 잡고 임원이 목적을 행동으로 옮기도록 도왔다. 또한 개발도상국의 '피라미드의 밑바닥BOP, Bottom Of the Pyramid'• 시장에 대해

• BOP는 소득분포의 최하위에 있는 빈곤층을 일컫는 표현이며, 개발도상국의 빈곤 해소를 기업의 이윤 창출로 연결하는 사업을 'BOP 사업'이라고 부른다.

서도 경영 분야 구루인 프라할라드와 스튜어트 하트가 공동으로 저술한 논문「The Fortune at the Bottom of the Pyramid」의 도움을 받았다.

나중에 유니레버는 모든 직원을 대상으로 이 프로그램을 1.5일 버전으로 변형해 진행했다. 지금까지 이 프로그램을 거친 사람은 6만명이 넘는다. 유니레버의 인력담당 책임자 리나 네어는 이 프로그램에 참여한 사람은 자기의 목적과 열정, 채워야 할 역량뿐만 아니라 자신의 신체적, 정신적 복지를 어떻게 관리하고 싶은지 깨닫는다고 말한다. 이런 정보는 개인적인 차원의 계획에 통합된다.

◀ 직원 개개인의 목적을 찾아주는 일

목적은 조직 전체의 잠재력을 고무하는 가장 좋은 방법이며, 이 모든 것은 직원의 내면을 들여다보고 개인의 목적이 무엇인지 알아내는 것에서 시작된다. 회사의 정신을 고무시키는 일은 직원의 정신을 고무시키는 것에서 시작해야 한다.

네어가 말했듯이 "USLP는 직원들 덕분에 현실화된다. 직원들이 이 계획을 실현한다." 직원들이 지닌 개인적인 의미가 충족되면서 조직 전체가 같은 방향으로 나아갈 때 비로소 목표를 달성할 수 있다. 젊은 층의 노동자가 전 세계의 일자리를 채우는 최근, 이런 접근법은 훨씬 더 중요해졌다.

반려동물 건강 서비스 기업 마즈의 CEO 그랜트 리드는 Z세대가 이미 작업장을 재편하고 있으며 투명성을 요구한다는 사실을 이야기해왔다. 새로운 세대는 누구도 소외되지 않는 세계관과 제품의 지속 가능성을 원한다.[25] 혁신적이고 쉽게 만족하지 않는 이들은 곧 중요한 경제 요인으로 자리 잡을 것이다. 또한 밀레니얼 세대는 2030년까지 베이비붐 세대 부모로부터 68조 달러 이상을 상속받게 된다.[26]

딜로이트가 두 젊은 세대를 대상으로 실시한 2020년 글로벌 설문조사에서 이들의 가장 큰 관심사는 기후변화와 환경보호인 것으로 나타났다.[27] 소비자이자 직원으로서 밀레니얼 세대와 Z세대는 가치관과 지속가능성에 깊은 관심을 갖고 있음을 분명히 밝힌다.[*] 이들 가운데 3분의 2는 CSR에 관심 없는 회사에는 취직하지 않겠다고 대답한다.[28] 이에 갤럽의 연구는 "목적의식이 밀레니얼 세대를 그들의 직업과 연결시킨다"라고 결론내렸다. 만약 젊은 노동자가 자기 회사가 어떤 가치관을 대변하는지 안다면, 71퍼센트가 그 회사에 계속 다닐 것이라고 응답했다. 반면 자기가 회사의 목적을 알지 못해도 그 회사에서 버티겠다고 응답한 비율은 30퍼센트에 불과했다.[29]

유니레버의 훈련 프로그램은 개인의 목적을 회사의 목표와 이어주는 데 도움이 된다. 어떤 회사가 넷 포지티브 방향으로 나아갈 때 직원은 회사의 접근법이 무엇인지, 이 접근법의 장단점이 무엇인지 당연히 이해해야 한다. 직원이 사석에서 다음과 같은 어려운 질문에 답하고 대화 나눌 수 있도록 교육하고 준비시키는 과정을 훈련 프로그램이라고 생각하라. "포장할 때 비닐을 그렇게나 많이 사용해야 할

• 밀레니얼 세대는 1980년대 초반~2000년대 초반 출생한 세대이고, Z세대는 1990년대 중반부터 2010년대 후반에 출생한 세대다. 이 둘을 합쳐서 MZ세대라고 부른다.

까?", "회사의 공급망에서 아동노동이나 노예노동이 이루어지고 있나?", "농부에게 충분히 많은 보상을 해주어야 옳지 않을까?", "왜 아직도 화석 연료를 사용하고 있나?"

직원이 깊은 지식을 지니고 회사의 접근법을 지지할 수 있으려면 사실 이틀짜리 프로그램으로는 부족하다. 일관되면서도 광범위한 의사소통이 있어야 한다. 폴은 10년 동안 정기적으로 블로그에 글을 쓰면서 목적, 협력관계, 성과 관련 주제를 반복했다. 또 신입사원과 정기적으로 만났으며 약 1만 명이나 되는 직원이 모두 참석하는 타운홀 미팅을 가졌다. 유니레버의 국가별 리더나 지역별 리더들도 매주 80개 지역에서 타운홀 미팅을 가졌다. 그들은 좋은 성과를 낸 직원이 있으면 축하할 기회를 꼭 마련했다.

자기의 가치관을 실천하며 살아갈 기회를 제공하는 회사에는 유능한 인재가 저절로 모여든다. 유니레버는 매년 1만 5,000명을 새로 뽑는데, 지원자는 늘 200만 명이 넘는다. 그리고 약 600개 대학원 인턴 자리에 100만 명이 지원한다. 유니레버 신입직원의 4분의 3은 입사한 이유가 회사의 사명 때문이라고 말한다. 지난 10년 동안 유니레버는 구직자가 꼽은 가장 들어가고 싶은 직장 순위에서 상위권에 이름을 올렸다. 또한 링크드인의 가장 선호하는 직장 순위에서 유니레버는 애플과 구글 다음으로 꼽히며 신입사원을 채용하는 전 세계 54개국 중 52개국의 소비재 분야에서 가장 선호하는 직장으로 꼽힌다. 게다가 20개국에서는 분야를 막론하고 가장 선호하는 직장으로 꼽힌다. 2010년대 초만 하더라도 유니레버의 핵심 시장 영국과 인도 등에서도 10위권에 들지 못했다는 사실을 상기하면 놀라운 일이다.

마크 트웨인이 말했듯이 "인생에서 가장 중요한 날이 이틀 있는데, 하나는 자기가 태어난 날이고 다른 하나는 자기가 태어난 이유를 깨닫는 날이다." 자기가 진짜 자기 모습으로 바뀌어간다고 느낄 때 우리는 소속감을 느끼고 우리의 삶은 의미로 가득 채워진다. 어떤 일이든 목적이 있을 때 그 일은 인간의 깊은 욕구를 충족해준다.

직원 10명 중 9명이 유니레버에서 일하는 것에 자부심

직원에게 목적의식을 불어넣는 작업은 유능한 직원을 끌어당길 뿐만 아니라 직원의 참여도도 높여준다. 유니레버 인력관리 책임자 네어는 수십 년 동안 축적된 데이터를 통해 유니레버에서 일하는 것에 만족하는 직원의 비율이 해마다 늘어난다고 말한다. 그 데이터에 의하면 직원 중 90퍼센트 이상이 유니레버에서 일한다는 사실에 자부심을 느낀다고 답한다. 직원 참여도가 평균 15퍼센트밖에 되지 않는 오늘날의 기업계에서 이렇게 높은 수치는 매우 인상적이다.[30]

싱가포르에 본사를 둔 240억 달러 규모의 농업 회사 올람인터내셔널의 창업자이자 CEO인 서니 버기스는 직원 참여에 대해 확고한 견해를 갖고 있다.

기업이라면 기본적으로 직원에게 훈련 프로그램과 안전한 작업 환경을 제공하고, 공정한 목표를 제시해야 한다고 말한다. 이런 회사의 직원들은 "열성적으로 참여한다." 더 많은 자율성을 지니고 활동하며, 승리하는 팀의 일원으로 업무에 필요한 기술을 습득할 기회를 누린다. 그러나 사람들이 "영감"을 지니도록 만드는 일은 전혀 다른 차원의 일로 "직원은 어떤 목적을 바라보아야 한다. 그리고 노력을 기울이면 얼마든지 다른 결과를 낼 수 있음을 깨달아야 한다"라고 말한다. 이것은 이윤을 더 많이 낸다거나 코코아 열매를 더 많이 수확하는 차원의 문제가 아니라 의미를 찾는 문제다.

올람이 설정한 기업의 목적은 세계 농업과 식량 시스템을 다시 상상하는 것이다. 올람은 직원들에게 세계 농업 시스템을 재편해서 90억 명 또는 100억 명이 충분히 먹고 살 수 있도록 하되, 현재 자원으로만 계획을 수립해보라는 과제를 제시했다. 1만 8,000명이 넘는 직원들이 이 과제를 수행했다.

한편 이 식품 사슬의 다른 부분에 있는 트레인테크놀로지(건물과 주택 및 냉동식품 운송 분야에서 기후 관련 솔루션을 제공하는 세계적인 기업)는 직원 2만 5,000명을 '가능한 운용Operation Possible'이라는 혁신 브레인스토밍에 참여시켰다. 이것의 목표는 "더 나은 미래를 가로막는 부조리한 것들"로는 어떤 것이 있는지 확인하고 그것에 순위를 매기는 것이었다. 이 회사의 직원들은 "굶주림과 음식 쓰레기의 공존"을 가장 부조리한 것으로 꼽았다.

USLP 초창기에 유니레버도 모든 직원을 USLP가 제시하는 여행에 참여시키고자 했다. 당시에 글로벌 사업 및 지속가능성 책임자였던 미구엘 베이가 페스타나는 24시간 온라인 브레인스토밍 구축 작업을 했다. 이 브레인스토밍에는 2만 명이 참여해 USLP 목표 달성과 관련된 질문을 했고 해답을 함께 모색했다. 해답은 더 많은 사람을 미래 전망 논의에 참여시키는 것으로 도출되었다. 그 후 여러 해가 지나 다시 USLP를 설계할 때도 브레인스토밍 논의를 열었고 이때는 5만 5,000명의 직원이 참여했다. 그렇게나 많은 사람이 모두 회사의 미래에 자기의 미래가 달려 있다고 느꼈다는 뜻이다.

직원의 적극적인 참여가 이어지면 흥미로운 문제가 대두된다. 직원이 회사에게 더 많은 일을 하라고 압박하는 것이다. 아마존이 기후변화에 대해 선도적인 지위를 갖기 전인 2020년 이전만 해도 그들은 지속가능성에 대해 줄곧 침묵을 지켜왔다. 그런데 9,000명 가까운 직원들이 탄소중립 목표를 설정할 것, 기후문제에 소극적인 정치인에게 제공하는 기부금을 삭감할 것 등의 요구를 담은 공개서한을 CEO 제프 베조스에게 전달하면서 모든 것이 바뀌었다.[31] 직원들은 사내 기후변화 단체인 '기후정의*를 위한 아마존 노동자들Amazon Employees for Climate Justice'을 설립해 압박을 이어갔다.[32] 이처럼 직원들은 회사가 밝혔던 윤리나 가치관을 실천하지 않을 때 기업을 소셜미디어로 불러내고 심지어 기자회견을 열어 비판한다. 이런 추세가 둔화될 가능성은 거의 없다. 그러니 넷 포지티브 기업을 지향하는 CEO라면 젊은 직원을 포용해 그들이 회사를 미래로 이끌도록 만들어야 한다.

회사가 올바른 방향으로 가기만 한다면 직원의 압박은 해결해야 할 문제가 아니라 한껏 권장해야 할 바람직한 현상이다. 넷 포지티브 방향으로 달려가려는 회사에게 조직 전체에 널려 있는 공격적인 동맹자는 그 자체로 강력한 자산이다. 이 자산을 충분히 활용하라.

회사가 얻을 이익보다 앞서 생각해야 하는 것

직원 참여에 관한 논의는 대부분 생산성 향상처럼 회사가 누릴 수

---

* 기후위기에서 비롯되는 불평등과 양극화의 문제를 공정하게 바로잡는 것을 말한다.

있는 이득에서 출발한다. 하지만 회사가 직원에게 봉사한다는 목적에서 시작된다면 어떻게 될까? 그렇다면 넷 포지티브 결과인 직원 복지를 개선하는 것은 물론이고 직원들은 자발적으로 온몸을 바쳐서 일할 것이다. 이를테면 자녀를 출산하는 직원에게 출산 휴가를 넉넉히 주고 다양한 돌봄 서비스를 제공하는 운영이 그 예다.

코로나19 위기는 기업에게 커다란 시험대이자 기회였다. 기업은 직원의 요구를 어떻게 처리했을까? 직원을 숫자나 자산처럼 대했을까, 아니면 존중받을 가치가 있는 인간으로 대했을까? 회사의 직원과 지역사회 그리고 정부는 기업을 면밀히 살폈다. 협력업체에 대금을 제대로 지급하는지, 직원을 해고해야 할 때 어떤 식으로 하는지, 해고 대상자에게 정신 건강 문제나 대출 혹은 재교육 등과 관련된 도움을 적절하게 제공했는지 등등. 코로나19 시험대에서 참담하게 실패한 회사도 있다. 또 어떤 회사는 충분한 보호 장비를 지급하지 않고 직원을 위험 속으로 내몰았다. 그렇다면 직원의 적극적인 참여는 이미 물을 건너갔다고 봐야 한다.

반면 코로나19라는 위기를 성공적으로 극복한 회사는 직접 고용한 직원이나 간접 고용한 직원을 모두 잘 챙기고 돌보았으며, 협력업체 및 고객에게 재정적인 안정성을 보장했다. 유니레버는 재택근무로 전환할 때 해당 직원의 정신 건강에 신경을 써서 그 누구도 고립감을 느낀다거나 뒤처진다고 느끼지 않도록 했다. 이렇게 올바른 일을 하는 데는 비용이 많이 들지도 않는다.

위기의 순간이 아니더라도 기업은 직원이 지속가능한 삶을 살 수 있도록 지원할 수 있다. 예를 들어 골드만삭스는 미국의 전 직원에게 집에서 청정에너지를 사용할 수 있도록 지원하고 전기 자동차를 구입할 때는 보조금을 지급했다.[33] 휴렛팩커드HP, 로레알, 필립스반휴센PVH, SAP, 월마트 등을 포함한 수백 개의 회사는 '투표할 시간Time to Vote' 운동에 참여해 선거일을 휴무일로 지정하고 직원이 시민의 의무를 다하도록 했다. 2020년 갭의 자회사인 올드네이비는 투표소에서 자원봉사 활동을 한 직원에게는 8시간 근무에 해당하는 급여를 지급하기도 했다.[34]

점점 더 많은 사람이 거리 시위, 소셜미디어 등으로 자기 목소리를 내고 싶어 하면서 기업은 선택의 순간을 자주 맞이할 것이다. 컨설팅업계의 거물 맥킨지는 2021년 초 잘못된 선택을 했다. 러시아에서 정부 반대파 지도자 알렉세이 나발니를 지지하는 시위가 커지자, 맥킨지 모스크바 지사는 직원들에게 이메일을 보내 "직원의 시위 참여는 허가하지 않는다. 직원은 공공장소에서 멀리 떨어져 있어야 한다. 어떤 매체에든 시위와 관련된 게시물을 올리지 마라. 이런 행동 방침을 의무적으로 지켜야 한다"라고 지시한 것이다. 아무리 러시아라는 사실을 감안하더라도 이런 조치는 시베리아 수준으로 차가웠고 직원들의 사기를 꺾었다.

이와는 대조적으로 파타고니아와 러쉬는 기후문제의 절박성을 호소하는 행진이 전 세계적으로 이어지고 있을 때 직원들이 그 시위에 동참하도록 가게 문을 닫았다. 호주의 소프트웨어 회사 아틀라시안은 직원이 기후문제 활동가가 되는 것을 적극적으로 장려한다. 창업자 마이크 캐넌 브룩스는 "지구를 엿먹이지 마Don't fuck the planet"라는 직설적인 제목의 블로그 글을 통해 직원이 적어도 1년에 한 주는 유급으로 자선과 행진 그리고 시위 등의 활동에 참여할 수 있도록 하겠다고 발표했다.

기업은 이제 직원들이 직면하는 시스템 문제(예를 들면 인종 차별 문제)를 스스로 나서서 해결할 필요가 있음을 깨닫고 있다. 설문조사에 따르면 전체 고용주 가운데 87퍼센트가 "앞으로 3년에 걸쳐 존엄의 문화를 구축하는 계획을 갖고 있다"라고 응답했다. 불과 59퍼센트였던 수치가 몇 년 사이에 이렇게 높아진 것이다.[35]

직원이 받기를 바라고 필요로 하는 방식으로 직원을 대하라. 어떤 이들은 이것을 '플래티넘의 규칙Platinum Rule'(남에게 대접을 받고자 하는 대로 대접하라는 황금률Golden Rule을 패러디한 것)이라고 말한다. 직원들에게 사회에 어떻게 공헌하고 싶은지 물어본 다음 그들이 사회에 넷 포지티브 영향을 미칠 수 있도록 도와라.

◀ 목적이 선순환되는 넷 포지티브 기업으로

기업의 일에는 타이밍이 가장 중요하다. 옳은 일이라도 시점이 잘못되면 성사되지 못한다. 대표적인 사례가 1990년대 후반 영국의 석유 회사 BPBritish Petroleum가 했던 'Beyond Petroleum' 캠페인이다. 이 캠페인은 BP라는 거대 석유 회사를 미래의 에너지 회사로 홍보하려고 했다. 그런데 이 회사가 투자한 자금은 거의 대부분 화석 연료에 집중되어 있었고, 기업 문화도 오로지 비용 절감에 초점이 맞추어져 있었다. 한마디로 말해 시도는 좋았지만 제반환경이 마련되어 있지 않았다. 한편 NRG에너지의 CEO 데이비드 크레인도 여러 해 동안 석탄 에너지에서 벗어나도록 이사회를 압박했지만 받아들여지지 않았다. 그의 주장은 장기적으로 옳았지만 회사의 문화가 충분히 영글지 않았고 주주들도 준비가 되어 있지 않았다.

만일 조직이 준비되어 있고 필요한 요소를 갖추고 있다면, 회사의 목적과 직원 개개인의 목적이 선순환되며 발전할 것이다. 이것이 바로 회사의 잠재력을 향상시키는 방법이다. 이런 일이 가능함을 입증하는 학술 자료는 점점 많아지고 있다. 하버드 경영대학원의 조지 세라핌 교수가 참여한 논문에서 기업의 '목적 명확성purpose–clarity'과 재무 실적 및 시가총액 사이에 선명한 상관성이 있음을 확인했다.[36] 목적 항목에서 가장 높은 평가를 받은 기업은 자산수익률도 4퍼센트 증가했음을 보여주었고 원재료의 지속가능성 문제를 잘 관리하는 기업이 그렇지 않은 기업보다 높은 성과를 낸다는 사실도 입증했다.

어렵고 복잡한 데이터는 옆으로 제쳐두고, 베스트바이 CEO 허버트 졸리의 말에 귀를 기울이자. 졸리는 "직원 개개인이 의미를 탐색하는 일을 회사의 목적과 연결하면 마법과 같은 일들이 일어난다"라고 말한다. 개인과 브랜드와 회사의 목적이 궤를 같이 할 때 강력하게 성공하는 회사가 탄생한다. 뿐만 아니라 이런 회사는 장차 맞닥뜨릴 어려운 작업도 거뜬하게 해낼 준비가 되어 있다.

폴이 유니레버를 떠날 때 유니레버는 발레리 켈러 고문이 이끄는 차기 경영진과 다시 목적 작업에 착수했다. 그것은 유니레버의 컴퍼스 전략에 대한 새로운 주문이었다. 목적을 가진 사람은 번창하고, 목적을 가진 브랜드는 성장하며, 목적을 가진 회사는 오래 지속된다.

목적은 어떻게 기업의 전략이 되는가

▶ 회사의 시초로 돌아가 존재 이유를 이해한 다음, 새로운 전망을 마련한다.

▶ 회사의 목적이 세상에 가장 잘 공헌할 수 있는 곳이 어디인지 파악한다.

▶ 조직을 정리정돈하고 사람과 브랜드와 혁신에 투자해 넷 포지티브를 가속화한다.

▶ 넷 포지티브 사고와 행동을 촉진하는 올바른 신호를 보내고 올바른 정책을 세운다.

▶ 최고경영진이 진정한 리더로서 회사의 목적을 실현하는 언행일치를 보이도록 돕는다.

▶ 모든 직원이 자기의 목적을 찾아내고 이것을 회사의 목적과 연결하도록 지원한다.

4장

넷 포지티브를 방해하는 한계 뛰어넘기

불가능하다고 말하는 사람을 옆에 두지 마라.

— 중국 속담

음속 장벽 돌파하기, 1.6킬로미터를 4분 이내에 달리기, 우주에서 살아남기. 이 모든 것은 예전에는 불가능해 보였다. 그러나 이제는 누구나 다 아는 사실이 되었다. 1947년 어느 시험비행 조종사가 사망했다. 그가 몰던 비행기가 초속 340미터에 접근하자 공중에서 해체되었기 때문이다. 몇몇 과학자는 그 속도에서는 비행기의 기체를 유지할 수 없는 것이 당연하다고 말했다. 하지만 그로부터 몇 달 뒤 척 예거는 벨 X-1을 타고 음속을 돌파했다.[1] 또한 영국의 육상선수 로저 배니스터는 1.6킬로미터를 3분 59.4초로 달려 육상선수들의 '1.6킬로미터 4분 주파'라는 오랜 숙원을 달성하고 그것이 가능함을 증명했다. 그런데 그로부터 채 1년이 지나기도 전에 4분 벽을 깬 사람이 무려 세 명이나 나타났다. 그것도 같은 경기에서.

이전의 한계를 넘어서는 데는 많은 용기와 인내가 필요하다. 반면 그 한계를 돌파하는 순간, 사람들의 사고방식은 바뀌고 또 다시 그 위업을 달성하거나 넘어선다.

넷 포지티브 기업이 설정하는 목표를 1.6킬로미터 육상 경주의 4분 벽이라고 생각하라. 불가능해 보이지만 그 벽을 깨고 나면 댐의 수문이 열리듯 다른 모든 기록도 잇달아 깨진다. 한 번 깨진 불가능해 보이던 목표는 그 이후 가능한 것이 된다. 쓰레기 배출 제로 공장이 처음에는 터무니없게 들렸지만, 지금은 매우 흔하다. 녹색 에너지가 예전에는 너무 비쌌지만 지금은 세계 대부분의 지역에서 화석 에너지보다 싸다. 수백 킬로미터를 쉬지 않고 달리는 전기 자동차는 공상과학에서나 나오는 얘기였지만, 지금 자동차 업계의 추세는 내연기관을 없애는 방향으로 나아가고 있다. 소아마비라는 재앙을 없애는 것이 과거에는 꿈같은 일이었지만, 지금은 소아마비 환자의 수가 그때에 비해 99.9퍼센트 줄어들었다. 지금도 기업계의 일부 임원은 성 평등을 실현할 정도로 역량을 갖춘 여성 인재가 없다고 주장하지만, 유니레버를 비롯한 몇몇 기업은 이미 그 목표를 달성했다.

부정적인 영향을 줄이는 것보다 긍정적인 영향을 확산하는 방법을 찾는 것이 무척 어려워 보일 수 있다. 그러나 넷 포지티브 목표를 달성하는 것은 음속의 벽을 깨는 것과 다르게 우리 경제와 사회가 장기적으로 번영을 누리려면 꼭 필요한 일이다. 순환경제circular economy˙ 혹은 더 나아가 재생경제를 건설해야 하고, 생산과 운송 부문에서 탈탄소화를 이루어야 하며, 심각한 빈곤 문제를 해결해야 하고 또 포용적이고 정의로운 사회를 건설해야 한다. 이런 것들은 불가능한 과제가 아니다. 다만, 하나의 기업 혹은 한 사람이 의미 있는 기여를 해서 진

˙   생산 – 소비 – 폐기의 흐름으로 이어지지 않고 자원 사용이 반복되는 경제 시스템

전될 수 있다고 믿을 용기가 우리에게 필요할 뿐이다.

여기 4장에서는 넷 포지티브 결과로 나아가지 못하게 우리를 붙잡는 고질적인 사고방식과 한계를 부수는 문제를 살펴보자. 만일 우리가 기업계에서 통상적으로 말하는 '네 개의 벽four walls'*을 고수해 회사라는 단일하고 좁은 범위에 갇혀버린다면, 기업이 사회에 미칠 수 있는 영향은 제로에 가깝다. 예를 들어 쓰레기 제로, 탄소 제로가 넷 포지티브의 영역으로 넘어가려면 기업의 사고를 훨씬 더 넓은 차원으로 확장해야 한다.

◀◀ 좁은 생각의 틀을 깨라

어떤 회사든 스스로 바뀌는 과정을 거친 뒤에야 비로소 시스템 차원의 변화로 나아갈 수 있다. 회사는 넓은 사고를 가로막는 것들을 찾아내 부수어야 한다. 더는 안전을 위주로 해서도 안 되고 점진적이고 선형적인 사고에 빠져들어서도 안 된다. 결코 작게 생각해서는 안 된다. 크게 생각해야 한다.

시스템의 변화를 이끌어내는 데 가장 큰 장애물은 실제로 존재하는 장벽이 아니라 바로 우리 자신이다. 충분히 큰 목표가 있다고 치자. 이 목표를 우리가 지금 당장 받아들이고 달성하기는 어렵다. 그

• 사용자 경험, 기술, 프로세스, 기획의 벽으로 표현되며 각각의 그룹이 하나의 벽을 맡아 사용하고 함께 의사결정을 하는 과정을 말한다.

러나 그 목표가 있기에 우리는 새로운 생각을 하게 된다. 유니레버의 라이프보이 비누가 10억 명에게 손 씻기라는 건강한 습관을 가르치겠다는 목표를 세웠을 때, 브랜드 글로벌 책임자였던 사미르 싱은 그 숫자가 불가능할 정도로 크다고 생각했다. 나중에 사미르는 "그 목표가 우리의 등을 떠밀어서 모든 것을 더 창의적으로 생각하게 만들었다"라고 고백했다. 그가 말한 '모든 것'에는 공중보건 기관 및 NGO와 협력관계를 구축하는 것, 가난한 시골 지역에 가닿는 적절한 방법을 찾아내는 것, 행동 변화를 이끌 혁신을 찾아내는 것, 아이들과 부모들에게 손 씻기 습관을 갖도록 만드는 방법을 찾는 것 등이 포함되어 있었다.

만약 당신이 어떤 목표 앞에서 불편한 마음이 들지 않는다면 그 목표는 충분히 공격적이지 않다는 뜻이다. 우리는 '혁신가의 딜레마'를 안고 있다. 클레이튼 크리스텐슨Clayton Christensen이 맨 처음 이 용어를 사용했을 때는 시장 선도 기업이 현상 유지에 너무 많은 투자를 하느라 새로운 기술로 나아가지 못해 후발 기업에 뒤처지는 현상을 뜻했다. 그러나 여기에서는 이런 고전적인 의미의 딜레마가 아니다. 우리는 혁신가의 정서적인 딜레마를 안고 있다. 예컨대 우리는 공급망에서 인권 침해를 보고도 그 일을 바로잡겠다고 나서지 않는다. 두려워서, 혹은 다른 회사가 움직이는 것을 보지 못해서 또는 그 일이 장차 주주 가치에 나쁜 영향을 줄지 모른다고 생각해서 주춤한다.

더 큰 목표(일반적으로 이런 목표는 '제로'나 '모든'이라는 말로 시작한다)는 시야를 넓혀주고 중요한 시스템을 다시 생각하게 만든다. 쓰레기 배출량이 제로인 공장은 일반적으로 안정성이 높고 운영 효율이 높으며 해당 직원의 참여도가 높다. 지속가능성 수준이 높은 건물은 에너지 비용이 적게 들 뿐 아니라 그곳에서 일하는 사람들의 행복도와 생산성도 높다. 병원이라면 환자가 더 빨리 완쾌된다. 때로는 원인과 결과가 직관적인 인식과 다르게 보일 수 있지만, 여기서 마법의 단어는 '혹은'이 아니라 '그리고'다.

지속가능성 목표를 트레이드오프 즉 하나를 얻기 위해 하나를 포기해야 한다는 타협적 거래로 생각하는 것은 일종의 지적 게으름이거나 시대에 뒤떨어진 구닥다리 발상이다. 도전해야 할 첫 번째 한계는 발상의 전환이다. 커다란 목표 중 다수는 트레이드오프 대상이 아니다. 기술이 놀라울 정도로 발전했거나 새로운 공정이 이미 보편적인 것으로 자리 잡았기 때문이다. CEO인 당신이 정한 경계선(한계)이 바로 직원의 생각과 행동을 결정한다. 만일 그 경계선 안의 공간이 너무 좁으면, 당신이 아무리 가능성을 제시해도 직원의 행동은 실현과 거리가 멀 것이다. 바로 이 지점에서 넷 포지티브 목표를 설정하는 데 도움이 되는 두 가지가 당신에게 필요하다. 그것은 바로 외부자 관점과 성공에 필요한 여유다.

커다란 목표를 만들어주는 외부자 관점

회사가 넷 포지티브 수준에 도달하는 것은 고사하고 부정적인 효과를 '제로' 수준으로 낮추어야 하는 이유를 경영진을 포함한 모든 이들이 언제나 명확하게 알고 있지는 않다. 어쨌거나 단일 사업부에서 비용을 얼마나 많이 또는 얼마나 빨리 절감할 수 있을까 하는 의사결정은 대개 투자에 따른 성과가 발생하는 시점이나 가용자본이 있는 시점에 따라 결정된다. 이 의사결정을 더 빨리 진행할 수는 없을까?

자원 사용, 쓰레기, 기후변화 등에 대한 문제를 해결하기로 목표를 설정했다면 더는 단순히 회사 내부 차원의 문제가 아니다. 회사 외부에 존재하는 현실을 회사 내부로 끌어들이는 것이 중요하다. 여기서 핵심으로 고려해야 할 것은 섭씨 1.5~2도 상승이라는 지구 온도 상승치에 대한 기준선이다.*

스톡홀름대학교 산하 환경연구소인 스톡홀름회복력연구소는 기준선을 넘었을 때 초래되는 나쁜 결과의 영역을 나누어놓았다. 기후변화를 비롯해 생물 다양성 손실, 해양 산성화, 담수 사용 그리고 독성 오염 물질이나 미세 플라스틱이 환경에 유입되는 것 등이었다. 이 연구의 주요 연구자인 요한 록스트룀Johann Rockström은 현재 15개의 자연 시스템 가운데 얼마나 많은 것이 티핑포인트에 접근하고 있는지 이야기한다. 그리고 그중 세 가지(북극의 빙하 손실, 남극 서부의 빙하가 대양으로 흘러 들어가는 것, 산호초의 죽음)는 이미 돌아올 수 없는 다리를 건넜다고 말한다.[2]

역설적이게도 회사의 한계를 넘는 가장 좋은 방법은 세상에 존재하는 물리적 한계를 이해하는 것이다. 물론 한계는 엄연히 존재하고 한계를 둘러싼 논쟁도 치열하다. 사람들은 수치를 놓고 치열하게 논박을 벌이지만 지구 자원이 유한하다는 기본적인 발상에 대해서 만

---

* 2015년 파리협정에서 지구 온도 상승치를 섭씨 2도 이하로 유지하고 1.5도를 넘지 않도록 한다는 목표를 정했다.

큼은 그 누구도 이견을 제시하지 않는다. 이 발상은 전 세계의 모든 기업 조직에서 활동의 토대가 된다. 이것이 과학에 입각한 '외부자 관점'이다.

경영진은 이해관계자가 저마다 제시하는 솔직한 견해도 들어야 한다. 예를 들어 유니레버는 외부 자문위원회의 직설적인 조언을 조기 경고 시스템으로 활용한다. 다양한 유형의 협의회도 존재한다. 유니레버는 글로벌지속가능성자문위원회 외에도 2000년 특수지속가능 농업자문위원회를 만들었고 이것은 나중에 모든 지속가능성 원재료 확보(아웃소싱)를 위한 것으로 확대되었다.

이 책의 공저자 앤드루는 시저스엔터테인먼트, 휴렛팩커드, 킴벌리클라크, 트레인테크놀로지, 북미 유니레버를 포함한 많은 기업의 지속가능성 전략적 자문위원으로 활동하고 있다. 그중 깨어 있는 위원회는 자문위원이 고위경영진과 이사회에 정기적으로 접근하는 것이 가능하며 CEO 직속으로 존재하기도 한다. 당시 북미 유니레버 대표였던 키스 크루위토프도 지속가능성 회의를 이끌었다. 만약 당신이 넷 포지티브 기업을 꿈꾸는 CEO라면 자문위원이 하는 말을 겸손하게 경청해야 한다. 회사 바깥에서 무슨 일이 일어나고 있는지 이야기하게 하고, 그 말을 들으면서 생각을 확장하라. 당신이 얼마나 경영을 잘하는지 파워포인트로 떠벌이면서 그들을 머쓱하게 만드는 일은 당신에게 아무런 도움이 되지 않는다.

NGO와 비판자 그리고 지지자도 똑같이 가까이 두는 것이 좋다. 당신이 주주 우선주의 관점을 지닌다면 NGO는 비용이나 대외적인 이미지를 쇄신할 때만 필요할 뿐이지만, 만약 어떤 문제를 해결하려는 진정한 열망을 지닌다면 NGO는 당신에게 없는 지식을 제공하며 더 많은 혁신을 이루게 할 것이다. 또는 당신이 저지를 수도 있는 실수를 피하게 해줄 것이다.

일례로 유니레버는 인도를 비롯한 여러 다른 지역에서 엄청난 양의 쓰레기를 만들어내는 피라미드 모양의 작은 차茶 주머니 '샤셰sachet'를 기름으로 재활용하는 기술을 개발했다. 들뜬 마음으로 곧바로 NGO 협력자에게 연락해 그 발명을 두고 논의했지만 그 NGO는 "우리는 망가진 패러다임에 투자하는 것에는 관심이 없다"라면서 열의를 보이지 않았다. 가혹하긴 했지만 공정한 의견이었다. 비닐과 플라스틱을 재활용하는 것은 해결책으로 인정받지 못했다. 나쁜 일을 조금 덜 나쁘게 할 뿐이며 제품 포장과 배송이라는 실질적인 전체 시스템 문제를 회피하는 것이기 때문이었다.

이 NGO는 업계 전체가 소재와 사업 모델에서 더 근본적인 변화(예를 들어 제품을 별도로 포장하지 않는 매장)가 필요하다고 지적했다. 겸손하게 배우고자 하는 열망이 있을 때만 이런 정직한 평가를 들을 수 있다. 유니레버에서 지속가능성 담당 최고책임자였던 제프 시브라이트는 NGO가 회사 내부를 정리정돈하는 것 이상을 도와준다면서 "NGO가 회사에 들어와서 건설적인 긴장감을 조성하도록 하라. 유니레버라는 '집'은 더 많은 사람이 드나들며 함께 일하고, 사업을 재구성하면서 지금처럼 커졌다"라고 말했다.

이러한 견해는 '내부자 관점'이라는 전통적이고 일반적인 운영 방식과 충돌한다. 모든 것이 빠르게 바뀌는 변덕스러운 세상에서 기업의 내부만 들여다보면서 주주에게 봉사하는 것은 시장에서 빠르게 도태되는 지름길이다. '외부자 관점'의 장점은 공통된 과제의 해결에 초점을 맞추고 사람을 중시한다는 점이다. 이것이 바로 USLP의 핵심적인 동력이었다.

커다란 성공에 필요한 여유

직원의 행동과 그들의 우선순위는 대개 가치관에 의해 결정되지만, 규칙이나 규범 그리고 경계선에 의해서 통제받기도 한다. 어떤 CEO가 자기 직원을 좁은 상자에 집어넣은 다음 그들의 역할이나 회사가 할 수 있는 것을 좁게 정의한다면 직원의 창의성이 말살되는 것이 그 예다.

또 회사 안에 존재하는 부서가 일관성 있게 서로 연결되어야 한다. 그렇지 않을 경우 부서별 목표가 상충하는 경우가 나타난다. 예를 들어 제조 공정에서 최저 비용이라는 목표를 세우면 공정 속도라는 목표와 충돌할 수 있다. 또한 다국적기업의 어떤 브랜드가 창출한 전 세계적인 수익은 공격적인 성장 목표를 세우게 하지만 이 목표는 새로운 시장을 개척하거나 브랜드 개발에 투자하겠다는 회사의 다른 목표와는 일치하지 않는다.

그렇다면 해결책은 무엇일까? 직원이 장기적으로 생각할 여유를 보장해주는 것이다. 폴이 분기별 재무보고 제도를 폐지했을 때, 조직에는 90일 이내에 성과를 내야 한다는 압박에서 벗어날 수 있는 여유가 보장되었다. 모든 선택에 대한 결과를 분기 안에 제시해야 하는 압박에서 해방될 때 직원은 더 큰 목표를 설정할 수 있다. 모든 직원에게 크게 생각하라고 요청하라. 아울러 가용 예산과 인적 자본이 유한하다는 것도 받아들이게 하라.

유니레버의 핵심적이면서도 서로 연결되어 있는 전략 문서인 USLP와 컴퍼스는 직원들이 가야 할 길을 일러주는 이정표였다. 이 이정표를 따라 공장 책임자는 쓰레기 배출을 최소화하기 위해 운영 시스템 전환에 투자하겠다는 선택을 했고, 분기별 단위 생산비를 최소화하는 데는 신경을 덜 쓸 수 있었다. 브랜드 담당 임원은 사회적 변화를 이끌어낼 최상의 투자 방법을 선택할 수 있다. 유니레버는 인종 다양성과 포용성, LGBTQ(레즈비언, 게이, 양성애자, 트렌스젠더, 퀴어)의 권리, 공중보건 등과 같은 까다롭고 어려운 사회적 문제를 기업이 다루어야 할 우선적인 사업에 속한다고 밝혔다. 때문에 마케팅 예산을 손 씻기 프로그램과 같은 지역사회 프로젝트에 투자하는 것은 자선적인 방식으로 사회적 책임을 다하겠다는 결정이 아니라 철저하게 사업적인 결정이 된다. 경계선을 멀리 밀어낼 때 모든 직원은 회사가 나아가야 할 방향에 대해 유연하게 생각한다.

◖ 경계를 부수는 원대한 목표, USLP

USLP는 유니레버가 좁은 생각의 틀을 깨도록 만들었을 뿐만 아니라 바깥세상에 초점을 맞추게 했다. 처음 USLP를 만들 때는 합의 과정을 거치지도 않았고 내부자 관점을 반영하지도 않았다. 그때 폴은 지속가능성이라는 분야에서 당시 선구자이던 카렌 해밀턴과 개빈 니스 두 사람과 함께 작업했다. 그들은 외부 조언자와 NGO들(예를 들면 그린피스나 세계자연기금)의 의견을 모았고 지속가능한 농업, 제품 생애 주기분석*, 영양, 위생 등의 분야에 정통한 회사 내부의 전문가도 활용했다. USLP의 대부분은 그 세 사람이 썼다. 그들은 경영진 일부가 그 계획을 비현실적이고 바람직하지 않다고 바라볼 것임을 알고 있었다. 회사 내부에서 이것을 받아들이고 많은 사람이 관심을 갖기 시작한 것은 "CEO 폴이 이 문제에 대해 심각하게 생각한다는 사실을 깨달았을 때였다"라고 니스는 말한다.[3]

USLP가 제시한 3대 목표는 그야말로 획기적이었다. 이미 라이프 보이 손 씻기 훈련과 같은 기존의 목적 지향적인 프로그램이 수백만 명에게 다가가 있었지만, USLP에서 목표로 설정한 10억 명에 비하면 가야 할 길이 멀었다. 이렇게 목표치가 100배로 늘어나자 직원들의 사고는 확장되었다. 하위 범주의 목표는 원대해졌다. 예를 들면 "2020년까지 우리는 모든 원재료를 100퍼센트 지속가능성 농법으로 생산한 것만 사용할 것이다"와 같은 것이다. 이것은 기업의 사회적 책임이라는 가치 아래 몇몇 부분에서만 선의를 베푸는 것이 아니었으며 회사 전체의 방향과 분리된 작업이 아니었다. 즉 USLP는 총체적이었다.

예를 들어보자. 장기적으로 탄소배출량 제로 즉 탄소중립이라는 목표를 달성하기 위해 유니레버는 탄소를 배출할 수 있는 모든 원료를 살핀 끝에 아이스크림 냉장고에 사용되는 냉매에 초점을 맞추었다. 그리고 협력업체와 손을 잡고 지구 온난화에 미치는 영향이 훨

---

* 어떤 상품의 생산에서 폐기까지 전 과정을 분석해 환경친화성을 판단하는 기법

씬 적은 천연 냉매를 개발하는 프로젝트를 진행했는데, 이 프로젝트가 완료되기까지는 여러 해가 걸렸다. 긴 시간이 필요했던 만큼 협력 업체들도 분기별로 재무 실적을 보고하고 평가해야 한다는 경계선을 스스로 허물었다.

또한 유니레버는 조직의 행동과 문화를 바꾸기 위해 중간 목표를 설정했으며, USLP를 내재화하는 데 도움이 되는 여러 도구를 만들거나 수정했다. 예를 들어 사내 탄소세internal price on carbon*를 만들어 직원들에게 탄소배출 문제를 진지하게 받아들이라는 신호를 보냈다. 마케팅 책임자 마크 매튜도 중간 목표 설정에 크게 기여했다. 그는 마케팅 담당자가 제품의 특성과 주요 편익을 설명할 때 사용하는 '브랜드의 러브 키'에 '브랜드의 목적'이라는 항목을 추가한 장본인이다(여기에 대해서는 9장에서 자세하게 설명하겠다).

넷 포지티브 기업은 목적을 브랜드의 핵심으로 설정한다. 이것은 혁신을 열어나가는 강력한 방법이다. 예를 들어 도메스토스Domestos라는 청소용품 브랜드는 청소의 효율을 개선하겠다는 기능적인 목표에서 벗어나, 개발도상국의 노상 배변이라는 건강 관련 문제를 다루면서 완전히 새로운 지평의 시장을 열었다.

USLP는 애초부터 조용한 10년을 계획하지 않았다. 그것은 살아서 움직이는 문서였다. 유니레버가 온실가스 배출을 절반으로 줄였을 때 그다음 목표는 한층 더 공격적으로 수정되었다. 넘어야 할 목표는

---

* 회사 내의 부서별로 탄소배출량을 측정하고 할당량 이상의 탄소를 배출할 때 그에 대한 금전적 책임을 부과하는 제도

지속적으로 높아질 필요가 있다. 한계를 가르는 경계선과 시스템을 이해하는 폭이 넓어질 때 지속가능성 계획의 폭도 넓어졌다.

원래 USLP는 현장에서 발생하는 배출량과 발전소에서 구매한 전력과 관련된 배출량 모두에서 생산물 1톤당 배출량 40퍼센트를 줄이는 것이 목표였다. 이 목표 덕분에 유니레버는 탄소배출을 연간 1그램도 추가하지 않고 2020년까지 매출을 두 배로 늘리겠다는 목표를 달성했다. 즉, 기업을 성장시키면서 당연히 동반될 것이라고 여겼던 배출량을 절반으로 줄인 것이다.

시간이 흐르면서 유니레버는 더 공격적으로 에너지 목표를 생산물 1톤당이라는 비례적 감축이 아닌 절대적 감축으로 바꾸었다. 유니레버는 2015년 파리기후회의가 열릴 때까지 공장이 있는 지역사회에서 탄소배출량보다 탄소포집량이 많도록 하겠다는 '탄소 포지티브' 목표를 세웠다. 예를 들어 유니레버는 포트선라이트에 있던 발전소에서 발생하는 탄소배출량을 상쇄하기 위해 재생 가능 에너지를 구입했다. 그리고 2030년까지 전기와 열을 포함한 모든 에너지 사용을 100퍼센트 재생 가능 에너지로 전환하겠다는 목표를 세우면서 탄소 포지티브 전망을 내걸었다. 그러나 많은 기업이 깨달은 것처럼 탈탄소화라는 도전과제는 석탄과 디젤을 여전히 일상적으로 사용하는 산업 부문의 관행을 어떻게 변화시킬 것인가 하는 문제였다.

다시 말해 유니레버는 영국을 포함한 일부 선진국에서는 바이오가스*를 사용하기로 마음먹으면 얼마든지 사용할 수 있었다. 그러나

• 　미생물 등을 사용해 생산된 가스 상태의 연료

인도와 중국에서는 농업 잔류물을 바이오매스로 바꾸기 위한 기업의 설립부터 도와야 했다. 또한 케냐와 같은 나라에서는 햇볕이 잘 드는 곳에 태양열 패널을 설치해야 했다. 그 모든 작업 후 유니레버는 2016년 두바이에 생활용품 공장을 세웠는데 이 공장은 전체 에너지 중 25퍼센트를 태양광 발전으로 공급받을 수 있었다.[4]

그리하여 유니레버는 USLP 제정 이후 2019년까지 (기업의 규모가 성장했음에도) 에너지 소비의 절대량을 29퍼센트나 줄였다. 이로 인한 2008년 이후 총 절감액은 7억 3,300백만 유로나 되는데, 이것은 절대적인 목표를 설정할 때 훨씬 더 나은 성과를 거둘 수 있음을 보여주었다. 절대적 감축 목표로 인해 유니레버는 전력에 한해서 100퍼센트 재생 가능 에너지를 사용하겠다는 목표를 달성했고, 전체 에너지에서는 약 절반을 재생 가능 에너지로 전환했다.

이제 유니레버는 "2039년까지 공급망에서 판매에 이르기까지 모든 제품에서 탄소중립에 도달한다"라는 목표를 세웠다. 진전을 이루어내려면 무엇보다 행동을 바꾸어놓을 원대한 목표가 필요하다.

◖◗ 지속가능성 목표의 5가지 핵심

USLP 이후 여러 해 동안 이것을 모방한 계획이 끊임없이 나왔다. 세 가지의 커다란 과제와 그 아래로 세부적인 목표가 나열되는 USLP의 구조와 비슷한 계획을 마즈, 올람, 3M, 듀폰 등을 포함해 많은 회사가 내놓았다.

2017년 발표된 마즈의 '지속가능한 세대 계획Sustainable in a Generation Plan'은 건강한 지구와 번영하는 사람들 그리고 높은 수준의 복지라는 세 가지 영역에 초점을 맞춘다.[5] 또한 이 계획을 실천하기 위해 10억 달러의 예산을 배치했다. 그런데 그로부터 2년 뒤 발표된 유니레버의 차세대 USLP도 비슷한 금액을 설정했다. 즉 각 기업이 선택하는 최상의 실천이 공유되면서 계획도 계속해서 발전한 것이다.

모든 회사가 동일한 구조의 계획을 마련해야 할 필요는 없지만 꼭 고려되어야 할 요소는 있다. 여기서는 기업이 넷 포지티브 방향으로 나아가도록 해주는 효과적인 지속가능성 목표의 핵심 요소 다섯 가지를 살펴보고자 한다. '스마트SMART' 원칙을 따르고, 결과와 과정을 모두 담고, 과학을 기반으로 설정하며, 전체 가치사슬을 생각하고, 긍정적인 '손자국'을 늘리는 것이 바로 그것이다.

각각의 요소를 하나씩 설명하면서 여러 개의 사례를 제시해 이해를 도울 것이다. 목표가 불편하게 느껴지지 않는다면 충분히 강력한 목표를 설정하지 않았다는 뜻임을 상기하라. 위프로 회장 아짐 프렘지도 "사람들이 당신이 설정한 목표를 보고 비웃지 않는다면, 당신의 목표는 지나치게 낮고 소박한 것이다"라고 말했다.[6]

스마트SMART 2.0 원칙을 따른다

목표를 설정할 때는 스마트 원칙을 따르는 것이 좋다. 이것은 목적을 구체적이고Specific 측정 가능하며Measurable 달성 가능하고Achievable 현실적이며Realistic 기한이 정해진Time-Bound 것으로 설정하라는 뜻이다. 구체적이고 측정 가능하며 기한을 정해야 한다는 점에 대해서는 지속가능성 목표를 세울 때도 전적으로 동의한다. 그러나 나머지 현실적이고 달성 가능이라는 두 가지 항목은 동의하지 않는다. 어떤 기발한 창의성을 발휘하고 난 다음에야 비로소 무엇이 현실적으로 달성 가능할지 알 수 있기 때문이다. 다시 말해 목표는 커야 하고 외부자 관점을 반영해야 한다.

2040년이나 2050년까지 탄소중립을 달성하는 것이 현실적인 목표인지 아닌지는 우리의 문제이지 기후는 전혀 신경 쓰지 않는다. 애플의 CEO 팀 쿡이 말했듯이 "정신이 나갔다는 생각이 들 정도로 엄청나게 거대한 목표를 세우면 마법과도 같은 일이 일어난다. 이렇게 할 때의 결과가 언제나 더 좋다."[7] 그러니 '스마트'의 'R'은 '결과 지향적 results-oriented'이라는 뜻으로 사용하자.

우리는 '달성 가능한 것achievable'도 좋아하지 않는다. 기업의 목표는 오랫동안 내부자 관점에서 설정되었다. 즉 직원들에게 각자 무엇을 할 수 있는지 물어본 다음 그것보다 약간 높은 수준의 목표를 정해왔다. "올해에는 에너지 사용량을 10퍼센트 줄일 수 있다고? 그럼 좋았어, 12퍼센트 줄이는 걸 목표로 삼자고!" 그러나 이와 같이 경로가 명확하게 보이는 목표는 목표가 아니라 실행 계획일 뿐이다.

그렇기에 우리는 '스마트'의 'A'를 열망aspirational 혹은 야망ambitious, 담대함audacious의 머리글자로 삼고 싶다. 예컨대 2030년까지 탄소중립을 달성하겠다거나 전 세계 인구 중 10억 명의 삶을 개선하겠다고 나서라는 뜻이다. 그렇게 하면 만약 그 목표에서 10퍼센트 빗나간다고 해도 결과적으로는 많은 성취를 이룬 셈이 된다. 조금씩 개선하는 것을 목표로 세우고 그 목표를 달성하는 것보다 훨씬 더 많은 것을 이루게 될 것이다. 더 많은 영감을 가져다주는 것은 물론이다.

우리는 'A'의 또 다른 특성으로 '절대적인 것absolute'을 추천한다. 상대적인 목적이 아닌 절대적인 목적을 설정하라는 뜻이다. 회사가 성장할 것을 고려해 사회와 지구에 미치는 영향을 계산하기보다 총 감축 목표를 설정하고 그 목표를 가장 잘 달성할 수 있는 곳을 찾아내라. 또 하나의 'A'인 '책임성accountability'도 중요하다. 과연 누가 그 책임을 질 것이며 또 몫을 다할 것인가?

'스마트'의 'M'인 '측정 가능한 것'에 대한 생각도 발전하고 있다. 예전에는 지속가능성 목표에서 질적인 지표를 가장 중요하게 여겼지만 지금은 ESG의 성과를 측정하는 양적인 지표도 개선되고 있다. 200대 대기업의 ESG 목표에 대한 앤드루의 자료(www.pivotgoals.com)를 살펴보면 10년 전만 해도 사실상 그 어떤 기업도 사회적인 목적이나 투명한 지배구조 또는 거버넌스 목표를 양적으로 설정하지 않았다. 많은 기업이 그저 모호하게 의사표시를 했을 뿐 수치를 제시한 경우는 없었다.

그런데 오늘날에는 대기업 중 25퍼센트가 인권 침해 제로나 경영진의 여성 비율 등과 같은 사회적 목표를 구체적인 수치로 설정하고 있다. 화장품 편집숍 체인 세포라Sephora는 '흑인의 생명도 소중하다Black Lives Matter' 운동•을 계기로 판매 제품의 15퍼센트를 흑인 소유 기업에서 구매하기로 약속했다.[8] 세포라는 이 목표 달성을 위해 흑인, 원주민, 유색인종을 대상으로 소규모 미용 회사 창업 지원 프로그램

• 2012년 2월 10대 흑인 소년의 총격 사망 사건을 계기로 생겨난 흑인 민권 운동

도 재개했다.[9] 유니레버도 "작은 업체들과 계약해 연간 20억 유로의 구매비를 이들에게 지출한다"라는 더 구체적인 목표를 세웠다.[10]

우리는 이와 같은 목표 설정에 대한 새로운 '스마트' 원칙을 '스마트 2.0' 원칙이라고 부르고자 한다. 이 원칙으로 ESG 목표를 설정하길 바란다. ESG 목표는 기회 목표opportunity goal다. 더 빨리 목표를 설정하고 실행하는 기업이 그 기회를 획득한다.

결과와 과정을 모두 담는다

결과를 담은 목표라는 것이 단순하게 들릴지 몰라도 이런 목표는 기업이 경계선을 허물고 지워버리도록 만든다. 또한 조직의 잠재력을 발현시켜 회사뿐 아니라 협력관계에 있는 사람과 조직까지도 바꾸어놓는다. USLP가 발표된 뒤 유니레버의 생산 부문 지속가능성 책임자였던 토니 더니지는 글로벌 생산 조직을 쓰레기 배출량 제로 체제로 전환하라는 목표를 부여받았다. 그는 재빨리 학계, 공급업체를 포함한 회사 바깥의 이런저런 사람과 만나 쓰레기 흐름을 어떻게 처리할지 계획했다. 이때 인도네시아의 공장은 통상적인 쓰레기 처리 시스템에서는 해소가 안 되는 무독성 슬러지를 배출하고 있었는데 '쓰레기 제로' 목표로 인해 문제의 그 쓰레기를 기꺼이 받아가는 주체를 찾아야만 했다. 결국 그 쓰레기는 시멘트업계의 거대 기업 라파지홀심이 소유한 여러 시멘트 공장의 원료가 되어(다행스럽게도 유니레버의 공장이 있는 모든 지역에는 그 시멘트 공장이 있었다) 생산 공정에서 화석 연료 대신 에너지원으로 사용되었다. 라파지홀심도 탄소배출량을 그만큼 줄일 수 있었다.

또한 6년 전 2014년 유니레버는 전체 242개 공장을 모두 비위험 폐기물 제로 매립지로 이전했고, 이를 통해 원료비 및 처리비 약 2억 2,300만 유로를 절감했다. 이런 효과는 애초에 과감하고 담대한 목표를 설정했기 때문에 가능했다.

그러나 많은 목표는 기대하는 결과를 선언하는 것만으로 충분하지 않다. 방법을 생각하는 데는 강력한 자극이 필요할 수도 있다. 이때 과정 목표가 도움이 된다. 예를 들어 당신이 건강 수준을 개선하겠다는 개인적인 목표를 갖고 있다고 치자. 이때 '개선'이라는 목표는 너무 광범위하기에 당신은 "앞으로 여섯 달 안에 몸무게를 5킬로그램 줄이겠다"라고 구체적인 목표를 설정한다. 그런데 아무런 계획 없이 목표를 설정하는 것만으로는 실천이 뒤따르지 않는다. 일주일에 세 번 운동을 하겠다는 과정 목표process goal가 필요하다. 더 구체적으로 "나는 매주 일요일 밤 그 주에 실천할 세 차례 운동 일정을 잡겠다"와 같은 목표가 있다면 금상첨화다.

메리어트가 세계 최대의 호텔 기업이 되었을 때 더 상세한 지속가능성 목표를 설정했다(앤드루는 이 작업에 1년 넘게 자문했다). 메리어트의 지속가능성 및 사회 공헌 프로그램인 서브 360Serve 360이 설정한 목표에는 각각의 구체적인 과정 목표가 포함되어 있었다. 메리어트는 650개의 호텔이 친환경건축인증(LEED 인증)을 받게 할 것이라고 약속했다. 이것보다 작은 목표로는 모든 건물의 환경영향평가 내용을 웹사이트에 공개하고, 해당 건물의 소유자가 그 수치를 측정하도록 하는 것이 있었다. 또한 접객업 부문에서 중요하게 다루어야 하는 문제도 있었다. 호텔을 통해 이루어지는 인신매매다. 결과 목표는

175

장담하기 어려웠기에 메리어트는 모든 직원에게 인권과 인신매매에 대한 교육을 실시한다는 과정 목표를 세웠다. 커다란 결과 목표 위에 구체적인 과정 목표를 설정할 때 성공 가능성이 높아지고 조직 전체에서 일관성을 유지할 수 있다.

과학을 기반으로 설정한다

이런 가정을 한 번 해보자. 의사가 당신이 암에 걸렸다면서 앞으로 여섯 달 동안 화학요법을 받아야 한다고 말한다. 이때 당신은 "나는 4개월 동안 그 치료를 받겠지만, 어쩌면 스트레치 타깃* 차원에서 6개월 동안 치료를 받을 수도 있겠죠"라고 말하지는 않을 것이다. 또한 "내가 지지하는 정당은 화학요법을 지지하지 않으므로 나는 그 치료를 거부합니다"라고 말하지 않는다. 과학은 물론 기후변화, 심지어 팬데믹조차 정치화되고 있지만 진실은 변하지 않는다. 우리가 살아가는 지구에 대한 진단은 이미 내려졌고, 탄소와 관련된 사실은 누구도 부인할 수 없을 정도로 확실하다는 것이다. 전 세계는 2030년까지 탄소배출을 절반으로 줄이고 2050년까지는 배출량을 제로로 만들어야 한다. 탄소 목표를 이것보다 느슨하게 설정하는 것은 자살 협약에 동참하는 것이나 마찬가지다.

과학이 내린 논리적인 추론 결과가 요구하는 탄소배출량 감축 목표를 설정하는 것을 '과학을 기반으로 하는 목표SBT, Science-Based Target'

---

* 불가능할 정도로 과도한 목표를 설정함으로써, 애초에 설정한 목표에 도달하지는 못해도 결과적으로는 상당한 성과를 얻어내고자 하는 접근법

설정이라고 한다. 이 목표는 우리가 할 수 있다고 생각하는 수치도 아니고 이해관계자가 보기에 충분하다고 인정해줄 수치도 아니다. 이 목표는 우리가 반드시 달성해야 하는 수치다. 그러나 '과학을 기반으로 하는'이라는 표현이 우리에게 필요한 경계선 허물기를 온전하게 담아내는 것은 아니다. 우리에게는 범위가 더 넓은 표현인 '문맥을 기반으로 하는' 목표가 필요하다. 여기에는 과학 그 이상의 것 즉, 윤리와 공정성이 작동하며, 지리적이고 사회적이며 경제적 차원이 포함된다. 예를 들어 물과 관련된 목표를 설정한다면 사용 가능한 물의 총량뿐 아니라 지역사회에 존재하는 회사들 간에 공정한 배분을 염두에 두어야 한다는 것이다. 나아가 기업의 공급망에서 현대판 노예제를 수용하지 않는다는 것과 같은 도덕성도 고려해야 한다. 다시 말해 SBT 안에는 도덕적 맥락도 포함되어야 한다.

2010년대 중반에는 탄소에 대한 SBT가 드물었다. 그러나 현재는 2,100개 기업이 세계자원연구소*의 '과학 기반 목표 수립 이니셔티브SBTi'에 서명했으며, 수백 개 기업이 RE100(100퍼센트 재생 가능 에너지 사용)에 약속했다.[11] 그리하여 2015~2020년 사이 SBTi로부터 목표를 승인받은 기업은 탄소배출량을 25퍼센트 줄였는데, 이 수치는 같은 기간에 전 세계 에너지 및 산업 부문의 배출량 증가율이 3.4퍼센트를 웃돈 사실을 상기하면 대단히 괄목할 만한 것이다.[12]

그중 선도적인 기업은 하루가 다르게 목표 기준을 높여가고 있다.

---

* 1982년 설립된 비영리 환경연구기관으로 2년마다 「세계자원보고서World Resouce Report」를 발간한다.

2020년 초 마이크로소프트는 세계에서 가장 공격적인 기후 목표를 세웠다. 2030년까지 탄소중립 기준을 달성하겠다고 했을 뿐만 아니라, 2050년까지 회사가 설립된 이후로 발생했던 누적 배출량을 모두 제거하겠다고 약속했다.[13] 회사 설립 이후에 발생했던 탄소를 모두 제거하겠다는 약속은 마이크로소프트가 최초다. 마이크로소프트는 이 목표를 달성하기 위해 탄소 격리* 프로젝트에 투자했다. 랜드오레이크Land O' Lake의 스마트 토양 관리를 통해 농부들이 창출한 탄소 배출권을 최초로 구매한 기업도 마이크로소프트다.[14]

이에 유니레버의 CEO 앨런 조프는 정기적으로 치르는 USLP 이해관계자 행사에서 지금 마이크로소프트가 지원하는 탄소 감축 방법과 이것이 가져다줄 효과에 대해서 열변을 토했다.[15] 지속가능성 문제를 놓고 기업들이 서로 경쟁하는 것은 정말 좋은 일이다. 구글도 마이크로소프트로부터 자극을 받아 탄소 누적 배출량 제거 및 격리를 2050년까지로 미룰 것이 아니라 지금 당장 실천해야 하며 자신은 그렇게 할 것이라고 밝혔다.[16] 다시 말해 2030년까지 전 세계에 있는 모든 데이터센터에서 100퍼센트 신재생 전기(그리고 배터리)만 사용하겠다고 약속했다(참고로 IBM도 2030년까지 상쇄나 격리 없이 90~100퍼센트 수준으로 재생 가능 에너지를 사용할 것을 목표로 삼고 있다).[17] 탄소 문제를 해결하는 데는 신재생 에너지 배출권을 사는 것을 포함해 그 어떤 종류의 상쇄도 동원하지 않겠다고 선언한 것이다. 이 약속을 어떻

• 대기에 배출되는 이산화탄소를 토양의 탄산염 또는 유기물 등 담체에 고정해 지하 또는 지상의 특정 공간에 저장하는 과정

게 지킬지 구체적인 방법에 대해서는 구글도 아직 해답을 내놓지 않았다. 그러나 구글이 그 약속을 지킬 것임은 분명해 보인다. 전력 구매 및 신재생에너지공급인증서REC(발전사업자가 신재생 에너지를 이용해 전기를 생산하고 공급했음을 증명하는 인증서로, 탄소 감축 성과를 인정받을 수 있다)를 받아 그 말을 실천하고 있음을 입증했기 때문이다.

탄소중립을 향한 경쟁은 점점 치열하고 빠르게 진행되고 있다. 세계경제포럼은 모든 회원에게 2050년에는 탄소의 순배출량을 제로로 만들겠다는 목표를 설정해달라고 요청했고[18] 선도적인 기업은 이미 발 빠르게 움직이고 있다. 아마존은 2040년까지 탄소중립을 달성하겠다는 기후서약Climate Pledge*에 참여할 대기업을 100곳 이상 모았다. 유니레버는 그 목표연도를 아마존보다 한 해 빠른 2039년으로 잡았다. 경쟁에 활기를 불어넣기 위해서다. 이케아는 2030년까지 기후 포지티브**가 이루어지길 바라며 온실가스 배출과 성장이 비례하지 않도록 운영했다(그래서 5년 동안에 매출은 14퍼센트 늘어났지만 온실가스 배출량은 14퍼센트 줄어들었다). 현재 이케아의 풍력 및 태양광 발전량은 이미 운영에 필요한 용량보다 32퍼센트 더 많다.[19] 월마트도 2040년까지 탄소중립을 달성한다는 목표를 세웠으며 2020년에는 "우리는 재생 기업이 되고 싶다"라고 선언했다. 매출 규모가 6,000억 달러인 월마트는 2030년까지 259제곱킬로미터의 바다와 약 20만 제곱킬로미터의 땅을 "관리 또는 복원"하기로 약속했는데, 여기에는 재

•   2019년 아마존이 환경운동 조직인 글로벌 옵티미즘Global Optimism과 함께 설립한 단체

••   탄소배출량이 제거량보다 작아지는 것

생농법을 채택하는 것도 포함되어 있다.[20]

다만 생물다양성 분야에서는 아직 목표 설정이 초기 단계다. 일부 단체와 기업만이 수치로 표현되는 목표를 설정했으며 나투라, 유니레버, 라파지홀심 등의 기업은 함께 '과학 기반 목표 네트워크SBTN, Science Based Targets Network'를 만들어 생물다양성에 대해 SBT를 설정하는 방법을 개발하고 있다. 표현이 만들어지는 동안에는 생물학자 에드워드 윌슨이 추진하는 육지와 바다의 절반을 보존하는 하프어스프로젝트Half-Earth Project를 지원하는 것이 생물다양성으로 나아가는 지름길일 수 있다. 또는 향후 10년 안에 자연 손실을 되돌리기 위한 정책 채택을 정부에 촉구하는 900개 대기업과 주요 NGO가 모인 '자연을 위한 기업Business for Nature' 연합에 관심을 갖는 것도 방법이다.

만약 과학이 명확하게 느껴지지 않거나 당신이 공격적인 목표에 익숙해지지 않는다면, 목표를 뒤집었을 때 어떤 느낌인지 살펴보길 바란다([상자4-1] 참조).

| 상자4-1 | 지속가능성 목표 뒤집어 보기 |

'제로' 또는 '모든'이라는 목표가 맞는 말일 수밖에 없는 이유를 알고 싶다면, 자기가 생각하는 목표를 뒤집어서 큰 소리로 말해보면 된다. 만약 당신이 재생 가능 에너지 사용을 60퍼센트 수준으로 올리겠다는 목표를 세운다면, 이것은 "우리가 사용하는 에너지의 40퍼센트가 기후변화를 촉진하는 온실가스를 발생하게 해 결국 더 많은 비용 부담을 떠안게 하겠다"라고 목표를 세우는 것과 마찬가지다.

2025년까지 제품군 절반을 지속가능성 제품으로 만들겠다는 목표는 "나머지 절반은 환경이나 사회에 미치는 영향을 개선하지 않고, 상황을 악화하도록 방치하겠다"라는 뜻이 된다. 만약 당신의 투자금 중 일부를 기후 문제를 다루는 펀드에 맡긴다면, 나머지는 기후 문제에 무책임한 사업이나 기업에 투자한다는 뜻이 되는 것이다.

가치사슬을 고려한다

넷 포지티브 영향을 미치려면 제품 생애주기 발자국에 대한 목표를 설정해야 한다. 이를테면 제품 제조와 유통에서 배출되는 탄소를 뜻하는 상부 배출upstream emission에서부터 소비자의 에너지 사용 습관과 관련된 하부 배출downstream emission까지 모든 주기를 고려해야 한다. 예를 들어보자. 애플은 전체 가치사슬에서 탄소중립을 달성하겠다고 약속하면서 원재료 사용과 관련해 매우 특이한 목표도 함께 세웠다. 전자제품에 들어가는 금속이 전자폐기물이 되는 선형적인 시스템을 넘어 자원 선순환 공급망을 구축해 "언젠가는 광업에 대한 의존을 완전히 끝내겠다는 도전"을 하고 싶다고 밝힌 것이다.[21] 이는 에너지 사용 제품을 만드는 회사로서 탄소의 하부 배출을 고려한 것이다. 기술 기업도 하부 배출 목표를 설정하는 경향이 있다. 이들은 자사 제품이 직접 배출하는 양보다 더 많은 탄소를 감축할 수 있다고 주장한다. 이를테면 화상회의를 함으로써 탄소집약적인 여행을 하지 않아도 된다거나 빅데이터 및 여러 분석 기법을 통해 운송이나 건물 건축을 훨씬 더 효율적으로 만들 수 있다고 말한다. 영국 최대의 전기 통신 회사 BT_{British Telecommunications}와 델은 이런 '활성화' 목표를 일찌감치 채택했으며, 최근에는 스페인 통신 회사 텔레포니카도 2025년까지 고객의 탄소배출량을 10배 줄이겠다는 목표를 세웠다.

한편 금융회사들에는 에너지 사용 제품을 만드는 회사와 다른 도전과제와 기회가 있다. 이들 회사로 인해 빚어지는 물리적 영향은 미미하다. 그러나 이른바 '금융 배출량'의 규모는 은행 자체의 직접적인 탄소배출량의 700배나 된다. 이에 일부 은행은 석탄에 투자했던 자금을 회수했으며, 대부분의 대형 은행은 최근 투자 포트폴리오 목표를 서둘러 수정했다. 예를 들면 모건스탠리와 뱅크오브아메리카는 씨티그룹의 CEO 제인 프레이저가 취임 첫날에 발표했던 것처럼 2050년까지 탄소중립 투자를 달성하겠다고 약속했다.[22] 또한 알리안츠의 CEO 올리버 베테가 시작한 자산소유자동맹_{Asset Owners Alliance}이라는 대규모 투자자 연합은 2050년까지 5조 5,000억 달러의 투자 포트폴리오를 탄소중립으로 전환하겠다고 약속했다.

이것은 환영해야 할 일이지만 경계선이라는 관점에서 보면 너무 늦은 조치다. 만약 어느 금융 회사가 2049년까지 인프라에 자금을 투자한다고 치자. 그렇다면 그 회사는 지구의 기후 문제 시한인 2050년 이후로도 수십 년 동안 지속하며 탄소를 뿜어댈 시설을 짓는다는 뜻이다. 따라서 더 좋은 사례는 호주의 보험사 선코프의 경우다. 석유와 가스에 대한 신규 투자는 중단하고 기존 프로젝트에 대한 보험은 2025년까지 종료하면서, 2040년까지는 해당 부문의 모든 투자를 완전히 중단하겠다고 약속했다.[23]

다국적기업은 SBT를 공급업체에 점점 더 많이 또 강력하게 요구한다. 식품 대기업 제너럴밀스, 켈로그, 캠벨수프는 원재료를 구매하는 농장과 기업에 탄소 관련 SBT를 적용했다. 다른 부문에 속하는 기업들 역시 전체 가치사슬에서 탄소중립 목표를 세웠다. 예를 들면 제약 부문의 GSK, 소매유통 부문의 H&M, 슈나이더일렉트릭 그리고 '기가톤(10억톤) 프로젝트'를 내세운 월마트* 등을 꼽을 수 있다. 가치사슬에 속한 회사에게 목표를 제시하는 대신 스스로 목표를 설정하게 하는 방법도 있다. 협력업체 80퍼센트가 자체적으로 SBT를 설정하게 한다는 목표를 세운 소매유통업체 타겟이 그 예다.[24]

선도적인 회사는 기후 문제에 대한 압력을 높일 방편으로 협력업체에게 당근과 채찍을 동시에 사용하기도 한다. 식료품 소매유통업체 테스코는 산탄데르은행과 손을 잡고 기후 쟁점에 대해 공격적인 목표를 설정하고 성과가 우수한 협력업체에 우선적으로 자금을 조달한다.[25] 이것이 당근이라면 채찍도 있다. 클라우드 컴퓨터 솔루션을 제공하는 회사 세일즈포스는 협력업체와 계약할 때 기후 쟁점에 대한 엄격한 기준을 제시한다(그들은 이것을 '지속가능성 입증Sustainability Exhibit'이라고 부른다). 협력업체는 해당 가치사슬 속에서 자기 제품이나 서비스로 인해 발생하는 탄소를 측정하고 제시해야 한다. 즉 납품하는 제품과 서비스를 '탄소중립 기반'으로 제공해야 한다.[26] 만일 협력업체가 이것을 지키지 않으면 '기후 위반'이 되고, 세일즈포스는 이 회사에 적지 않은 금액의 '교정 비용remediation fee'을 요구한다.

---

* 월마트는 2030년까지 전 세계 가치사슬에서 1기가톤의 이산화탄소를 감축하겠다는 목표를 지니고 있다.

스타벅스도 커피 음료의 공급망 일부를 지속가능한 공급원으로 대체하려고 노력한다. 3만 1,000개의 매장에서 에너지를 사용하고 있음에도 불구하고 생애주기 탄소배출량 가운데 가장 큰 부분을 차지하는 것은 공급망(우유 생산업체)인 것으로 드러났다.[27] 젖소가 방출하는 온실가스가 스타벅스의 탄소발자국 중 21퍼센트를 차지하는 것이다. 재생농법을 사용하는 농장에서 생산된 유제품이 적정한 규모로 공급될 때까지 스타벅스가 공급망에서 배출되는 탄소를 줄이는 최선의 방법은 '젖소의 사용'을 줄이는 것이다. 스타벅스의 CEO 케빈 존슨은 "젖소를 대체하는 대안적 우유가 이 문제를 해결하는 데 가장 중요한 요인이 될 것"이라고 말했다. 스타벅스는 커피를 마시는 사람들이 유제품이 들어가지 않는 제품을 주문하도록 유도해야겠지만, 이것은 쉽지 않을 것이다.

소비자 행동을 바꾸어놓은 기업은 지극히 소수다. 스웨덴의 식품 체인 맥스버거는 육류가 들어가지 않는 메뉴를 늘렸으며, 육류에서 비롯되는 탄소발자국 자료를 소비자에게 전달해 육류가 들어간 메뉴의 주문량을 크게 줄였다. 건강한 음식 체인 파네라브레드는 비슷한 방식으로 전체 메뉴의 절반을 채식 기반으로 채웠다.[28]

회사가 생애주기 목표를 설정하는 대상이 많아지면 그만큼 통제력은 줄어들고, 설정한 목표가 부담스러울 수밖에 없다. 그러나 이때 회사는 새로운 영역으로 진입한다. 아마도 스타벅스는 소의 트림을 고려해야 할 것이라고는 상상도 못했을 것이다.* 하지만 그로 인해

---

* 가축 생산으로 발생하는 온실가스 중 약 40퍼센트가 가축의 소화 과정에서 발생한다.

스타벅스는 새로운 영역 앞에 와 있다.

긍정적인 손자국을 늘린다

지속가능성 목표를 세울 때는 순서가 있다. 가장 먼저 탄소발자국 문제를 해결하고, 대외적으로 하는 말과 실천을 일치시키는 것에서부터 시작해야 한다. 그다음 가치사슬이나 해당 산업 전체로 시야를 넓혀야 한다. 이러한 기본적인 토대가 마련되면 더 넓은 세계에 긍정적인 영향positive impact을 미치기 위한 목표, 다시 말해 '손자국'을 측정 가능한 여러 가지 방식으로 늘리는 목표를 설정해야 한다.

유니레버의 USLP는 탄소발자국 감축 목표에서부터 10억 명의 삶을 개선한다는 거대한 손자국 목표까지 다루었다. 당시로서는 매우 이례적인 목표도 있었다. 예를 들면 국내에 있는 회사뿐만 아니라 공장이 있는 다른 나라의 재활용률 개선도 목표에 들어갔다. 유니레버는 전체 시스템에서의 재활용률을 개선하려고 했던 것이다. USLP는 계속 진화하면서 시스템 자체를 붙들고 씨름하는 넷 포지티브 목표가 더 많이 추가되었다. 이와 같이 SBT를 뛰어넘는 손자국 목표는 회사의 목적과 지속가능성 강령에서 중심추가 되고 있다. 환경 영역에서 몇 가지 사례를 들어보자.

- **팀버랜드**: 2030년까지 환경에 넷 포지티브 영향을 창출한다. CEO도 "받는 것보다 더 많은 것을 나누어주는 것"에 대해 이야기했다.
- **크로거**: 배고픔이 없고 쓰레기가 없는 지역사회를 만든다. 2,750개가 넘는 매장을 지닌 크로거는 2025년까지 30억 회의 끼니를 기부

할 계획이며, 음식물 쓰레기를 줄이기 위해 1,000만 달러의 기금을 조성하고 있다.[29]

- **케링**: 공급망이 사용하는 총 토지 면적의 여섯 배를 재생함으로써 생물다양성에 넷 포지티브 영향을 미친다.[30]

'네이처 포지티브Nature Positive(건강한 자연)'라는 깃발 아래 지역사회를 넘어 공동의 시스템 문제를 바라보기도 한다. 기업은 예산과 결과에 대한 약속을 인간의 번영을 전제로 구체적으로 한다. 예를 들면 다음과 같다.

- **헨리포드건강시스템**: 환자의 자살을 없앤다. 미국 디트로이트에 본사를 둔 의료 기관 헨리포드건강시스템은 질병만 치료하는 것이 아니라 지역사회의 건강을 개선하기 위해 적극적으로 나섰다. 사람들이 더 빠르고 쉽게 진료받을 수 있도록 했으며 그 결과 2년 동안 자살률은 75퍼센트 감소했고 어떤 해는 한 건도 발생하지 않았다.[31]
- **씨티그룹**: 인종차별의 장벽을 허물고 유색인종의 경제적 계층 이동성을 높인다. 씨티그룹은 여기에 10억 달러가 넘는 예산을 썼다.[32]
- **마스터카드**: 10억 인구와 5,000만 개의 작은 기업을 디지털 경제로 끌어들인다. 또한 2,500만 명의 여성 기업가의 창업을 도울 계획이다. 마스터카드 아제이 방가 회장은 이러한 노력이 사회를 코로나 이전 상태로 회복시키며, 회복력 자체를 강화할 것이라고 본다. 그는 "장기적이고 지속가능한 방법으로 회복하려면, 그 대상에 모든 사람을 넣어야 한다"라고 말한다.[33]

◀ 기업에게 변화는 의무다

파괴가 일상적으로 일어나는 지금, 변화는 의무 사항이다. 몇몇 기업에게는 지구가 감당할 수 있는 위험한계선이 무엇을 의미하는지 검토하는 것 자체가 기업의 핵심을 흔드는 계기가 될 수도 있다. 현재 진행하는 사업을 바꾸어야 할 수도 있지만 한편 이런 변화는 대규모 신규 시장에 참여할 수 있는 엄청난 기회가 되기도 한다.

2006년 덴마크의 에너지 기업 동DONG의 경영진은 외부자 관점으로 회사를 검토하며 미래를 예측했다. 결과는 도저히 믿고 싶지 않은 것이었다. 이에 그들은 단순히 경계선을 구부린다거나 허무는 것이 아니라 완전히 새롭고 공격적인 목표를 설정했다. 저탄소 미래에 적합한 새로운 회사로 탈바꿈하는 거대한 시도를 한 것이다. 그들은 85퍼센트의 화석 연료를 85퍼센트의 녹색 에너지로 전환하겠다는 목표를 지니고 2009년 세계기후회의에 참석했으며, 그 뒤 10년 동안 자산을 매각하고 이름을 오스테드Ørsted로 바꾸었다. 또 세계 최대 규모(전 세계 용량의 29퍼센트를 차지)의 해상 풍력 발전소를 건설했다.[34] 이 회사는 목표했던 85퍼센트의 녹색 에너지 전환을 달성한 뒤에는 다시 새로운 목표도 세웠다. 2025년까지 탄소배출량을 2006년 기준으로 98퍼센트 감축하고, 2023년까지 석탄을 단계적으로 완전히 폐기하며, 2032년까지 공급망의 탄소배출량을 50퍼센트 감축하고, 2040년까지 가치사슬 전체에서 완전한 탄소중립을 달성하겠다는 것이었다.[35]

시장은 지금 오스테드의 미래를 다른 석유 대기업의 미래보다 훨씬 긍정적으로 평가한다. 영국석유BP의 매출액 2,790억 달러는 오스테드의 매출액 84억 달러의 33배나 되지만, 영국석유의 시가총액 920억 달러는 오스테드 시가총액 650억 달러의 1.4배밖에 되지 않는 것이 그 증거다.[36]

그럼에도 오스테드와 같은 계획이 없는 다른 화석 연료 회사는 이 사태를 심각하게 받아들이지 않는다. 탄소배출량을 완전히 없애야 하는 전 세계적인 필요성 때문에 화석 연료 회사가 존재 자체를 위협받는 상황에 직면해 있음에도 불구하고 말이다. 당신 회사가 넷 포지티브 모델로의 전환을 다급하게 서둘러야 할 이유를 굳이 '불타는 플랫폼'*에서 찾지 않아도 된다.

2014년 대형 의약품 회사 CVS헬스는 약 8,000개 매장(지금은 매장의 수가 1만 개)에서 담배를 치워버렸다. 이 조치로 매출이 약 20억 달러 줄어들었다. 그러나 이것은 약을 파는 기업에서 건강 도우미로 정체성 전환을 꾀하는 영리하고 용기 있는 행동이었다. 이와 비슷하게 잉가솔랜드의 냉난방 사업부가 별도의 회사로 독립하면서 트레인테크놀로지로 이름을 바꾸고 '기후 회사'가 된 사례도 있다. 해당 산업이 기후에 미치는 영향(냉방에서 발생하는 탄소배출량은 전 세계 탄소배출량의 5퍼센트이다)과 이 문제로 무언가를 할 수 있는 기회, 두 가지 모두를 놓치지 않은 것이다.

기업 규모가 상대적으로 작은 경우도 살펴보자. 중간 규모의 기업

---

* 고압가스가 연이어 폭발하는 석유 시추 플랫폼에서 수십 미터 아래의 바닷물로 뛰어들 것인지 말 것인지 판단해야 하는 위급한 상황을 상상하면 된다.

클라크인바이어런멘털Clarke Environmental은 창업자의 손자인 라이엘 클라크가 회사를 다른 곳으로 옮기기 전까지만 해도 수십 년 동안 모기 살충제를 생산했다. 그러나 유기농 방충제(이 방충제는 미국 녹색화학상을 받았다)를 개발하면서 회사의 목적을 "공중보건을 지키며 전 세계 지역사회를 살기 좋고, 안전하고, 편안하게 만드는 것"으로 바꾸었다. 핀란드의 네스테Neste도 오스테드가 걸었던 길을 그대로 따라서, 석유를 정제하던 회사에서 폐기물을 원료로 삼아 재생 가능한 디젤 및 제트 연료의 세계 최대 생산자로 탈바꿈했다. 이 회사의 2020년 매출액 중 무려 94퍼센트가 재생 가능 에너지에서 비롯되었다.[37]

다른 기업에게 변화를 유도하는 데는 완벽한 사업 모델이 필요하지 않으며 그저 시작하는 것만으로도 어려운 문제를 회피하지 않고 정면으로 부닥치도록 이끌 수 있다. 유니레버도 여러 차례 그렇게 했다. 유니레버는 플라스틱에 대한 논의가 있기 1년 전인 2014년 이미 마이크로비드 플라스틱* 사용을 중단했다. 2018년에는 불법적이고 극단적인 콘텐츠를 제대로 관리하라고 페이스북과 구글을 압박했다. 2020년에는 코카콜라와 리바이스 등 몇몇 대형 광고주와 함께 소셜 미디어 광고를 중단하기도 했다.[38] 인권 보고서 작성, 방향제 성분 공개, 녹색채권** 발행 등과 같은 행동은 경쟁자에게 정체성을 근본적으로 전환하라는 압력을 가하기에 충분했다.

이 모든 것이 변화의 속도를 촉진한다. 생각을 활짝 열고 한계를

---

* 1밀리미터 이하의 플라스틱
** 환경친화적인 프로젝트에 투자할 자금을 마련하는 것을 목적으로 발행하는 채권

규정하는 경계선을 맨 먼저 허무는 기업은 상대적으로 더 많은 것을 하며 업계를 선도한다. 나중에 대세를 따르는 것보다 훨씬 유리함은 물론이다. 앞서가며 먼지를 일으킬 것인가, 뒤따르며 먼지를 먹을 것인가? 오래 지속된 기업은 핵심 사업과 목적을 적어도 한 번 이상 바꾸었다. IBM은 수십 년 동안 컴퓨터를 만들기만 하다가 기술과 컨설팅 서비스를 제공하는 회사로 진화했다. 오랜 세월 여러 개의 회사를 소유하고 있는 스웨덴의 발렌베리 가문은 1946년의 가훈을 여전히 소중하게 간직하고 있다. 그 가훈은 이렇다. "낡은 것을 버리고 곧 다가올 새로운 것으로 옮겨 타는 것이야말로 지킬 가치가 있는 유일한 전통이다."

넷 포지티브를 방해하는 한계 뛰어넘기

▶ 생물물리학적이고 사회적이며 도덕적인 세상을 규정하는 한계를 이해하고, 그 속에서 회사가 어떤 모습이 될지 예측한다.

▶ 회사가 실제로 하는 사업이 무엇인지, 현재의 사업 모델이 미래에 도 적합할지 묻는다.

▶ 크게 생각하고 장기적으로 일하며 미래에 투자할 수 있는 여유를 직원에게 제공한다.

5장

한없이 투명한 세상에서
살아남는 유일한 방법

숨겨둔 것은 드러나고
감추어둔 것은 알려져서 환히 나타나기 마련이다.

— 누가복음, 8장 17절

2015년 9월 미국 환경보호청은 폭스바겐이 청정공기법을 위반했다고 발표했다. 캘리포니아의 법률이 허용하는 기준보다 질소산화물을 훨씬 적게 배출하는 것처럼 보이도록 조작해 디젤 차량 테스트를 통과했다는 것이다. 질소산화물은 대기를 오염시켜 연간 수백만 명의 목숨을 앗아가는 주요 인체 유해물질로[1] 이 자동차는 법률로 정한 최대 배출량의 40배를 배출한다.[2] 폭스바겐은 속임수로 이 자동차를 미국에 50만 대 팔았고 전 세계적으로는 700만 대를 팔았다.[3]

이 '디젤게이트' 소식이 보도된 날, 폭스바겐의 시가총액은 4분의 1이 날라갔다. 또 폭스바겐은 세계 최대 자동차 브랜드라는 지위도 잃었다.[4] 폭스바겐의 매출은 그 뒤로 여러 해 동안 떨어졌으며 330억 달러가 넘는 벌금도 냈다.[5] 기업이 사회의 신뢰를 저버리는 것은 최악의 행동이다. 컨설팅 회사 액센추어가 발표한 「신뢰의 결산 가격The Bottom Line on Trust」이라는 연구는 신뢰가 추락할 때 기업이 얼마나 큰 타격을 입는지 수치로 나타낸다.[6] 성장, 수익성, 신뢰라는 세 가지 '경쟁력 요소'를 근거로 7,000개 기업의 등급을 매겼는데 이때 신뢰 요소가 "기업의 경쟁력과 결산 수익에 다른 것들과 비교가 되지 않을 정도로 크게 영향을 미친다"라는 사실을 밝혀낸 것이다. 모든 '신뢰 관련 사건'은 매출과 수익에 큰 타격을 주었는데, 몇몇 부문에서는 감소폭이 최대 20퍼센트나 되었다.

이런 사실을 기업의 리더라면 당연히 두려워하고 명심해야 한다. 신뢰를 구축하는 데는 오랜 시간이 걸리지만 잃는 것은 한순간이다. 이제는 얼마든지 모든 직원이 작업 현장에서 영상을 찍어 기업의 신뢰에 손상을 주는 내용을 소셜미디어에 게시할 수 있다. 모든 사람이 들고 다니는 스마트폰, 모든 것을 추적하는 블록체인과 같은 도구가 기업의 투명성을 강화시키고 있다. 어떤 회사가 중대한 잘못을 저질러놓고 이 잘못을 숨기기란 불가능에 가깝다.

◖ 넷 포지티브 기업의 핵심 자산, 신뢰

세간의 이목을 끄는 추문이 일어나면 기업에 대한 신뢰는 낮아진다. 지금까지 수십 년 동안 모든 기업에 대한 신뢰는 하락해왔다. 2021년 에델만 신뢰도 지표 조사Edelman Trust Barometer에서 전 세계 응답자의 73퍼센트가 과학자를 신뢰한다고 응답한 반면 48퍼센트만이 기업의 CEO를 신뢰한다고 응답했다.[7] 신뢰 부족은 협력을 방해하며 효율성도 떨어뜨려 비용을 발생시킨다. 반면 높은 신뢰가 존재하면 반대 현상이 나타난다. 신뢰가 높은 조직에서 일하는 사람의 76퍼센트는 더 적극적으로 일에 매달리고, 50퍼센트는 더 생산적으로 조직에 헌신했다. 또한 40퍼센트가 번아웃을 경험하지 않으며, 병가 신청률도 13퍼센트 적었다.[8]

위기가 닥쳤을 때 신뢰는 더 중요해진다. 코로나 팬데믹이 시작된 뒤 어떤 브랜드가 옳은 일을 할 것이라는 믿음은 소비자 81퍼센트의 구매 결정을 좌우했다.[9] 에델만은 주요 이해관계자의 신뢰를 얻을 때 기업의 활동과 운영이 더 많은 소비자의 승인을 받는다고 했다. 유니레버가 적대적 인수합병 공격을 받을 때 NGO가 유니레버를 얼마나 지지하고 응원했는지 기억해야 한다. 이런 지지와 응원은 순전히 신뢰에 바탕한 것이었다. 마이크로소프트 CEO 사티아 나델라는 "우리의 사업 모델은 기술에 대한 신뢰라는 단 하나에 의존한다"라고 말했다.[10] 신뢰는 세상의 도전과제를 해결하는 깊은 협력의 토대다. 다시 말해 신뢰는 넷 포지티브 기업의 생명선이다. 신뢰는 기업의 가장 가치 있는 자산이다.

우리는 신뢰 속에 살아갈 때 행복하다. 불신 속에 살아갈 때는 공포와 분노와 소외감에 시달린다. 현대의 삶은 '우리'라는 연대의식에 바탕하기에 신뢰가 없다면 어떤 사회도 번영을 누릴 수 없다. 신뢰를 이끌어내는 방법은 솔직해지는 것, 즉 투명하게 개방하는 것이다. 워런 버핏은 "썰물이 빠지면 그동안 누가 벌거벗고 헤엄쳤는지 비로소 알게 된다"라고 말했다.[11] 만일 당신이 회사의 문제를 잘 처리했다면 썰물이 빠져도 회사의 상태는 양호할 것이고 투명성은 위험한 수준으로 결코 떨어지지 않을 것이다. 그러나 만일 공급망 안에서 발생하는 인권 침해처럼 회사가 명시적으로 드러냈던 가치관이나 목적에 부합하지 않는 일이 있었다면, 썰물이 빠지는 상황에서 회사는 벌거벗은 몸을 세상에 고스란히 드러낸다.

신뢰와 투명성은 다중이해관계자 모델이 원활히 작동하게 하는 윤활유다. 지금까지 CEO는 회사의 이런저런 사정을 드러내는 것을 경계해왔다. 법무팀이나 홍보팀이 평판이 떨어지거나 법률적인 책임을 져야 하는 상황을 예로 들면서 겁을 주었기 때문이다. 그러나 이것은 핑계일 뿐이다. 감추는 것은 좋은 전략이 아니다. 자기를 감추면 신뢰를 쌓기 어려울뿐더러 연대와 학습의 기회까지도 차단된다.

아무리 숨기고 감추어도 밝은 눈을 피할 수 없기도 하다. 직원, 고객, 지역사회 그리고 투자자는 기업이 무엇을 추구하며 누구에게 봉사하는지 물으며 기업을 압박한다. 현재 주주 의결사항 중 3분의 2는 환경과 사회 그리고 투명성 문제와 관련이 있다.[12] ESG 성과도 점점 더 투명해지고 있다. 2021년 신용평가사 S&P글로벌은 9,200개 기업을 대상으로 ESG 점수를 발표했다(S&P글로벌은 이 점수를 이용해 다우존스지속가능성지수DJSI를 매긴다).[13] 거물 투자운용사 블랙록도 기업이 탄소배출량 목표 및 온실가스 감축 목표를 공개해야 한다는 태도를 줄곧 유지해왔다.[14]

모든 식품 및 소비재 산업은 '클린라벨clean label'* 운동 아래 있다. 소비자는 자신이 사는 것이 무엇인지, 거기에 들어간 성분이 무엇인지 등에 대해 이전보다 더 많이 알고 싶어 한다. 젊은 노동자와 소비

---

* 제품에 합성첨가물을 넣지 않고 단순한 원료와 최소한의 가공을 거친 재료를 사용한 식품에 부여되는 인증

자(MZ세대)가 특히 더 그렇다. 이들은 자기가 사거나 사용하는 모든 것에 대해 많은 정보를 원한다. 클린라벨 운동은 유기농 식품의 성장을 이끌며, 클린라벨 철학은 음식이라는 영역을 넘어 다른 영역으로까지 확장되고 있다.

투명성이 뒷받침되는 신뢰는 넷 포지티브 작업을 가능하게 해주며, 무형의 가치를 창출한다. 40년 전에는 S&P 500 기업의 자산은 80퍼센트 이상이 공장, 건물, 재고품 등 유형 자산이었다. 그러나 지금은 반대다. 무형 자산이 전체 자산의 90퍼센트 이상을 차지한다.[15] 기업은 이제 측정하기 어렵던 무형 자산의 가치를 브랜드 가치, 고객 충성도, 직원 참여도, 신뢰도 등 수치로까지 표시한다. 넷 포지티브를 지향하는 기업은 이 가치를 금융 시장에 지속적으로 알리고 회사의 모델과 명확하게 연결해야 한다.

◀ 기업이 신뢰를 쌓기 위해 해야 하는 일

네덜란드에는 "신뢰가 올 때는 걸어서 오고 갈 때는 말을 타고 간다"라는 속담이 있다. 신뢰를 쌓는 데 그만큼 오랜 시간이 필요하다는 뜻이다. 기업은 겉으로 드러나는 측면만 따로 떼어서 신뢰를 쌓을 수 없다. 오히려 보이지 않는 곳에서 일어나는 일이 훨씬 더 중요하다. 말로만 신뢰를 쌓을 수는 없고 행동해야 한다. "이 일을 어떻게 해야 할지 모르겠는데, 도와줄 수 있습니까?"라고 말할 수 있는 겸손함도 필요하다. 자기의 부족함을 남과 공유할 수 있어야 한다. 잘못하고 있을 수 있음을 받아들이고, 다른 사람에게 도움을 주려고 해야 하며, 자기에게 필요한 것보다 다른 사람에게 필요한 것을 먼저 생각하고, 옳은 일을 하도록 최선을 다해야 한다. 그런 과정에서 사람들의 신뢰가 쌓인다. 목적과 마찬가지로 신뢰는 어떤 프로젝트를 수행할 때마다 하나씩 쌓인다. 기업이 신뢰를 쌓으려면 반드시 해야 하는 다섯 가지 행동을 하나씩 살펴보자.

구체적인 계획과 경험을 공유하라

USLP는 강력한 투명성 도구였다. 첫날부터 이 계획은 대중에 공개되어 누구라도 비판할 수 있었다. 목표를 수치로 제시해 공개하면 회사는 여기에 당연히 책임져야 해서 스스로 압력을 주는 행위가 된다. 해도 그만 안 해도 그만인 느슨하고 자발적인 선택의 문제가 아니라 책임이 뒤따르는 의무가 되기 때문이다.

USLP에서 가장 달성하기 어려운 목표는 2020년까지 농산물 원재료를 100퍼센트 지속가능한 것으로 아웃소싱하겠다는 약속이었다. 수천 가지 제품에 들어가는 수백 가지의 재료를 100퍼센트 지속가능한 것으로 사용하겠다는 약속은 여간 어려운 목표가 아니다. 원재료의 '지속가능성'을 분명하게 규정한 내용도 없었다. 그러나 유니레버는 이 목표를 대중에게 공개함으로써 외부에 도움을 청할 수 있었고 대중의 신뢰도 얻었다.

유니레버의 지속가능한 아웃소싱 개발 글로벌 책임자인 얀 키스 비스Jan Kees Vis는 여러 해 동안 지속가능한 농업의 표준을 마련하기 위해 노력했다. 그는 유니레버가 공표한 약속 덕분에 회사의 모든 직원이 발 벗고 열심히 일할 수밖에 없었다고 말한다. 그는 협력업체 및 협력자에게 "내가 당신에게 바라는 것은 노동자를 정당하게 대우하라는 것과 토지 관리를 건전하게 하라는 것이다. 이것은 나 혼자서 하는 말이 아니다. 내가 하는 말이 가볍게 들린다면 우리 회사의 CEO를 불러 물어봐도 똑같이 말할 것이다"라고 말하곤 했다.[16]

목표는 관계를 만들어준다. CEO가 "10억 명이 개인위생 습관을 개선하길 바란다"라고 말했다고 혼자 그 일을 해낼 수 있을까? "우리는 모든 해답을 가지고 있지 않다"라고 말하는 대담함과 겸손함을 지닐 때 NGO와 새로운 기술을 가진 기업가, 그와 함께 일하고자 하는 정부 지도자들이 모여든다. 유니레버의 공급망 최고책임자로 일했던 피어 루이지 지기스몬디Pier Luigi Sigsmondi는 "목표를 공개하고 도움이 필요하다고 밝히는 순간, 그 운동에 동참하겠다는 이메일과 요청이 쇄도할 것"이라고 말한다.

투명성과 신뢰를 유지하기 위해 유니레버는 PwC의 검증을 거친 USLP 진행 보고서도 발표했다. 예를 들어 USLP에서 달성하기 가장 어려운 목표는 소비자가 제품을 사용하는 동안 배출하는 탄소의 양을 줄이는 것이었다. 비누나 샴푸를 사용할 때 같이 사용하는 온수에 필요한 에너지는 유니레버의 가치사슬에서 배출되는 탄소량의 약 3분의 2를 차지했다. 제품을 아무리 혁신한다고 해도 소비자의 행동과 관련된 문제(예를 들면 샤워를 오랜 시간 하는 행동)를 해결할 수는 없었다. 이런 행동을 교정하려면 솔직하되 희망을 제시해야 한다. 가장 좋은 방법은 도전과제에 대해 공개적으로 이야기하고 효과적인 방식을 공유하는 것이다.

USLP 수준의 투명성은 지금이야 일반적인 것으로 자리 잡았지만 10년 전만 하더라도 그렇지 않았다. 인터페이스, 이케아, 막스앤스펜서 등과 같은 초기의 선두 기업을 제외하면 구체적이고 공격적인 목표를 발표한 기업은 거의 없었다. 대부분 자기의 탄소배출량이 얼마나 되는지 추정조차 하지 않았을 정도였다. 물론 아직까지 USLP 수준의 개방성을 불편해하는 기업 리더도 많다. "시장에 너무 많은 말을 하면 책임을 져야 하거나 다른 기업이 따라할 수도 있으니까, 절대로 그렇게 하지 마라"라고 말하는 회사 내부의 목소리도 여전하다. 하지만 개방적인 모습을 보일 때 당신을 공격하던 기업이 당신에게 도움을 주는 협력자로 바뀌는 것을 기억하라.

경쟁사와 고객이 알고 싶어 하는 것을 공개하라

넷 포지티브 기업은 회사가 자기만의 것이 아니라 모든 이해관계자의 것이기도 하다는 사고방식을 가진다. 따라서 유니레버는 다른 기업이 공유하지 않는 것을 앞장서서 공유하려고 노력해왔다. 예를 들면 유니레버는 일찍부터 납세 관련 사항을 온라인에 게시하고(이런 행동은 기업이 공평과세를 통해 사회를 지원해야 한다는 신념에 따른 것이었다), 일반적으로 비공개로 유지되는 회사 운영 관련 데이터를 공개했다. 또 공급망에 속한 1,800개의 팜유 공장 목록을 공개했다. 제프 시브라이트가 최고지속가능책임자일 때 취했던 이런 투명성 조치는 두고두고 기억에 남는 일이다.

시브라이트가 한 무리의 원주민과 만났을 때 한 여성이 팜유 회사가 지역사회를 파괴하고 있다고 말했다. 시브라이트가 팜유 납품 공장의 목록을 내놓자 그녀는 "바로 이 회사요. 카르타헤나 근처에 있는 이 회사 말입니다. 이 회사가 우리 마을 사람들을 중독시키고 죽이는 회사입니다"라고 말했다. 이렇게 해서 유니레버는 그 업체에서 무슨 일이 일어나고 있는지 곧바로 조사할 수 있었다. "정말 가슴이 아픈 일이었다. 그렇지만 그 일은 투명성의 힘이 얼마나 강력한지 보여주는 사례다"라고 시브라이트는 말한다. 유니레버는 이렇게 해서 가치사슬 속에 있는 협력업체가 잘못된 일을 하고 있을 때 옳은 일을 하도록 돕거나 이런 회사와는 아예 거래를 하지 않을 수 있었다.

운영상의 투명성은 개방성의 한 종류일 뿐이다. 더 넓게 보고 주요 이해관계자가 무엇을 알고 싶어 하는지 생각하라. 예를 들어 직원은 자기가 받는 급여가 얼마나 공정한지 알고 싶어 한다. 이들은 인터넷 구인구직 사이트나 직장 평가 사이트를 통해 급여 데이터를 검색한다. 이로 인해 회사로서는 성별 또는 인종별 급여 격차를 유지하기 어려워질 것이다.

투자자들은 ESG 지표와 지속가능성 위험에 대해 알고 싶어 한다. 2021년 세계 최대의 자산운용사 블랙록의 CEO 래리 핑크는 투자하는 모든 기업에게 "모든 보고를 '기후 관련 재무정보공개 태스크포스 TCFD'와 '지속가능성 회계기준 위원회 SASB'의 권고안에 맞추어 할 것"을 요구했다.[17] 덧붙여 그는 2021년에 SASB 공시 건수가 1년 전에 비해 363퍼센트 증가했다고 지적했다.

소비자도 더 많은 것을 알고 싶어 한다. 이를 반영해 유니레버는 제품 라벨에 '향기 fragrance'로 표시되는 모든 성분을 소비자에게 공유하는 새로운 지평을 열었다. 유니레버는 1,000개 이상의 자사 제품을 분석해 농도가 100ppm이 넘을 경우 재료가 된 모든 화학물질을 온라인에 공개했다. 소비자는 온라인에서 세부 정보를 찾거나, 스마트라벨SmartLabel이라는 휴대폰 앱을 사용해 해당 제품의 전체 화학물질 목록을 확인할 수 있다.[18] 화학물질 노출 줄이기 운동을 하는 NGO 환경워킹그룹EWG, Environmental Working Group은 "향기 화학물질의 블랙박스를 열었다"라고 말하면서 공개적으로 유니레버를 칭찬했다.[19] IFF, 지보단, 피르메니히, 심라이즈 등 오랜 세월 유니레버의 협력업체였던 향료 회사들은 처음에 바짝 긴장하며 경계했다. 상당한 수준의 지적 재산권이 걸린 문제이기에 충분히 그럴 수 있었다. 유니레버에서 연구개발을 책임졌던 데이비드 블랜차드는 그들은 소비자가 투명성에 대해 어떤 생각을 하고, 어떻게 행동할지 알고 있었기에 선제적으로 행동하는 편이 현명하다는 것도 인지하고 있었다고 말한다. 투명성이라는 기차는 이미 떠났고 소비자에게 정보를 주기 시작하면 "그 기차는 아무도 세울 수 없게 된다"라고 블랜차드는 말한다.

식품 체인 회사 파네라브레드는 개방성을 브랜드의 핵심으로 삼았다. 이 회사의 약속에는 '투명한', '책임으로 기른', '청정한' 등의 단어가 들어가 있다. 이 회사는 '청정한clean'을 "방부제나 감미료 등 향과 색에서 인공적인 것이 전혀 없는"이라고 정의한다. 또 "우리의 식료품 창고에는 절대 없는 것"이라고 말하는 재료인 '노노 리스트No No List'를 발표하고 이것은 "신뢰에 관한 것"이라고 말한다.[20]

비슷한 사례로 2020년 유니레버도 제품 포장에 "우리가 판매하는 모든 제품의 탄소발자국을 알리겠다"라는 문구를 써넣으며 고객의 신뢰를 저버리지 않을 것을 약속했다. 무려 7만 개나 되는 제품을 판매하는 회사로서 결코 쉬운 일이 아니었다.[21] 기업 고객도 공급망에서 발생하는 탄소배출량에 대해 더 많은 정보를 요구하고 있다. 따라서 이 정보를 제공하는 것은 경쟁우위 요건이 될 수 있다. 싱가포르에 본사를 둔 농산물 공급 회사 올람은 앳소스AtSource라는 데이터 플랫폼을 내놓았다. 그곳에서 판매되는 모든 원재료 및 첨가물의 지속 가능성 지표 90가지(예를 들면 탄소발자국, 쓰레기, 농부의 수, 다양성 등)를 고객에게 제공한다.

만약 어떤 회사가 고객에게 데이터를 주지 않는다면 고객은 이 회사를 기피할 것이다. 유니레버는 인공지능 관련 전문 지식을 가진 회사 데카르트랩스Descartes Labs를 고용해 팜유 농장을 위성 이미지로 포착했고 이 정보를 산림 파괴를 추적하는 웹사이트 세계산림감시Global Forest Watch에 제공했다.[22] 또 공급망 안에서 산림 파괴가 이루어지는 모습을 실시간으로 추적하고 있다. 데이터 기반의 투명성은 기업계에 혁명을 일으키고 있다. 유니레버는 친환경 산림 인증 NGO인 열대우림보호동맹Rainforest Alliance이 인증한 차 제품을 오랜 세월 팔았다. 인증 제도가 비록 완벽하지는 않지만 소비자에게 제품의 뒷이야기를 들려주며 제품이 어떻게 만들어지는지 알 수 있게 해주었고, 이런 투명성으로 소비자는 좋은 제품임을 확신하며 구매한다.

지역사회의 요구를 우선하라

지역사회가 회사를 신뢰하지 않는다면 설령 이 기업이 법률적인 승인을 받았다고 해도 그곳에서 사업을 하기란 어렵다. "어떻게 하면 우리가 가진 제품이나 기술로 당신을 도울 수 있을까?"라는 질문이 아닌 "어떻게 하면 이 사람들을 대상으로 돈을 많이 벌 수 있을까?"라는 질문으로 시작하지 않아야 한다. 지역사회는 진정성을 알아본다.

유럽의 리소폼과 클리넥스라는 위생 브랜드는 학교에 청소 제품을 제공하면서 안전하고 건강한 생활에 대한 교육 자료도 함께 배포했다. 이에 그리스와 이탈리아에서 단 2년 만에 1,000만 명이 제품을 접하게 한다는 목표를 달성했다.

인도네시아 유니레버도 해마다 어린이 수백만 명을 대상으로 위생 교육 프로그램을 운영한다. 에티오피아 유니레버의 손 씻기 프로그램은 오염된 손으로 인한 치명적인 설사, 실명 등 질병과 싸우고 있다. 유니레버 브랜드 선라이트 세제는 나이지리아 마을에 급수 시설을 건설하는 프로그램을 운영하며 소규모 농민을 돕는다.

이런 운동은 모두 10억 명의 삶을 개선하겠다는 USLP의 목표에 기여할 뿐만 아니라 유니레버의 사업에도 좋다. 예를 들어 위생과 영양에 초점을 맞추면 맞출수록 유니레버의 펩소던트 치약과 크노르의 향신료 매출은 늘어난다. 유니레버가 운영하는 프로그램은 유니레버가 판매하는 위생용품이나 정수 제품을 사용하므로 언제나 유니레버의 브랜드와 연결될 수밖에 없다. 때문에 진정성을 갖는 것이 정말 중요하다. 다른 사람들을 돕고자 하는 열망을 가질 것 그리고 회사가 얻을 이익에 대해 솔직할 것, 이 두 가지를 실천해서 신뢰를 쌓아라.

USLP의 성장 목표 중 '생활 속의 위생Living Hygiene'은 변변찮던 청소 브랜드를 전 세계적으로 두 배의 규모로 성장시키겠다는 공격적인 목표였다. 이 작업을 이끌어 두 배의 매출을 기록한 도이나 코코베아누는 이 성과는 단 하나의 추동력에서 비롯된 것이 아니며 새로운 시장과 혁신에 의한 것이라고 말했다.[23] 일회성 프로그램을 그저 연속적으로만 수행하는 것으로는 불가능한 일이었으며 기업이 지역사회에 봉사했기에 가능한 일이었다.

신뢰할 수 있는 비판자를 가까이하라

한편 아는 게 많은 비판자를 찾아내 사업에 끌어들이는 것도 중요하다. 이렇게 할 때 지역사회의 신뢰가 쌓이며 기업은 개선해야 할 점을 깨닫는다. 선도적인 기업은 이런 일을 체계적으로 수행한다. 네덜란드에서 자본 시장을 지속가능한 것으로 만들려고 노력하는 단체 VBDO의 사무총장 앙겔리크 라스케비츠는 선도적인 기업을 만드는 특성이 무엇이냐는 질문에 개방성을 가장 먼저 꼽았다. 선도적인 기업은 비판적인 이해관계자를 불러들여 "우리가 해야 할 지속가능한 투자 정책은 무엇인가?"라고 공개적으로 묻는다.[24]

비록 고통스러울 수도 있지만, 기업은 생산적인 비판가를 불러들여 현대판 노예제나 아동노동과 같은 예민하고 까다로운 문제를 함께 논의해야 한다. 2011년 유니레버는 국제 NGO 옥스팜Oxfam에게 회사 및 전체 공급망에서의 노동 조건을 검토해달라고 의뢰하면서 무제한으로 조사할 수 있는 권한을 부여했다. 자기를 활짝 개방한 것이다. 옥스팜은 결사의 자유 및 단체교섭권, 생활임금, 근로시간 그리고 근로계약이라는 네 가지의 주요 쟁점을 평가할 사례연구 대상으로 유니레버의 베트남 공장을 선택했다.

유니레버 변호사는 까딱하다간 회사가 법률적인 책임을 져야 하는 상황이 빚어질지도 모른다며 걱정했고, 이사회는 외부인에게 회사를 공격할 빌미나 정보를 제공하는 것을 불편하게 여겼다. 그러나 유니레버 경영진은 위험을 감수할 가치가 충분하다고 판단했다. 회사가 앞장서서 자기를 개방할 때 NGO가 회사를 비판하는 강도는 오히려 완화된다. 투명성이라는 개념은 모든 것에 대해 옳아야 한다는 뜻이 아니라, 자기를 기꺼이 개방해 개선한다는 뜻이다.

옥스팜은 유니레버의 전반적인 노동 환경을 조사한 끝에, 이론적으로는 적절한 정책을 시행하고 있지만 현실에서는 생활임금보다 낮은 최저임금을 지급하는 등 상당한 문제를 안고 있다고 결론내렸다. 이 보고서 덕분에 NGO도 복잡한 상황을 더 잘 이해할 수 있었음은 물론이다. 유니레버조차 협력업체들과 복잡한 문제를 처리할 때 어려움을 겪는데 대부분의 다른 기업은 더하면 더했지 덜할 리가 없다. 다행히 유니레버가 취한 이런 조치 덕분에 다른 기업도 더 안전하게 자기를 개방할 수 있었다.

옥스팜의 보고서가 나온 뒤 유니레버는 2020년까지 직접 고용한 16만 9,000명의 직원 중 그 누구도 생활임금보다 낮은 임금을 받지 않게 하겠다는 목표를 세웠다. 그리고 유니레버는 이 목표를 달성했다. 그 후 2021년에는 공급망에서도 이런 기준을 지키겠다고 약속했다. "우리에게 제품이나 서비스를 제공하는" 업체는 2030년까지 직원에게 생활임금을 지급하도록 요구한 것이 바로 그것이다.[25]

옥스팜의 베트남 보고서가 나온 2013년은 유니레버 역사상 가장 큰 비극으로 꼽히는 방글라데시 의류공장 붕괴 사건이 일어난 해이기도 하다. 9층 건물 라나플라자Rana Plaza가 무너지면서 노동자 1,100명이 사망했고, 이 충격적인 사건을 통해 사람들은 자기가 입는

옷과 쓰는 전자제품을 만드는 노동자들이 얼마나 터무니없는 환경에서 일하는지 똑똑히 보았다. 기업들은 이 문제를 면밀히 검토하기 시작했고, 유니레버도 USLP의 사회적 측면에 더 집중했다.

유니레버는 베트남 보고서를 토대로 2015년 전사적 차원의 인권 보고서를 발표했다. 이 보고서에는 지사나 공장이 있는 190개국에서의 운영 사항을 투명하게 담았다. 국제노동조합연맹 사무총장 샤란 버로우Sharan Burrow는 "모든 게 아무런 문제가 없고 좋다는 내용의 인권보고서가 쏟아진다. 이 보고서는 모두 거짓말이다. 완벽하지 않음을 아는 회사만이 인권 및 노동 문제를 세밀하게 실사한 다음, 해결책을 마련하게 도와달라고 우리에게 요청한다"라고 말한다.[26]

유니레버의 지속가능성 부문 글로벌 책임자 마르셀라 마누벤스는 2013년부터 유니레버의 사회적 지속가능성 및 인권 의제를 주도해 왔다. 그녀는 옥스팜이 제출했던 첫 번째 보고서가 그 뒤에 이어진 진전에 결정적 역할을 했다고 보고 "투명성이 열쇠였다. 그게 있었기에 내가 지금 나에게 주어진 일을 할 수 있었다"라고 말한다. 투명성이 가져다준 신뢰 덕분에 그녀와 유니레버는 어렵고 까다로운 문제에 대해 NGO나 지역사회와 협력할 수 있게 되었다. 만일 유니레버가 기업 활동에 대한 인권 원칙을 제시했던 하버드대학교 교수 존 러기John Ruggie*의 도움을 받지 않았더라면, 과연 이해관계자들이 유니레버의 제안을 얼마나 진지하게 받아들였을까?

---

* 유엔은 존 러기를 특별 대표로 임명해 6년 동안 정부, 기업, 시민사회 등 전 세계 이해관계자들과 인권에 대한 광범위한 논의 및 조사를 진행했다. 그리고 2011년 '유엔 기업과 인권 이행 지침UNGP'을 채택했다.

그 보고서 덕분에 유니레버에서는 회사 내부의 문제에 대해서도 아무 거리낌 없이 이야기할 수 있었다. 마누벤스는 그 보고서를 인권 전문가 몇 명만 읽고 끝나기를 바라지 않았다. 회사의 모든 사람이 그 보고서를 읽고 "내가 해야 할 역할은 뭐지?"라고 묻길 바랐다. 덕분에 회사는 행동으로 나서기 시작했다. 근로조건을 개선한다거나, 결사의 자유를 강화한다거나, 부당한 조치에 대한 불만 처리 절차가 실질적인 효과를 내도록 다듬는다든가 하는 일을 했다. 또한 유니레버는 소비재포럼CGF, Consumer Goods Forum*에 팜유 공급망과 새우잡이 산업에서의 노동 인권을 면밀히 조사할 것을 촉구했다. 이에 소비재포럼은 공급망에 포함되는 1,000개가 넘는 기업을 대상으로 강제노동을 근절하는 교육을 했다.

좋은 활동을 내거는 기업은 많은 관심을 받는다. 때문에 누군가 당신 회사를 비판하고 나설 때는 그 비판을 제기한 주체가 누구인지 파악하고 협력을 결정해야 한다([상자5-1] 참조). 오로지 당신을 쓰러뜨리는 것이 목적인 경우도 분명 있으므로 올바른 협력자를 찾아 신뢰를 쌓고 문제 해결에 나서야 한다.

의심스러울 때는 옳은 일을 선택하라

팬데믹 기간에 몇몇 회사는 잘못된 선택을 했다. 세인즈버리, 테스코, 아스다(미국 월마트의 자회사) 등을 포함한 영국에 있는 슈퍼마켓들은 주주에게 고액의 배당금을 지급하면서 팬데믹 세금 감면을 받았

---

* 아마존이나 켈로그 등 전 세계 400개 소비재 기업으로 구성된 단체

비판자가 누군지 파악하라

- **지지자들**: 진심으로 염려되는 문제를 제기하며 회사가 놓쳤을지도 모르는 것(예를 들면 농산물 기준이나 농장 노동자들의 근로조건 개선 방법)을 지적한다. 이 사람들이 하는 말에 귀를 기울여라.

- **회의론자들**: 지속가능성에 대한 어떤 문제를 기업이 도저히 할 수 없는 일이라고 물러설 때 허울뿐인 환경주의자라며 사정없이 몰아붙인다. 시스템에 관한 해결책을 제시하기도 한다. 그들이 방어적으로 행동하지 않는다면 당신에게 도움이 된다.

- **절대주의자들**: 단일한 쟁점에 큰 목소리를 내는 소수자로 때로 지나치게 단순한 해결책을 제시한다. 예를 들어 팜유 농장을 완전히 없애는 것이 해결책이라고 주장하는 식이다. 그러나 이렇게 했다가는 수백만 명을 빈곤의 구렁텅이로 몰아넣을 수도 있다. 또 동물 대상 실험을 완전히 없애라고 요구하기도 한다. 그러나 중국과 러시아에서 포장 소비재 제품을 생산하는 기업은 동물 대상 실험을 의무적으로 해야 한다. 만약 절대주의자들이 실용적인 관점을 지니기만 하면 각 나라의 법률을 바꾸기 위해 노력하는 등의 당신 회사에 도움이 되는 방법을 함께 찾을 수 있다.

- **냉소주의자들**: 기업이 늘 문제라고 말한다. 당신 회사가 거짓말을 한다고 가정하면서, 저지른 실수만으로 판단한다. 이들은 기업이 실행 가능한 해결책을 찾는 데 도움이 되길 애초에 포기한다. 이들의 마음은 닫혀 있고 당신 회사에도 도움이 되지 않는다. 그러므로 애초에 이들을 만족시키려는 시도 따위에 시간을 낭비하지 마라.

다는 비난을 받았다.[27] 또한 미국의 어느 중소기업 대상 대출 프로그램에 신청이 몰려 혜택을 받지 못한 곳이 많았는데, 알고 보니 수십 개의 대규모 상장기업이 불법 신청해 수백만 달러를 챙긴 사실이 밝혀졌다.[28] 또 많은 기업의 임원들이 자기는 엄청난 금액의 보너스를 챙기면서 수천 명의 직원을 해고하기도 했다.

이런 행동과 당시 이케아가 했던 행동을 비교해보자. 몇몇 나라에서 이케아는 일시적으로 해고된 노동자에게 급여의 80퍼센트 이상을 보전해주었다. 그리고 사업이 예상보다 빨리 회복되자 이케아는 미국 정부와 유럽의 여덟 개 정부에게 그 예산에 사용된 자금을 갚겠다고 발표했다.[29] 팬데믹 때 이런 행동을 한 기업은 이케아뿐만이 아니었고 대부분의 기업이 공익에 기여하려고 노력했다. 프랑스 명품 업체 LVMH는 이례적으로 손 소독제를 생산했고 애플도 마스크를 생산했다. 포드와 GM 그리고 3M은 산소호흡기를 만들었다. 의료 장비 회사 메드트로닉은 해당 기업들이 제품을 생산할 수 있도록 휴대용 산소호흡기의 설계 사양과 소프트웨어 코드를 공개했다.[30] 유니레버는 케냐와 탄자니아의 차 농장에 있던 학교 건물을 임시 병원으로 바꾸었다. 사람들이 지금 당장 필요로 하는 것을 회사의 사업보다 우선했고, 그럼으로써 자신의 존재를 지역사회에 각인시킬 수 있었다.

이제 기업은 존재 이유와 운영 방식에 대해 증명하라는 전 세계적인 목소리를 듣는다. 그만큼 많은 이해관계자가 두 눈을 부릅뜨고 지켜보고 있으며, 그에 따라 기업이 옳은 일을 할 기회는 점점 더 흔해졌다. 2020년 중반 미국에서 인종 평등과 경찰 폭력에 반대하는 시위가 격렬해지자 IBM의 CEO 아르빈드 크리슈나는 시스템 차원에서 인종차별과 싸울 것을 정부에 요구했다. 또한 IBM은 인종적 편견이 녹아 있으며 유색인종을 대상으로 할 때 오류 발생률이 상대적으로 높은 안면 인식 소프트웨어를 경찰이나 그 밖의 보안 기관에 판매하는 것을 중단했다.[31] IBM의 이 조치에 마이크로소프트와 아마존도 빠르게 호응했다. 이들은 인종 형평성을 위해 수익성이 높은 고객을 포기한 것이다.

2000년대 후반에 국제식품연맹은 직원이 800명이나 되지만 정규직은 22명밖에 되지 않는 키스탄의 차 공장을 규탄하는 캠페인을 벌였다. 그 공장에서 정규직을 제외한 나머지 직원은 모두 임금이 낮고 언제 해고될지 모르는 일용직 노동자였다. 국제식품연맹은 이 캠페인을 '차$_{tea}$'의 발음을 이용해 캐주얼 T*라고 유쾌하게 비틀어 불렀다. 이때 유니레버의 CEO였던 폴은 사업 전반에 걸쳐 비정규직 노동자를 줄이기 위해 파키스탄에 가서 국제식품연맹의 사무총장 론 오스왈드와 머리를 맞댔다. 이렇게 해서 수백 개의 정규직 일자리를 만드는 계획이 나왔다. 그들은 이 계획을 실행에 옮기기 전에 먼저 지역사회를 찾아가 사람들에게 채용 규모가 적은 정규직을 원하는지, 채용 규모가 큰 계약직을 원하는지 물었다. 사람들은 안정성이 높은 쪽을 선택했다.

직원을 정규직으로 뽑아놓으면 경제적으로도 유리하다. 계약직 직원을 끊임없이 채용해야 할 필요도 없을뿐더러 직원들도 일에 열의

• Casual이라는 영어단어에는 임시직, 비정규직, 근로자라는 뜻이 있다.

를 보인다. 그들은 자기를 회사의 일부로 느낀다. 유니레버는 회사를 상대로 제기되는 소송에 고액의 변호사 비용을 부담하지 않아도 되었고, 결과적으로 회사는 돈을 절약했다. 이렇게 절약한 돈으로 더 많은 직원을 채용했다.

여러 해 동안 쌓은 신뢰 덕분에 노동조합도 이제는 어떤 문제든 곪아서 터지기 전에 회사가 그 문제를 찾아내 해결하도록 돕는다. 오스왈드는 물류 문제에 대한 인식도 높였다. 서유럽의 대형 트럭 운전사들은 흔히 리투아니아, 불가리아, 폴란드 등의 동유럽 국가에 등록되어 있었다. 서유럽은 상대적으로 물가가 더 비싼데다 근로기준과 임금 수준도 열악했기 때문이다. 운전사들은 교대 근무를 하면서도 한 달에 300~400달러밖에 벌지 못한다. 이런 이야기가 나올 때마다 유니레버 임원들은 "만일 내가 저렇게 살고 있다면 어떨까?"라고 생각했다. 그렇지만 이런 공감은 그저 시작일 뿐이고 이것만으로는 아무것도 해결되지 않음은 명징하다. 오스왈드는 어느 한 회사의 문제가 아니기에 어느 한 회사의 잘못된 관행을 꼭 찍어서 잘라낸다고 해결되지 않는다고 말한다. 그는 일을 하면서 많은 것을 보지만 "서유럽에서조차 시스템과 관련된 인권 문제를 다루게 될 것이라고는 상상도 하지 못했다"라고 말한다.

유니레버와 국제식품연맹은 트럭 운전사의 삶을 개선하기 위해 음료 및 포장 소비재 제품 회사들과 협력관계를 구축하고 있다. 이것은 현재 진행 중이지만, 기업이 오랫동안 무시해왔던 잘못된 관행을 해결하는 좋은 사례임은 분명하다. 땅에 묻혀 있던 문제가 바깥으로 드러났을 때, 옳은 일을 하지 않으면 사회와 맺고 있는 신뢰 관계를 유지하기 어렵다. 그리고 이런 식으로 지금까지 드러나지 않았던 문제가 수면 위로 떠오르는 일은 앞으로도 계속 일어날 것이다.

◖ 신뢰는 기회를 기하급수적으로 늘린다

만일 당신이 신뢰받는다면 중요한 안건을 다루는 자리에 참석할 수 있다. 2013년 유엔이 SDGs(SDGs는 2000년 설정된 새천년개발목표MDGs로 업데이트되었다)를 시작했을 때는 민간의 목소리가 크지 않았다. 각국 정부의 대표와 유엔이 다국적기업을 신뢰하지 않았기 때문이다. 그러나 모두가 기업을 논의 테이블에 앉혀야 함을 알고 있었다. 당사자가 참석하지 않을 때는 SDGs를 달성할 가능성이 거의 없기 때문이다.[32]

영국과 네덜란드 정부는 폴을 내세웠다. 유니레버가 유니세프의 세계식량기구WFP, World Food Programme와 손을 잡고 MDGs에 참여했으며 과거에 유엔 사무총장이던 코피 아난, 반기문과도 일로써 엮인 적이 있기 때문이었다. 또한 회사의 이익만 추구하지 않고 전 세계가 필요로 하는 것을 최우선으로 삼을 것이라는 신뢰가 유니레버에게 쌓여 있었다. 폴은 SDGs 워킹그룹에서 유일하게 민간을 대표했다. 초기 모임에서는 긴장이 팽팽했다. 모든 시선이 폴에게 쏠렸고, 자본주의가 저지른 죄악을 그가 어떤 식으로든 책임지길 바랐다. 그것은 폴이나 유니레버에게 '결정적인 순간moment of truth'이었다.

유니레버는 세계 개발 분야에 대한 최근의 트렌드를 접하고 국가

정상들과도 정기적으로 만났다. SDGs를 보고, 이것에 담겨 있는 전망과 영향을 이해하고, SDGs를 회사 안에 녹여내는 일에서 다른 회사들보다 훨씬 유리했다. 연례보고서에서 이런 것을 언급한 회사도 유니레버가 처음이었다. 어린아이가 치명적인 질병에 걸리지 않도록 손 씻기 습관을 들이도록 하는 유니레버의 프로그램은 약간의 넛지가 작동하면서 SDGs의 최종 목록에도 올랐다.

2년 반 동안 SDGs 작업을 하면서 유니레버는 엄청난 호의를 받을 수 있었다. 신뢰에서 시작해 더 많은 것을 쌓아올린 셈이다. 유엔이 그랬던 것처럼 많은 나라가 유니레버를 신뢰했고, 유니레버에게 예외적으로 특별한 접근권을 제공했다. 영국 정부가 공급망에서의 인권 개선을 목표로 하는 위원회를 만들었을 때, 이 위원회에 위원 자격으로 참석하는 주체는 적십자, 옥스팜, 국제앰네스티, 학계 등이었는데 여기에 유니레버에서 인권 담당 책임자이던 마르셀라 마누벤스도 유일하게 민간 대표로 포함되었다. 당시에 마누벤스는 영국 정부와 함께 현대판 노예제방지법Modern Slavery Act을 제정하기 위해 일하고 있었다. 이와 비슷하게 에티오피아가 코로나19 퇴치 방법을 논의하기 위한 기구로 전국포럼National Forum을 만들었을 때도 유니레버는 민간 기업으로는 유일하게 초대받았다.

사실 유니레버는 아주 오래전부터 각국의 정부들과 신뢰 관계를 유지해왔다. 이를테면 인도와의 관계가 그렇다. 1950년대 인도가 영국으로부터 독립했을 때 외국 기업들은 인도에 자회사를 만들었다. 그러나 인도는 외국 기업이 자회사의 과반수 지분을 소유하는 것을 허용하지 않았다. 이때 유니레버는 인도에서 오랜 기간 사업을 했고 인도 지사인 힌두스탄 유니레버의 대표가 지닌 특별한 존재감으로 인해 예외적으로 과반수 지분 소유가 인정되었다. 그 후 지금까지 지배권을 갖고 있다.[33]

물론 기업 입장에서 이런 중요한 논의를 하는 자리에 참석한다는 것이 마냥 좋지만은 않다. 정부와 NGO가 다른 기업에게 요구하는 것보다 훨씬 더 많은 것을 기대하기 때문이다. 남보다 앞서가고 돋보인다는 것은 이득이지만 그에 따른 책임이나 불이익도 만만치 않다. 그런데 이런 논의 자리에서 흥미로운 반전이 일어나곤 한다. 그 논의 자리에 없는 기업이 이해관계자에게 명확히 드러나는 것이다. 비판자들은 참석한 기업의 사례를 들어 왜 똑같이 모범을 보여주지 않느냐고 다른 기업들을 질책한다. 이런 과정은 이른바 '기울어진 운동장'을 평평하게 바꾸면서 뒤처진 기업을 독려하고 움직이게 만든다.

신뢰가 쌓이면서 오랜 세월 비판만 하던 사람과 조직이 기업을 돕기도 한다. 예를 들어 그린피스의 사무총장이었던 쿠미 나이두가 끔찍한 상황에 맞닥뜨렸을 때였다. 그린피스 활동가 수십 명이 러시아 석유 플랫폼에 올라가려다가 체포되고 해적 혐의로 기소되었는데, 유죄 혐의를 받으면 최대 징역 15년을 선고받을 수도 있는 상황이었다.[34] 나이두는 이 활동가들을 구하려고 모든 수단과 인맥을 동원했다. 당연히 폴에게도 도움을 청했다. 폴은 러시아 기업의 리더들과 직접 대화를 나누었으며 러시아 인맥을 활용해 석방에 힘을 보탰다. 나이두는 유니레버가 그렇게 위험한 거래를 하면서도 직접 얻는 이득은 없었다고 말한다. 러시아라는 커져가는 시장에서 정치 지도자들을 따돌리는 위험한 모험을 유니레버가 기꺼이 감수했던 것이다.

그린피스는 유니레버를 규탄하는 운동만 여러 차례 벌였었지만 그 후 달라졌다. 러시아에서 받은 유니레버의 도움에 깊이 감사하면서 잘못되었다고 생각하는 문제에 대해서는 강력하게 압박하며 길을 제시했다. 예를 들면 인도에 있는 유니레버의 차 농장에서 살충제가 사용되었을 때가 그렇다. 이때 나이두는 러시아 경험으로 형성된 신뢰 덕분에 "동의하는 사안은 협력해서 함께하고 동의하지 않는 사안에 대해서는 대화를 하는"데 도움이 되었다고 말한다.[35]

중요한 사안은 기업이든 NGO든 결코 혼자서는 바꿀 수 없다. 겸손과 정직 그리고 타인을 배려하는 것이 신뢰를 쌓는 초석이다. 회사를 개방하면 협력관계가 성공할 가능성은 기하급수적으로 늘어난다.

한없이 투명한 세상에서 살아남는 유일한 방법

▶ 늘 투명하게 기업이 성취하려고 하는 것을 공개한다.

▶ 다른 회사나 단체가 기업을 찾기 전에 먼저 나서서 협력한다.

▶ 이해관계자와 협력해 사회를 위한 공동의 목표를 개발한다.

▶ 기업이 이룬 진전을 보고서 형태로 공개하며, 성공과 실패를 공개
적으로 논의하고 도움을 요청한다.

▶ 새로운 시장에 진입하거나 새로운 협력관계를 맺을 때, 기업이 아
니라 이해관계자를 위해 할 수 있는 일부터 시작한다.

▶ 누구보다 먼저 나서서 기업의 가치관을 대변하는 목소리를 낸다.
특히 어려운 상황에서 더 용감하게 행동한다.

6장

함께하면 "1+1=11"이 되는 마법

빨리 가고 싶으면 혼자 가고

멀리 가고 싶으면 함께 가라.

— 아프리카 속담

화재가 발생해 물통을 날라야 하거나, 비가 많이 와 넘치려 하는 강둑에 모래주머니를 쌓아야 한다고 치자. 이런 비상 상황에서는 사람들이 길게 늘어서서 물통이나 모래주머니를 손에서 손으로 건네는 방식으로 전달한다. 이렇게 하는 편이 각자 나르는 것보다 훨씬 빠르다. 이것은 비선형 수익nonlinear return 창출을 꾀하는 협력관계의 전형적인 사례다.

협업에 따른 승수 효과를 우리는 "1+1=11"으로 요약한다. 쓰레기 발생 제로라는 목표를 예로 살펴보자. 몇몇 쓰레기에서는 원료 단계에서 해결방법을 찾아낼 테지만, 나머지는 다른 회사나 가치사슬의 협력자를 찾아 인프라 구축에 들어가는 비용을 분담해야 할 것이다. 이런 협력을 통해 시스템을 바꾸고 비용 구조를 바꿀 수 있다. 유니레버의 생산 부문 지속가능성 책임자였던 토니 더니지가 유니레버 산하 200개가 넘는 공장의 쓰레기 제로 목표를 달성하는 임무를 맡았을 때 했던 말도 목표 달성에 협력이 얼마나 중요한지 보여준다.

그의 상사는 "예산이 얼마나 필요합니까? 담당 직원이나 컨설턴트는 몇 명이나 필요합니까?"라고 물었고 더니지는 "저에게 필요한 것은 예산이나 인력이 아니라, 협력관계입니다"라고 대답한 것이다.[1] 더니지의 상사가 그 말에 충격을 받았음은 말할 것도 없다.

넷 포지티브 기업은 다중이해관계자 모델을 기반으로 하기에 본질적으로 이해관계가 같은 회사나 조직이 모여 있는 생태계 안에서 동맹을 찾는다. 이 네트워크는 동료 기업뿐만 아니라 공급업체, NGO, 정부를 포함해야 한다. 협력관계는 필연적으로 겹칠 수밖에 없기에 전체 시스템을 생각하게 된다. 17개 주요 목표를 설정하고 있는 SDGs는 각각의 목표가 해당 시스템 속에서 상호작용을 통해 강화되도록 설계되어 있다. 열일곱 번째 SDGs인 "글로벌 파트너십"이 없다면 나머지 열여섯 가지 목표도 달성하기 불가능하다.

SDGs는 인류를 위한 협력관계다. 이는 모든 세대를 아우르며, 뒤처지지 않는 것을 목표로 한다. SDGs를 달성함으로써 맞이할 기회(2030년까지의 이 기회의 가치를 추산했을 때 12조 달러의 이익과 3억 8,000만 개의 일자리로 표현된다[2])를 누리는 기업은 반드시 성장할 것이다. 이것은 인류 역사상 가장 큰 사업 기회이며 이 기회는 봉인이 해제되길 기다리고 있다. 현명한 누군가가 그랬다. 어떤 문제가 있을 때, 문제를 발생시킨 사람이 지닌 사고방식과 똑같은 사고방식으로는 그 문제를 해결할 수 없다고. 그보다 더 높은 수준의 사고방식이 필요하다. 지금 우리에게 필요한 것이 바로 더 높은 수준의 혁신적인 협력관계다.

◀ 넷 포지티브 기업이 추구해야 할 협력관계

여기 6장과 다음 7장에서는 크게 두 가지의 유형의 협력관계를 살펴볼 것이다([표6-1] 참조). 우리는 이해관계자라는 하위 집단의 협력관계와 모든 관계자(특히 정부)가 나서서 시스템 자체를 바꾸어야 해결할 수 있는 협력관계를 구분한다.

표6-1 협력관계의 두 가지 유형

1+1=11 이해관계자라는 하위 집단 차원	탱고를 추려면 세 사람이 필요하다 모든 관계자를 포함하는 시스템 차원
- **시스템**: 그 속에서 확장한다 - **협력관계**: 경쟁자를 더 많이 움직이게 한다 - **목표**: 산업 내 위험을 해결한다 - **대상**: 특정 지역이나 공급망 - **참여자**: 몇몇 시민사회의 협력자들 - **실행**: 더 많은 '실천'	- **시스템**: 자체를 바꾼다 - **협력관계**: 정책, 자금과 관련된 더 많은 관계자가 필요하다 - **목표**: 공동선을 구축한다 - **대상**: 전체 시스템 - **참여자**: 시스템 내의 모든 관계자 - **실행**: 더 많은 '참여 선언'

경쟁 회사가 공급업체와 협력해 재활용 포장재 원료를 개발한다고 생각해보라. 이와 같은 협력관계는 경쟁하는 회사가 공통적으로 안고 있는 기회와 위험과 관련된 문제를 해결한다. 또한 이 노력은 해당 부문에 속한 모든 회사에 이익이다. 따라서 이것은 첫 번째 범주의 협력이며, 승수 효과가 발생하기 때문에 우리는 이것을 "1+1=11"의 협력관계라고 부른다. 다만 이 경우에도 기업들끼리만 협력한다는 뜻은 아니다. 학계나 NGO의 기술적 관점이 필요할 수도 있다.

이와 다르게 시스템 차원의 협력관계는 역학을 근본적으로 바꾸고자 한다. 포장재를 다시 예로 들어보자. 넷 포지티브 기업은 새로운 포장재 원료에 대해 다른 기업과 단순하게 협력하는 차원을 넘어서는 협력을 추구한다. 순환경제를 만들어내고 소비자 습관을 바꾸며, 특정 용도에서 사용되는 플라스틱을 제거하고, 새로운 재활용 인프라에 공공 및 민간 차원의 자금을 지원하는 등 더 나은 정부 정책을 지지하고 정책 설계에 힘을 보탠다. 즉 제품 포장 문제를 장기적인 관점에서 해결하고자 사업 모델 변경을 꾀한다. 또한 민간과 정부와 시민사회라는 세 주체를 한자리에 모은다. 이것을 우리는 "탱고를 추려면 세 사람이 필요하다"라고 표현한다.

'탱고' 협력관계를 실현하기 위해서는 "1+1=11" 동맹이 성공을 가져다준다는 사실을 보여주어야 한다. 긍정적이고 측정 가능한 변화를 입증하기 전까지는 모든 이해관계자와의 대화에서 '탱고' 협력관계가 진지하게 논의되기 어렵다. 그러나 실제 현실에서는 모든 것이 뒤섞여 있으며 각각의 접근법이 서로를 방해하기도 한다. 그러므로 일단 프로젝트를 시작하고 이것을 더 큰 시스템 차원으로 확장해나가야 한다.

두 가지의 협력관계를 구체적으로 알아보기 전에, 현재 기업이 진행하는 지속가능성 운동을 빠르게 훑어보며 협력관계가 실패하는 이유에 대해 알아보자.

지속가능성 운동의 현재와 미래

어떤 기업이 지속가능성이라는 깃발 아래 수행하는 프로그램은 어

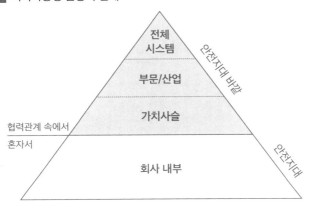

그림6-1 지속가능성 운동의 현재

떤 식으로든 일정한 효과를 발휘한다. 이 효과는 부정적인 결과가 줄어드는 것일 수도, 긍정적인 결과가 나타나는 것일 수도 있다. 그 효과를 피라미드로 생각해보자([그림6-1] 참조).

이 피라미드의 맨 아래는 기업 내부에서 진행되는 운동이다. 기업 내부에서 발생하는 탄소발자국 예컨대 에너지 사용을 줄임으로써 탄소배출량을 줄이는 것이다. 설령 어떤 회사에 '쓰레기 발생 제로'라는 목표가 있어도, 그 영향은 회사가 배출하는 탄소에 국한된다.

그 후 회사는 울타리를 넘어서서 협력관계를 확장해야 하는데, 그 출발점은 가치사슬이다. 피라미드 위로 올라갈수록 프로젝트는 다양해지며 긍정적인 영향도 커진다. 그러나 가치사슬이나 부문 차원의 협력관계는 사실상 기대에 미치지 못할 수 있다. 많은 기업이 자기 회사 바깥의 일에 대해 책임지려 하지 않기 때문이다. 또는 그저 계약 조건을 유지하면서 어떻게든 최소한의 비용만 들이려고만 하기 때문이다.

그림6-2 지속가능성 운동의 미래

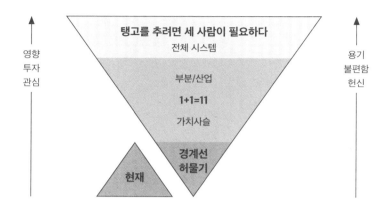

우리가 피라미드를 그려 이야기하는 것은 오늘날 이루어지는 노력이 대부분 회사 내부 차원에서 진행되고 있음을 시각적으로 드러내기 위해서다. 해당 부문에서 잘 운영되는 협력관계는 회사의 개별 작업을 무색하게 만들 정도로 효과가 높지만, 이런 폭넓은 협력관계는 여전히 드물다. 기업도 안전지대에서 벗어나서 협력관계로 나아가는 것을 두려워하며 경계한다. 그래서 현재 진행되는 운동은 관리하기는 쉽지만 영향은 적은 것 중심으로 진행된다. 즉 피라미드의 아래쪽이 뚱뚱하고 무겁다.

넷 포지티브 기업은 근본적으로 다른 양상을 추구한다([그림6-2] 참조). 사태의 절박성을 잘 알기 때문에 아래쪽이 아니라 위쪽으로 노력을 기울인다. 가치사슬과 산업, 더 나아가 전체 시스템을 아우르는 강력한 동맹을 구축해 더 큰 가치를 창출하려고 한다. 이 역피라미드에서는 현재 회사의 내부적인 노력([그림6-2]의 작은 피라미드)이 아무리 포괄적이라고 해도(예컨대 100퍼센트 재생 가능 에너지를 추구해도), 전체 효과를 놓고 비교하자면 가치사슬과 산업, 전체 시스템을 아우르는 협력관계에 비하면 미미한 수준이다.

이 역피라미드에서는 위로 올라갈수록 영향도 커지며 이해관계자의 관심도 커진다. 동시에 용기와 헌신, 에너지도 많이 필요하다.

협력관계가 실패하는 이유

협력관계를 구축하기란 여간 어렵지 않다. 이 관계에 함께하게 될 참가자의 범위가 넓을수록 더 그렇다. 협력관계를 추구하는 기업의 수는 해마다 늘어나지만, 그 가운데 약 60~70퍼센트는 실패하는 것으로 추정된다.[3] 협력관계가 실패하는 이유는 여러 가지가 있는데 하나씩 설명하면 다음과 같다.

1. **전망과 목표가 잘못된 경우:** 문제가 있다는 공감대가 형성되어 있을 때조차 각각의 기업은 제각기 다른 동기로 협력에 참여한다. 도브의 글로벌 브랜드 책임자였던 스티브 마일즈는 "참가 기업의 관심이 완벽하게 겹치는 영역이 있을 거라고 기대하지 마라. 이런 일은 NGO를 상대할 때도 일어날 수 없는 일이다"라고 단언한다.[4] 유니레버가 어떤 제품에 대해 지속가능한 아웃소싱을 꾀한다고 해도 옥스팜과 같은 NGO는 오로지 노동자의 생계와 적정한 수준의 임금에만 관심을 기울일 수 있다는 뜻이다.

2. **각자의 목표에 대한 이해가 부족한 경우:** 미국에서 유니레버가 에너

지 회사 NRG와 맺었던 협력관계는 애초의 계획대로 진행되지 않았다. 이 협력관계의 목표는 북미 여러 시설과 청정에너지 프로젝트에 관한 전략적 사업 관계를 설정하는 것이었다. 그러나 두 회사 모두 그 목표를 실행할 수 있는 조직 체계를 갖추지 못했으며, 상대방도 그럴 정도의 역량이 없다고 판단했다. 결국 두 회사는 각각의 현장에서 별도로 협상 과정을 거치는 일회성 재생 가능 에너지 프로젝트로 돌아갔다. 마찬가지로 세계 빈곤층의 삶의 질 개선을 목적으로 하는 NGO 아큐먼Acumen은 유니레버와 원칙적으로는 협력관계를 맺었지만, 이 둘은 서로의 기준이 다르다는 것을 나중에 깨달았다. 아큐먼은 소규모 농부 및 협동조합과 함께 일하고 있었던 반면, 유니레버는 훨씬 더 큰 규모의 지속가능한 아웃소싱 해결책을 찾고 있었기 때문이다.

3. **비즈니스 가치를 측정하는 지표가 잘못된 경우**: 시스템 차원에서 이루어지는 협력관계는 단기적인 주주 이익 극대화라는 사고방식으로는 가치를 논하기 어렵다. 어떤 식품 회사가 건강에 좋은 식품 기준을 충족하려고 소금과 지방과 설탕을 줄이는 데 돈을 쓴다고 치자. 단기적인 관점에서 보면 이런 시도는 가치가 없다. 그러나 이 투자는 점차 커지는 건강식품 시장에서 큰 성과를 거둘 수 있다. 즉 제대로 된 측정 기준이 없으면 협력에 필요한 피드백을 쉽게 받을 수 없다.

4. **기업 문화가 미비한 경우**: 때로 경쟁 회사의 대표자와 NGO 활동

가, 정부 담당자가 한자리에 앉아서 공동의 목표를 논의하는 행위 자체가 어려울 수도 있다. 기업의 리더에게는 이야기를 경청하고, 그 속에서 공통점을 찾고, 사람들이 시간과 자원을 투입하도록 설득하는 기술이 필요하다. 지속가능성 담당 최고책임자도 이런 일을 능숙하게 해야 하는데, 회사 내에 문화적 기반을 확보하는 것도 그 능력을 개발하게 만든다.

유니레버는 많은 성공을 거두었지만 많은 실패도 했는데, 이 실패 과정에서 앞서 말한 모든 문제점이 드러났다. 유니레버, 몬덜리즈, 네덜란드의 화학 회사 로열DSM, 영양 개선을 위한 글로벌 동맹Global Alliance for Improved Nutrition 그리고 세계식량프로그램WFP은 어린이 영양부족 문제를 해결하겠다는 목표 아래 5년 동안 함께했다. 각각의 협력자들의 경험이 풍부했음은 물론이고, 각 기업으로부터 2,500만 달러씩 자금을 갹출했다. 하지만 이 프로그램은 오래 지속되지 못했다. 애초에 지역사회 차원에서 의견을 청취하고 목표를 조정하는 과정이 생략된 채 하향식으로 설계되었기 때문이다. 또 성과를 명확하게 측정할 지표도 없었기에 피드백이 제대로 이루어지지 않았다.

넷 포지티브 기업은 협력관계 안에 담긴 힘을 자연스럽게 활용한다. 그래서 숫자는 적어도 영향력이 큰 협력관계를 만든다. 제대로 되기만 하면 오히려 적은 숫자의 협력관계가 영향력은 더 크다. 강력하고 지속적인 협력관계는 장기적인 헌신으로 이어진다. 이런 협력관계는 회사의 조직과 철학에 녹아 들어 경영진 개개인에게 휘둘리지 않는다.

넷 포지티브 기업이 나아갈 길에는 이처럼 온갖 장애물이 널려 있다. 그럼에도 넷 포지티브 기업은 높은 성과를 올린다. 과연 그 경로는 무엇일까? 여기서는 좋은 협력관계의 일반적인 요소는 다루지 않을 것이다. 협력의 성공 여부는 협력을 관리하는 방법이 아니라 협력이 내거는 목적과 접근법에 달려 있기 때문이다. 지금부터 넷 포지티브 기업이 추구해야 할 협력관계 여섯 가지를 살펴보자.

◖ 가치사슬 영향 극대화하기

회사라는 안전한 울타리 바깥으로 걸어 나가는 첫 번째 단계는 가치사슬로 손을 내미는 것이다. 넷 포지티브 기업은 제품의 생명주기에 걸친 책임을 협력업체에 떠넘기지 않는다. 가치사슬에서 발생하는 탄소배출량이 회사에서 발생하는 탄소배출량보다 훨씬 더 많다는 점을 감안할 때 이것은 무엇보다도 중요하다. 공급업체 또는 고객과 신뢰를 쌓아 결과적으로 막대한 비용을 절감하고 수익을 창출하는 일도 흔하다.

만일 단기적인 관점에서 수익 극대화를 꾀한다면, 회사는 협력업체를 기능적인 차원에서만 바라본다. 즉 그들은 회사가 최대의 수익을 올리는 데 최대한 낮은 비용으로 써먹을 수 있는 대상이 된다. 예를 들어 패션 회사는 그야말로 몇 푼을 절약하려고 협력업체를 바꾸기도 한다. 유니레버의 협력업체는 오랜 세월 동안 거래적인 관계를 맺고 있다고 느꼈고, 또 이것은 사실이었다. 유니레버는 전통적인 비용 절감 사고방식을 지니고 있었다. 유니레버는 이 과정에서 돈을 절약했을지는 몰라도 가치는 잃어버렸다.

이런 관행을 뒤집고 협력업체에게 봉사하는 것은 양쪽에 모두 도움이 되며, 궁극적으로는 가치사슬의 끝에 있는 고객에게도 도움이 된다. 즉 파이를 다른 크기로 자르지 않고 그 파이의 크기를 함께 키우는 셈이다. USLP 개발 초기에 유니레버는 자기에게 불편한 목표를 세웠고 이 목표를 혼자서는 달성할 수 없다는 사실을 회사 안팎에 분명히 밝혔다. 그리고 협력관계를 하나의 계획적인 초석으로 보고, 협력업체와의 유대감을 강화할 목적으로 '파트너에게 승리를Partner to Win'이라는 프로그램을 시작했다. 유니레버의 최고공급망책임자 마크 엥겔은 "우리는 협력업체가 이 여정을 흥미진진하게 받아들여서 합류하길 원했다"라고 말한다.[5]

또한 유니레버는 탄소발자국을 줄이고 USLP 목표를 달성하기 위해 상당한 수준으로 제품을 혁신했는데 모든 소비재 회사가 그렇듯이 혁신의 공로는 유니레버가 받았다. 그러나 새로운 첨가물을 만들어내고 새로운 제품 편익을 발명하는 것은 대부분 협력업체. 유니레버가 새로운 발상을 구현하고 확장할 수는 있지만, 그 혁신의 대부분은 협력업체의 연구개발에서 비롯된 것이었다.

USLP가 발표되기 전 유니레버의 협력업체는 유니레버를 믿지 못했다. 협력업체는 유니레버에게 아이디어를 주지 않았다. 그래서 엥겔은 "회사가 협력업체의 연구개발 비용을 일부 부담할 때 그 혜택은 누가 누리는가? 당신 회사인가, 다른 회사인가?"라고 물었다.[6] 답은 당연히 당신 회사다.

'파트너에게 승리를'의 목표는 유니레버가 주요 협력업체가 선호하는 혁신 파트너가 되는 것이었다. 처음에는 어쩐지 맞지 않는 옷을 입은 것처럼 이상했다고 엥겔은 인정한다. 그는 폴과 함께 주요 협력업체 네 곳을 만나면서, 유니레버와 협력업체의 관계가 현재로서는 얼마나 전략적이지 않은지 경험하며 생각이 달라졌다. 엥겔은 상위 100개 협력업체에게 앞으로 5년을 내다보는 공동 사업 계획을 수립하자고 요청했다. 또 유니레버는 낮은 직급의 구매 담당자가 아니라 상위 50명의 임원에게 주요 협력업체를 하나씩 맡아서 책임지게 했다. 이때 CEO 폴도 독일의 화학 회사 바스프를 포함해 두 곳을 맡았고, 최고연구개발 책임자도 두 곳을 맡았으며, 냄새 제거제를 총괄하던 책임자는 세 곳을 맡았다.

유니레버는 '파트너에게 승리를'을 통해 강력한 유대를 마련했고, 협력업체는 새로운 아이디어를 내놓아 유대의 결실을 맺었다. 이를테면 유니레버는 박테리아를 빨리 죽이는 비누, 한 번만 써도 되는 유연제, 물 없이 사용하는 샴푸를 출시했다. 또한 지속가능성 분야의 선도기업 노보자임스Novozymes와 협력해, 세제에 들어가는 일부 화학물질을 효소로 대체해 세정력을 높이면서 제품을 사용할 때 나오는 탄소배출을 줄이는 데도 성공했다.

협력업체와 깊은 관계를 맺을 때 여기에 대한 보상은 역설적인 방식으로 이루어진다. 가격만 보면 최저가를 받지 못하지만 공급업체와 협력해, 전반적인 비용 구조를 개선하고 투자를 조정할 때 진정으로 더 나은 가격을 매길 수 있는 식이다. 그러므로 숫자에만 연연하지 말고 공동의 가치 창출에 힘써야 한다. 늘 그렇듯이 신뢰라는 깊은 우물이 없다면 협력과 보상을 얻을 수 없다.

세일즈포스의 CEO 마크 베니오프는 직접 쓴 『트레일블레이저』(서울문화사, 2020)*에서 고객과 공급자 사이 의미 있는 관계에 대해 재미있는 일화를 소개한다. 베니오프가 글로벌 사료 회사이자 세일즈포스의 고객인 카길의 CEO 데이비드 맥레넌을 만났을 때였다. 두 사람은 베니오프 사무실에서 걸어 나오며 세일즈포스의 '트레일블레이저' 티셔츠를 입고 있는 십여 명의 직원을 보았다. 맥레넌은 베니오프에게 "저 사람들이 당신 회사 직원인가요?"라고 물었는데, 베니오프는 "아니요, 당신 회사 직원입니다. 저 사람들은 우리 기술을 사용하고 있어서 우리의 일원이 되었죠"라고 대답했다.[7]

애플이 구축한 가치사슬 내 협력관계도 인상적이다. 애플은 알루미늄 제련 과정에서 발생하는 탄소배출량을 감축하기 위해 광산업계의 거물 회사 알코아Alcoa와 리오틴토Rio Tinto와 협력관계를 맺었다. 알루미늄은 재활용률이 세계에서 가장 높은 금속이지만, 생산하는 과정에서 발생하는 탄소배출량은 전체 배출량의 무려 1퍼센트나 된다(그리고 애플의 제품 생산 과정에서 발생하는 탄소배출량의 4분의 1을 차지한다).[8] 이 세 회사의 합작 벤처기업인 엘리시스ELYSIS는 오로지 산소만을 배출하며 탄소는 전혀 배출하지 않는 알루미늄 제련 기술을 개발했다. 높은 생산성이 담보된 이 기술을 최대 규모로 적용할 때 15퍼센트의 운영비가 줄어들 것으로 기대되었다. 애플은 이 사업에

---

* '트레일블레이저'는 세일즈포스에서 고객을 지칭하는 단어인데, 선구자라는 뜻을 담고 있다.

1,300만 달러를 투자하고 기술 지원을 제공했으며, 2019년 말 엘리시스 알루미늄 최초 생산분을 구매했다.[9] 애플의 환경·정책·사회운동 담당 부사장 리사 잭슨은 "알루미늄은 130년 넘게 동일한 방식으로 생산되었지만 이제는 달라질 것이다"라고 말했다.[10] 애플은 자동차, 캔 등 전 세계의 알루미늄 사용 현장과 관련이 없지만, 애플이 참여하고 구매했다는 사실만으로 다른 알루미늄 구매 기업을 쉽게 끌어들인다. 실제로 아우디는 엘리시스 알루미늄을 전기 스포츠카 휠에 사용하고 있다.[11]

당신 회사가 끼치는 긍정적이거나 부정적인 영향에 대해 책임을 지면서 가치사슬 전반에 손자국을 늘려갈 때, 이런 협력 관계는 더 많이 구축될 것이다.

◀ 산업 부문 바꾸기

당신 회사가 시야를 넓혀 책임감을 무겁게 가질수록 동료 회사들과의 협력으로 얻을 수 있는 이득이 많다. 예를 들어 의류 산업의 노예노동이나 전자 산업의 전자폐기물*과 같은 쟁점이 있을 때, 어느 한 회사의 이미지가 나빠지면 그 산업에 속한 모든 회사의 이미지가 나빠지고 반대일 경우에는 모든 회사의 이미지가 좋아지는 것 같은 이득 말이다. 어떤 회사든 같은 부문에 속하는 다른 회사와 공유하는

---

* 오래된 휴대폰, 컴퓨터, 텔레비전 등 전자 장비나 부품에서 나오는 쓰레기

도전에서 한발 앞서가봐야 아무 소용이 없다. 서아프리카의 코코아 생산에서 한 회사만 아동노동 문제를 해결한다고 그게 무슨 소용이 있겠는가 말이다. 넷 포지티브 기업은 성과를 내야 한다는 압박에 시달리는 와중에도 '인류의 미래를 놓고 경쟁해서는 안 된다'라는 사실을 잘 안다.

넷 포지티브 기업은 동료 회사가 빠르게 따라오기만 한다면 기꺼이 앞장서서 해결책 마련에 더 많은 것을 투자한다. 넷 포지티브 기업은 긴박감을 조성하고 동료 회사의 행동을 유도하며 그런 행동이 불가피한 것임을 이해시켜야 한다. 다우케미컬의 전前 CEO 앤드루 리버리스가 말하듯이, 될 수 있으면 충분히 많은 회사를 한자리에 모아야만 힘을 실현할 "속도와 질량"을 얻을 수 있다.*

여기서는 해당 산업 전반에 걸친 협력이 추구할 만한 목표 몇 가지를 살펴보자.

1. **업계 전반의 운영 개선하기**: 폴이 2009년 창립을 도왔던 소비재포럼에는 소비재 소매유통 회사 및 제조 회사 400개가 참여하는데, 이 회사들의 매출을 모두 합치면 무려 4조 달러나 된다. 이들은 지금까지 음식물 쓰레기, 인권, 강제노동, 건강, 포장, 산림 파괴 등의 문제를 놓고 협력하고 있지만 잠재력을 최대한 발휘하지 못하고 있다. 일부 회원들이 너무 안전하게만 행동하려 하거나 어려운 문제에 대해서는 마냥 시간을 끌기 때문이다. 이 단체

---

* 물리학에서 힘은 속도가 빠를수록, 질량이 클수록 커진다.

의 이사회는 55명으로 구성되어 있는데, 이들은 하나하나 모두 통제하기 힘든 사람들이다. 그래서 이들이 한자리에 앉아서 인권이나 그 밖의 다른 까다로운 문제를 논의한다는 것 자체가 어쩌면 치과의자에 앉아서 이빨이 뽑힐 때와 같은 생경한 느낌일지도 모른다.

그러나 효율성과 비용 절감 사이의 명확한 연관성이 있을 때는 대화가 매끄럽게 진행된다. 소비재포럼 회원 기업들은 선적 팔레트의 크기를 전 세계적으로 표준화했다. 참고로 세상에는 전 세계 인구수보다 많은 약 100억 개의 팔레트가 있다.[12] 규격이 제각각인 수십억 개의 제품 더미가 트럭, 창고, 상점을 들어가고 나온다고 생각해보라. 얼마나 비효율적인가! 표준 팔레트로는 포장이 빠르게 이루어지며 트럭 운송의 효율도 58퍼센트 늘어나 연료 및 탄소배출을 크게 줄일 수 있었다.[13] 이렇게 해서 발생한 편익은 개별 회사 및 업계 전체에 돌아간다.

2. 영향력이 가장 큰 문제와 씨름하기: 에너지전환위원회Energy Transitions Commission, 책임광물연합Responsible Minerals Initiative, 위민비즈니즈We Mean Business* 그리고 세계경제포럼이 주도하는 미션파서블파트너십Mission Possible Partnership은 알루미늄, 항공, 시멘트 및 콘크리트, 화학, 해운, 철강, 트럭 운송 등 에너지 의존도가 높은 부문의 회사

---

* 홈페이지에 따르면 '의욕적인 기후변화 정책과 파격적인 기후변화 대응 행동을 위한 세계에서 가장 영향력 있는 기업들의 연대'이다.

들이 회원이다. 이 단체의 목표는 저탄소 세상으로 전환하기 위해 기술과 개발 로드맵을 마련하는 것이다.

3. **모범사례 공유하기**: 식품 및 농업계는 전 세계 육지의 40퍼센트를 사용하고, 담수의 70퍼센트를 사용하며, 전체 온실가스의 3분의 1을 배출한다.[14] 우리의 미래는 식품 및 농업계를 바로 세우는 일에 달려 있다. 세계지속가능발전기업위원회WBCSD의 회장 서니 버기스(농업 회사 올람인터내셔널의 창업자이자 CEO이기도 하다)는 식품 협력업체를 대상으로 하는 글로벌농업기업동맹GAA을 만들었다. 이 단체의 목표는 탄소배출을 감축하는 방향으로 토지 사용을 관리하며, 사람들의 생계를 개선하고, 수자원을 보호하며, 음식물 쓰레기를 줄이는 모범사례를 공유하는 것이다. 기업이 하는 것은 이론화나 모델링이 아니라 실행이기 때문에 보다 구체적인 실행 경로를 개발하는 것에 초점을 맞추고 있다고 버기스는 말한다.

4. **티핑포인트에 도달하기**: 폴은 유니레버 CEO에서 물러난 뒤 유니레버의 임원이었던 제프 시브라이트와 키스 크루위토프 그리고 혁신 리더십 전문가인 발레리 켈러와 함께 영리회사이자 공익재단인 이매진을 설립했다. 이들은 부문 전체를 좌우할 정도로 많은(최소한 총 가치사슬의 25퍼센트) 회사를 끌어들여 티핑포인트에 도달함으로써 자기 부문을 혁신하고자 했다.

이 단체가 설정했던 초기 목표 중에는 의류 부문 목표도 있었다. 2조 5,000억 달러로 규모가 거대한 의류 산업은 의류의 73퍼센트가 폐기되는 등 물과 원료 측면에서 엄청난 환경 발자국을 남겼고, 또 패스트패션으로 인한 심각한 과소비 문제도 있었다.[15] 이매진은 케링의 CEO 프랑수아 앙리 피노가 이끄는 패션팩트가 기후, 생물다양성, 해양이라는 세 가지 주요 과제에 대한 영향을 관리하도록 도움을 주었다. 패션팩트 회원 기업들은 2030년까지 100퍼센트 재생 가능 에너지 전환을 포함해 지구의 온도 상승을 섭씨 1.5도 범위 안에서 막겠다는 탄소 감축 목표에 동의했다. 생물다양성 계획에는 면화를 재생해 사용하는 것이 포함되어 있었으며, 해양 작업에는 일회용 플라스틱과 미세섬유 오염을 제거하는 계획이 있었다. 패션팩트 회원사들 중 그 어떤 곳도 이런 일을 혼자서는 해내지 못하는 것은 분명하다.

5. **행동 강령 준수하기:** 10년 전 지속가능의류연합Sustainable Apparel Coalition은 소매유통업체가 회사나 제품의 지속가능성 성과를 측정할 수 있는 도구인 히그 지수Higg Index를 만들었다. 이것과 비슷하게 정보통신기술 산업의 책임있는기업연합Responsible Business Coalition은 회원들에게 공동의 행동 강령(이 강령은 세계인권선언을 포함해 여러 개의 표준과 연결된다)을 협력업체에게 제공한다.[16] 또 대형 이동통신사들이 모인 단체도 과학을 기반으로 하는 온실가스 감축 목표를 달성하기 위해 헌신하겠다고 다짐했다.[17] 의도와 표준은 기업을 넷 포지티브 방향으로 이끈다. 어떤 표준이 회사의 운영을 크게 바꾸어놓을 때, 해당 부문 전체가 배출하는 탄소

량이 상당한 규모로 줄어드는 것처럼 말이다.

6. 문제가 커지기 전에 해결하기: 청정 기술 사용이 빠른 속도로 늘어남에 따라 환경 문제나 사회 문제도 점점 심화된다. 예를 들어 풍력 발전 기술이 발전함에 따라 오래된 화력 터빈은 폐기된다. 이때 축구장 크기의 낡은 블레이드*를 처리할 수 있는 방법은 거의 없다. 블레이드 재료 개발 회사 오웬스코닝에 따르면, 수명이 다해 해결책이 필요한 블레이드가 향후 2년 이내에 25만 톤에 이를 것으로 추산된다. 오웬스코닝은 동료 회사와 협력해 블레이드의 수명을 연장하는 방법, 표면의 금속을 벗겨내 포장 및 기타 용도로 사용가능한 펠릿으로 바꾸는 방법 등의 해법을 찾고 있다.

7. 새로운 사업 모델 테스트하기: 재활용 컨설팅 회사 테라사이클TerraCycle이 이끄는 루프Loop 프로그램은 소비재 부문의 거물 기업들과 협력하고 있다. 바디샵, 어니스트컴퍼니, 네슬레, P&G, RB, 유니레버 등이 그런 기업이고, 소매유통업체인 까르푸와 크로거와 월그린도 여기에 포함된다. 이 프로그램은 소비자에게 제품을 재사용 가능한 용기에 담아서 제공한다. 사람들이 샴푸 등의 제품을 다 썼을 때도, 루프는 상자를 수거하고 빈 병과 캔을 세척해 다시 제품을 채운다. 이 모델은 효과가 있을 수도 있고 없을 수도 있지만 실험해볼 가치는 충분하다.

• 추진기 따위의 날개

◀ 여러 산업에 걸친 문제 해결하기

동종업계 회사들이 안정적으로 협력하면, 이 노력을 확장해 비슷한 문제를 안고 있는 다른 부문과도 협력할 수 있다. 예를 들어 공급망의 일부를 공유하는 식이다. 이런 것은 "1+1=11"의 협력관계 중 하나로 개별 기업이 규모의 비효율성을 극복하는 데 도움이 된다.

세상에서 일어나는 온갖 변덕으로 인해 전혀 가능하지 않을 것 같은 조합으로 회사들이 하나로 묶이기도 한다. 예를 들어 코로나 팬데믹 때도 그랬다. 제각기 다른 부문에 속하는 여러 회사가 하나로 묶여 문제를 해결하려고 나선 것이다. 코로나 바이러스가 발생한 직후, 전 세계에는 더 많은 의료 장비가 필요했다. 유니레버는 '산소호흡기 챌린지 영국Ventilator Challenge UK' 컨소시엄에 합류했고 여러 가지 다양한 자원을 결합해 많은 인공호흡기를 신속하게 생산했다. 이때 유니레버와 행동을 함께했던 협력자는 에어버스, 포드, 포뮬러원 레이스팀 다수, 롤스로이스, 지멘스 (그리고 정보 기술을 제공한 마이크로소프트) 등이었다. 이것은 단기적인 협력관계였지만 어떤 협력관계는 여러 해 동안 계속 이어지기도 한다.

일례로 복수의 산업 부문에 있는 회사들을 하나로 묶어서 새로운 냉각 기술을 개발한 협력관계가 그렇다. 100년 넘게 해당 산업을 지배해온 냉매인 프레온가스와 수소불화탄소HFC는 기후에 막대한 피해를 입힌다. HFC는 프레온가스를 대체한 냉매인데 이 역시 이산화탄소보다 무려 1만 1,000배나 더 많은 열을 가두어 지구 온난화를 유발한다는 사실이 밝혀졌다.[18]

이에 몇몇 회사가 나서서 더 나은 해결책을 모색하기 시작했고 2004년에는 코카콜라, 맥도날드, 유니레버와 함께 그린피스가 '냉매, 자연물로!Refrigerants, Naturally!'라는 단체를 설립했다(지금은 펩시코와 레드불도 이 단체의 핵심 회원이다). 이들은 주로 냉장식품 진열대와 자판기에 관심을 기울이며 오존에 전혀 영향을 미치지 않는 대체 냉매에 대한 수요 창출에 힘썼다.[19] 10년 동안 규모를 확장한 뒤인 2017년에야 이들은 기존 냉매가 들어 있는 기계의 조달을 중단할 수 있었다. 코카콜라는 2014년 새로운 냉매가 들어간 자판기를 100대 공급했고, 지금까지 총 700만 대 이상을 설치했다.

그린피스에 몸담았던 에이미 라킨은 무엇이 이 협력관계를 효과적으로 만들었는지 되돌아보면서, 처음부터 적지 않은 선도적인 회사들과 손잡고 일했다는 말부터 시작했다. 그들은 기술을 발전시켰고 수조 달러 규모의 산업도 발전시켰다. 또한 정부가 글로벌 규제 표준을 바꾸어 서로 다른 부문 간 협력이 과감히 이루어지도록 했다.[21] 이로 인해 20년에 걸쳐 전 세계 온실가스 배출량의 1.5퍼센트를 감축하는 성과를 거둘 것이라고 라킨은 말한다.

이 성공적인 다자 협력 사례는 경쟁 배제precompetitive*에 대한 걱정을 덜게 해주었다([상자6-1] 참조). 예전에는 탄산음료나 아이스크림을 냉장 보관하는 방법에 대해 어떤 주장이나 홍보를 하지 않아도 되었지만 지금은 상황이 달라졌다. 포장이나 플라스틱과 관련된 문제는 특히 중요하고 시급한 과제로 두어 개의 혁신적인 협력관계가 새로

---

* 필요 조건이 유사한 종은, 경쟁의 결과로 서로 공존할 수 없다는 원리

운 모델을 모색하고 있다.

경쟁 배제를 걱정하지 마라

어떤 소비자는 제품이 제조된 방식, 유통되는 방식을 보고 구매 결정을 할 수도 있다. 따라서 문제를 해결하려면 경쟁하는 기업들이 협력해야 한다. '냉매 연합'이라는 깃발 아래 하나로 뭉친 회사들은 아무도 올바른 냉매를 찾아내겠다고 경쟁하지 않았다. 다만 "이것이 우리 산업에 속하는 모든 회사를 나쁘게 보이게 하는 문제가 아닐까? 이것은 나 혼자서 도저히 해결할 수 없는 문제가 아닐까?"라고 물어보았다. 공통의 문제에 대해 어느 브랜드 하나가 돋보이는 것이 전체 산업에 얼마나 도움이 되는지 살펴보아야 한다. 어떤 정보를 혼자만 가지고 있는 일도 없어야 한다. 그렇게 욕심을 내면 비록 단기적으로는 이득일지 몰라도, 공통의 문제를 해결하는 "1+1=11"이라는 편익은 결코 누리지 못한다.

조니워커, 기네스 등의 브랜드를 보유한 주류업계의 거물 디아지오는 최근 지속가능한 포장 전문 기업 펠펙스리미티드Pulpex Limited와 함께 협력관계를 체결했다.[22] 펠펙스리미티드는 펩시코와 유니레버를 초대해 종이병을 시연했고 이 기술은 향후 다양한 음료군에서 만나볼 수 있을 것으로 기대된다. 디아지오는 알코올 음료, 펠펙스리미티드는 소비자 제품 포장이라는 서로 다른 영역에서 활동했지만 덕분에 두 회사는 직접적인 경쟁을 하지 않고 규모의 확장이 가능했다.

소매유통 및 소비재 포장 제품 회사는 포장을 대폭 줄이거나 아예

하지 않는 여러 가지 방법을 두고 실험 중이다. 영국에서는 소매유통 회사 아스다Asda(월마트의 자회사)와 모리슨, 그 밖의 30개 회사가 의기투합해 포장하지 않은 상품을 매장에 내놓기도 했다.[23] 소비자가 자기가 들고 간 장바구니에 과일을 넣거나 병에 세제, 샴푸 등을 따라가는 방식이다. 한편 유니레버도 인도네시아에서 상품을 포장하지 않고 파는 가게와 제휴해 11개 브랜드 제품을 공급했다. 이 매장에서는 탄산음료를 따라주는 것처럼 생긴 기계가 트레제메 샴푸나 도브의 물비누를 따라준다.[24] 포장은 오랜 세월 브랜드의 상징적인 이미지로 존재했지만, 포장 자체는 해당 상품의 목적이 아니다. 그리고 재활용될 수 없는 독특한 포장은 결국 쓰레기이며, 이것은 넷 포지티브가 아니라 넷 네거티브가 될 수밖에 없다.

물론 기대한 만큼 부정적인 영향을 감축하지 못할 수도 있다. 제품의 포장이 환경에 미치는 영향을 줄이려면 용기를 깨끗하게 씻어서 재활용하는 것이 나을까, 아니면 100퍼센트 재활용 가능한 더 강력한 재활용 포장을 도입하는 것이 나을까? 이 질문의 답을 확인할 방법은 하나밖에 없다. 실제 현실에서 테스트하고 그 결과를 공유하는 것이다. 이런 협력관계는 가치를 매길 수 없을 정도로 소중한 학습 기회다. 설령 때로는 그런 시도가 실패하더라도 말이다.

◖ 시민사회와 협력하기

대기업은 시민사회와 기본적인 협력관계를 맺고 있다. 예를 들어 미국의 자선 단체 유나이티드웨이에 해마다 기부하고, 개발도상국 사업을 지원하며, CEO가 직접 반려동물 관련 프로젝트를 진행한다. 하지만 이런 일은 대부분 기업의 CSR을 수행하는 차원에서 진행된다. 즉 대의명분을 마케팅과 연결시키는 차원에서 진행된다. 그렇기에 이런 행동은 기본적으로 기부 행위이며 진정한 협력관계라고 할 수 없다. 회사는 이런 프로그램에 그저 제한된 노력과 약간의 돈을 뿌리기만 할 뿐이다. 따라서 그 프로그램은 기껏해야 브랜드와 연계되어 있을 뿐이고, 전반적인 회사 전략과는 거리가 멀다.

일반적으로 기업은 학계, NGO, 자선단체와 같은 민간 이외의 이해관계자와 깊은 협력관계를 맺는 것은 회피한다. 그러나 넷 포지티브 기업은 사업을 더 효과적이고 회복력 있게 만들기 위해 시민사회 협력자 찾기를 주저하지 않는다. 이들은 돈을 기부하거나 회의 소집 장소를 제공하는 것 이상의 역할을 한다. 이들이 프로그램을 직접 실행하는 중요한 행위자 역할을 한다는 뜻이다.

다른 모든 기업과 마찬가지로 유니레버도 처음에는 표준적이고 얄팍한 CSR 방식으로 시민사회와의 협력을 시작했다. 유니레버는 시민사회와는 아무런 논의도 하지 않은 채 '자선의 비료'를 뿌려댔다. 물론 이 모든 활동에는 선의가 담겨 있었지만, 어떤 의미 있는 영향을 주진 못했다.

폴이 유니레버의 CEO로 취임할 즈음에 레베카 마못(현재 유니레버의 최고지속가능성책임자)이 협력관계 글로벌 책임자로 유니레버에 왔다. 그녀는 유니레버의 자선 활동과 브랜드 협력관계에 대한 정보를 살펴보며 그 양이 엄청나게 많다는 사실에 충격을 받았다. "협력관계

를 4,000개까지는 셌는데, 그 뒤는 너무 많아서 세지 못했다"라고 말
한다.[25]

그녀는 전 세계에서 수백 개의 브랜드에 걸쳐 진행되는 노력을 건
강, 위생, 식품, 영양, 생계 등과 같은 주요 주제에 빠르게 집중시켰
다. 그다음에는 몇몇 글로벌 NGO 즉 옥스팜, 대량살상무기확산방
지구상PSI, 세이브더칠드런Save the Children, 유니세프, 유엔세계식량계획
World Food Program과 깊고 전략적인 관계로 나아갔다. 중앙집중화가 이
루어진 뒤에는 전략적인 탈집중화를 수행해 지역 시장에서 더 넓은
관계를 맺었다. 협력관계 예산 가운데 25퍼센트를 지역 차원의 운동
에 할애했다.

이런 협력관계 덕분에 유니레버는 전 세계적 차원의 노력과 지역
차원의 노력이 서로를 강화하게 만들었다. 퍼펙트빌리지Perfect Villages
프로그램은 여러 NGO와 협력해 각각의 지역사회가 총체적으로 발
전하도록 도왔다. 구체적으로 말하면 학교와 협력해 교육을 개선했
고, 지역사회 기업이 소액 금융대출을 받을 수 있도록 지원했으며,
지역 인프라 개선에 앞장섰다.

지난 10년 동안 유니레버는 유니세프의 워시WASH, water·sanitation·
hygiene 프로그램에 속해 여러 문제를 처리하는 데 핵심적인 브랜드
를 동원했다. 예를 들면 라이프보이의 손 씻기 캠페인과 도메스토스
의 안전한 화장실 제공 활동 등이 그렇다. 특히 후자의 활동으로는
3,000만 명이 안전하고 위생적인 화장실을 사용할 수 있었다. 현재
유니레버의 홈케어 담당 부사장 찰리 비버는 워시 프로그램이 도메
스토스의 브랜드 목적과 직접적으로 연관되어 있었으며, 안전한 화

장실에 접근하지 못하는 전 세계 23억 명의 사람들을 떠올리게 했다고 말한다.[26] 마못 역시 이런 연결성이 얼마나 중요한지 대부분 모른다며 "기업의 운영 방식을 정말로 바꾸고 싶다면, 협력관계를 기업의 기본적인 활동이나 전략과 따로 노는 별개의 활동으로 떼어놓아서는 안 된다"라고 말한다.[27]

NGO와 기업이 서로를 동료로 존중할 때, 서로의 역량을 높일 수 있다. NGO는 흔히 기업의 주주총회에 참석해 우려하는 여러 가지 문제를 따지면서 경영진을 압박한다. 유니레버의 주주총회에서도 이런 일은 일어났다. 그때마다 폴은 NGO가 하고자 하는 것 이상의 계획을 자랑스럽게 보여주곤 했다. 그러자 NGO는 유니레버를 지렛대로 삼아서 해당 산업의 다른 회사들에게 압력을 가했다. 이렇게 해서 모두가 더 빨리 목표를 향해 나아갈 수 있었고, 이것이 말하자면 그 '게임'의 진행 방식이었던 셈이다. 이 방식에서는 NGO와 좋은 관계를 맺는 것이 가장 중요하다. 10년 동안 그린피스와 국제사면위원회와 국제투명성기구를 제외하고는 폴이나 유니레버를 공격한 NGO는 단 한 곳도 없었다. 유니레버가 완벽해서가 아니었다. 서로에 대한 신뢰와 한계를 규정하는 경계선을 지속적으로 넓혀나가겠다는 열망을 유니레버가 지니고 있었기 때문이다.

넷 포지티브 기업은 지역사회와 더 깊고 직접적인 관계를 구축해야 한다. 이것은 흔히 대부분 개발도상국의 여성과 손을 잡아야 한다는 뜻이다. 유니레버 베트남 지사는 아이들에게 치아 위생 교육을 하는 지역 프로그램의 일환으로 학교에 치과 트럭을 보내 무료 검진을 했다. 아이와 가족이 이 행사에 참여하도록 하려면 해당 지역의 여성

단체의 지원이 필요했다. 100만 명이나 되는 회원을 거느린 베트남에서 가장 큰 여성 단체가 이 프로그램의 참여를 독려했고, 그 지원 덕분에 프로그램은 크게 성공했다. 그 뒤 10년 동안 700만 명의 어린이가 이 프로그램의 혜택을 받았으며 덕분에 베트남에서 10세 미만 어린이의 충치 발생률은 60퍼센트에서 12퍼센트로 크게 줄었다.

또 인도에서 가장 큰 규모로 운영되는 샤크티Shakti 프로그램도 유니레버가 여성과 함께 지역사회에 기여한 성공적인 사례다. 이 프로그램은 저소득층 여성을 유니레버 제품을 소량 판매하는 직판 사업자로 채용하는 것으로 이 방식은 외딴 마을에 상품의 유통 경로를 확보해 상업적인 성과도 담보했다. 샤크티의 규모는 10년 만에 세 배로 늘어났으며 중요한 영업 기반으로 자리 잡아서, 힌두스탄 유니레버의 수익에 크게 기여한다. 뿐만 아니라 이 프로그램과 연관된 13만 6,000명의 인도 여성에게 미친 경제적·사회적 영향은 그보다 훨씬 크다. 힌두스탄 유니레버 회장인 산지브 메타가 말하듯이 "마을과 가족 안에서 지위가 상승했고 가구소득을 25퍼센트 정도 늘렸다."[28] 이것보다 더 나은 넷 포지티브 원원 방식은 상상하기 어려울 정도다.

비단 영업이나 매출과 직접 연결되는 일에만 관심을 기울이는 것은 아니다. 유니레버는 지역사회가 성장하는 일이라면 도움을 아끼지 않는다. 인도의 아삼에는 유니레버의 농장이 여러 개 있는데, 그곳에서 유니레버는 유일한 장애인 학교를 유니레버 공장 바로 옆에 세워 운영한다. 일반적인 기업이라면 이런 일을 연례보고서나 언론 보도자료에서 크게 자랑하겠지만, 넷 포지티브 기업에게는 그저 당연한 일상일 뿐이다.

◀ 정부와 협력하기

정부와 맺는 협력관계가 가장 까다롭다. 그러나 이 관계가 영향을 미치는 범위와 규모를 고려한다면 이 협력관계는 매우 중요하다. 기업은 정부 정책이 효과적으로 시행될 수 있도록 도울 다양한 기술과 역량을 갖고 있다. 개발도상국에서는 특히 더 그렇다. 유니레버는 베트남 정부의 연금제도와 우리사주제도* 개발을 도와 직원들이 혜택을 누릴 수 있게 했다. 또한 많은 정부에게 기업과 지역사회가 누릴 이득을 가로채는 짝퉁 제품을 퇴치할 역량과 지식을 갖추게 도와주기도 했다. 유니레버는 심지어 콜롬비아, 나이지리아, 베트남, 방글라데시, 파키스탄 등에서 세무 조사관을 대상으로 하는 훈련 프로그램을 진행해 더 나은 조세 체계를 마련하고 시행하며 제도화하도록 돕기도 한다.

종종 사람들은 유니레버에게 왜 핵심적인 정부 업무를 맡아서 하느냐고 묻는다. 유니레버는 좋은 협력자가 된다는 것은 정부 당국을 상대로 신뢰를 쌓는 일이며, 궁극적으로는 정부와의 협력관계를 생산적으로 만드는 일이라고 생각한다. 그런 신뢰가 토대가 되어 포장 및 쓰레기 목표를 달성하는 데 도움이 될 재활용 시스템이 구축되거나, 식품 영양 성분과 관련된 규제를 논의할 자리가 마련된다. 유니레버는 정부와 쌓는 지속적인 관계가 많은 전략적 문제에서 협력관

---

* 기업 또는 정부의 정책적 지원을 통해 근로자가 회사의 주식을 가질 수 있도록 하는 제도

계를 만드는 것을 경험으로 체득했다.

정부와의 협력이 NGO와의 관계를 개선시킨 사례도 있다. 동물 보호 단체 페타PETA는 동물 실험을 요구하는 중국이나 러시아 정부와 생산적인 대화를 나누는 것에 어려움을 겪고 있었다. 그때 유니레버는 중국과 러시아를 상대로 정책을 바꾸게 하려고 노력했고, 결국 대체 테스트 기술을 도입해 동물 수백만 마리가 죽어나가지 않아도 되었다. 이 일로 유니레버의 강력한 비판자였던 페타는 동맹자로 바뀌었다. 페타는 유니레버가 도브, 심플, 세인트이브스와 같은 브랜드에서 '크루얼티 프리cruelty free' 인증* 마크를 붙여도 된다고 허용했으며, 그 덕분에 유니레버는 고객을 더 많이 끌어들일 수 있었다.

몇몇 상황에서는 협력이 어려울 수도 있다. 많은 나라가 부패로 찌들었으며 몇몇 국가 지도자와 정부는 자국민에게 끔찍한 짓을 저지르고 있다. 문제가 있는 정책을 추진하는 정부와 협력한다는 것은 복잡한 문제다. 그러나 본질로만 따지면 정치와 아무런 상관이 없는 문제도 분명 있다. 인도의 나렌드라 모디 대통령이 시작한 '깨끗한 인도Swachh Bharat Mission' 환경 개선 캠페인의 핵심 목표 중에는 집집마다 화장실을 마련하는 것이 있었다. 모든 인도인에게 화장실을 마련해주는 것은 정치적이지 않았고 이것은 유니레버와 유니세프가 자신의 프로그램 규모를 확장할 수 있는 좋은 기회였다. 다국적기업은 누가 국가 지도자가 되고 누가 그 자리에서 밀려나는지 눈여겨보지만, 넷포지티브 기업은 누가 권력을 잡든 바람직한 일이 올바른 방향으로

•　제품의 개발 및 생산 과정에서 동물을 학대하지 않았다는 인증

실행될 방법을 찾는다.

그래서 유니레버는 항상 성공했을까? 꼭 그렇지는 않다. 2017년 미국의 전 대통령 트럼프가 파리기후협약에서 자국의 이름을 빼려고 할 때, 폴과 유니레버의 최고지속가능성책임자였던 제프 시브라이트는 그것을 막으려고 대통령의 딸과 사위를 만나러 갔다. 그 결과가 어땠는지는 다들 알고 있을 것이다. 실패였다. 성공할 때도 있지만 실패할 때도 있기 마련이다.

◖ 다중이해관계자와 함께하기

"1+1=11" 협력관계에서는 동료 회사, 협력업체, 고객, 정부, NGO, 학계, 금융계 등의 모든 협력자가 논의 테이블에 앉는다. 이 자리에서 마법이 일어난다.

유니레버는 차※ 산업으로 다중이해관계자와 협력하는 것이 효과적임을 발견했다. 차 산업의 규모는 전 세계적으로 900만 명이 넘는 농민이 종사할 정도로 매우 크다.[29] 특히 주요 차 공급원인 동아프리카의 케냐에서는 50만 명이, 르완다에서는 4만 명이 차 산업에 종사한다.[30] 유니레버는 그야말로 '큰손' 구매자로 동아프리카 지역에서 한 세기 동안 상당한 영향력을 행사해왔는데 이들 나라의 번영 여부는 유니레버에 직접적인 영향을 주었다. 예를 들어 기존 농법 대신에 토양 건강을 관리하거나 농약 살포를 줄이는 등 지속가능성에 비중을 두는 농법으로 전환하면 농민의 생계와 생산성 그리고 차의 품질이 향상되었다. 그러나 이런 일이 일어나려면 여러 해가 걸렸고 농민이 이런 농법으로 전환할 수 있도록 차 구매자들(즉 유니레버와 같은 식품 회사들)의 재정적 지원이나 보증이 필요했다.

이런 노력의 일환으로 유니레버는 르완다에서 르완다 정부, 우드재단Wood Foundation, 네덜란드지속가능한무역IDH 그리고 영국의 국제개발부와 협력해 새로운 유형의 차 농장을 개발했다. 유니레버는 여기에 4년 동안 3,000만 달러를 투자했는데 우드재단은 이 투자금을 '인내 자본patient capital'이라고 불렀다.[31] 이 협력은 1만 명의 생계를 해결했으며 농부와 공장 노동자, 학교와 같은 지원 부문에서 일하는 사람들이 그 혜택을 받았다.

다중이해관계자 협력관계는 지역사회에서 나타나는 계층 간 커다란 격차도 메울 수 있다. 피르메니히, 킴벌리-클라크, 일본 주택설비 회사 릭실LIXIL, 타타트러스트, 유니레버 그리고 자원 관리 회사 베올리아가 공동으로 설립하고 유엔의 여러 기관 및 세계은행World Bank을 포함해 50개가 넘는 이해관계자가 함께하는 화장실위원회연합TBC, Toilet Board Coalition이 그 예다. 그들이 말하는 이른바 '화장실 경제sanitation economy' 이론은 만약 오물 처리 시스템에서 자원을 제대로만 활용하면 영리 시장을 창출해 정부가 혼자서 할 수 있는 것보다 훨씬 더 많은 화장실 인프라를 구축한다는 것이다. 화장실위원회연합의 사무총장이었던 셰릴 힉스는 "모든 사람이 사용할 수 있는 화장실 시스템을 마련하려면 이에 들어가는 비용만 생각할 게 아니라 이 시스템이 창출할 수 있는 가치에 초점을 맞추어야 한다"라고 말한다.[32]

화장실위원회연합은 쓰레기를 가치 있는 자원으로 전환하는 기술

(예를 들면 자원 흐름에 관한 데이터를 포착하는 스마트 화장실 기술)을 갖춘 혁신적인 기업이 등장하도록 촉진한다. 협력관계의 틀 안에 있는 다국적기업은 새로운 기업이 성장할 수 있도록 조언자, 고객, 투자자, 협력자의 역할을 한다. 정부와 지역사회만으로는 수십억 명이 느끼는 결핍을 채워줄 자원이 부족하다. 혁신적인 화장실 기술을 적용할 시장을 확장하기 위해서는 기업과 시장의 힘이라는 지렛대가 필요하다. 상대적으로 가난한 지역사회에서 가치를 빼내는 것이 아니라, 건강과 삶의 질을 크게 개선하는 영구적인 인프라를 구축해야 한다.

모든 측면에서 넷 포지티브인 다중이해관계자 협력은 빠르게 늘어나고 있다. 몇 가지 예를 들어보자. 성공한 사례든 실패한 사례든 모두 눈여겨보면서 교훈을 얻어야 한다.

- 세계은행은 2030 수자원그룹2030 Water Resources Group을 만들어 AB 인베브AB InBev, 코카콜라, 네슬레, 펩시코, 유니레버 등과 같은 대규모 주류 회사 및 음료 회사 그리고 시민사회 협력자와 함께 수자원 관리 전략을 개발한다.
- 이콜랩의 CEO 더글러스 베이커는 유엔이 후원하는 CEO수자원관리책무CEO Water Mandate에 박차를 가하기 위해 수자원연합Water Coalition을 조직했다. 여기에 참가하는 회원 기업은 수자원 관리와 투명성 그리고 "과학을 기반으로 하는 섭씨 1.5도 탄소 목표"에 전념하고 있다. 그들의 기준에 따르면 2030년까지 물 사용량을 50퍼센트 줄이고 2050년까지는 100퍼센트 감축 즉 '완전한 재사용'을 목표로 한다. 베이커는 이콜랩이 국제자연보호협회The Nature Conservancy와 함께

해왔던 작업은 "막대한 자금을 들이지 않고도 거대한 결과를 이끌어 낼 수 있다"라는 사실을 입증한다고 말한다.[33]

- 세계배터리동맹Global Battery Alliance은 기업, 정부, 유엔 산하 기구, NGO 그리고 지식 분야 협력자를 망라하는 70개 조직을 한자리에 모아 대규모 탄소 감축이 이루어지도록 한다. 전기 자동차로 이런 일이 실제로 일어나고 있다.

- 탄소배출제로연대Getting to Zero Coalition는 거대 해상운송 회사(예를 들면 머스크), 생필품 제조 회사, 은행, 항구 그리고 NGO와 연합해 운송에서 발생하는 온실가스를 2050년까지 50퍼센트 줄이려 한다.

함께하면 "1+1=11"이 되는 마법

가치사슬 영향 극대화하기
▶ 가치사슬에서 발생하는 영향에 책임지고, 협업의 잠재력이 가장 큰 영역이 무엇인지 평가한다.
▶ 협력업체를 가족으로 대하며, 단순히 가치를 이전받는 것이 아니라 함께 가치를 창출할 방법을 모색한다.
▶ 협력업체와 고객을 상대로 신뢰와 투명성을 쌓으며, 경우에 따라서는 스스로를 공개한다.
▶ 업계 전체를 가로막는 거대한 도전과제가 무엇인지, 사람들의 삶을 개선할 기회는 어떤 것이 있는지 협력업체와 함께 모색하고 새로운 기술을 검증한다.

산업 부문 바꾸기
▶ 동종업계의 가장 큰 장애물이나 기회를 포착해 산업 번영을 돕는다.
▶ 해당 부문 전체 생산량 중 약 25퍼센트 이상의 회사를 결집해 티핑 포인트를 확보한다.
▶ 어떤 회사가 공로를 인정받을지, 다른 회사와 어떻게 경쟁할지 등에 대해서는 신경을 덜 쓰고, 광범위한 해결책을 찾는 데 초점을 맞춘다.
▶ 동종업계가 비용과 탄소배출량을 절약하려면 기업 운영에 어떤 변화가 필요한지 파악한다.
▶ 지속가능성 성과를 잘 측정하는 방법이 무엇인지, 개별 회사나 전체 산업 부문이 추구할 수 있는 목표가 무엇인지 등과 같은 공동의 표준을 개발한다.

여러 산업에 걸친 문제 해결하기

▶ 여러 개의 산업을 넘나드는 핵심적인 도전과제를 포착하고 더 넓은 동맹을 형성한다. 교육, 에너지 공동 구매, 인권, 노동법, 기후변화 등과 같은 쟁점은 협력의 유익한 토대가 된다.

▶ 전혀 어울릴 것 같지 않아 보이는 산업을 하나로 묶어 새로운 사업 모델을 개발한다.

▶ 자신이 속한 산업 외 영역에서 자신의 책임이 무엇인지 생각한다.

시민사회와 협력하기

▶ NGO 및 지역사회를 상대로 순전히 자선적인 차원의 CSR을 하는 것이 아니라 그들과 전략적으로 협력하고 소통하며, 협력관계를 장기적인 전략의 필수적인 한 부분으로 자리매김한다.

▶ 회사 및 브랜드를 통해 사람들의 복지를 개선할 수 있는 영역에 집중한다.

▶ 시민사회 조직을 동등한 협력자로 대하며 그들의 목소리를 소중히 여긴다.

정부와 협력하기

▶ 정부가 역량을 개발하도록 도와 모두에게 유익한 방향으로 기업 운영 환경을 개선한다.

▶ 경쟁의 영역이 불공평하게 기울어진 곳이 없는지 또 정부가 적극적으로 참여할 수 있는 영역으로는 어떤 것이 있는지 찾는다.

▶ 동의하지 않는 정부라고 해서 협력의 끈을 끊어버리지 않고 시민의 복지를 개선하기 위해 노력한다.

▶ 단기적으로 필요한 것과 장기적으로 초점을 맞추어야 할 것이 무엇

인지 파악한다.

다중이해관계자와 함께하기

▶ 아무리 복잡해도 필요한 모든 주체를 협력관계 테이블에 불러들여 협력을 주도적으로 이끈다.

▶ 회사의 운영과 지역사회를 총체적으로 바라보고 계층 간 격차를 극복하고 복지를 증진할 기회를 찾아낸다.

▶ 여러 사회적인 문제를 해결할 혁신적인 사업 모델 및 금융 모델을 탐색한다.

7장

시스템을 바꾸면 나타나는
놀라운 편익

나는 풀 수 없는 문제를 만날 때마다

그 문제를 더 크게 키운다.

— 드와이트 아이젠아워(미국의 34대 대통령)

인도가 영국의 식민지일 때의 이야기다. 델리의 길거리에 뱀이 너무 많아지자 식민지 정부는 죽은 뱀을 갖고 오는 사람에게 상금을 주겠다고 했다. 이 정책은 효과가 있는 것 같았다. 죽은 뱀이 무수히 많이 신고되었기 때문이다. 그런데 정작 거리에서 발견되는 뱀의 숫자는 전혀 줄지 않았다. 알고 보니 사람들이 돈을 벌려고 정부의 눈을 피해 뱀을 사육했던 것이다. 결국 정부는 이 제도를 없애버렸다. 그러자 뱀 사육업자들은 기르던 뱀을 모두 풀어버렸고 길거리의 뱀은 엄청나게 늘어났다.

의도하지 않은 결과를 말하는 이 이야기는 누군가 지어낸 것일 수도 있다. 그러나 시스템이 복잡해질수록 놀라운 일이 일어날 가능성이 많아진다는 사실을 매우 단순하면서도 생생하게 보여주는 것은 분명하다.[1] 교통 계획을 예로 들어보자. 도시 교통 혼잡을 완화하기 위해 도로를 건설했는데 교통 혼잡도가 예전보다 더 높아지는 경우가 있다. 도로가 수용할 수 있는 자동차가 늘어나고 이동 속도가 빨

라짐에 따라 교외에서 도심으로 오가는 차량이 더 많아진 것이다.[2] 요점은 어떤 규제에 반대하자는 것이 아니다. 이해관계자를 모두 논의에 참여시키지 않은 채로 정부 혼자 정책을 수립할 때는 최적이 아닌 결과가 빚어진다는 뜻이다. 교통 혼잡 문제에 대해 지역사회나 기업이 머리를 맞대 전혀 다른 접근법을 취한다면 어떻게 될까? 모든 이해관계자가 참여할 때는 도로를 더 건설하는 단편적인 해결책이 아니라 시스템을 바꾸는 해결책이 나올 가능성이 크다. 일련의 정책으로 도심의 주택 가격을 저렴하게 한다거나 교외로 연결되는 경전철을 설치한다거나, 재택근무를 늘린다거나, 혼잡통행료 징수 제도를 도입한다거나 하는 것들이 그 예다. 우리가 해결해야 하는 도전과제가 점점 커지고 복잡하게 얽힘에 따라 우리에겐 더 넓은 사고가 필요하게 되었다.

우리가 함께 해결해야 할 지속가능개발목표를 생각해보라. "1+1=11" 협력관계만으로는 해결할 수 없다. 한 번에 한 회사 또는 심지어 한 부문 전체를 바꾼다고 해도 기후변화, 식량 안보, 팬데믹, 불평등, 생물다양성, 사이버 안보 등과 같은 세계적인 차원의 도전과제에 대처하지 못한다. 이러한 문제들은 경계를 알 수 없으며, 해결에는 과거에는 없었던 총체적인 행동이 필요하다.

답은 공공 부문과 민간 부문 그리고 시민사회라는 세 주체가 하나로 협력해서 '탱고'를 추는 것이다. 혼자 행동할 때보다 여럿이 함께할 때 긍정적인 영향은 기하급수적으로 커진다. 역사적으로 우리는 문제 해결을 위해 정부와 복수의 주체가 참여하는 기관에 의존했다. 그러나 개별 국가나 전 세계의 정치 환경이 까다로워지는 상황에서 우리는 선도적인 기업이 앞에 나서서 동료 기업과 각국 정부에 도움을 줄 수 있으리라고 기대한다. 이렇게 하는 것은 넷 포지티브 기업이 해야 할 궁극적인 행동이다.

◖ 자기 잇속만 챙기는 로비의 종말

기업을 부정적으로 바라보는 정서는 대부분 전통적인 로비 때문에 생겨났다. 음료 회사는 빈 용기 보증금 제도Bottle Bill*에 반대하고, 농업 회사는 바이오 에탄올의 주원료인 옥수수에 많은 보조금을 요구하며, 화석 연료 회사는 공공용지 탐사 권한을 싼 가격에 따낼 목적으로 엄청난 로비를 벌인다.

　기업은 원하는 결과를 얻기 위해 부패와 로비라는 두 개의 도구를 이용하는데 이 둘의 차이는 모호하기 짝이 없다. 부패는 법률안이 마련된 뒤에 의원에게 돈을 은밀하게 지불하는 불법 행위인 반면 로비는 어떤 법안이 제정되기 전에 의원에게 돈을 지불하는 합법 행위다. 미국은 기업이 기부를 무제한으로 할 수 있게 허용함으로써 부패 행위를 합법적인 것으로 만들었다. 미국에서 기업이 로비로 사용하는 금액은 연간 35억 달러나 된다.[3] 자기 잇속을 챙기고자 하는 기업의 로비는 도처에서 일어난다. 예컨대 기업의 리더가 회사에 도움이 되

● 　재사용이 가능한 병 반환을 유도하기 위해 제품 가격 외에 별도의 보증금을 포함시켜 판매한 후 반환 시 소비자에게 보증금을 돌려주는 제도

는 규정을 사수하고자 전 세계 각국의 수도를 방문하는 것도 로비의 일종이다. 이런 부패와 로비의 영향을 받아 만들어진 정책은 부자의 이익만 보호할 뿐, 공동의 이익에 봉사하지 않고 민주주의를 보호하지도 않는다.

그렇다고 해서 로비가 본질적으로 잘못된 것은 아니다. 그것은 단지 하나의 도구일 뿐이다. 따라서 우리는 더 나은 결과를 위해 기업이 정치적 권력을 넘어 도덕적 권력을 갖추길 제안한다. 이는 모든 사람에게 도움이 되는 정책을 마련하고자 하는 힘으로 넷 포지티브 지지net positive advocacy로 표현되는 것이다. 이제는 정부 접근법을 무조건 철폐시키고자 하는 1차원적인 방법에서 모두에게 유익한 기회를 찾는 방향으로 전환해야 한다. 규정이 기업을 결정하기 전에 선제적인 자세로 기업이 규정을 결정해야 한다.

국제식품연맹의 론 오스왈드 사무총장은 "예전만 해도 우리는 기업이 정치적 영향력을 너무 많이 행사한다고 불평했지만, 이제는 환경 및 인권과 같은 중요한 문제에 대해서는 제발 그 영향력을 좀 행사해주길 바란다. 물론 우리가 그들을 신뢰해야 한다는 전제가 붙긴 하지만 말이다"라고 말한다.

기업과 정부는 서로를 필요로 한다. 국가가 기후협약에 서명할 수는 있어도 이 약속을 이행할 사업이 없다면 목표를 달성하지 못한다. 회사 역시 정부의 정책 없이는 목표를 달성하지 못한다. 넷 포지티브 기업은 정부를 적대적인 존재로 바라보지 않고, 더 나은 미래를 위해 함께 노력하는 협력자로 바라본다. 그리고 똑똑한 기업이라면 자신의 정당성을 확보하기 위해 시민사회를 적극적으로 참여시킨다.

◀ 공공-민간 협력관계가 해결해야 할 과제

기업이 원하는 것을 요구하고 그 대가로 상대방 정치인에게 무엇을 해줄지 분명히 할 때, 전통적인 방식으로 이루어지는 로비와 다른 진정한 넷 포지티브가 된다. 기업과 정부 사이의 연합은 결코 쉽지 않다. 여기에 시민사회까지 추가되면 논의 내용이나 절차는 훨씬 더 복잡하다. 그러나 궁극적으로는 협력관계가 더 단단해진다. 의도가 아무리 좋아도 양측이 함께 걸어가야 하는 길에는 장애물이 많이 있다. 협력관계의 당사자들은 여기에 대비하고 올바른 경로를 찾아가야 한다. 그 장애물들을 하나씩 살펴보자.

1. **권력 오해**: 기업의 리더는 자기가 가는 길에 방해되는 상황을 힘으로 해결하려 한다. 그러나 그들은 국민에 의해 선출된 사람이 아니므로 대개 권력을 지니고 있지 않으니 신뢰받지 못한다. 다른 회사와 NGO와 함께하는 협력만이 사람들의 신뢰를 얻는다.

2. **속도 불일치**: 기업은 정부보다 빠르게 움직인다. 정부는 견제와 균형의 필요성으로 인해 어느 정도의 비효율성을 가질 수밖에 없다. 특히 입법 과정이 그렇다.

3. **조직 이기주의**: 정부의 많은 부분이 부서 이기주의에 사로잡혀 운영된다. 다중이해관계자 관점이 관철되지 않는다는 말이다. 정부 부처의 장관들은 제한된 예산을 놓고 경쟁한다. 정부뿐 아니

라 기업과 NGO의 조직에도 이기적인 경향이 존재한다.

4. **무지**: 평생 정치인이나 시민사회 활동가로 살아온 사람들은 민간 부문을 잘 모른다. 그 반대도 마찬가지로 사업을 하는 사람들은 정치계에서 비롯되는 압력을 온전히 알지 못한다. 즉 양쪽 모두 너무 순진해서 일을 그르칠 수 있다.

5. **목표 불일치**: 기업은 구체적인 결과와 명확성을 추구한다. 그러나 정치인은 오로지 다음 선거에서 다시 당선되는 것만을 바란다. 당장 유권자들의 마음을 얻는 것이 정치인에게 가장 중요한 과제이고, 높은 차원의 공익은 뒷전이 되기 쉽다.

6. **상호의존 부족**: 시스템을 떠올리는 것은 양쪽 모두 부족하다. 예를 들어 어느 기업이 세금 감면을 위해 아무리 로비를 해도 기대대로 되지 않는 경우가 얼마나 많은지 생각해보면 알 수 있다.

7. **정치 정당 문제**: 논리적으로 보면 기업은 자기에게 유리한 정책을 주장하고 실행하는 정당과 손을 잡는 것이 당연하다. 그러나 어떤 정책이나 원칙을 편드는 것은 특정 정당을 선택하는 꼴이 되기에 최근까지도 많은 기업들이 의사 표시를 하지 않고 모든 정당에 정치자금을 기부해왔다. 이를테면 현재 미국 의회에서는 기후변화에 대응하는 행동이나 환경보호 법안에 찬성하는 공화당원은 한 명도 없으니 기후변화 관련 정책을 지지할 경우 공화

당을 지지하지 않는다는 뜻이 되는 것이다. 잊지 말아야 한다. 기후, 불평등, 민주주의 등을 다루는 논의가 모든 정치 정당에서 똑같은 결실을 맺을 것이라는 가정은 어리석다.

8. 돈과 부패: 정치에는 돈이 개입하지 않는 곳이 없다. 당신이 아무리 국가에 이익이 되는 것을 제안한다고 해도 일부 공무원은 그저 자기에게 무슨 이득이 되는지만 궁금해할 것이다. 이 문제에 대해 손쉬운 해답은 없지만 폭넓은 연합체와 함께하는 것은 확실히 도움이 된다. 모두가 공동선을 위해 노력한다는 사실 자체가 정치권에 압력으로 작용한다.

이와 같은 해결해야 할 과제를 보면 신뢰 부족이 가장 큰 걸림돌임을 알 수 있다. 그렇다면 누가 협력의 정신으로 먼저 행동에 나설 것인가? 그야말로 죄수의 딜레마다. 민간 부문의 의도를 의심의 눈초리로 바라보는 시선이 존재한다는 것을 염두에 둔다면, 기업계에서 먼저 화해의 손을 내밀 필요가 있다. 복수의 이해관계자를 대동해 협력하겠다는 자세로 정부에 접근하라.

◀ 시스템 변화로 나아가는 경로

기업과 NGO 그리고 정부가 추는 '탱고'는 시스템 자체를 더 큰 차원으로 재설정하는 것이 목표다. 우리는 여기서 실질적인 변화가 일어날 수 있도록 지지(말)와 행동을 결합하는 세부 점검 사항을 특정한다. 이 세부 사항은 협력관계 유형의 옳고 그름을 판단하는 지침이 되기도 한다.

적극적이고 총체적으로 지지하는가

지금까지 기후변화 대응에서 기업의 지원은 필수였다. 파리기후협약은 2015년 체결되었는데, 이 협약이 나올 수 있었던 것은 기업의 강력한 의지 덕분이었다. 이때 기업이 선제적으로 행동할 수밖에 없었던 충분한 이유는 세계 각국이 어떤 형태로든 탄소세를 매기고, 전 세계 탄소배출의 4분의 1은 이 제도의 대상이었기 때문이다. 다만 제도는 표준화되어 있지 않았고,[4] 규제 기준이 제각각인 환경을 반길 기업은 없으므로, 조화롭게 조정된 정책을 요구했던 것이다.

2017년 6월 트럼프가 파리기후협약에서 탈퇴한다고 발표했을 때 그 의미는 세계 최대의 경제 대국이 그 협약에서 빠지겠다는 뜻이었다. 이때 많은 기업이 목소리를 높여서 반대의 뜻을 밝혔다. 그 발표가 나오기 며칠 전 폴과 다우케미컬의 CEO였던 앤드루 리버리스는 CEO들을 규합해 목소리를 높이려고 했다. 그리고 그 발표가 이루어지는 당일 아침, 다국적기업의 CEO 30명은 협약 탈퇴를 반대하는 서한을 『월스트리트 저널』에 전면광고 형식으로 실었다. 그들은 그 서한에서 파리협약은 새로운 청정 기술 일자리를 창출하고, 기업과 지역사회가 맞이할 위험을 줄여주며, 국가의 경쟁력을 강화할 것이라고 말했다. 이 공개서한에는 3M, 알리안츠, 뱅크오브아메리카, 씨티그룹, 코카콜라, 디즈니, 다우케미컬, 듀폰, GE, 존슨앤존슨, 제이

피모건체이스, 유니레버 등과 같은 대기업의 CEO가 서명했다.

며칠 뒤에는 세계자연기금WWF과 기후넥서스Climate Nexus 그리고 환경 단체 세레스ceres가 만든 또 다른 연합이 수백 개 회사를 규합해 공개적으로 "우리는 여전히 기후협약을 탈퇴하지 않고 있다"라고 선언했다(이 선언은 그 뒤 또 다른 서명 운동인 '미국은 모두 기후협약을 탈퇴하지 않고 있다America is all in'와 통합되었다). 여기에는 2,300개 기업, 400개 대학, 300개의 도시와 군 그리고 1,000개 종교 단체가 서명했다. CEO들과 주지사들은 미국이 파리협약에서 탈퇴한 뒤에도 여전히 기후 문제를 다루는 전 세계의 협상 테이블에 계속 참여하도록 하는 데 중요한 역할을 했다.

2019년 기후회의를 위해 폴과 리버리스는 또 다시 CEO들을 규합해 미국의 파리협약 재가입을 총체적이고 압도적인 규모로 요구했다. 세레스의 정부 관계 담당자 앤 켈리는 폴과 리버리스라는 두 명의 CEO가 그렇게 강하게 밀어붙인 것이 "실제로 판도를 바꾸며 성공을 가져다준 원동력"이라고 말한다.[5] 결국 미국 80개 대기업 CEO들이 새롭고 중요한 요소를 추가한 '파리를 위한 연합United for Paris'의 성명서에 서명했다. 이 성명서는 기후위기를 단순히 환경 위기가 아니라 인간의 위기이자 불평등의 위기로 인식했고 따라서 서명자 명단에는 1,250만 명의 노동자를 대표하는 노동조합 연합체인 미국노동총연맹 – 산업별조합회의AFL-CIO도 포함되었다.

이것은 정책 입안자에게 기업과 노동을 함께 바라보라는 강력한 메시지였다. 이 성명에서 기업은 "노동자 및 그들의 노동조합과 대화함으로써 노동권을 존중하는 직장으로의 공정한 전환"을 지원하겠다고 약속했다. 국제노동조합연맹 샤란 버로우 사무총장은 미국 기업은 일반적으로 노동권 정책에 반대하기에 "기업과 AFL-CIO의 서명을 받는 것이 매우 중요했다"라고 말한다.[6]

코로나 팬데믹 기간에는 유럽연합에 있는 기업과 국회의원 그리고 활동가로 구성된 대규모 연합체가 깨끗한 경제와 생물다양성 보호 그리고 농업 시스템 변화에 초점을 맞춘 녹색 회복을 강력하게 지지하고 나섰다.[7] 여기에 이름을 올린 CEO는 당시 다농의 CEO였던 엠마누엘 파베르, 로레알의 장 폴 아공, 이케아의 제스퍼 브로딘 등 유럽에서 가장 진보적인 리더들이 포함되어 있었다. 또 다른 연합체인 자연을위한기업Business for Nature은 700개의 대기업 및 주요 NGO를 하나로 묶어 "각국 정부가 다가오는 10년 동안에 자연 손실을 되돌리는 정책을 채택할 것을 촉구"하기도 했다.[8]

물론 이런 공개적인 성명은 말뿐이며 실질적인 행동이나 측정가능한 결과와는 다르다. 그러나 기업이 올바른 정책을 지원하겠다는 약속이 되고, 더 나아가 직원과 다른 이해관계자가 그 약속을 책임지고 실천하는 기반을 제공한다. 성명을 통해 구체적인 협력관계가 형성되기도 한다. 이 모든 것이 '말하기'에서 '행동하기'로 나아갈 힘을 축적한다. 이를테면 2015년 파리기후협약 이후 6년 동안 2,000개가 넘는 기업이 탄소 감축 목표를 설정하고, 수백 개의 기업이 100퍼센트 재생 가능 에너지에 전념하고 있는 것처럼 말이다.

만약 CEO가 목소리를 높이는 사실 자체가 꺼려진다면, 86퍼센트가 넘는 사람들이 기후변화와 인종차별과 같은 문제를 해결할 CEO를 찾고 있다는 에델만의 연구조사를 참조하기 바란다.[9]

정책이 넷 포지티브 결과를 가져오도록 유도하는가

정책 입안 과정은 깔때기와 비슷하다. 맨 위에서는 관료들이 기후 변화와 같은 문제에 머리를 맞대고 다양한 정책적 선택지를 살펴본다. 그 후 탄소세와 같은 구체적인 것으로 깔때기가 좁아지고, 그다음에는 가격 책정과 같은 한층 더 세부적인 사항으로 폭이 좁아진다.

유니레버 임원들은 정책이 기업과 시장에 어떤 영향을 미칠 수 있는지 유럽연합 관료들이 이해하도록 도왔다. 정책 입안자들은 유니레버가 접근하는 방식에 놀라곤 했다. 일반적으로 기업의 다른 리더들은 입법 사항에 불만을 표시하거나 세율을 낮춰달라고 요청하려고 정책 입안자를 만났지만 유니레버는 그렇지 않았다. 어느 정부 관리가 설명한 것처럼 "유니레버는 유럽에 도움을 줄 방법과 아이디어를 지니고 우리를 만나려고 했다." 이와 같은 진정성 있는 행동은 신뢰를 주며 정책 개발과 실행 과정에서 강력한 목소리를 낼 수 있는 권리를 확보해준다([상자7-1] 참조).

상자7-1 | **기업이 반드시 쟁취해야 하는 기후 정책**

탄소배출 및 원료 집중도 감소 정책

- 탄소배출에는 높은 비용을 책정하고, 청정 기술 및 저탄소 생산법에 보조금을 지급한다.
- 원료 집중도를 감소시키고 순환경제를 촉진하기 위해 원료 수집을 늘리는 방안(예를 들면 재활용, 재사용, 수리 등)을 연구하고 또 이런 방안을 실현할 자금을 조성한다.

규모 확장을 위한 공적 자본 확보

- 청정 기술에 보다 많은 민간 투자가 이루어지도록 공적 자본을 지원한다.

토지 사용 및 농법에 대한 인센티브

- 농업 정책을 바꾸고 생산자가 재생 농업으로 전환하도록 인센티브를 제공한다.

자연 기반 솔루션

- 탄소배출을 줄이기 위해 천연 자본의 가격을 책정하고 토지(예를 들어 습지)를 보존한다.

탄소중립 이동 장치에 대한 인센티브

- 내연기관을 단계적으로 없애고 모든 전기 자동차에 인센티브를 제공한다.

회복력 있는 탄소제로 환경에 대한 정책

- 건물 및 냉난방 시스템에 높은 수준의 표준을 설정한다.
- 대중교통 및 복합건물에 인센티브를 제공한다.
- 적응 및 도시 회복력 계획에 자금을 제공한다.

사람을 보호하는 정책

- 녹색 전환 때문에 일자리를 잃는 사람에게 재교육 기회를 보장한다.

냉소주의자들은 이런 것들이 예전의 행태와 다르지 않은 이기적인 로비일 뿐이라고 말할 것이다. 하지만 꼭 그렇지는 않다. 넷 포지티브는 오로지 기업에만 이익을 주는 것이 아니라 시스템을 지속가능하게 만든다는 점이 다르다. 사회를 개선하면서도 기업의 목표를 달성하는 정책을 옹호하는 것은 잘못된 게 아니다.

유니레버 러시아 지사가 이 균형의 좋은 사례를 제공한다. 유니레버는 제품의 탄소발자국을 줄이고 제품 포장에 PCR_{post consumer recycled}(포스트 컨슈머 재활용품) 소재의 사용을 늘리길 원했다. 그러나 러시아의 재활용 인프라는 부족했다. 당시 유니레버 러시아 지속가능성 담당 책임자였던 이리나 바흐티나는 현지의 재활용 회사 및 소매유통 회사와 협력해 자체 인프라를 구축했다. 그리고 유니레버는 1년 만에 100퍼센트 PCR 포장재 병을 사용하는 제품을 내놓았다.

이것과 함께 바흐티나는 이 분야의 발전을 가로막는 러시아의 정책을 개선하려고 노력했다. 그녀가 정부에 요청한 협력은 유니레버가 구축한 재활용 인프라에 대한 특별 세금 감면이 아니었다(유니레버도 영업 및 브랜드 가치에 대한 투자금을 회수하고 싶긴 했다. 누가 그러고 싶지 않겠는가?). 그녀는 러시아 정부의 규제를 PCR 재료 사용을 장려하는 방식으로 바꾸고 싶었다. 러시아는 제조업체가 생산 과정에서 사용하는 플라스틱에 대해 1톤당 수수료를 부과하는 이른바 생산자 책임재활용제EPR를 채택하고 있다. 이 수수료는 재활용이 불가능한 플라스틱(예: PVC)과 재활용이 가능한 플라스틱(유니레버가 PCR 포장에 필요한 플라스틱)에 동일하게 적용된다.

바흐티나는 상트페테르부르크대학교의 교수와 함께 플라스틱 무게가 아니라 종류에 따라 수수료를 징수하는 시스템이 더 비용절감에 효과적이라는 상세한 공식을 만들었다. 재활용되는 플라스틱은 쓰레기 매립지에 버려지는 플라스틱보다 수수료가 훨씬 낮은 것이 옳다. 이런 인센티브가 적용될 때 기업은 재활용 가능한 재료를 더 많이 사용한다.

회사의 세금을 깎아달라는 것과 재활용 재료 사용에 대한 수수료를 깎아달라는 것 사이에는 어마어마한 차이가 있다. 전자는 주주에게 도움이 되고 그 비용은 나라가 부담한다. 반면 후자는 순환형 사업 모델을 구축하려는 동기를 증가시켜 일자리를 창출하는 동시에 재료 소비와 탄소배출을 모두 낮춘다.

그런데 불행하게도, 많은 회사가 넷 포지티브 결과와 정반대 방향으로 정책을 유도한다. 코로나 팬데믹 속에서 화학 연료와 화석 연료 회사를 대변하는 어떤 로비스트 집단은 쓰레기 배출량 제한 규정을 완화하기 위해 미국-케냐 무역 협정의 내용을 바꾸려고 했다. 만일 그들이 바라는 대로 되면 아프리카 전역에서 플라스틱 사용이 크게 늘어날 것이 분명했다. 그런데 이런 회사들 가운데 다수가 글로벌 NGO인 '플라스틱 쓰레기 없애기 동맹Alliance to End Plastic Waste'에 가입해 있었다.[10] 위선도 이런 위선이 없다. 그렇지만 늘 그렇듯이 투명성은 위선의 민낯을 세상에 드러내고야 만다.

유니레버는 시스템 자체를 재설정하는 길을 걸어왔다. 이 과정에서 짝퉁 제품이 발붙이지 못하도록 하는 방법, 외국인 투자를 유치하는 일관된 세금 정책, 영국의 현대판 노예제방지법Modern Slavery Act과 같은 법률 마련을 지원했다.

국가가 발전하도록 돕는가

기업이 성공하려면 그 기업이 속한 국가와 지역사회가 번창해야 한다. 회사의 이익만 추구하는 식으로 타협하지 마라. 넷 포지티브 기업이 지역사회와 국가와 협력하는 몇 가지 사례를 제시한다.

1. **정부와 함께 발전에 투자**: 유니레버 에티오피아는 산업단지를 개발하고 지역의 공급망을 위해 지역 상품을 더 많이 구매한다는 내용으로 에티오피아 정부와 양해각서MOU를 체결했다. 그리고 구강 관리 제품을 생산하는 최첨단 공장을 건설했다. 에티오피아 국민 중 정기적으로 양치질을 하는 사람이 3~5퍼센트밖에 되지 않는 점을 생각하면 그 투자는 위험천만한 도박이었다. 더나아가 유니레버는 구강 위생과 영양 개선을 장려하는 학교 프로그램에 투자했고, 콜레라 유행 시기에는 무료로 제품을 나누어주기도 했다. 서로에게 이로운 이 관계는 성장을 촉진하며 보

상도 발생시켰다. 5년 동안 투자한 끝에 유니레버 에티오피아가 마침내 흑자로 돌아선 것이다. 세계에서 여덟 번째로 빠르게 성장하는 이 나라에서 유니레버 에티오피아는 연간 1억 달러의 매출을 올린다.

유니레버 인도네시아도 유니레버 에티오피아가 했던 것과 비슷하게, 북수마트라의 외딴 지역에 팜유를 고체 성분과 액체 성분으로 분리하는 데 사용되는 분류 단지를 대규모로 건설하기로 했다. 유니레버는 1억 5,000만 달러를 투자했고 인도네시아 정부와 협력해 현지 인프라와 항만 용량을 구축했다. 유니레버 인도네시아 사장인 헤만트 박시Hemant Bakshi는 이 프로젝트가 해당 공장 주변에 있는 소규모 농민 3만 명이 보다 지속가능한 농업을 이어갈 수 있도록 돕기 위한 것이었다고 말한다. 이 프로젝트 덕분에 농민들은 인도네시아에서 지속가능하고 추적가능한 팜유를 생산할 수 있게 되었다.

2. **산업 생태계를 구축**: 유니레버는 코트디부아르에서 마요네즈를 생산하고 싶었지만, 이런 생산을 뒷받침해줄 협력업체가 현지에 없었다. 이에 코트디부아르 정부와 협력해 달걀 생산을 위한 양계장 규모를 늘렸고 새로운 일자리를 창출했다. 그다음에는 마요네즈를 담을 병의 공급 부족을 해결하고자 다른 산업 부문과 협력해 지속가능한 유리 공급 체계를 구축했다.

콜롬비아에서 유니레버는 정부와 반군인 콜롬비아무장혁명군FARC 사이 긴장을 완화하는 데 도움을 주었다. 이 반군 중 다수가 코카인을 재배하거나 광물을 불법적으로 채굴할 목적으로 숲의 나무를 베었는데 유니레버가 새롭게 일자리를 창출하자 이들은 산림 파괴를 중단했고 정치적 긴장감도 더는 조성하지 않았다.

3. **공통의 문제를 해결**: 중동에서 유니레버는 물 부족 문제를 해결할 담수화 프로젝트를 놓고 각국 정부와 협력했다. 유니레버는 세계에서 1인당 물 소비율이 가장 높은 몇몇 나라에서 소비자의 물 사용 습관을 바꾸기 위한 캠페인을 개발했다. 유니레버는 이 일로 이익을 얻었을까? 딱 부러지게 대답할 수 있을 정도의 계량적 측정은 쉽지 않다. 그렇지만 더 많은 사람이 물을 사용할 수 있도록 하는 것은 치약, 샴푸, 비누를 판매하는 기업에게 유리한 일이다([**상자7-2**] 참조).

상자7-2　**물을 기업 경영에 끌어들인 유니레버**

물은 생명이다. 많은 지역의 사람들이 물이 부족하고 수질이 나빠서 건강을 위협받는다. 소비재 회사에게는 물이라는 공동의 자원을 모든 사람이 쉽게 쓸 수 있도록 하는 것이 매우 중요하다. 힌두스탄 유니레버의 회장 산지브 메타는 일상적인 하루에 양치질, 차나 커피, 샤워, 빨래, 수프, 설거지 등으로 물이 어떻게 사용되는지 설명하고 유니레버는 모든 단계에서 물에 의존하는 제품을 만든다고 말한다.*

메타에 따르면 인도의 수질은 122개국 가운데 120위다. 인도의 60퍼센트 지역이 물 가용성 수준이 '심각한' 상태다. 인도 유니레버는 20개의 NGO 그리고 국가 정부 및 지방 정부와 함께 1만 1,000개가 넘는 마을의 수자원 인프라를 개선하고 농부에게 농작물 수확 및 수자원 관리를 교육하는 작업을 했다. 이렇게 해서 인도 유니레버는 1년 동안 인도의 모든 성인에게 식수를 제공할 수 있는 규모인 1조 3,000억 리터의 잠재적인 물 가용성을 창출했다.

방글라데시에서는 유니레버의 정수기 브랜드인 퓨어잇Pureit이 UN개발계획과 손을 잡고 물 가용성 수준을 개선한다. 그들은 물 관리 프로그램 이노베이션 챌린지Innovation Challenge를 운영하며 농촌 지역 여성을 '물 영웅'이 되도록 훈련시킨다. 또한 은행과 협력해 사람들이 퓨어잇 정수기를 살 수 있도록 소액 금융대출을 제공한다.

* 산지브 메타(유니레버), 저자들과의 인터뷰, 2020년 10월 21일.

4. 좋은 친구이자 협력자: 지속가능한 사업의 역사에서 중요한 순간들은 자연재해에서 비롯되었다. 2005년 허리케인 카트리나가 뉴올리언스를 황폐하게 만들었을 때였다. 월마트의 CEO 리 스콧은 뉴올리언스에 식수와 인명구조 물품을 조달했는데, 자신들의 행동이 정부가 취했던 조치보다 성공적이었다고 판단했다. 그 뒤 스콧은 자기 회사가 사회 안에서 차지하는 역할을 예전과는 다르게 생각했다. 월마트는 환경 및 사회에 미치는 부정적 영향을 줄이기 위해 NGO와 함께 일했으며 협력업체에게도 해당 분야의 성과 개선을 압박했다.

재난이 발생했을 때 회사의 임원이 구호 의지를 밝히는 것만큼 중요한 일은 없다. 폴과 그의 부인 킴은 일본 후쿠시마에서

쓰나미로 원전 시설이 파괴되어 외국인이 대부분 일본을 떠나던 상황에서 후쿠시마에 방문했다. 뿐만 아니라 폴은 유니레버 CEO로 취임하기 몇 주 전 인도 타지마할팰리스호텔에 머무를 때에도 일관된 행동을 했다. 회사의 임원 및 지역 리더들과 만찬을 하는 동안 테러리스트가 호텔을 습격했는데, 만찬에 참석한 사람들은 모두 살아남았지만, 호텔에 있던 다른 많은 사람은 그렇지 못했다. 폴은 그로부터 여섯 달 뒤 다시 델리로 가서 그 호텔에서 끝내지 못한 만찬을 다시 하자고 했고, 그때 기업 리더들의 목숨을 구해주었던 호텔 직원에게 대접했다. 이런 방식으로 유니레버는 시장을 얼마나 소중하게 생각하는지 보여주었다.

기업이 지역사회의 친구가 되는 것은 자선을 베푸는 행위가 아니다. 기업을 키워나가는 행위다. 유니레버 에티오피아의 운영 책임자 팀 클라이네벤은 시장에 대해 조언을 구하는 다른 다국적기업 사람들을 정기적으로 만난다. 이때 "에티오피아에서 어떻게 하면 돈을 빼내갈 수 있을까?"라고 묻는 사람이 있다면 에티오피아가 아니라 다른 나라로 가야 한다고 답한다. 새로운 시장에 접근할 때는 단기적인 돈벌이를 추구해서는 안 되고 장기적인 헌신을 추구해야 한다. 그렇게 할 때 클라이네벤이 말하는 것처럼 "에티오피아 정부는 유니레버를 자기 나라의 발전을 지원하는 정직한 기업으로 인식한다."[11]

사회적 과제를 떠맡았는가

중국과 미국은 세계에서 가장 큰 경제 대국이다. 당연히 온실가스 최대 배출국이기도 하다. 그러나 그 뒤를 잇는 세 번째, 네 번째 온실가스 배출국은 일본과 독일이 아니라 브라질과 인도네시아다. 이 두 나라는 엄청난 규모로 나무를 베어내고 태워서 엄청난 양의 이산화탄소를 배출한다.[12] 산림 파괴에서 비롯되는 온실가스 배출량은 전체 배출량의 약 5분의 1을 차지한다.[13] 산림 파괴의 원인을 따지기는 매우 복잡하지만 핵심적인 이유는 농사를 짓기 위한 개간에 있다. 브라질에서는 콩을 재배하고 가축을 기르기 위해, 인도네시아에서는 팜유를 생산하기 위해 숲을 없앤다. 인도네시아는 전 세계 팜유의 58퍼센트를 공급하고 있다.[14]

팜유는 비누, 샴푸, 쿠키, 빵 및 반죽, 아이스크림, 립스틱 등 다양한 제품에 원료로 들어간다. 이것들은 기본적으로 유니레버가 만들어서 파는 제품이고 유니레버는 세계 최대의 팜유 구매 기업이다. 팜유는 소비자 제품에만 들어가는 것이 아니다. 유럽이 수입하는 팜유의 절반가량은 바이오디젤이라는 연료 형태로 자동차에 들어간다. 이것은 운송 부문이 땅을 놓고 식량 부문을 상대로 경쟁한다는 뜻이기도 하다.[15]

전 세계 팜유의 58퍼센트를 공급하는 인도네시아에서 팜유 농장의 면적은 영국 면적의 3분의 2인 16만 제곱킬로미터나 되는데, 1990년에 1만 제곱킬로미터였던 것과 비교하면 엄청나게 늘어난 것이다.[16] 이렇게 늘어난 재배지는 대부분 원시림을 태워서 마련된 것이라 기후변화를 촉진하고 생물다양성을 파괴한다.

이 문제를 해결하려면 팜유 생산자와 구매자, 정부, 지역사회 그리고 금융 부문이 함께하는 시스템 차원의 완벽한 지원이 있어야 한다.

많은 NGO들 특히 열대우림행동네트워크Rainforest Action Network와 그린피스가 수십 년 동안 이 문제에 집중해왔다. 1990년대와 2000년대에 걸쳐 그들은 유니레버와 네슬레를 비롯한 식품 회사, 카길과 월마 같은 농업 대기업을 상대로 캠페인을 벌였다. 그린피스 활동가들은 서식지 파괴 위협을 받는 오랑우탄 복장을 하고서 유니레버 본사 건물을 기어오르기도 했다. 또 전체 산업 부문(특히 유니레버)이 무차별적인 산림 파괴와 관련되어 있다는 신랄한 내용의 보고서를 2007년과 2008년에 각각 발표했다.

그런데 당시 유니레버는 그 문제를 전혀 인식하지 못했다. 유니레버의 최고지속가능성책임자였던 개빈 니스는 "2007년 우리는 기후변화는 주로 쉘, 엑손, 포드, 제너럴모터스 등과 같은 회사에서 비롯되는 문제이지 우리와는 아무런 상관이 없다고 믿었다"라고 말한다.[17] 그랬기에 그린피스를 비롯한 여러 환경단체가 벌이는 시위가 니스에게는 그야말로 "인생을 바꾸어놓는 순간"이었다.[18]

당시 영국 그린피스의 대표이던 존 사우벤은 유니레버 경영진을 만난 적이 없었다. 그러나 폴이 CEO로 부임한 직후부터는 사우벤과 니스는 탄탄한 실무적 관계를 구축해나가며 정기적으로 만났다. 사우벤은 과거에 니스가 TV에 출연해 유니레버는 팜유가 어디에서 나오는지 정확히 알지 못한다고 인정한 모습이야말로 유니레버와 니스가 얼마나 개방적이었는지 잘 보여준다고 말한다.

당시 니스는 "유니레버의 모든 공급업체는 기술적으로 '지속가능한 팜유 생산을 위한 협의회RSPO' 기준과 인도네시아 법률을 위반했다"라고 말하며[19] 환경 기준을 어긴 대형 납품업체와의 계약을 취소

하는 매우 이례적인 조치를 취했다. 사우벤은 이런 조치를 '지진처럼 엄청난 것'이라고 부른다.[20] 열대우림행동네트워크는 유니레버의 리더십을 칭찬하고 다른 회사도 유니레버의 선례를 따르라고 촉구하는 성명을 발표했다.[21] 유니레버는 '파트너에게 승리를' 프로그램의 일환으로 대규모 협력업체들을 불러 산림 파괴 중단 선언에 서명하도록 했다. 또 2010년 세계기후회의에서 소비재포럼의 모든 회원 기업이 2020년까지 야자수 산림 파괴를 중단하겠다고 약속하도록 밀어붙였다.

기업에게 팜유 사용을 중단하라고 요구하기는 쉽다. 하지만 그런다고 모든 문제가 해결될까? 팜유 산업은 17개국의 수백만 명에게 일자리를 제공한다. 인도네시아와 말레이시아에서만 450만 명이 팜유 산업에서 일한다.[22] 세상을 바라보는 넷 포지티브 관점의 목표에는 사람들의 생계를 개선하는 것도 포함되어 있으므로 수백만 개의 일자리를 없애버리는 해결책은 잘못된 것이다. 세계경제포럼에서 세계공공재센터를 운영하는 도미닉 워프레이는 "이 산업을 없애버리면 많은 농부의 일자리와 소득이 사라질 것이고, 그렇게 되면 결과는 훨씬 더 나빠질 것"이라고 말한다.[23]

유니레버를 포함해 대기업은 거의 모든 팜유를 '지속가능한 팜유 생산을 위한 협의회RSPO'의 인증을 받은 농장에서 조달하고 있지만 팜유 산업은 구조 자체가 더 큰 문제다. 수십만 명의 소작농은 살아남기 위해 이익을 쫓고 대형 기업은 내부의 적은 수요로 인해 시장을 장악하지 못하고 있다. 실제로 가장 큰 회사인 유니레버가 전 세계 팜유 공급량의 3퍼센트만을 사들일 뿐이다. 팜유를 가장 많이 구매하는 나라는 인도와 중국인데, 이 나라의 구매자들은 팜유 때문에 빚어지는 환경 문제에 그다지 신경 쓰지 않는 것 같다. 오로지 최저가를 원할 뿐 RSPO 인증 따위는 관심이 없다.

이 문제를 해결할 유일한 해결책은 뜻을 함께하는 기업 및 NGO를 더 많이 규합하고 행동을 더 확실하게 하는 것이다. 유니레버는 시장의 힘을 빌려 규모를 확장하려고 했으며 재생 가능 에너지 인증과 비슷한 그린팜GreenPalm 인증 제도를 마련하는 데 수백만 달러를 투자했다. 그러나 팜유 산업의 다른 회사들은 유니레버가 들어 올린 깃발 뒤를 따르지 않았다. 다른 회사들은 소비자가 인증 제품을 구매하면 한결 뿌듯하겠지만, 기후 문제나 생활임금 문제를 해결하는 데는 그다지 도움이 되지 않는다고 판단했다. 유니레버의 제프 시브라이트는 "수많은 농장이 노동자를 학대하는 인권유린을 자행하고 산림을 불태우며 환경을 파괴하고 있는데, 몇 개의 모범적인 농장만 모아 놓고서 '우리는 순수하다'라면서 만족할 수는 없다"라고 말했다.

산림 파괴의 근본 원인을 처리할 색다른 접근법이 유니레버에게 필요했다. 유니레버를 비판하는 사람들은 지속가능한 팜유라는 발상은 애초부터 불가능하다고 말한다. 그러나 팜유 업계와 NGO는 모범 사례를 수집했다. 예를 들어 그린피스의 사우벤은 생산성이 높은 종은 수확량을 두 배로 늘리고, 땅을 개간해야 하는 압박도 크게 줄여 준다고 발표했다.[24]

유니레버의 시브라이트와 막스앤스펜서의 마이크 배리는 또 다른 연대기구인 열대림동맹Tropical Forest Alliance을 2012년 출범시키는 데 공헌했는데, 그 단체의 목표는 2020년까지 공급망 안에서 더는 산림 파괴가 이루어지지 않도록 하는 것이었다. 비록 이 목표에 근접하지는 못했지만 열대림동맹은 어느 정도 성공을 거두고 있다. 인도네시아의 산림 파괴율이 마침내 떨어지기 시작한 것이다.[25]

열대림동맹은 협력체를 구성해 지역 교육 프로그램을 농민에게 제공했으며, 국가 정부 및 지방 정부 차원의 구매를 약속했다. 뿐만 아니라 자금을 조달할 수 있는 대출도 농민에게 지원했다. 농부가 아무리 생산성 높은 종으로 바꾸고 싶어도 새로 심은 나무가 열매를 맺기까지 4년 동안 버틸 자금이 있어야 전환이 일어나기 때문이다.

노르웨이 정부와 유니레버는 자금을 제공해 투자를 촉진하는 그린펀드Green Fund를 만들었다. 관할 지역에서는 정책적으로 사업을 지원하는 등 시스템 차원의 협력관계로 사업의 안전성을 보장했다.

여기서 얻을 수 있는 교훈은 분명하다. 첫째, 시스템 차원의 해결책은 공공과 민간 그리고 시민사회가 함께 협력하는 폭넓은 연합의 틀이 필요하다. 둘째, 구매자가 충분히 있어서 공급량이 확보되어야 한다. 셋째, 인내와 시간이 필요하다(팜유의 경우 적어도 4년이 걸렸다).

◖ 장기적인 편익은 놀라운 방식으로 나타난다

10여 년 전 베트남 정부는 자국의 사회경제적 발전에서 다국적기업이 수행하는 역할에 대한 연구를 의뢰했다. 이때 유니레버가 사례연구 대상으로 선정되었는데, 이 연구보고서는 "유니레버는 해당 국가가 선정한 우선순위를 기업의 목적으로 녹여내고 이것을 실천함으로써 국가 의제와 기업 의제를 모두 진전시켰다"라고 말했다.[26] 즉 유니레버가 다른 외국인 투자자들과 달리 장기적인 관점으로 투자 대상국 경제에 깊게 뿌리 내리고, 농촌의 가난한 사람들을 위해 봉사하며, 지역의 중소기업과 상생 관계를 맺고 있다고 결론내린 것이다.

바로 이것이 기업이 지향해야 할 결과다. 지역사회나 국가로부터 가치를 탈취하려 하지 말고 그 가치를 차곡차곡 쌓아야 한다. 기업 자체가 그 사회의 좋은 시민이 될 때 유능한 인재가 찾아오고, 엄청나게 큰 가치도 창출한다. 지금까지 설명한 공공, 민간, 시민사회의 협력관계는 즉각적인 보상이 보장되지 않는다. 이 협력관계는 사회가 누릴 장기적인 가치를 구축한다.

1990년대 인도네시아에서 시위가 이어졌는데, 그 기간에 많은 공장이 불타고 약탈당했다. 그런데 유일하게 유니레버의 시설물들만 멀쩡하게 남아 있어 유니레버 인도네시아 대표가 군대 지휘관에게 그 이유를 물었다. 그러자 "이유는 간단하다. 당신들은 직원과 지역사회를 잘 보살펴준다. 지역사회가 당신네를 보호하니 우리로서는 당신네 건물을 굳이 군대를 동원해 지켜줄 필요도 없었다"라는 대답이 돌아왔다. 이 대답을 한 지휘관은 유니레버의 열렬한 지지자이기도 했던 수실로 밤방 유도요노 장군이었고, 그는 나중에 인도네시아 대통령이 된다.

만약 당신과 당신의 회사가 어떤 지역사회와 정부가 번창하길 진심으로 바라며 그들에게 다가가고, 좋을 때나 나쁠 때나 한결같은 모습으로 대한다면 그들은 그 일을 절대로 잊지 않을 것이다. 절대로.

시스템을 바꾸면 나타나는 놀라운 편익

▶ 대규모 행동을 약속하는 공개적인 성명을 주도하고 다른 동료 회사를 동참시킨다.

▶ 많은 이해관계자를 논의 테이블에 끌어들이고 넷 포지티브 지지를 통해 정부에 압력을 가한다.

▶ 뒤늦게 불만을 제기하거나 기존의 틀을 바꾸려고 노력하는 대신 법안이 마련되기 전에 정책 입안자를 만나서 협력한다.

▶ 제정될 것이 뻔한 규제가 법률로 자리를 잡기 전에 선제적으로 해결책을 제안한다.

▶ 예상치 못한 상황에서 국가가 신뢰할 수 있는 협력자가 되어 도움을 준다.

▶ 시장에서 이익을 얻을 기회만 찾는 게 아니라 국가의 시스템을 바꾸는 데 기여한다.

▶ 현명한 비판자들의 의견에 귀 기울이고 시스템 차원의 도전과제와 장애물의 본질을 이해한다.

▶ 최대 규모의 연대를 조직해 시스템 차원의 해결책을 마련한다. 이 연대에는 금융 부문도 포함된다.

▶ 협력업체에 적용하는 기준을 높이는 데서 그치지 않고, 협력업체가 지속가능한 운영을 하도록 돕는다.

8장

기업이 더는 눈감을 수 없는
9가지 핵심 쟁점

정면으로 맞닥뜨린다고 모든 문제가 해결되지는 않는다.

그러나 어떤 문제든 맞닥뜨리지 않고서는 해결할 수 없다.

— 제임스 볼드윈(미국의 소설가)

'장님 코끼리 만지듯 한다'라는 속담을 들어본 적 있을 것이다. 앞이 안 보이는 사람이 코끼리를 만져보며 코끼리가 어떻게 생겼는지 알아내려고 노력하는데 저마다 다른 부분을 만지고는 자기가 알고 있는 것이 코끼리라고 우기는 이야기다.

기업의 리더들은 마치 장님이라도 된 듯 넷 포지티브 기업 앞에 놓인 쟁점에 눈을 감는다. 하지만 그들은 코끼리를 만진 장님과 다르게 자기가 맞닥뜨린 문제가 '코끼리'임을 아주 잘 안다. 그 문제가 어떤 형상이며 또 크기가 얼마나 되는지도 알고 있다. 다만 비용을 지출하기 싫고, 이해관계자를 상대하기 싫어서 그 쟁점을 회피할 뿐이다.

기후변화는 한때 모두가 말하기를 꺼리던 코끼리였다. 기업의 리더들은 여기에 대한 언급 자체를 피했다. 1992년 리우 지구정상회담을 하던 기후 논의 초기에는 정부의 고위급 인사들은 거의 관여하지 않았으며, 기업도 책임을 거의 지지 않았다. 만약 당시 어떤 기업의 CEO에게 기후 관련 행사에서의 연설을 요청했다면, 그 문제는 홍보

팀의 업무라고 했을 것이다. 에너지 부문의 대기업을 제외한 대부분의 기업 CEO는 기후변화 문제는 자기와 상관없다고 생각했으며, 따라서 그 문제로 인해 회사가 대중으로부터 압력을 받으리라는 걱정은 조금도 하지 않았다. 금융계는 이런 논의에 그야말로 손톱만큼도 관련이 없다고 자타가 믿었다. 은행들은 만약 환경단체 세레스가 기후변화로 인한 재정적 위험에 대해 논의하는 회의를 주최한다면 "우리는 인턴사원을 보낼 것"이라고 했다.[1]

2010년대가 되면서 기업계에서 기후 문제를 바라보는 태도가 달라졌다. 2015년 파리에서 열린 제21차 기후변화협약 당사국총회 COP21에 기업계 리더들이 대거 참여한 것이다. 무엇이 이런 변화를 이끌었을까? 다른 게 없다. 기업은 이미 기후변화의 영향과 비용을 경험하고 있었던 것이다. 기업 리더들은 청정 경제clean economy에서 앞서가는 기업이 수조 달러 규모의 사업 기회를 포착한다는 사실을 깨닫기 시작했다. 이와 더불어 기후변화 관련 규제가 임박했음을 인지하고 해당 논의 테이블에 참석하길 원한 것이다.

그러나 여전히 많은 기업 리더가 기후변화라는 코끼리 외에 다른 코끼리에 대해서는 장님처럼 행동한다. 예를 들어 기업의 세금 납부에 대한 공정성은 지속가능성 의제에 포함되지 않는 것처럼 보일 수도 있지만, 어떤 기업이 넷 포지티브 기업이 되느냐 마느냐를 가르는 요소임은 분명하다. 만일 당신 주변 사람이 세금을 한 푼도 내지 않거나, 억만장자가 도로나 학교를 건설하는 데 겨우 750달러만 낸다는 사실을 알면 기분이 어떻겠는가? 기업이 세금을 공정하게 내지 않는다면 과연 진정으로 목적을 지향한다고 할 수 있을까?

이 장에서 우리는 기업이 더는 무시할 수 없는 아홉 가지 쟁점을 살펴볼 것이다. 세금, 부패, 과도한 성과급, 주주 단기주의, 지식과 역량이 부족한 이사회, 노동 착취, 동업자협회의 로비, 정치자금 그리고 다양성과 포용성 부족이 바로 그것이다.

이 문제들을 하나씩 살펴보기 전에 명심할 점이 있다. 이 문제는 결코 혼자서는 해결할 수 없다는 사실이다. 지금의 기후 및 불평등 위기를 초래한 시스템의 핵심 문제이기 때문이다. 또 완벽해야 한다는 부담을 가질 필요는 없다. 납세를 성실하게 해야 한다고 해서 세금을 100퍼센트 다 내야 한다는 뜻은 아니다. 세금 납부가 철저하게 이루어지는 어떤 시스템 안에서 적극적인 역할을 해야 한다는 뜻이다.

◖◗ 세금

아마존은 지난 8년 동안 9,600억 달러의 매출과 260억 달러의 이익에 대해 34억 달러를 세금으로 냈다. 몇 년 동안에는 세금 납부액이 0이기도 했다. 영국의 납세 우수기업 인증 단체 페어택스마크Fair Tax Mark는 아마존을 세금 회피에서 "가장 공격적인" 회사라고 규정하면서, 다른 기술 대기업도 다르지 않다고 지적했다. 『가디언』은 페이스북, 구글, 넷플릭스, 애플 등이 "세금을 낮게 매기는 나라에 회사의 주소지를 두고 매출과 이익을 그 나라로 이전하는 편법으로 납세를 회피하거나 확정된 세금 납부를 미룬다"라고 보도했다.[2]

조세 회피는 기술 기업들만의 일이 아니다. 스타벅스는 이 문제로 자주 유럽연합 집행위원회 및 네덜란드의 조세 당국으로부터 소송을 당했다. 2018년 미국의 조세경제정책연구소ITEP 조사에 따르면 『포춘』 선정 500대 기업 중 이익을 낸 379개 기업의 4분의 1이 0퍼센트 이하의 실효세율*을 기록했다. 이들은 세금을 한 푼도 내지 않았거나 선납한 세금을 오히려 환급받은 것이다.[3]

미국의 정책 싱크탱크 아스펜연구소의 '기업과 사회 프로그램 Business and Society Program'의 집행 이사이자 부소장 주디 새뮤얼슨은 "세금에 대한 계산"이 다가오고 있다고 말한다. 새뮤얼슨은 때때로 법인세율을 낮추는 정책을 지지했는데, 이것은 "모든 납세자의 납세 비율을 끌어올리겠다는 목적" 때문이었다. 그러나 안타깝게도 국제 조세 피난처나 그 밖의 장치들 때문에 조세의 공정성이 훼손되고 있다고 새뮤얼슨은 지적한다.[4] 조세 회피라는 이름 하에 기업들이 하는 일은 대체로 합법적이다. 하지만 이런 행태가 옳을까? 기업이 책임을 다하는 것이라고 할 수 있을까? 기업을 운영할 수 있게 해주는 사회에 많은 돈을 지불하지 않는 회사가 어떻게 목적 지향적인 기업이 될까?

정부에 대한 의견이야 사람마다 다르겠지만 교육, 병원 및 의료 시설, 경찰 및 소방서, 국방 및 사회안전망 그리고 에너지, 물, 쓰레기, 사람 등을 이동시키는 광범위한 인프라와 서비스를 정부가 제공한다는 것은 부인할 수 없는 사실이다. 우리는 이제 세금을 바라보는 인식을 바꿀 필요가 있다. 될 수 있으면 최소화해야 하는 비용이 아니

• 납세자가 실제로 부담하는 세액의 과세표준에 대한 비율. 각종 공제와 감면 조처 등을 고려한 뒤에 실제로 내는 조세 부담의 정도

라 사회에 대한 적극적인 투자로 바라보아야 한다.

OECD 가입국의 GDP 대비 세수 비율은 평균 34퍼센트다. 미국은 24퍼센트로 최하위권이다.[5] 더 큰 안전망 및 공공 서비스를 제공하는 스웨덴은 44퍼센트다.[6] 또한 OECD는 저소득 국가들이 최소한의 공공 서비스를 국민에게 제공하려면 세수 비율이 최하 15퍼센트는 되어야 한다고 말한다. 그러나 75개 최빈국 가운데 30개 국가는 15퍼센트 미만의 세수 비율을 기록한다.[7]

전 세계 GDP의 약 10퍼센트는 역외 탈세를 목적으로 역외 계좌에 보관되어 있으며, 그로 인해 각 나라는 연간 5,000~6,000억 달러의 법인세 세수를 놓친다.[8] OECD는 '세원 잠식 및 소득 이전BEPS, base erosion and profit shifting'을 방지하는 협약을 만들어 사회를 지탱하는 돈을 확보하고자 한다.

유니레버의 납세 및 재무를 책임지는 재닌 저긴스는 각 국가가 OECD의 권고안을 채택하고 있으므로 국가별 세법 불일치에 따른 조세 회피 도구들이 더는 쓸모가 없어졌다고 말한다. 그러니까 이제 기업은 수익을 창출하는 국가 안에서 절세 계획을 마련해야 한다. 주주를 대신해 회사를 경영한다는 수탁 책임*이라는 발상을 이제는 무시해야 한다. 지속가능성 및 금융 분야에서 선도적인 전문가 로버트 에클스Robert Eccles 박사는 "수탁자의 의무가 실제로 시사하는 바는 회사가 불필요한 평판 위험에 시달리지 않기 위해 적절한 수준의 세금

---

* 위탁자에게서 위탁된 자금이나 재산을 적절히 보전하고, 그 관리 운용 상황이나 결과를 바르게 파악하여 전달하는 수탁자로서의 책임

을 내도록 이사회가 보장해야 한다는 것이다"라고 말한다.[9]

적절한 수준의 세금을 내는 것에 자부심을 가져라. 그리고 당신이 낸 세금으로 마련된 인프라를 고마워하라. 저긴스는 ESG 평가 방법론에서 "세금은 'S(사회)'의 문제가 되어야 한다"라고 말한다.[10] 분명히 해두자. 어떤 회사든 납세를 회피하면 넷 포지티브 기업이 될 수 없다. 납세는 당신이 주는 것보다 더 많은 것을 당신에게 가져다준다.

나아갈 길

첫째, 투명성에서 시작하라. 유니레버는 세부적인 납세 규칙, 실효세율(2019년에 27.9퍼센트) 그리고 수십 개 국가에서 납부한 세금을 공개한다.[11] 예컨대 당신은 B팀The B Team*이 개발한 것과 같은 '책임 세금 원칙Responsible Tax Principles'을 지지할 수도 있다. 지속가능성 비영리 컨설팅 기관 BSR이 발간한 「21세기 사회 계약을 작성하는 데 기업이 하는 역할The Business Role in Creating a 21st–Century Social Contract」 보고서는 "세금을 내야 하는 관할지에서 발생한 수익에 맞게" 세금을 내도록 전략을 조정하는 것이 좋다고 권고한다.[12] 즉, 여러 곳의 관할지에서 발생한 수익을 모두 세율이 적은 어느 한 지역으로 옮기는 따위의 행동은 하지 않아야 한다는 말이다. 투자자들은 감사 위험audit risk**이나 무책임한 납세 행위로 인한 평판손상 위험을 평가하기 위해 "특히 세율이 낮은 기업에 주목"한다고 저긴스는 말한다.[13]

---

* 2015년 버진그룹 창업자 리처드 브랜슨의 주도로 수많은 기업가가 함께 결성한 환경보호 비영리단체

** 재무제표에 중요한 문제점이 있음에도 이를 발견하지 못할 위험

둘째, 조세 회피 목적의 소득 이전이라는 꼼수가 효과가 없도록 전 세계적으로 최소세율 기준을 마련하도록 지지한다. 이 정책을 지지하는 사람들은 최소세율 기준을 21퍼센트로 설정하자고 요구하고 있으며 OECD는 이를 적극적으로 고려하고 있다. 그러나 세계 각국은 미국 재무부와 바이든 대통령이 요구한 15퍼센트 기준을 지지할 가능성이 높아 보인다. 이 기준은 충분히 높지는 않지만 없는 것보다는 분명히 낫다.

셋째, 글로벌보고이니셔티브Global Reporting Initiative*와 BEPS 프로젝트가 정한 표준 및 보고 지침을 사용한다.

훌륭한 납세 기업은 정부의 신뢰를 얻는다. 나아가 각국 정부가 조세 제도를 개발하고 조세 기반을 넓히는 데 도움을 주기도 한다. 실제로 유니레버는 여러 나라에서 세무 조사관을 양성했다. 그리고 그 작업의 일부는 세수 손실의 가장 큰 원천인 부패 조사로 이어졌다.

◀◀ 부패

어떤 나라에서는 제품이 항구에 빠르게 입항하도록 정부의 누군가에게 뒷돈을 주기도 하며, 어떤 나라에서는 비자를 신속히 발급받기 위해 내는 '급행비'라는 뒷돈을 당연하게 여기기도 한다(영국의 뇌물법은

---

* 전 세계에서 통용되는 기업의 '지속가능성 보고서' 가이드라인을 입안하기 위한 연구센터

이런 급행비를 불법으로 여기지만, 미국에서는 이것을 허용한다). 부패, 뇌물, 절도 그리고 탈세로 해마다 개발도상국의 세수에서 빠져나가는 돈이 자그마치 1조 2,600억 달러나 되는데, 이 돈은 전 세계 14억 명의 가난한 사람을 빈곤선 위로 끌어올리기에 충분하다.[14] 전 세계적으로 부패 때문에 발생하는 추가 기업 운영비는 10퍼센트이고, 개발도상국에서만 봤을 때는 25퍼센트나 된다. '뒷돈'은 여전히 문제지만 B팀이 발표한 「익명 기업 종식*Ending Anonymous Companies*」 보고서는 더 큰 쟁점을 문제시한다.[15] 뇌물수수 및 부패를 저지른 기업의 약 4분의 3은 소유권 확인이 어렵다는 사실이다. 자산이나 사업 활동은 없고 명의만 있는 페이퍼컴퍼니는 부패와 돈세탁을 위한 불법적인 수단이다.

부패는 개발도상국만의 문제가 아니다. 1999년 이후로 외국인이나 외국회사로부터 뇌물을 받은 이들의 절반은 고도로 발전된 국가의 공무원이었다.[16] 특히 미국의 정치인에게 뇌물은 합법화된 부패처럼 여겨진다. 예를 들면 틱톡이 미국의 개인정보와 국가안보를 위협한다며 틱톡 미국 사업부를 매각하지 않으면 미국 내 틱톡 사용을 제한하겠다고 경고한 사건이 대표적이다. 이 인수에는 마이크로소프트도 참여했지만 오라클이 선정되었고, 이는 트럼프 대통령과 오라클의 CEO 래리 엘리슨의 각별한 친분과 무관치 않다고 알려졌다. 게다가 엘리슨은 그 거래를 성사시키기 위해 트럼프와 동맹 관계인 린지 그레이엄 상원의원의 재선에 25만 달러를 기부했다.[17]

나아갈 길

부패에 맞서 싸우는 데는 구조적인 정책을 기반으로 하는 방법(하드웨어 방법)과 문화적인 변화를 통해 사람들을 교육하고 영향을 미치는 방법(소프트웨어 방법)이 있다. 두 경우에서 모두 투명성이 최고의 도구다.

구조적인 측면에서는 직원에게 책임을 물을 수 있는 강력한 행동 수칙과 사업 원칙을 마련하는 것부터 시작하라. 유니레버는 해마다 행동 수칙을 어긴 경우를 수백 건 발각해 100명 이상의 직원을 해고했다. 회사가 마련해둔 행동 수칙은 모든 직원이 부패로부터 스스로를 지키는 방어막이 되었다. 또한 옳지 못한 일을 요청받은 경영진에게는 "그 일은 우리의 글로벌 기준에 맞지 않으며, 주주들에게 그 일을 해도 될지 공개적으로 물어봐야 한다. 그래도 괜찮은가?"라고 되물을 수 있는 기준선이 되었다. 이때 그 부탁을 한 사람이 굳이 그렇게 해야 한다면 없던 일로 하겠다고 답한다면, 그것은 뇌물이나 부패와 연결된 일일 가능성이 높았다.

『킥백』(책든손, 2020)의 저자인 데이비드 몬테로에 따르면, 직원이 부패에 잘 대비하도록 하는 것은 정교하게 고안한 부패 방지 계획의 일부다.[18] 뇌물을 요구하지 못하게 하려면 제도화된 방법을 찾아야 한다고 몬테로는 조언한다. 지역사회에 더 많은 일자리를 창출하거나 훈련이나 기술적인 조언을 제공하는 것도 하나의 방법이다. 케냐에서 유니레버는 경찰을 대상으로 짝퉁 제품에 대한 법 집행 교육을 하기도 했다. 몬테로는 또한 뇌물 회피에 뒤따르는 비용(입국 지연, 형식적인 절차를 다 거쳐야 하는 번거로움 등)을 사업 계획에 포함시킬 것을 제안한다. 또한 너무 부패했기에 마치 달처럼 도저히 접근할 수 없는 시장이라는 뜻으로 몬테로가 '달 시장moon market'이라고 불렀던 곳이 어디인지 파악하라. 실제로 유니레버는 많은 요청을 받았음에도 부패가 심한 콩고민주공화국에는 진출하지 않았다.

사람은 부패와 맞서서 싸우는 소프트웨어다. 현재의 상황을 뒤흔들 용의가 있는 동맹자를 당신의 기업이 진출해 있는 나라에서 찾아라. 또한 부패로부터 직원을 보호하고 싶다면 어떤 것이 부당하다고 느껴질 때 거리낌 없이 말할 수 있는 문화를 만들어라. 예컨대 유니레버는 3개월 또는 6개월마다 한 번씩 직원들의 불만사항을 파악할 수 있는 이른바 '딥스틱'이라는 설문조사를 한다. 또 일에 대한 지속적인 피드백이 이루어지도록 하라. 오로지 재무적인 성과만 중요시하는 문화는 직원을 부패의 길로 등을 떠미는 꼴임을 명심하라. 웰스파고은행에서 상품 판매 목표에 짓눌린 영업 직원들이 수백만 개의 가짜 계좌를 만들었던 것처럼 말이다.

◀ 과도한 성과급

CEO는 너무 많은 돈을 번다. 미국의 350대 기업 CEO는 2019년 기준으로 평균 근로자 임금의 320배를 벌었다. 1965년에는 21배였고, 1989년에는 61배였다. CEO가 받는 보상은 40년 동안 1,100퍼센트 이상 증가한 반면 노동자 임금은 14퍼센트만 증가한 셈이다(이것은 연평균 상승률이 아니라 총상승률이다).[19] 인플레이션을 고려한 미국 노동자 임금은 1973년 최고치를 기록한 뒤 지금까지 줄곧 정체되어 왔다.[20] 이 정체는 아직 멈추지 않았으며, 코로나 팬데믹 기간에는 더 악화되었다. 2020년 기준으로 미국 최대 공기업 CEO 300명의 평균 연봉은 90만 달러 인상된 1,370만 달러를 기록했다.[21]

다른 나라에서도 CEO가 받는 보상은 큰 폭으로 올랐다. 인도의 경우 평균 노동자 임금의 229배를 받았고, 영국의 경우 201배를 받았다.[22] 포용적자본주의연합Coalition for Inclusive Capitalism의 설립자 린 포레스터 드 로스차일드는 CEO가 개인적인 부를 획득하는 것이 "사회적인 부를 얼마나 창출했는지, 이 세상을 얼마나 더 낫게 만들었는지와 동떨어진 그 자체의 목표가 되고 말았다"라고 말한다.[23] 이런 상황이 바뀌지 않는다면 기업에 대한 불신 그리고 불평등과 경제적 불안은 여전할 수 밖에 없다.

대부분의 경제학자들은 보상으로 주어졌던 스톡옵션의 규모가 늘어난 것이 문제의 핵심이라는 데 동의한다. 애초에 스톡옵션 제도를 도입한 이유는 경영진에게 주주들과 똑같은 동기를 부여하기 위함이었다. 이 의도만 놓고 보자면 스톡옵션 제도는 확실히 효과가 있었다. 그 덕분에 기업은 단기적인 성과를 올렸다. GE는 단기 목표를 달성했을 때 임원들에게 막대한 성과급을 자주 지급했다.[24] 코로나 팬데믹으로 직원 수천 명을 해고한 뒤에도 GE의 CEO 래리 컬프는 4,650만 달러의 보너스를 받았다.

나아갈 길

이 쟁점이 기업 운영에 대한 사회적 승인에 영향을 미친다는 사실을 받아들여야 한다.[25] 임원 급여에 상한선을 두는 나라는 전 세계에 몇 곳뿐이지만, 결국 대부분은 어떤 한도를 넘는 보상에 세금을 부과하는 등의 조치를 취할 것이다. 따라서 고위경영진에게 지급하는 보상을 합리적인 수준으로 줄여라. 유니레버에 CEO 급여에 대한 정해진 기준은 없었지만, 폴은 이사회가 예상하던 것과 다르게 자신의 연봉을 올리지 않고 동결했다.

급여나 보상을 결정할 때는 어떤 공식도 사용하지 마라. 혁신하라. 전통적인 임금 구조는 너무 단기적이고 복잡하다. 임원을 장기 주주로 만드는 간단한 구조가 우리에게 필요하다. 이사회는 임원 급여를 맥락과 상황에 맞추어 검토하고 공정하게 지급되도록 재량권을 발휘해야 한다. 승계 문제에도 초점을 맞추어야 한다. 이사회가 외부 인사를 CEO로 영입하면서 과다한 비용을 지출할 경우 오히려 이사회가 곤경에 처할 수 있다.

무엇보다 중요한 것이 있다. 바로 최고 급여에 초점을 맞출 게 아니라, 회사 전반의 평균 임금을 공정한 수준으로 올려서 직원들의 생활수준을 높이는 데 초점을 맞추어야 한다는 점이다. 절대적인 소득 평등을 옹호하겠다는 것은 순진한 발상이지만 적어도 급여 수준이 뒤처지는 직원의 급여가 조금씩 좋아지도록 해야지 나빠지도록 해서는 안 된다. 급여에 대해서는 모든 것을 투명하게 처리해야 한다. 유니레버는 연차보고서*에서 성과 기준과 개별 직원의 급여 사이 연계를 명확하게 밝혔다. 임원들에게 지급될 보상을 전체 직원의 평균 임금을 맞추는 데 쓰거나 복지로 돌릴 때의 효과는 생각보다 훨씬 더

---

* 상장회사 및 일정 규모 이상의 회사는 증권거래위원회에 의무적으로 기업이 지향하는 가치와 사업 및 재무활동의 성과를 보여주는 보고서를 제출해야 한다.

크다. 홈헬스케어 기업 케어센트릭스가 최고위직 임원 20명의 급여를 동결해 남은 금액만으로도 신입직원 500명의 시간당 임금을 최소 7.25달러에서 16.50달러로 인상할 수 있었다.[26]

시애틀에 본사를 둔 신용카드 결제 서비스 회사 그래비티페이먼츠는 임금을 인상하는 새로운 아이디어를 채택했다. 2015년 CEO 댄 프라이스는 자기 연봉 100만 달러를 깎고 고학력 직원의 최저 연봉을 7만 달러로 인상했다. 이 회사가 다른 지역에 비해 생계비가 훨씬 낮은 아이다호의 작은 회사를 인수했을 때도 프라이스는 모든 직원에게 이 최저임금 기준을 적용했다. 이에 대해 프라이스는 경제 잡지 『패스트컴퍼니Fast Company』 인터뷰에서 "나는 우리의 진정한 모습을 어떻게 지켜나가야 할지 줄곧 고민하고 노력했다"라고 말했다.[27]

폴은 유니레버 고위경영진에게 주는 보상을 오로지 급여에만 한정했다. 자동차도 따로 없었고 연금이나 옵션도 없었다. 이것만 받고 일할 사람은 하고 나갈 사람은 나가도 좋다는 뜻이었다. 이 제도가 시행되면서 고위간부들 중에 실제로 회사를 떠난 사람도 있었다. 그러나 급여 체계가 심각한 문제로 대두된 적은 거의 없었다. 또한 유니레버는 전 세계적으로 같은 직급의 임원이라면 세후 급여 기준으로 전 세계적으로 모두 동일한 금액의 급여를 받도록 했는데, 때문에 임원들은 해외에 있는 자리로 갈 것인가 말 것인가 하는 선택을 상대적으로 쉽게 내릴 수 있었다. 또 유니레버 임원은 자기가 받는 급여의 세 배에 해당하는 금액까지 회사 주식을 사야 했으며 5년 동안은 반드시 보유해야 했다. 이것은 임원들을 단기적인 관점이 아니라 장기적인 관점으로 생각하도록 유도하는 장치다. 요컨대 성공한 기업의 임원은 불평등을 악화시키지 않고서도 많은 부를 창출할 수 있다.

◀ 주주 단기주의

기업은 주가를 유지하기 위해 합법과 비합법의 경계선을 오가는 방법으로 수익을 '관리'한다. GE도 여러 해에 걸쳐 이렇게 했다. GE는 단 한 분기도 적자를 낸 적이 없었다. 재무 부서를 통해 수익을 조정했기 때문이다. GE뿐만 아니라 많은 회사의 이사회에서 이런 조정은 그야말로 일종의 스포츠처럼 다루어진다.

회사의 주가를 유지하는 또 다른 수단인 자사주매입은 이미 하나의 표준으로 자리를 잡았다.* 2009~2018년까지 S&P 500의 목록에서 빠지지 않고 머물렀던 466개 회사는 자사주매입에 4조 달러를 썼으며, 배당금으로 3조 1,000억 달러를 주주에게 지급했고, 이 자사주매입 금액은 전체 이익의 92퍼센트나 되었다. 1980년대 초만 하더라도 자사주매입 규모는 전체 이익의 5퍼센트밖에 되지 않았다.[28] 그렇다면 그때와 지금은 무엇이 바뀌었을까? 기업의 장기적인 성장을 희생시키면서 스톡옵션과 주주 수익 극대화에 초점을 맞추고 있다는 뜻이다.

주주들도 충분히 보상받아야 한다. 두 말이 필요 없는 말이다. 그

---

* 자사주매입은 시장에서 유통되는 주식 물량을 줄여주므로 주가 상승 요인이 되고, 또 자사주매입 후 소각을 하면 배당처럼 주주에게 이익을 환원해주는 효과가 있다.

러나 단기주의는 미래에 대한 투자를 희생시키는 추악한 문화를 만들어낸다. 몇 년 전의 어떤 조사에서 기업의 최고재무책임자CFO 중 80퍼센트가 분기별 목표를 달성하기 위해서라면 연구개발, 광고, 유지보수, 고용 등에 대한 지출을 줄이기도 한다는 사실을 인정했다.[29] 실제로 S&P 500에 속한 기업의 43퍼센트가 연구개발비 지출을 하지 않았다. 미래에 대한 투자를 전혀 하지 않는다는 뜻이다.

"자사주매입이 경제에 해로운 이유"라는 제목의 글에서 경제학자 세 사람은, 여러 해에 걸쳐 자사주매입 자금의 30퍼센트가 회사채로 조달되었다는 사실을 발견했다고 말한다. 그들은 회사가 돈을 빌리는 목적이 '부채를 지렛대로 삼아 수익을 창출하는 투자'를 하려는 게 아니라 자사주환매 자금을 조달하려는 것이라고 판단했으며, 이것을 '나쁜 경영'이라고 불렀다.[30]

이 전략은 기업을 위험한 길로 이끌 수 있다. 보잉이 그 예다. 2013~2018년까지 보잉은 430억 달러를 들여 자사주를 매입했는데 같은 기간에 연구개발비로는 200억 달러밖에 쓰지 않았다.[31] 새로운 비행기 모델 하나를 개발하려면 수백억 달러를 투자해야 하는 보잉의 자금 지출이 어쩐지 이상하지 않은가? 보잉은 설계와 안전 분야에서 돈과 노력이 적게 드는 길을 택했고, 그 결과 맥스 737 기종은 두 차례나 추락했다. 이 참사 뒤에 보잉의 CEO가 된 데이비드 칼훈은 매우 이례적으로, 전임자는 회사의 미래보다 회사의 주가를 더 중요하게 여겼다면서 공개적으로 비판했다.[32]

자사주매입에 대한 대부분의 분석은 자사주매입이 기업에게 독이 된다는 사실을 보여준다. 비영리 연구단체 FCLT글로벌은 "상대적으로 수익 중 많은 부분을 회사에 재투자하는" 기업이 동종업체들보다 연평균 9퍼센트 높은 투하자본수익률ROIC*을 낸다고 계산했다.[33] 또한 S&P 자사주매입지수S&P Buyback Index에 속한 기업들(즉 자사주매입을 가장 많이 하는 100개 기업)은 1년, 3년, 5년 기간별 성과를 보아도 모두 시장에서 두드러지게 낮은 성과를 냈다.[34]

나아갈 길

가장 간단한 해결책은 기업이 자사주매입과 특별 배당을 줄이고 미래를 대비하는 데 투자를 더 많이 하는 것이다. 자본을 더 잘 사용하는 방법은 많다. 예를 들면 지속가능한 제품 및 서비스로 전환하기 위해 연구개발을 늘리거나, 100퍼센트 재생 가능 에너지와 탄소중립으로 운영을 전환하거나, 직원의 발전과 훈련에 투자하거나, 인권 문제를 해결하고 공급망에서 근로자에게 생활임금을 지불할 수 있도록 하거나 하는 것들이다.

그러나 무엇보다 근본적인 문제를 해결해야 한다. 단기성과에 집착하는 태도를 바꾸어야 한다. 기준수익률**이라는 것은 임의적인 것이다. 어떤 투자는 빨리 결실을 안겨주지만, 어떤 투자는 여러 해가 지난 뒤에 결실이 나타난다. 기업은 기준수익률 기간을 길게 잡아 사람들이 장기적인 결정을 내리도록 해야 한다. 이렇게 하려면 무엇보다 먼저 분기별 목표나 지침을 옆으로 밀쳐두고, 경영진이 장기적 사

---

*   생산 및 영업 활동에 투자한 자본으로 어느 정도 이익을 거두었는지 나타내는 지표
**   관리자나 투자자가 요구하는 최소 수익률

고를 할 수 있도록 보상 체계를 전환해야 한다. 보고 및 전략 일정을 한 분기가 아니라 3년이나 7년으로 늘려라. 이렇게 할 때 회사는 목적과 목표를 뚜렷하게 새기고 집중하며 또 회복력을 쌓고 지속적인 가치를 창출하는 장기적인 전략을 세우게 된다.

그럼에도 남아 있는 문제는 많은 투자자의 시간 지평이 매우 짧다는 점이다. 몇 년이 아니라 몇 주 또는 몇 달밖에 되지 않는다. 주식의 평균 보유 기간이 20세기 중반에는 8년이었지만 2020년에는 다섯 달로 대폭 줄어들었다.[35] 이런 추세에 맞서 기업은 장기 투자자를 양성해야 한다. 유니레버는 스튜어드십코드stewardship code*를 적용해 이미 오래전부터 이 작업을 해왔다. 자산관리 회사 로베코는 스튜어드십코드를 "기관투자자가 자기의 투자 과정을 투명하게 드러내고, 투자자들과 긴밀하게 소통하며, 주주총회에서 의결권을 행사하도록 요구하는 것"이라고 정의한다.[36] 다시 말해 스튜어드십코드는 투자자가 장기적인 가치 창출을 추구하고, 투자자와 기업이 더 많은 의사소통을 하며, 기업 내에서는 엄격한 모니터링 관행을 개발하도록 유도한다.

◖ 지식과 역량이 부족한 이사회

2020년 거대 광산 회사리오틴토가 호주에서 큰 실수를 저질렀다. 땅

---

* 연기금과 자산운용사 등이 투자기업의 의사결정에 적극적으로 개입할 수 있도록 하는 제도

소유자이던 원주민들의 반대에도 불구하고 광산을 파면서 고고학 유적지인 고대 동굴을 파괴한 것이다. 몇 달 뒤에 이 회사의 CEO를 포함한 고위경영진 여러 명이 쫓겨났다.[37] 이사회 의장도 이 사건에 "궁극적인 책임"을 지고 물러났다.[38]

오늘날 기업의 CEO와 이사회는 많은 책임을 요구받고 있다. 그럼에도 이사회는 ESG의 여러 쟁점에 대해 아는 것이 놀라울 정도로 부족하다. 뉴욕대학교 스턴비즈니스스쿨의 지속가능경영센터NYU Stern Center for Sustainable Business는 『포춘』 선정 100대 기업의 이사 1,180명이 갖고 있는 편견을 조사했는데, 이들 중 29퍼센트만 ESG 경험이 있었고 그것도 거의 대부분 'S(사회)' 범주에 속하는 것이었다. 기후와 관련된 지식을 지닌 100개 회사를 통틀어 겨우 다섯 명이었으며, 그중에서도 단 두 명만 물과 관련된 지식을 지니고 있었다(다우케미컬에만 환경 관련 쟁점과 연관이 있는 자격증을 가진 사람이 세 명 있었는데, 그 셋 가운데 한 명은 전직 미국 환경보호청 청장이었다).[39] 이 연구논문의 저자인 텐시 웰런은 관련 지식이 없는 이사회는 "잠재적 위험이 존재하는지도 몰라 어떤 질문을 해야 할지도 모른다"라고 말했다.[40]

많은 기업이 이사회 산하에 기업의 사회적 책임을 담당하는 위원회를 두고 있지만, 이 위원회를 구성하는 사람들은 대개 이사회 직무를 수행하는 데 필요한 자격을 갖추고 있지 않다. 재무상태표를 볼줄 모르는 사람을 재무위원회에 앉혀놓는 것과 마찬가지다. 이사들은 대부분 ESG에 관심도 없고 신경도 쓰지 않는다. 환경단체 세레스가 낸 보고서에 따르면, 미국의 전체 이사 중 겨우 6퍼센트만 앞으로 1년 동안 가장 중점을 두고 지켜봐야 할 분야로 기후변화를 선택했

으며, 56퍼센트는 "지속가능성 문제에 대한 투자자들의 관심이 과장되었다"라고 말했다.[41]

그들은 놀라울 정도로 단기적인 관점으로 모든 사안을 바라본다. 단기 수익 목표를 달성하라고 고위임원들에게 상당한 압력을 가하면서도 전 세계 이사회 중 절반 이상이 CEO 승계 계획을 갖고 있지 않다. 일부 유럽연합 국가에서는 그 비율이 절반을 훌쩍 넘어 70~80퍼센트나 된다. 2000년 8년이던 이사의 임기가 오늘날에는 5년으로 줄어들었음에도 말이다.[42] 또 대부분의 이사회는 다양성이 확보되어 있지 않으며, 다양성에 대한 관점도 부족하다. 『포춘』 500대 기업의 이사회를 보면 여성과 유색인종 비율이 각각 23퍼센트와 16퍼센트밖에 되지 않는다.[43]

요약하자면 세상을 대표하는 이사회는 거의 없고 그들의 대부분은 ESG가 무슨 뜻인지 모른다는 것이다. 또 장기적인 가치 창출을 추구하는 사람도 극소수다. 이들은 이사회 울타리 바깥에서 일어나는 일과 전혀 연결되어 있지 않다.

나아갈 길

위원회에는 유색인종과 여성 그리고 젊은 사람이 더 많이 필요하다. 다양성이 확보되어 있을 때 회사는 세상을 더 잘 항해할 수 있다. 관점과 지식에도 다양성이 필요하다. 외모만 다를 뿐 다른 이들과 동일한 방식으로 세상을 이해하는 사람을 추가하면 이사회에 도움이 되지 않는다. 이 세상에 존재하는 도전과제에 대한 다양한 지식과 관심을 지닌 비판적인 사람들이 이사회에서 진행되는 논의를 좌우할 정도로 많이 포진해 있어야 한다. 완전히 새로운 사람들이 이사회에 투입될 때, 지배구조와 수탁 책임에 대한 폭넓은 이해를 할 수 있을 것이다.

현재 이사진에 포진해 있는 이사들에게는 ESG에 대한 필수교육 특히 기후변화에 대한 교육이 필요하다. 이사회는 '기후 관련 재무정보공개 태스크포스TCFD'나 글로벌보고이니셔티브GRI처럼 점점 늘어나는 기준과 지침에 익숙해져야 한다." 또 이사회 구성원들이 기업의 목적에 대해 더 많이 생각하게 만드는 것도 중요하다. 옥스퍼드대학교 세이드비즈니스스쿨의 '목적 제정 이니셔티브Enacting Purpose Initiative'와 같은 프로그램이 올바른 관점과 훈련을 제공할 수 있다.

요컨대 이사회를 구성하는 이들은 변호사나 의사처럼 특정한 자격을 갖추어야 한다. 투자자산을 운용하는 투자 전문가도 특정한 교육을 거쳐야 자격이 주어지고 미용사도 면허증이 필요하다. 이사회 구성원이라면 '넷 포지티브 면허'를 가져야 한다.

◖◗ 노동 착취

이런 상상을 해보자. 당신은 외국 출신의 이주 노동자이고 공장이나 농장에 취직하려고 직업소개소에 '구직 중개수수료' 5,000달러를 빚내서 지불한다고 치자. 그 뒤 당신은 일자리를 구했고 한 달에 250달러를 번다. 그런데 이 돈은 당신이 진 빚을 갚기에는 너무 적고 지금 당신이 일하는 나라에서는 아무런 도움도 받을 수 없다. 당신의 여권

도 일자리를 소개해준 직업소개소가 갖고 있다. 바로 이것이 2020년
대에 행해지는 강제노동의 모습이다.

『라이프』 잡지가 하루 일당으로 60센트를 받고 나이키 축구공을 바
느질하는 소년의 사진을 실은 지 25년이 지났다. 방글라데시에서 라
나플라자 건물이 무너져 의류 노동자 1,132명이 숨진 지 8년이 지났
다. 그러나 지금도 끔찍한 조건 아래 일하는 사람은 터무니없이 많다.
국제노동기구ILO는 전 세계 어린이 열 명 중 한 명꼴인 1억 5,000만
명이 위험한 환경에서 일하거나 학교에서 교육받을 기회를 박탈당한
채로 일한다고 추정한다.[45] 지난 5년 동안 성인 8,900만 명도 어떤 시
점에서든 현대판 노예제(강제노동이나 강제결혼)를 경험했다.[46] 인권 문
제를 조금 확장해서 보면 노동자 16억 명이 보호나 권리가 거의 존
재하지 않는 '비공식적 경제'라는 취약한 상태에 놓여 있다.[47]

인권 단체 임팩트Impactt의 설립자 로지 허스트는 이 가혹한 현실을
"글로벌 공급망은 강제노동을 기반으로 해서 존재한다"라고 정의한
다.[48] 유니레버의 지속가능성 부문 글로벌 책임자인 마르셀라 마누벤
스는 빈곤 임금*을 받고 일하는 사람들 덕분에 기업에게 수십억 달
러의 이익이 발생하며 불평등은 점점 더 커진다고 덧붙였다.

이런 비극을 해결하기 위해 기업은 얼마나 노력했을까? 충격적
이게도 기업은 거의 아무것도 하지 않았다. 기업인권벤치마크CHRB,
Corporate Human Rights Benchmark는 농산물, 의류, 채굴, 정보통신기술 등
과 같은 산업 부문의 200대 기업을 평가하고 인권 순위를 매겼는데,

---

* 　외벌이만으로는 빈곤층에 속할 수밖에 없는 낮은 임금

100점 만점에 평균 24점으로 그야말로 최악이다. 기업인권벤치마크의 대표 스티브 웨이굿은 기업이 대부분 "노력을 전혀 기울이지 않는다"라고 지적하면서 그 순위가 "끔찍한 현실"을 보여준다고 결론내렸다.[49] 해당 평가는 대부분 각 기업이 자기 공급망을 대상으로 얼마나 많은 실사實査를 수행했는지 즉 과연 인권 문제를 찾아보기나 하는지로 점수를 매겼다. 평가 대상 기업의 절반이 0점을 받은 반면 아디다스와 리오틴토 그리고 유니레버 세 회사는 실사 부문에서 만점을 받았다. 또 거의 절반에 가까운 회사들이 심각한 인권 침해 관련 혐의를 적어도 하나 이상씩 받고 있으며, 이 가운데 그 어떤 회사도 그 상황을 해결하지 않았다. 이해관계자들을 만난 회사는 채 3분의 1이 되지 않고, 겨우 4퍼센트의 사례에서만 피해자가 만족하는 결과가 나왔다.[50]

인권과 관련해 최근에 들려온 드물게 반가운 소식이 하나 있다. 몇몇 대형 투자 회사가 기업이 인권 개선에 힘쓰도록 압력을 가하고 있다는 사실이다. 일례로 2021년 블랙록과 캘리포니아연기금CalSTRS은 세계 최대 장갑 제조사 탑글로브의 직원 중 4분의 3이 코로나19에 감염되고* 난 뒤 이사회의 재선임에 반대표를 던졌다.[51]

나아갈 길

노예노동과 아동노동이라는 문제에 정면으로 맞서기는 어렵다. 그

---

* 그 감염자의 80퍼센트 이상은 네팔에서 온 이주노동자로, 대부분 비좁은 숙소에 거주하면서 하루 12시간 2교대로 주 6일간 일했다.

러나 국제노동조합연맹의 사무총장 샤란 버로우는 "당신이 미처 몰 랐다고 해서 용서받을 수 있을까? 천만에. 만약 그렇다면 당신은 더 큰 죄를 지은 셈이다"라고 말한다.[52]

어떤 법이 시행되고 있는지 공부하라. 그리고 더 많은 것을 옹호하고 나서라. 영국의 현대노예법Modern Slavery Act은 노예제와 밀거래를 단속하는데, 몇 가지 정치적인 논쟁을 거친 뒤 이 법에는 투명성 및 공급망에 대한 요건도 포함되었다. 공정임금네트워크Fair Wage Network와 같은 단체를 찾아서 교육을 받고, 당신이 알고 있는 것을 세상에 공개하라. 유니레버는 처음으로 단독 인권보고서를 낼 때 무서워 벌벌 떨었다. 그러나 이 보고서는 회사에 피해를 주지 않았다. 유니레버가 강제노동, 차별, 괴롭힘, 노동 시간 등 초점을 맞추어야 할 문제를 알려주었을 뿐이다.

이론적으로는 또 다른 해결책도 있다. 그것은 감사監査다. 공장의 인권 기준 위반 여부를 감사하는 국제 표준이 있다. 그러나 임팩트의 설립자 허스트는 감사 대상별 맞춤형이 아닌 일률적인 감사는 효과가 없다면서 "현장에 있는 노동자의 목소리를 중심에 두고 적극적으로 감사 작업을 수행해야 한다"라고 말한다. 노동자가 보복당할지도 모른다는 두려움에 떨지 않고 정직하게 말할 수 있는 장치가 필요하다. 익명 조사, 동영상 자료 등과 같이 더 나은 기술을 동원해 확보한 자료를 기반으로 현장 실정에 가까이 다가갈 때 추적성과 투명성을 개선할 수 있다.

또한 감사에 의존하기에 앞서 협력업체와 깊은 관계를 구축해야 한다. 의류 회사 갭은 주요 협력업체를 2,000개에서 900개로 줄여 더

집중적인 신뢰를 구축해 문제를 해결할 수 있었다.[53]

기업은 경쟁이 아닌 협력관계 속에서 더 나은 정보를 얻을 수 있고, 임시직 노동자를 줄여 고용 안정성을 높일 수 있다. 버로우는 생활임금이 아동노동 문제를 해결하는 데 도움이 된다고 믿으면서 "만약 사람들이 자기 가족이 충분히 먹고살 만큼 임금을 받았다면 굳이 자녀에게 돈을 벌어오게 하지 않을 것"이라고 말한다. 버로우에 따르면 세계 2억 5,000만 명에게 생활임금을 지급해 생존할 수 있도록 하는 데는 약 370억 달러가 든다. 많은 비용처럼 보이지만 이 금액은 팬데믹 기간 동안 전 세계 억만장자들의 재산 증가액 4조 달러의 1퍼센트도 되지 않는다.[54]

◀ 동업자협회의 로비

어떤 회사가 기후와 관련해 좋은 일을 한다고 치자. 과학을 기반으로 목표를 설정하고, 파리협약을 지지하는 공개성명서를 발표하고, 또 재생 가능 에너지를 사용한다. 그런데 동업자협회가 기후 행동에 반대하는 로비를 벌일 경우에는 이 모든 일이 훼손되고 만다.

지금까지 개별 기업의 강령과 이 기업이 속한 업계가 벌이는 로비 사이의 간극은 줄곧 컸다. 특히 화석연료 기업에서는 더욱 그랬다. 대부분 석유 및 가스 회사는 말로는 탄소가격제를 지지한다고 한다. 그러나 실제 관련 정책이 마련되면 이들을 대표하는 단체가 들고 일어나서 반대한다. 2018년 워싱턴주에서 탄소세를 두고 투표를 실시했는데, 서부석유협회는 3,000만 달러(이 중 BP에서만 1,300만 달러를 내놓았다)를 사람들이 그 제안에 반대하도록 설득하는 데 썼다.[55] 결국 탄소세를 시행하겠다는 계획은 실패로 끝났다.

미국에서 로비 자금을 가장 많이 쓰는 단체인 미국 상공회의소는 환경 및 기후 정책에 여러 해 동안 반대했다.[56] 하지만 몇몇 회사, 특히 로열DSM 북미 사업부 사장 휴 웰시의 노력으로 상공회의소는 기후변화가 인간에 의해 야기된 문제임을 인정했다.

기업은 여전히 동업자협회 우산 아래 소심하게 숨어서 "기후 문제에 대한 동업자협회의 입장에 동의하지 않지만, 거래 관련 로비를 하기 위해서는 그들이 필요하다"라는 식으로 말한다. 이것은 비겁한 태도다. 이해관계자들은 "당신은 누구에게 자금을 대는가? 협회나 홍보 회사들이 당신의 이름을 내걸고 하는 일이 무엇인지 알고 있는가?"라고 물을 것이다. 당신은 이 질문에 대한 대답을 준비해야 한다.

더불어 싱크탱크 인플루언스맵InfluenceMap과 같은 단체가 기후 및 환경에 대해 기업이나 동업자협회가 하고 있는 로비 자료를 폭넓게 수집한다는 사실도 기억해야 한다. 그들은 동업자 단체들 특히 화석 연료 분야의 단체가 환경 관련 규제를 약화시키려고 얼마나 노력하는지 지속적으로 대중에게 보고한다.

나아갈 길

때때로 동업자협회와 협력해 정책 논쟁을 벌이고 이견을 해소하는 것은 가치가 있다. 미국 상공회의소의 옆구리를 찔러서 바람직한 방향으로 유도하는 로열DSM의 작업이 유효했던 것처럼 그들의 생각을 바꾸려고 노력해야 한다. 그다음에는 낡은 생각을 고수하는 집단과 관계를 끊게 만들어야 한다.

10여 년 전 애플, 나이키, 유니레버 등은 기후 관련 입장 차이로 미국 상공회의소를 탈퇴했다.[57] 유니레버는 비즈니스유럽BusinessEurope에서도 탈퇴했으며 환경 기준을 낮추고 퇴행적인 사회 정책을 지지하는 미국입법교류위원회에서도 탈퇴했다. 유니레버와 비슷하게 대형 의약품 회사 CVS헬스도 미국 상공회의소가 담배 관련 규제 완화에 노력을 기울인다는 이유로 탈퇴했다. 담배를 매장의 매대에서 제외하겠다고 했던 자신의 약속과 정면으로 충돌했기 때문이다.[58]

'다마스쿠스로 가는 길'의 순간*은 언제든 가능하다. 너무 늦은 순간은 없다. 그러니 지금까지 잘못된 편에 서 있었음을 깨달아라. BP는 서부석유협회의 탄소가격제 반대 캠페인에 자금을 지원하다가 16개월이 지난 뒤에야 서부석유협회를 떠났다. 그때 BP는 그 단체의 목적과 자신의 정책이 더는 일치하지 않는다고 말했다. 그 뒤에 이 회사는 탄소가격제를 지지했다.[59] 프랑스 석유 대기업 토탈도 미국석유협회가 탄소가격제와 전기 자동차 보조금 제도에 반대하고, 미국의 파리협약 탈퇴를 지지하는 정치인에게 정치자금을 후원하자 미국석유협회를 떠났다.[60]

기업은 자기가 속했던 단체를 탈퇴하는 극단적인 방법을 동원하지 않고 단체를 압박해 노선을 바꾸도록 할 수도 있다. 간단하다. 어

• 예수 그리스도의 사도인 바울은 본래 유대교 바리새학파 신학도였지만, 다마스쿠스로 가는 길에서 극적으로 예수의 음성을 듣고 예수의 부활을 믿게 되며 그의 뜻을 따르기로 마음먹었다.

떤 쟁점 사안에 대해 솔직해지라고 요구하면 된다. 예컨대 유니레버는 기후 문제에 대한 동업자협회의 입장이 무엇인지 알아보는 연구를 의뢰하고 이 내용을 2018년 폴란드 기후 정상회담에서 공개함으로써 협회의 투명성을 압박했다. 투명한 공개야말로 각각의 협회나 단체가 진정으로 믿는 것이 무엇인지 알아내는 좋은 방법이다.

◀ 정치자금

2010년 미국 대법원은 '시민연합 대 연방선거관리위원회' 소송을 판결하면서 정치적 기부는 표현의 자유를 보호하는 하나의 형태라고 선언했다. 이 판결로 수십억 달러의 돈이 마구 정치권으로 흘러 들어갔으며, 기업이 정책이나 정치인에게 엄청난 영향력을 행사할 수 있게 되었다.

미국뿐만 아니라 다른 나라에서도 기업이 정치 과정에 영향을 줄 수 있다. OECD가 발표한 보고서 「민주주의에 대한 자금 지원Financing Democracy」은 자금을 풍부하게 갖춘 기득권 집단이 정책을 자기 입맛대로 좌우할 수 있는 위험에 대해 경고한다. 실제로 OECD 국가 중에 기업이 정당이나 후보자에게 기부하지 못하도록 규정하는 나라는 35퍼센트밖에 되지 않는다.[61] 기업 관점에서 보자면 이렇게 돈을 써서 영향력을 행사하는 데 따르는 수익 즉 정치자금 대비 수익률은 매우 높다. 예를 들어 1달러를 정치자금으로 지출해 받는 세금 감면 혜택은 수백 달러다.[62]

기업은 자기의 영향력을 선한 쪽으로 사용하지 않는다. 인플루언스맵의 가장 영향력 있는 50대 기업에 대한 보고서에 따르면, 35개 기업이 부정적인 영향력을 행사하는 것으로 꼽혔고, 나머지 15개 기업만이 긍정적인 영향력을 행사하는 것으로 나타났다. 후자 집단에는 유니레버를 포함해 스페인 전기 회사인 이베르드롤라, 필립스, 네덜란드의 화학 회사인 로열DSM 등이 있으며 그중 유니레버가 가장 좋은 평점을 받았다.[63]

이제는 정부가 돈의 힘이 아니라 시민의 뜻에 따라 운영되도록 민간 부문과 정치권 사이 관계를 새롭게 정립해야 할 시점이다.

나아갈 길

100년 전 IBM은 정치 분야에서 아무런 역할도 하지 않기로 결정했다. 창업자의 아들이자 CEO였던 토마스 왓슨 주니어는 1968년 "기업이라면 모름지기 어떤 식으로든 정치 조직 노릇을 하려고 해서는 안 된다"라고 말했다.[64] IBM은 정치적인 기부를 하지 않고도 업계의 선두주자로 여전히 정책을 논의하는 테이블에 자기 자리를 갖고 있다. 기업은 IBM의 사례를 따라 정치적인 기부를 하지 않으며 투명해지는 데 전념해야 한다. 또 정치적인 것이든 어떤 대의나 명분에 따른 기부이든 기부 내역을 모두 투명하게 공개해야 한다. 유니레버는 이미 오래전에 정치적 기부 행위를 중단했다. 나중에 억지로 떠밀려가지 말고 선제적으로 그렇게 하라. 그래야 나중에 당할 피해를 줄일 수 있다.

브레넌정의센터Brennan Center for Justice, 여성유권자동맹League of Women

Voters, '미국인의 길을 위한 사람들People for the American Way' 등은 모두 정치에서 돈을 배제할 방법을 저마다 만들었는데, 그 내용은 비슷하다. 공개와 투명성을 가장 중요하고 유용한 도구로 사용한다. 그들은 공적인 자금을 조달해 선거 비용으로 사용하는 방향으로 정책을 바꾸어나가야 한다고 제안하기도 한다. 이처럼 우리는 더 크게 생각할 필요가 있다. 이를테면 '시민연합 대 연방선거관리위원회' 소송을 두고 미국 대법원이 내린 터무니없는 판결을 뒤엎는 헌법개정을 주장하고 나서야 한다. 유니레버의 아이스크림 브랜드 벤앤제리스는 이 헌법개정을 지지하는 풀뿌리 운동의 기반을 조성하려고 노력 중이다.

◀ 다양성과 포용성 부족

화상회의를 하면서 열심히 말했는데 다른 사람들에게는 들리지 않았다는 사실을 깨달을 때의 좌절감은 대부분 경험해보았을 것이다. 당신 목소리가 다른 사람의 귀에 영원히 들리지 않는 상황을 상상해보라. 경제 시스템에서 배제된 집단이 어떤 느낌일지 짐작할 수 있다.

주변을 둘러보면 온 세상이 온갖 언어와 문화로 얼마나 풍성하고 활기차고 다양한지 알 수 있다. 바로 여기에 수조 달러 규모의 기회가 놓여 있다. 맥킨지에서 발표한 어떤 연구논문은 민족적·문화적 다양성 기준에서 상위 25퍼센트에 속하는 기업이 하위 25퍼센트 기업보다 수익성이 36퍼센트 높다는 사실을 확인했다.[65] 또한 세계경제포럼이 발표한 기업의 다양성 연구논문은 경영진 구성이 다양한 기

업일수록 19퍼센트 더 높은 수익을 낸다는 결론을 내렸다.[66]

그러나 대부분의 기업은 다양성과 포용성 부문에서 성과가 낮다. 특히 직급이 올라갈수록 그렇다. 미국 기업의 신입직원 중 여성의 비율은 47퍼센트이지만 고위경영진에서 여성의 비율은 21퍼센트밖에 되지 않는다는 사실만 봐도 그렇다.[67] 대표성이 낮은 집단의 상황은 더욱 나쁘다. 유색인종 여성의 비율은 신입직원의 18퍼센트, 고위경영진의 3퍼센트에 불과하다. 백인 남성이 고위직의 3분의 2를 차지하고 있는 것이다. 게다가 『포춘』 500대 기업의 CEO 구성은 다양한 목소리와는 거리가 매우 멀다. 몇 년 전만 해도 존이라는 이름을 가진 CEO가 전체 여성 CEO보다 많았으니 말이다.[68] 현재는 흑인 CEO가 예전보다 늘었는데 그래도 단 네 명뿐이다. 물론 1955년 이후로 『포춘』의 목록을 뒤지더라도 흑인 CEO는 아홉 명이다.[69]

기업은 '다양성과 포용성D&I'을 빠르게 수용하고 성과를 추적하며 계량적인 목표를 설정하고 있다. 예를 들면 2025년까지 흑인 임원의 수를 두 배로 늘리겠다는 휴렛팩커드의 목표가 그런 계량적인 목표다.[70] 물론 이것보다 더 좋은 태도는 총체적인 관점을 지니는 것이다. 올해에는 성비를 따지고 내년에는 LGBTQ를 따진다거나 혹은 '흑인의 생명도 소중하다' 운동이 압력을 가할 때만 인종 문제를 살피는 식의 고립되고 편향된 방식으로 바라보지 않는 것이다.

완전한 포용의 사고방식이 없을 때 기업은 사람을 간과한다. 오직 4퍼센트의 기업만이 장애인을 위한 포용성 노력에 초점을 맞추어왔다.[71] 세계보건기구의 보고서에 따르면, 장애인을 일정 비율로 고용해야 하는 법률적인 의무가 있는 나라에서 많은 기업이 의무를 다하

넷 포지티브

려고 노력하는 대신 그 의무를 위반하고 벌금을 내는 쪽을 선택하고 있다.[72] 결과는 명확하다. 미국 16~64세 사이 인구집단에서 장애가 없는 사람의 75퍼센트는 일자리를 갖고 있지만 장애가 있는 사람은 29퍼센트만 일자리를 갖고 있다.[73] 일반적인 고정관념과 달리 장애인 직원의 생산성은 비장애인 직원과 같거나 더 높으며 결근율과 이직률도 낮다.[74] 뿐만 아니라 약 10억 명의 장애인들은 가족과 함께 연간 13조 달러가 넘는 가처분소득을 경제에 유통시키는데, 이 금액은 유럽연합 전체의 가계지출 규모와 비슷한 수준임을 기억하라.[75] 애플의 CEO 팀 쿡은 "포용성을 갖춘 인력 집단이 차세대 혁신을 가능하게 할 것이다. 세계 최고의 제품이 세계를 위한 최고의 제품이 될 것이다"라고 말했다.[76]

나아갈 길

모든 사람을 향해 말하는 것에서 시작하라. 마케팅 및 커뮤니케이션 부서는 대표성이 낮은 집단이 어디인지 파악하고 모든 사람의 인간성과 존엄성을 인정해야 한다. 말로만 해서는 그다지 효과가 없다.

말로만 하는 것에 그치지 말고 회사를 도구로 삼아 회사가 속한 기업 생태계의 다양성을 지원하라. 소수민족이 운영하는 공급업체에 돈을 쓰고 장애인, 유색인종 또는 LGBTQ 커뮤니티에서 시작한 회사를 협력업체로 삼아라. 그리고 다양한 집단이 함께 있는 지역에 투자하라. 누구와 함께 기업 활동을 할 것인지에 대한 기준을 설정해야 한다. 미국 최대의 기업공개IPO 대행사 골드만삭스는 2021년 이사회에 다양성 조건을 갖춘 사람이 한 명뿐이고 2022년에 두 명을 더 채

울 계획이 없는 회사라면 기업공개 대행 업무를 의뢰해도 맡을 생각이 없다고 천명한 사실이 있다.[77]

회사 내부적으로도 정책을 바꾸어라. 누가 승진하는지 잘 살펴라. 이 승진이 과연 전체 집단의 인구 구성을 반영한 것인가? 당신 회사는 대표성이 낮은 집단에서 사람을 뽑기 위해 고용할당제를 실천하고 있는가? 자기와 비슷하지 않은 사람을 고용하라. 뒤처지는 집단을 눈여겨 보아야 한다. 전 세계적인 팬데믹은 직장 여성에게 재앙이었다. 맥킨지에서 발표한 보고서에 따르면 코로나19 위기가 "여성들을 5년 뒤로 후퇴시킬 수 있다"라고 말한다.[78]

유니레버가 성 평등을 추구했던 일은 다양성을 촉진하는 모범적인 사례로 활용되고 있다. 유니레버는 CEO 직할로 성 평등 위원회를 만들었고, 폴은 다양성 실적이 좋지 않은 일부 임원들을 일부러 이 위원회에 포함시켰다. 2010년 당시에는 전체 관리자 중 여성 비율이 38퍼센트였고, 이사회의 구성원에는 여성이 한 명도 없었다. 그러나 여성 관리자의 비율을 55~60퍼센트로 끌어올리겠다는 새로운 목표를 설정하자 여성 비율은 꾸준히 늘어났다. 2020년 3월에는 유니레버 전 세계 직원 중 여성 관리자의 비율이 50퍼센트에 도달했다.[79] 영국 기업을 대상으로 한 설문조사에 따르면 유니레버만이 여성에게 남성과 동일하거나 그 이상을 급여를 지급했다. 대표성이 매우 낮은 지역에서는 훨씬 더 큰 진전이 이루어졌다. 북아프리카와 중동에서는 관리자급으로 승진하는 사람 중 여성의 비율이 9퍼센트에서 48퍼센트로 급증했다. 또한 유니레버는 이사회의 절반을 여성으로 구성했으며 흑인 이사도 세 명을 추가했다.

당신은 현명한 정부 정책(예를 들면 캘리포니아주에 본사를 둔 기업이라면 대표성이 낮은 집단 출신의 이사를 이사회에 반드시 포함시켜야 한다는 정책)을 옹호함으로써 시스템 변화에 힘을 보탤 수도 있다.[80] 혹은 포용성을 지원하는 사회적 인프라를 구축하는 정책에 도움을 줄 수도 있다. 이를테면 보편적 육아 및 육아휴직을 보장하는 정책과 돌봄 서비스는 여자라는 이유만으로 일자리에서 쫓겨나는 여성의 수를 줄여준다. 또 장애인이 회사에서 쉽게 일할 수 있으려면 어떤 법률이 제정되어야 할지 생각해보았으면 한다.

마지막으로 사회를 긍정적인 방향으로 바꾸겠다는 넷 포지티브 운동에 참여하라. 제록스의 전前 CEO이자 『포춘』 선정 500대 기업 CEO에 흑인 여성 최초로 이름을 올린 우르술라 번스는 이사회다양성행동동맹Board Diversity Action Alliance을 공동으로 설립했다. 여기에 동참한 기업으로는 다우케미컬, 마스터카드, 몬델리즈, 펩시코, PNC, 스타벅스, 언더아머, UPS 등이 있다. 또 다른 동맹 단체인 원텐OneTen은 "향후 10년 동안 100만 명의 흑인을 교육하고 채용해서 발전시킨다"라는 목표 아래 여러 대기업을 규합했다.[81]

장애인 포용성 마련을 위해서는 장애인의 사회활동 지원을 목적으로 하는 단체 밸류어블500The Valuable 500을 눈여겨보라. 캐롤라인 케이시가 설립했고 폴이 의장직을 맡은 이 단체(이 단체 속한 회사의 직원들을 모두 합치면 2천만 명이다)는 장애인 포용성을 직원 채용 전략 및 제품 디자인에 녹여내 장애인의 접근성을 개선하며 기업의 시스템을 바꾸어놓을 것이다.

폴은 은퇴할 때 통상적인 축하연을 하지 않겠다고 했다. 회사는 대신 작별의 선물로 장애인 8,000명을 고용하겠다는 약속을 내놓아서 폴을 깜짝 놀라게 했다. 유니레버의 이사회 및 경영진은 넷 포지티브 리더의 마음에 다가가는 방법을 알고 있었던 것이다.

지금까지 설명한 아홉 가지의 쟁점을 면밀하게 살펴보았다면, 이 아홉 가지가 좋든 나쁘든 서로 연결되고 서로를 토대로 삼는다는 사실이 눈에 들어오기 시작할 것이다. 문제의 많은 것을 기회로 전환할 수 있다. 아무리 어려운 일이라도 계속해서 반복하면 쉬워진다. 이렇게 할 때 조직적인 힘도 축적된다. 새롭고 용기 있는 문화를 지탱하고 유지하는 것은 바로 이 조직적인 힘이다. 더 많은 쟁점과 문제가 그 어느 때보다도 빠르게 우리에게 다가오는 지금, 당신이 확보한 강점은 틀림없이 유용하게 사용될 것이다.

기업이 더는 눈감을 수 없는 9가지 핵심 쟁점

▶ 기업이 대부분 기피하는 '코끼리'에 선제적으로 대응하고 이 문제를 해결하기 위해 진심을 다한다.

▶ 우리 사회가 맞닥뜨린 가장 큰 도전과제를 해결하는 데 기여할 방법을 알아내고, 돈과 권력이 특정한 집단이나 계층에게만 쏠림으로써 빚어지는 불평등을 해소하고자 한다.

▶ 세금, 부패, 과도한 성과급, 정치자금, 단기적인 관점의 자사주매입 등과 같은 문제 앞에서 돈을 어떻게 사용하는지 정직하게 살펴보고, 이런 것들이 회사의 장기적인 전망을 어떻게 저해하며 사회에는 어떤 피해를 주는지 살펴본다.

▶ 인권 보장을 선도하고 공급망 안에 있는 사람을 소중하게 여긴다.

▶ 포용적인 정책으로 뒤처지는 집단을 파악해 시스템 안으로 끌어들이고 그들이 지닌 기술을 공유하게 한다.

9장

넷 포지티브 기업 문화를
구축하라

문화를 보존하려면 문화를 계속 창조해야 한다.

— 요한 하위징아(네덜란드의 역사가)

어떤 회사의 사무실이나 공장에 들어서면 그 회사의 문화를 느낄 수 있다. 문화는 그곳에서 나는 냄새와 같은 것이다. 회사의 로비를 둘러보면서 그 회사가 어떤 문화를 갖고 있는지 단서가 될 만한 것들을 찾아보라. 그 회사의 제품이 자랑스럽게 진열되어 있는가?

그 회사의 목적이나 강령을 보라. "우리는 우리가 하는 일에 최고가 되기 위해 탁월함을 추구한다"라고 말한다면 그 회사는 좁은 경계선 안에 스스로를 가둔 경직된 회사다. 파타고니아는 "우리는 우리의 고향 행성인 지구를 구하겠다는 목적으로 기업 활동을 한다"라고 말하며 경계선을 허물고 멀리까지 나아가는 데 아무런 거리낌이 없다.

직원들이 하는 말에 귀를 기울여라. 접수대에 앉아 있는 직원에게 말을 걸어보라. 그 회사의 직원이 행복해 보이는가? 앤드루가 전 세계의 전·현직 유니레버 직원 수십 명을 인터뷰하면서 그들이 똑같은 대답을 하는 것을 보고 깜짝 놀랐다. 그들은 회사가 무엇을 하고자 하는지 명확하게 알고 있었다. 에티오피아, 인도, 인도네시아 그리고 러시아에서 유니레버를 이끄는 사람들 모두 한결같은 내용을 한결같은 목소리로 말했다.

폴이 유니레버를 떠날 때 많은 투자자와 지속가능성 단체는 이 회사가 그동안 견지해왔던 지속가능성 초점이 흐려지지 않을까 걱정했다. 하지만 그런 일은 일어나지 않았다. 앞으로도 그럴 일은 없을 것이다. 만일 그런 움직임이 있으면 직원들이 가만히 보고 있지 않을 것이다. 폴의 뒤를 이어 유니레버의 CEO가 된 앨런 조프는 넷 포지티브 사업 모델을 전적으로 신봉하며 "만약 내가 지금 회사의 방향성을 바꾸려고 한다면 회사가 이것을 받아들이지 않을 것이다. 우리 직원의 약 70퍼센트가 지금 회사가 내걸고 있는 사명을 보고 입사했다. 그런데 내가 다른 방향으로 가자고 한다면 아마 혁명이 일어나서 나는 쫓겨나고 말 것이다"라고 말한다.[1] 이것은 폴이 유니레버와 USLP에 집중한 것이 유니레버를 바꾸어놓았다는 최고의 증거다. 만일 USLP에 대한 약속이 희미해지기라도 한다면 유니레버의 성과도 하락할 것이다. USLP와 강력한 목적을 향한 헌신 그리고 넷 포지티브 문화가 유니레버를 성공으로 이끌었다.

기업 문화는 빙산에 비유할 수 있다. 물 위로 노출된 부분은 어떤 기업이 말로 드러내는 내용이다. 그리고 해수면과 맞닿은 부분은 그 기업이 행동으로 실천하는 내용이며, 빙산의 대부분을 차지하는 수면 아래 잠긴 부분은 직원이 믿고 있는 내용이다. 결국 조직이 어떻게 행동하는지 또 직원들이 진정으로 믿는 것이 무엇인지가 그 빙산의 실체다. 바로 이것이 피터 드러커가 했던 유명한 말 "문화는 아침식사로 전략을 먹는다"의 뜻이다. 그런데 이 말은 본질적으로는 맞지만, 어쩐지 약간의 뉘앙스가 부족해 보인다. 문화는 전략과 조화를 이룰 때 강해진다. 시간이 흐름에 따라 올바른 전략이 행동을 통해 현실에 적용되면서 강력한 문화를 쌓아나간다. 여러 해 동안 아침마다 건강식을 먹으면 건강해지듯이 말이다.

우선 우리가 사용하는 용어를 다시 한 번 더 분명하게 정리하고 넘어가자.

- 가치관은 조직을 지탱하는 근본적인 믿음이다. 가치관은 거의 변하지 않아야 한다.
- 목적은 조직이 존재해야 하는 지속적인 이유이며, 세상에 도움이 되는 방법을 명확하게 제시한다. 직원들에게 동기를 부여하고 회사의 전략과 우선순위가 무엇인지 알게 한다.
- 문화는 움직이는 가치관이다. 가치관이 핵심 신념이고 목적이 그렇게 해야만 하는 이유라면, 문화는 행동으로 그 가치관을 보여주는 방법이다.

이 세 가지 중에서 문화는 바뀔 수 있고 또 바뀌어야 한다. 가치관을 실현하는 행동은 회사가 어떤 상품을 파는지, 회사나 공장이 어느 지역에 있는지, 회사의 업종이 무엇인지 그리고 회사의 직원 구성이 어떻게 되어 있는지에 따라서 달라질 수 있다. 하나의 회사가 여러 개의 문화를 수용할 수도 있다. 어떤 회사가 인수합병을 통해 다른 회사와 합쳐질 때 그 회사의 문화는 바뀐다. 두 회사의 가장 좋은 문화가 결합해 시너지 효과를 내기도 한다. 유니레버가 명품 미용 브랜드나 사명 지향적인 기업을 인수했을 때마다 원래 갖고 있던 문화에 새로운 요소들이 가미되었다. 문화는 변화하는 사회 규범에 따라서 진화하기도 한다. 미투#MeToo 운동과 '흑인의 생명도 소중하다' 운동은 회사의 행동을 각성하게 한다.

넷 포지티브 문화는 책임감, 보살핌과 공감, 서비스, 신뢰, 개방성 그리고 높은 성과와 같은 가치 위에 마련한다. 이런 문화를 구축하려면 긴 시간을 들여야 하며 리더 스스로가 제시한 전략에 헌신해야 한다. 넷 포지티브 문화는 시작이 아니라 결과물의 축적인 것이다.

가치관, 목적, 문화가 모두 일치하는 기업은 사람들이 일하고 싶은 회사가 된다. 이 회사는 모든 사람이 자기 잠재력을 최대한 발휘할 수 있는 곳이며, 회사의 가치관과 세상이 필요로 하는 것 그리고 자기가 잘할 수 있는 것이 겹치는 지점을 발견하는 장이 된다.

가치관과 행동이 충돌할 때

소통, 존중, 청렴, 탁월. 이것은 역사상 가장 커다란 사기 행각을 벌였던 에너지 분야의 대기업 엔론이 내걸었던 가치들이다. 말만으로는 정말 매력적이다. 그러나 엔론이 행동으로 추구했던 가치는 탐욕이었고, 엔론의 목적은 무슨 수를 쓰든 주주의 수익을 극대화하는 것이었으며, 엔론의 문화는 어떤 대가를 치르든 상관없이 이기는 것이었다. 엔론은 이런 악한 의도 때문에 망했다.

최근 항공사 보잉의 기업 문화에도 문제가 생겼다. 정부가 보잉 737 맥스 기종의 안전성을 조사할 때 회사 내부에서 오간 메시지에는 직원들이 연방 규정을 무시하고 감독 기관을 기만하는 내용이 있었다.

어떤 직원은 "이 비행기는 광대들이 설계했는데, 이번에는 원숭이들이 감독한다고 나섰네"라면서 동료를 조롱하기도 했다.[2] 기업에 닥친 위기가 그 기업의 문화를 검증한다. 팬데믹, 적대적 인수, 거대한 실패, 경쟁자 등으로 회사의 사정이 나빠진다고 치자. 이때 직원들은 남 탓을 하면서 서로를 비난하는가, 아니면 하나로 똘똘 뭉치는가?

벽에 아무리 크고 멋있게 써 붙인 가치관이라고 해도 리더가 전폭적으로 추진하고 모든 직원이 이해하는 가운데 지속적으로 강화하지 않으면 아무런 쓸모가 없다. 폴이 유니레버에 CEO로 처음 취임했을 때 이 회사는 이미 좋은 가치관을 내걸고 있었다. 그러나 구체적이지도 않았고 명시적이지도 않았으며 서로 충돌하지 않도록 정렬되지도 않았다. 그랬기에 많은 행동이 회사가 지지하는 대의와 일치하지 않았다. 폴은 고위경영진 개개인에게 회사의 가치관이 무엇인지 적어보라고 했다. 그러자 그들은 온갖 것들을 써냈다. 그 모든 것들은 명확하지도 않았고 합의된 것도 아니었다. 어떤 회사의 가치관이 명확하지 않고 합의되어 있지 않으면 그 회사는 목적을 실현하기 어렵다.

회사가 하는 행동이 바로 문화다

대다수 직원이 한마음이 아니고 회사의 목적과 연결되어 있지 않다면, 이 회사에는 효과적인 문화가 없다고 말할 수 있다. 기업 문화는 경영에 대한 직원의 신뢰를 구축하며 조직을 하나로 묶어주는 접착제다. 그러나 안타깝게도 갤럽 조사에 따르면 전 세계적으로 15퍼센트의 직원만이 회사가 추진하는 일에 헌신적으로 참여한다고 응답했다.[3]

회사가 직원에게 영감을 주고 같은 방향으로 움직이도록 하려면 일관성 있는 문화를 가져야 하고 행동을 우선해야 한다. 리더가 스스로 내건 가치관에 맞게 살아가지 않거나 수천 개의 일상적인 의사결정에서 일관성이 유지되지 않는 것을 직원들이 바라본다고 치자. 이때 이 직원들은 회사의 문화를 믿지도 않을 것이며 받아들이지도 않을 것이다. 친환경 회사 세븐스제너레이션의 공동설립자 제프리 홀렌더는 "회사가 하는 하나하나의 행동이 그 회사가 가진 문화의 표현이다"라고 말한다.[4]

반대로 만약 어떤 직원이 자기 회사의 업무와 문화를 자랑스럽게 여기지 않는다면 그들은 그 회사의 문화를 약화시킬 것임은 분명하다. 유니레버에서 퇴사당하는 사람들도 실적 부진이 이유가 아니라 그들이 회사의 문화와 어울리지 않기 때문이었다.

그렇다면 지금부터 일관성을 바탕으로 네 가지 영역에서 형성되는 넷 포지티브 문화의 특징을 구체적으로 살펴보자.

◀ 높은 직원 참여도

유니레버 CEO 앨런 조프는 회사의 진화를 긍정적으로 전망한다. 폴이 강력한 성장과 책임이라는 메시지를 회사에 처음 내놓을 당시 조프는 고위임원 중 한 명이었다. 조프의 말로는 폴이 취임하고 4년 지났을 때, 다시 말해 USLP가 발표된 지 2년이 지났을 때조차 많은 직원은 여전히 "그래봐야 이것도 잠깐 떠들다가 마는 지나가는 소리겠지"라고 생각했다. 그렇지만 폴의 메시지를 빨리 받아들이는 직원들도 있었다. 마침내 8년이 거의 지나갈 무렵에는 직원 대다수가 그 메시지에 동조했으며 더 많은 것을 하고자 했다. 조프는 "이제 USLP는 우리 회사의 기본 구조 가운데 한 부분이 되었다"라고 말했다.[5]

기업의 문화 규범이 바뀌는 데는 오랜 시간이 걸리지만 일단 움직이기 시작하면 충격적일 정도로 빠르게 진행되어 기존의 규범이 뒤집힌다. 역사를 통틀어 봐도 가치관의 거대한 전환은 갑작스럽게 이루어졌다. 노예제 폐지, 시민권, 여성 평등, LGBTQ를 위한 결혼 평등 그리고 기후변화에 대처하는 기후 행동 및 기후 정의가 그럴 것이다. 수십 년에 걸친 치열한 작업이 이루어진 뒤에 그 변화는 갑작스럽게 진행된다.

진정한 변화는 하향식으로는 일어날 수 없다. 상대적으로 나이가 많은 경영진이 세상의 새로운 가치관을 온전히 파악하지 못하기 때문이다. 새로운 직원이 조직에 끊임없이 유입됨에 따라 새로운 문화는 상향식으로 구축된다. 그러므로 직원들이 어떤 사람인지, 그들은 어떤 사람이 되고 싶어 하는지 그리고 그들이 무엇을 하도록 동기를 부여할 것인지가 중요하다.

상향식 문화 구축을 위한 직원 구성

유니레버는 기업 문화를 구축하는 과정에서 몇 가지 실수를 했다. 도브가 내보냈던 바디워시 광고가 그 예다. 갈색 셔츠를 입은 흑인 여성이 밝은색 셔츠를 입은 백인 여성으로 바뀌는 내용이었다. 이 광고를 보고 소비자가 받아들인 메시지는 그 바디워시를 사용하면 사람들이 일반적으로 선호하는 상태인 백인처럼 될 수 있다는 것이었다. 이 메시지는 유니레버나 광고 대행사가 애초에 의도했던 게 아니었다. 그러나 이런 종류의 실수는 해당 작업에 관여한 직원의 다양성이 충분하게 확보되어 있기만 했다면 얼마든지 막을 수 있었다.

다양성을 확보하고 있으면 회사의 문화와 직원의 태도를 변화시킨다. 온전한 포용성은 직원이 편견에 방해받지 않고 성공하도록 보장한다.

많은 나라에서 동성애자의 권리 및 결혼을 법률적으로 보장하지 않지만 유니레버는 개방성과 관용으로 이 문제를 대한다. 또한 성 평등을 실현하기 위해 광범위한 노력을 기울여 회사 내부에서는 여성을 대하는 태도가 달라졌다(사실 유니레버 소비자의 70~80퍼센트가 여성이다). 여성에게 남성과 동일한 임금을 지불하는 것을 보고 유니레버의 직원들은 유니레버가 무엇을 소중하게 여기는지 명확하게 깨닫는다. 그리고 자격을 갖춘 장애인을 채용하는 것도 회사가 모든 사람을 소중하게 여긴다는 메시지를 직원에게 전달한다.

다양성 노력은 기업들이 생각하는 것만큼 어렵지 않다. 훌륭한 리더는 평등을 자연스러운 것으로 만든다. 캐나다 총리 쥐스탱 트뤼도가 2015년 취임해 첫 내각을 구성할 때였다. 어떤 기자가 내각 구성의 절반을 여성으로 채우는 이유가 무엇이냐고 묻자 그는 "지금은 2015년이니까"라는 대답으로 모든 설명을 대신했다. 유니레버는 에티오피아에 치약 공장을 새로 지은 다음 이 공장에서 일할 직원을 여성으로만 뽑았다. 애초에 이 공장은 여러 지역사회를 돕겠다는 목표와 사람들의 문화적 인식을 바꾸어놓겠다는 목적을 갖고 있었다. 에티오피아 유니레버의 운영 책임자 팀 클라이네벤도 "우리는 여성 직원을 바라보는 온갖 낡은 믿음을 타파하려고 노력했다"라고 말한다. 인도 하르드와르에 있는 유니레버의 개인 생활용품 공장 역시 모든 직원이 여성이다. 유니레버의 CEO였던 폴조차 이 공장 건물에 들어갈 때는 건물 출입 허가를 받아야 했다.

때로 성, 인종, 성적 취향 등에서 포용성을 확대하는 운동이 기업의 가치관에 맞지 않을 때는 목표 달성까지 시간이 너무 많이 걸릴 수 있다. 아마 무의식적인 편견으로 많은 사람이 다양성이라는 가치관에 의문을 품을 것이다. 그러나 이런 의문은 터무니없는 것이라고 그들에게 분명히 말해야 한다. 이렇게 대응할 때 비로소 가치관에 대한 당신의 메시지가 전달된다. 또 이렇게 되물어라. "여성을 더 많이 고용하는 것이 좋다는 사실을 왜 우리가 굳이 입증해야 하는가? 회사가 남성만 고용해야 하는 이유가 도대체 무엇인가?"

골드만삭스가 수행했던 한 연구에 따르면 경영진과 이사회에 여성이 많은 회사의 주가는 남성 우월적인 회사의 주가보다 해마다 2.5퍼센트씩 더 상승했다.[6] 2021년 블룸버그는 성 평등을 위해 헌신하는 44개국의 380개 사를 대상으로 '양성평등지수Gender-Equity Index'를 도입하기도 했다.[7] 이들 금융 대기업은 평등을 부담스러운 짐이 아니라 성장의 기회로 바라보도록 돕고 있다.

직원들의 개인적인 목적 파악

시대에 뒤떨어진 가치관을 지닌 직원은 넷 포지티브 전환에 방해가 된다. 그러나 이런 직원도 진화할 수 있다. 개인적인 목적과 조직의 사명이 겹치는 부분을 찾는 작업은 그런 진화의 중요한 단계다. 3장에서 언급한 '유니레버 리더십 개발 프로그램ULDP'을 진행했던 리더십팀은 세상에 봉사하겠다는 직원의 의지를 부쩍 높였다. 지금까지 6만 명이나 되는 직원이 ULDP 과정을 거쳐 개인적인 목적을 찾고 유니레버 문화와의 접점도 발견했다.

개인과 브랜드와 회사라는 제각기 다른 차원의 목적은 서로를 강화한다. 그렇다고 제각기 다른 세 가지 차원의 목적이 똑같을 필요는 없다. 북미 유니레버에서 지속가능한 삶 및 기업 의사소통을 책임졌던 조녀선 앳우드는 개인적인 목적은 모든 것을 하나로 이어주는 접착제이며 조직의 잠재력을 진정으로 실현 가능하게 만드는 것이라고 말한다. 때문에 직원들이 회사의 목적에 공감하고 이해하는 능력을 개발하도록 도와 궁극적으로 개인의 목적을 찾을 수 있게 해야 한다.

힌두스탄 유니레버는 이렇게 할 수 있는 강력한 방법을 갖고 있다. 인도에서 관리직 신입사원은 대부분 일류 학교 및 도시 출신이다. 그러나 힌두스탄 유니레버의 전체 매출액 중 40퍼센트는 국가의 3분의 2를 차지하는 시골 지역에서 나온다. 그래서 이 회사는 신입사원을 시골에 있는 어느 가족의 집에 4~6주 동안 함께 살게 한다. 직원들은 따로 돈을 챙겨가지도 못한다. 그 기간에는 얹혀사는 집의 시골 사람들과 똑같이 생활해야 한다. 힌두스탄 유니레버의 회장 산지브 메타는 이 프로그램 덕분에 시골 사람들이 어떤 삶을 살아가는지 또 해당 지역의 경제가 어떻게 돌아가는지 신입사원들이 깊이 이해하게 된다고 말한다. 그는 또 이런 경험을 통해 직원들이 "소비자에 훨씬 더 깊이 공감하게 되고 현실에 단단하게 발을 붙일 수 있게 된다"라고 말한다. 이 프로그램은 직원들에게 외부자 관점을 제공했고 회사가 운영하는 사업에 인간미를 심어주었다.

라이프보이 브랜드의 글로벌 책임자였던 사미르 싱도 이 제도를 경험했다. 그는 라이프보이 브랜드를 맡아서 운영하기 13년 전에 힌두스탄 유니레버에 입사했고, 신입사원이면 당연히 따라야 하는 절차대로 시골 마을로 보내져 어느 가족과 함께 생활했다. 거기에는 전기도 없었고 화장실도 없었고 매우 춥기까지 했다. 그는 6주 동안 물소 우리에서 물소와 함께 잤다. 그리고 지금 그는 시골 소비자에게 제공하는 서비스를 결정할 때마다 "나는 그 시절로 돌아간다. 그때 내가 경험했던 그 사람들의 모든 일상으로 돌아가는 것이다. 느긋하고 낭만적인 전원생활과는 거리가 먼 힘든 일상 속으로 말이다. 그 경험 덕분에 나는 늘 현실적이고 실제적인 관점으로 제품과 서비스를 바라본다"라고 말한다.

당신이 신입사원이 되어 싱이 했던 것처럼 시골생활을 경험한다고 상상해보라. 이 경험이 당신을 변화시킨다면 아마도 당신은 소비자에게 봉사하고 깊은 이해와 공감을 중요시하는 문화 구축에 힘을 보탤 것이다. 그리고 만일 이런 것이 당신의 적성에 맞지 않다면 당신은 일찌감치 때려치우고 다른 회사를 알아볼 것이다. 어느 쪽이든 이 프로그램은 일관된 문화를 만들어낸다.

직원들을 동기부여하는 것은 무엇인가?

유니레버에서는 여러 해 동안 USLP 목표 달성과 보너스 지급 사이 아무런 연관성이 없었다. 옳은 일을 하는 직원에게 굳이 보너스를 줄 필요가 없다는 발상이 있었기 때문이다. 당연히 해야 할 일을 하는 것일 뿐 별도의 보상은 필요하지 않다는 것이다. 공장 관리를 잘해 사전에 일어날 수도 있었던 사고를 예방한 공장 책임자에게도 보너스를 주지 않았고, 인종 다양성 수준을 높이는 목표를 성공적으로 달성한 담당 임원에게도 보너스를 주지 않았다. 이러한 것들은 인간의 존엄성을 인정하고 인간을 존중하는 문화적 가치관에서 당연히 뒤따라야 하는 행동일 뿐이다. 또한 아무리 시간이 많이 걸리더라도 이렇게 하는 것이 올바른 문화를 정착시키는 방식이다(잘못된 어떤 것을 바로잡기 위해 돈이라는 보상을 내거는 행위는 돈으로 모든 것을 해결할 수 있다는 일종의 미국식 발상에서 비롯된 것이다).

금전적인 보상은 직원들에게 더 강력한 동기를 부여하기 위해 리더가 회사 바깥에서 구해오는 도구인데, 그 효과는 무디기만 하다. 당신이 암에 걸려 병원에서 진료를 받는다고 치자. 이때 병원에서 치료비로 얼마가 든다고 말할 때, 당신은 완쾌만 시켜준다면 치료비를 추가로 50퍼센트 더 내겠다고 말하는가? 대부분의 병원과 의사에게 당신이 추가로 주겠다고 제시하는 돈은 더 높은 수준의 서비스를 제공하고자 하는 동기가 되지 않는다.

기업에서도 마찬가지다. 넷 포지티브 관점을 지닌 직원들에게 목적과 사명은 핵심적인 목표이지 인센티브가 아니다. 직급이 낮은 직원들에게는 보너스가 중요한 동기가 될 수 있다. 그러나 대부분의 직원 특히 고위경영진이나 임원은 회사 안팎의 다른 동료들과 비교할 때 공정한 수준으로 보수를 받는 한, 금전적인 보너스에 동기를 얻지 않는다.

만약 금전적인 약속과 공정성이 기본적인 차원에서 충족되기만 하면 돈은 직원을 붙잡아두는 수단이 되지 않는다. 직원들은 자기가 설정한 목적을 달성하고, 자기가 사회와 세상에 변화를 일으킬 수 있고, 자기 목소리가 반영되고 또 자기 잠재력을 최대한으로 발전시킬 수 있다고 느낄 때 회사를 떠나지 않고 남는다. 또한 그들에게는 관리자와 좋은 관계를 맺는 것이 필요하다. 어떤 직원이 회사를 그만두고 떠나는 이유가 무엇일까? 회사가 싫어서가 아니라 상사와 관리자가 싫어서 떠난다.

어떤 직원이 목표를 달성하고 넷 포지티브 업무를 수행했을 때 보상을 줄 수는 있다. 직원을 평가할 때는 여러 가지 차원의 성과 가중치를 고려해 각자의 가치관과 행동을 기준으로 평가하라. 남들보다 나은 성과를 낸 직원은 당연히 특별하게 대우해야 한다. 다만 이 보상이 별도의 보너스 형식이어서는 안 된다. 쓰레기 배출 제로라는 목표를 달성한 공장장이나 지속가능한 아웃소싱 목표를 빠르고 혁신적인 방법으로 달성한 구매 담당자가 있다면, 이들을 승진시키거나 더 많은 책임을 맡기거나 급여를 올려주어라(그들이 경쟁할 대상을 바꾸어주라는 뜻이다). 지속가능성과 관련된 가치관을 내재화하지 못하거나 거기에 헌신하지 않는 직원에게는 회사에 소속된 직원으로서의 존재감이 부족하다는 메시지를 전달하라.

만약 특정한 지표나 수치만 기준으로 해서 직원에게 급여를 지급한다면, 그 직원의 관심 영역을 좁히는 결과가 초래된다. 로열DSM은 동종업계에서 다우존스지속가능성지수 1위를 차지할 때 임원에게 상당한 보너스를 지급했다. 이 제도는 너무도 협소한 조치였고 로열DSM은 결국 1위 탈환을 위한 추격을 중단하기로 결정했다. 총체적이면서도 시스템을 토대로 하는 리더십이 목표가 되어야지, 측정치나 외부에서 매겨지는 어떤 순위라는 좁은 범위가 목표가 되어서는 안 된다.

비록 유니레버가 특정한 지속가능성 지표를 기준으로 직접적인 보상을 직원에게 하지 않았지만, 주요 성과 지표에 대해서는 성공과 실패를 평가하고 또 거기에 따라 직원들에게 책임을 물었다. 목표를 진행 상황을 추적하는 것은 해당 직원의 성과를 점수로 매기는 것이라기보다 해당 직원과 대화를 나누는 것에 가까운 일이었다. 경영진은 분기별로 이런저런 문제의 진전을 살피면서 어떤 부서 혹은 어떤 기능이 뒤처지는지 점검하고 표시했다. 예를 들어 임원들은 몇 달에 한 번씩 구매 담당 부서와 회의하면서 진행 상황을 점검하고 물 사용, 쓰레기 배출, 에너지, 지속가능한 아웃소싱 등의 지표를 살폈다.

유니레버는 투명성을 확보하기 위해 높은 성과를 달성한 직원을 찾아내고 모든 직원에게 그 모범 직원의 진척 상황을 알렸다. 이 방법은 USLP의 원칙을 유니레버 기업 문화에 녹여내는 데 효과적이었다. 폴의 임기가 끝날 무렵에 유니레버는 상위 성과 임원 100명에게 동기부여 보상금을 주는 지속가능성 성과 부문을 추가했다. 이사회는 회사가 USLP를 통해 성과를 낼 수 있도록 하라고 경영진에 요청했다.

투자업계에서 ESG 중대성과 관련된 보고가 점차 늘어나고 이해도 깊어짐에 따라 점점 더 많은 회사가 ESG 성과를 보상의 직접적인 평가 대상으로 바라볼 것이다. 이것은 일견 바람직한 일처럼 보이지만 넷 포지티브 기업에서는 이런 인센티브 급여는 그다지 중요하지 않다. 직원들이 돈에 매수되어 영혼을 팔지 않는 한 말이다.

◖◗ 잘 짜여진 조직 인프라

직원들은 혁신이나 책임과 같은 어떤 것을 "조직의 DNA 안에" 녹여낸다. 그러나 기업에서 핵심이라고 할 수 있는 기업의 목적은 시간이 지남에 따라 쉽게 실종되기도 한다. 목적을 추구하는 문화의 인프라를 튼튼하게 구축하라. 그렇지 않으면 이 문화가 아득하게 사라져버릴 수도 있다.

넷 포지티브 문화가 우성 유전자가 되도록 하려면 이 문화가 기업의 모든 측면에 녹아들도록 해야 한다. 지속가능성 부서에 있는 직원들을 다른 부서 또는 다른 지역에 순환배치하는 것도 도움이 된다. 최고지속가능성책임자의 궁극적인 목표는 자기가 하는 업무가 나중에는 필요 없어지게 만드는 것이라고 시브라이트는 말한다. 물론 이말은 과장된 것이긴 하다. 지속가능성에 대해 회사 전체에서 중앙집중적인 계획은 늘 갖고 있어야 하기 때문이다.

의사결정 사항을 조직의 하부로 밀어붙이는 일은 원칙을 기반으로 하는 조직에서만 작동한다. 유니레버의 '컴퍼스' 전략은 다분히 의도적인 이름이었다. 어떤 길을 찾아나서려면 나아가고자 하는 방향에 놓여 있는 나무들과 주변을 더듬고 탐색해야 하듯이 직원들이 다중이해관계자를 살피길 바랐다. 이런 문화를 구축하는 것은 단지 인사

담당 부서만의 업무가 아니라 CEO의 업무여야 한다.

예산이나 연구개발 그리고 인수합병과 같은 몇몇 핵심 영역은 지금도 여전히 충분히 검토되지 않고 있다. 이런 점들은 해결해야 할 과제다. 그 영역을 하나씩 살펴보자.

넷 포지티브 예산 확보하기

라이프보이의 글로벌 손 씻기 프로그램처럼 목적을 지향하는 프로젝트의 성과는 브랜드 가치 증가, 매출액 증가로 나타난다. 인프라에 투자하려면 많은 자본이 필요하며 이때 예산편성은 문화적인 측면에서 다루어져야 한다. 그래서 유니레버는 목적을 지향하는 계획을 별도의 사업으로 바라보지 않고 특정한 사업 활동의 일환으로 보고 예산을 편성한다. 이때 넷 포지티브 관련 비용은 마케팅 예산이나 자본적 지출*에 포함된다.

쓰레기 배출 제로 공장은 초기에는 비용이 상대적으로 많이 들겠지만 높은 품질, 적은 폐기물, 나은 기업 평판 등의 결과를 내놓는다. 생활임금에 투자하거나 공급망에서 임시직을 줄이고 정규직을 늘릴 때 단기적으로는 비용이 늘어나지만 장기적으로는 이직률이 낮아지고 생산성이 높아진다.

기업 활동의 최일선에 있는 관리자에게 재량권을 더 많이 부여해서 자기의 판단에 따라 자금을 할당할 수 있도록 해야 한다. 유니레버가 맨 처음 공장에 태양 전지판을 설치하는 것을 고려할 때 생산

---

* 고정자산에 관한 지출 중에서 고정자산의 가치를 높이거나 가용연수를 높이는 지출

부문 책임자는 자본예산*에 대한 압박을 받을 수밖에 없었다. 하지만 그 책임자는 전기 요금과 비용(탄소 가격 포함)에 대한 책임도 지고 있었다. 그는 공장이 지역사회에 미치는 환경 영향을 포함한 5년, 10년 단위의 계획을 마련해야 했다. 이런 폭넓은 관점을 가졌던 덕분에 그는 총체적인 관점을 유지하면서 균형 잡힌 선택을 할 수 있었다 (결국 태양광 패널은 설치되었다).

힌두스탄 유니레버의 산지브 메타는 기업이 배정해야 하는 예산과 물 사용가능성을 놓고 "물 없이는 사업을 할 수 없다는 관점에서 본다면 수자원과 기업의 미래를 보호하는 프로젝트에 돈을 쓰지 않을 이유가 없다"라고 말한다. 이런 투자를 기업 활동에서 당연한 것으로 인지하게 하는 일은 목적을 추구하는 문화에서 비롯된 것이다. 메타는 누구나 위기감을 느낀다면 "해결에 필요한 돈도 얼마든지 찾을 수 있다"라고 말한다.

직원들이 분기별 목표를 추구하게 만들지 않고 장기적인 관점을 갖고 일할 자유를 주는 것은 리더십과 조직 차원의 결정이다. 이렇게 할 때 직원들은 한 걸음 뒤로 물러서서 숲을 볼 수 있게 된다.

연구개발 인력을 브랜드팀에 배치하기

USLP는 혁신을 외부자 관점으로 바라보게 해주었다. 지구위험한계선에 대한 이해와 그 한계선의 아홉 가지 위험이 우리가 사는 세상에 어떤 영향을 주는지 등을 이해할 때, 연구조사 담당자들은 제품에

●　자본적 지출에 대한 예산

채워야 할 부분과 제품 앞에 놓여 있는 기회를 쉽게 포착할 수 있다. 유니레버는 브랜드와 연구개발이 조화롭게 조정을 이루면서 USLP에 기여하도록 각 브랜드 팀에 연구개발 책임자를 포함시켰다.

예를 들어 라이프보이의 손 씻기 운동을 담당하는 브랜드 관리자는 제품 혁신이 해결할 수 있는 어떤 문제를 포착했다. 이 프로그램은 아이들에게 30초 동안 손을 씻도록 가르친다. 그러나 어떤 지역에서는 모든 아이가 그렇게 오래 손을 씻을 물이 충분하지 않을 수도 있다. 그리고 그 아이들은 어리기 때문에 인내심 있게 30초 동안 씻지 못할 수도 있다. 이런 문제를 해결하는 것이 유니레버가 인류 복지에 대한 USLP 목표를 달성하는 데 도움이 될 것이라고 브랜드 매니저들은 믿었다.

당시 유니레버의 연구개발 책임자였던 제네비에브 베르거는 라이프보이팀에 세균을 더 빨리 죽이는 방법을 찾아내라는 임무를 맡겼다. 그리고 그들은 손에 묻은 대장균 및 그 밖의 다른 세균을 10초 만에 죽이는 천연 성분(백리향과 소나무)의 분자 조합을 찾아냈다. 라이프보이를 '수정'하기 위한 그 임무는 일회성이 아니었다. 유니레버는 조직에 넷 포지티브 사고를 위해 연구개발에서 '녹색 깔때기green funnel'를 사용했다. 이것은 환경적·사회적 요구를 수용하는 과정의 한 단계였다. 새로운 혁신은 이윤을 추가하는 동시에 환경 검증 기준도 통과하는 것이어야 했다.

유니레버의 또 다른 연구개발 책임자였던 데이비드 블랜차드는 녹색깔때기리뷰Green Funnel Review라는 연례보고회를 만들었는데, 이것은 제각기 다른 제품 범주에 속한 연구자들이 새로운 제품과 기술 플랫폼 그리고 전 세계의 소비자들이 직면하는 도전과제를 공유하는 데 도움이 되었다. 예를 들어 사람들이 양동이에 물을 받아서 옷을 빨아야 하는 (또는 물을 확보하려면 몇 킬로미터씩 걸어야 하는) 지역사회에서는 빨래하는 데 한 양동이의 물이 필요하고 헹구는 데는 여섯 양동이의 물이 필요했다. 이런 상황에서 녹색깔때기리뷰 자리에서 세탁팀은 물 여섯 양동이를 준비한 다음 마케팅팀과 연구개발팀에게 "이것이 우리가 해결하려는 문제다"라며 그 물통들을 다른 방으로 옮겨달라고 요청했다. 소비자가 일상적으로 맞닥뜨리는 상황을 직접 체험함으로써 구성원들은 소비자에게 공감할 수 있었다. 그래서 그들은 '한 번만 헹구어도 되는' 신기술을 개발했다. 비누 거품을 빠르게 헹구는 이 기술 덕분에 물이 부족한 지역에 사는 사람들은 빨래를 할 때 예전보다 물을 훨씬 적게 사용해도 되었다. 브랜드 관리자들은 이 혁신을 보고 샤워할 때 비누와 샴푸를 씻어내는 시간도 줄일 수 있는지 물었다. 이렇게 해서 그 기술은 다른 브랜드에도 적용되었다.

물론 '녹색 깔때기 과정'이 늘 성공하지는 않았다. 용기의 부피와 배송 과정에서 발생하는 탄소배출량을 대폭 줄이는 압축 탈취제가 대박을 터뜨릴 것이라고 확신했지만 소비자들이 보여준 반응은 예상 밖이었다. 용기의 부피가 줄어들자 제품의 양이 줄어들었다고 생각해 사지 않았던 것이다. 각각의 브랜드팀에 있는 연구개발 인력 덕분에 실패 사례를 통해 빠르게 교훈을 얻을 수 있었다.

넷 포지티브 기업을 인수합병 하기

유니레버는 USLP가 활력을 얻고 회사가 성장하자 M&A에 박차를 가했다. 폴이 재임한 기간에 유니레버는 52개의 브랜드를 팔았고 65개의 브랜드를 샀으며 포트폴리오 구성을 극적으로 바꾸어 미래에 대비했다(이런 인수합병 숫자는 지난 20년 동안 유니레버가 했던 모든 인수합병을 합친 것보다 많았다). 그런데 유니레버가 인수한 회사는 상품의 범주를 확대하고 또 다른 범주로 진출하는 목적 중심적인 회사가 많았다.

선다이얼브랜즈는 젊은 다문화 소비자층을 주고객으로 삼는 잘 나가는 헤어 및 피부 관리 회사였다. 이 회사의 창업자 리치 데니스는 라이베리아에서 이민 와서 맨손으로 이 회사를 일으켰는데, 처음에는 뉴욕의 할렘가에서 접이식 탁자를 놓고 시어 버터*를 팔았다.[8] 이회사가 2017년에 유니레버에 합병되었지만 데니스는 그 뒤에도 회사에 계속 남았다. 데니스와 선다이얼브랜즈는 새롭게 성장하는 시장에 대한 지식을 유니레버에 안겨준다.**

데니스를 비롯해 유니레버에 인수합병된 기업의 CEO 중 다수는 다른 기업이 아닌 유니레버와 합쳐지는 것에만 관심이 있다는 뜻을 분명히 했다. 천연 조미료 회사 서켄싱턴Sir Kensington의 창업자 마크 라마단과 스콧 노턴은 처음에는 "우리 회사는 팔려고 내놓은 게 아니다"라고 말했다. 그러나 유니레버가 인수하겠다는 뜻을 밝히자 그들은 "우리의 가치관을 지키면서도 상품을 더 넓은 시장으로 더 빠르게 퍼뜨릴 수 있을 것"을 깨달았다.[9]

• 시어 열매에서 추출하는 식물성 지방의 하나로 주로 보습제나 연화제로 쓴다.
•• 선다이얼브랜즈의 주 고객은 흑인이었다.

세븐스제너레이션의 공동창업자인 제프리 홀렌더는 대기업이라면 늘 의심부터 했었다. 그래서 이미 여러 해째 월마트의 입점 제안을 거부해왔었다. 홀렌더는 라마단이나 노턴보다 더 단도직입적으로 "세븐스제너레이션을 내가 흔쾌히 넘길 회사는 하나밖에 없었다. 나에게는 유니레버라는 선택지밖에 없었다"라고 말했다.[10] 당시 세븐스제너레이션의 CEO였던 존 레플로글은 유니레버의 지도부와 여섯 달 동안 비콥 인증을 받는 회사가 되는 것에 대해 대화를 나누었다. 그다음에 비로소 인수 가격을 놓고 협상을 시작했다.[11] 세븐스제너레이션은 인수된 뒤 5년 동안 매출액이 두 배 이상 늘어났고, 지금 이 회사의 제품은 전 세계 40개국에서 판매 중이다.

유니레버는 인수합병된 회사라도 독립적으로 운영하게 하는 것이 일반적인 방침이다. 그러나 회사가 확장하는 데 필요한 지식과 자원은 모회사에서 얼마든지 가져가서 활용하도록 했다. 북미 유니레버의 사장이었던 키스 크루위토프는 유니레버가 인수합병한 자회사들을 도와 성장하게 했다고 말한다. 그는 세븐스제너레이션의 경영진에게 "축하합니다. 당신들은 유니레버를 인수하신 겁니다. 유니레버가 가진 모든 자원을 공짜로 사용할 수 있게 된 걸, 다시 한 번 축하합니다!"라고 말했다. 또한 크루위토프는 벤앤제리스 브랜드의 CEO 조스테인 솔하임에게는 "당신이 할 일은 유니레버에서 반란을 일으키는 것이다"라고 말하기도 했다.[12]

보통 대기업에 인수된 뒤 회사 창업자는 회사를 떠난다. 그러나 유니레버에 회사를 판 창업자들은 대부분 유니레버에 남았다. 유니레버의 문화 때문에 그랬다. 남아 있는 이들끼리 친근감을 느끼게 되고 같은 처지의 다른 사람들을 더 많이 붙잡아두게 했다. 이것은 경쟁우위 요소로 작용하는 승수 효과다.

넷 포지티브 기업은 인수합병을 전통적인 관점과 다르게 바라본다. 그 덕분에 새로운 회사를 넷 포지티브 문화권 안으로 추가하거나 그 회사로부터 교훈을 얻는 일에 성공할 확률이 높다. 선구적이고 위험을 감수하는 사고방식으로 목적을 지향해 성공한 회사 및 창업자를 유니레버 안으로 끌어들이는 것은 유니레버의 DNA에 새로운 요소를 추가한다는 뜻이기도 하다. 유니레버의 기존 임원들은 인수합병한 회사 및 창업자가 가진 열정과 흥분을 보고 물든다. 또 대기업이 더는 말하지 않는 색다른 목소리를 듣는다. 유니레버가 목적 지향적인 회사를 많이 끌어안을수록 목적을 추구하고자 하는 활동은 더 빠르게 이루어지며 그럴수록 유니레버는 넷 포지티브에 가까워진다.

◖ 목적 지향적인 브랜드가 존재

목적을 지향하는 작업은 회사 전체에서 시작된다. 회사 전체가 아니라 브랜드에서 이루어지는 작업은 공허하고 어쩐지 하다가 만 것처럼 보인다. 어떤 회사가 지속가능한 팜유를 사용해 어떤 제품을 만들지만 다른 제품은 그렇게 하지 않는다고 쳐도 이런 회사는 신뢰받지 못한다. 모회사에 소속된 여러 브랜드 가운데 평판이 가장 낮은 브랜드의 평판 점수가 예를 들어 30점이라면, 모회사의 평판 점수도 30점밖에 되지 않는 것이다.

모든 것은 브랜드 차원에서 진행된다. 제품에 의미를 녹여내는 것은 목적을 추구하는 문화가 정착되었다는 증거다. 바로 이럴 때 목적은 눈에 보이지 않는 교육 프로그램이나 CEO가 하는 말을 넘어 생생하게 살아 있고 물성을 가진 것이 된다. 유니레버의 목적 지향성도 마케팅 담당자들이 이사회에 합류했을 때 진정으로 안착했다.

유니레버는 제품이 취해야 할 입장 또 해결해야 할 사회적인 쟁점을 포착함으로써 성장 동력을 확보해왔다. 이 일을 제대로 하면 매출도 올라갔다. 여러 해 동안 목적 지향적인 브랜드들은 그렇지 않은 브랜드보다 50~100퍼센트 빠르게 성장하면서 회사의 성장 측면에서 75퍼센트나 기여했다.[13] 이것이 바로 목적을 통한 이익 창출이다.

도브와 라이프보이가 운영하는 두 개의 오랜 브랜드 목적 관련 프로그램은 USLP 이전에도 있었지만 규모가 작았으며 일관되게 적용되지도 않았다. 라이프보이의 프로그램은 인도인이 대부분인 3,000만 명 규모에서 10억 명을 참여시키는 세계적인 프로그램으로 발전했다. 넷 포지티브 기업은 회사 전반에 걸쳐 이런 프로그램을 갖고 있다.

유니레버에서는 현재 28개 브랜드가 목적을 지향하는 것으로 지정되어 있다. 그러나 브랜드 차원이 아니라 회사 차원의 목적 지향적인 작업은 300개의 모든 브랜드가 함께 수행한다.

브랜드가 목적 지향적으로 발전한 사례

USLP 초창기 마케팅 담당 글로벌 책임자였던 마크 매튜는 목적을 브랜드 차원으로 끌어내리는 데 중요한 역할을 했다. 그는 예전과 다른 문화를 구축하며 USLP에 맞는 브랜드를 개발할 수 있도록 이른바 '크래프팅 브랜드 포 라이프Crafting Brands for Life'라는 서사를 만들었다. 이것은 모든 직원에게 "당신은 세상을 기꺼이 바꾸겠다는 마음을 갖고 있는가?"라고 묻는 동영상을 제작해 생각 변화를 이끌어내는 캠페인이었다(그 질문은 유니레버 창립 당시에 로드 레버가 위생 문제를 개선하겠다고 했던 약속을 언급하는 것이었다).

매튜는 "브랜드는 소비자가 구매하는 제품이지만 소비자를 설득하는 것이기도 하다"라고 말한다. 매튜는 생각을 확장하기 위해 유니레버의 '브랜드 키brand key*'를 재설계했다. 원래의 브랜드 키에는 14개의 항목이 있었으며 지나치게 복잡했다. 매튜는 이것을 제품과 브랜드와 인간성에 초점을 맞추는 형태로 축소했다. 브랜드가 목적을 향해 나아갈 수 있도록 더 큰 야망을 지닌 심장을 추가했고 이것을 실현할 요소로 둘러 쌓았다.

유니레버는 이것을 '브랜드 러브 키brand love key'라고 부른다. [그림 9-1]은 호주의 땀 억제제 브랜드 렉소나Rexona의 브랜드 러브 키를 보여준다(이 브랜드는 진출한 나라에 따라서 슈어Sure나 디그리Degree 또는 실드Shield로 불리기도 한다). 이 브랜드의 목적은 사람들이 땀 냄새를 풍기지 않고 자신감을 갖고 살게 하는 것, 즉 '더 많은 것들을 하면서' 한계를 뛰어넘도록 돕는 것이다. 렉소나의 USLP 야망은 "사람들이 신체적으로 활발하게 활동하고, 사회적으로 다른 사람들과 연결되며, 정서적으로 충만한 삶을 살게 하는 것"이다. 렉소나는 개인 위생교육 프로그램을 업무의 일환으로 소비자나 잠재적인 소비자를 대상으로

• FMCG 즉, 생필품 마케팅에서 흔히 사용하는 브랜드 포지셔닝 프레임워크

그림9-1 렉소나의 브랜드 러브 키

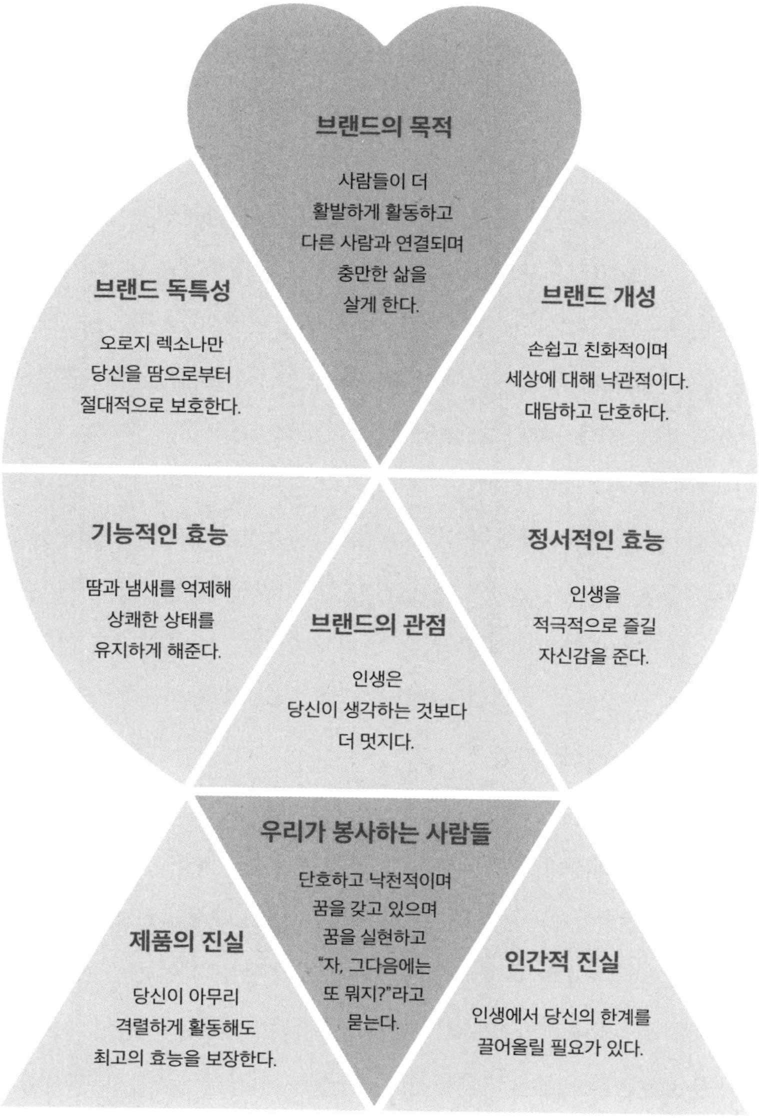

브랜드의 목적

사람들이 더
활발하게 활동하고
다른 사람과 연결되며
충만한 삶을
살게 한다.

브랜드 독특성

오로지 렉소나만
당신을 땀으로부터
절대적으로 보호한다.

브랜드 개성

손쉽고 친화적이며
세상에 대해 낙관적이다.
대담하고 단호하다.

기능적인 효능

땀과 냄새를 억제해
상쾌한 상태를
유지하게 해준다.

브랜드의 관점

인생은
당신이 생각하는 것보다
더 멋지다.

정서적인 효능

인생을
적극적으로 즐길
자신감을 준다.

우리가 봉사하는 사람들

단호하고 낙천적이며
꿈을 갖고 있으며
꿈을 실현하고
"자, 그다음에는
또 뭐지?"라고
묻는다.

제품의 진실

당신이 아무리
격렬하게 활동해도
최고의 효능을 보장한다.

인간적 진실

인생에서 당신의 한계를
끌어올릴 필요가 있다.

진행한다.

"뭐래? 기껏해야 그냥 탈취제잖아"라고 말해도 좋다. 틀린 말은 아니다. 이것이 비록 세상을 바꾸는 브랜드 사명 중 하나는 아니지만, 도전과제 측면에서 좋은 사례다. 목적을 지향하는 브랜드는 삶에서 더 큰 문제와 연결되어 이 문제를 해결한다. 탈취제는 사람들이 다른 사람들과 관계를 맺을 때 느끼는 자기 이미지와 연결된다. 물론 몇몇 브랜드는 이보다 더 큰 목표와 연결된다. 라이프보이는 손 씻기를 통해 생명을 구할 수 있고, 바세린은 자연재해 현장과 난민수용소에 의료용품을 제공하며, 도메스토스의 청소용품은 "열악한 위생 환경과의 전쟁에서 승리하겠다"는 목적을 설정하고 있다.

그런데 렉소나의 탈취제는? 또 액스의 바디스프레이는 어떤가? 오랜 세월 동안 여성 혐오적인 광고를 해왔던 브랜드가 어떻게 좋은 목적을 찾을 수 있었을까? 액스를 포함한 몇몇 브랜드로서는 규모가 큰 어떤 사명을 찾아내는 일은 쉽지 않았으며 명확하지도 않았다. 또한 액스는 겸손한 모습을 보여야 했고 지금까지 여성을 어떻게 묘사했는지 인정해야 했다.

유니레버의 많은 브랜드들은 더 큰 사명을 찾기 위한 도구로 SDGs를 사용해왔다. 농업 부문에 공급망을 둔 식품 회사 크노르는 SDG-3(건강하고 행복한 삶) 그리고 SDG-15(육상생태계 보전)에 공을 들이고 있다. 열악한 위생 환경을 상대로 전쟁을 벌이는 도메스토스는 SDG-6(건강하고 안전한 물 관리)과 연결되어 있다.

어떤 브랜드에 맞는 목적을 찾는 과정은 시간을 들여 기업이 진화하는 과정이다. 유니레버의 지속가능성 담당 글로벌 책임자인 카렌 해밀턴은 목적을 지향하는 여정에 나선 브랜드들을 세 개의 집단으로 나눈다. 목적을 만들고 브랜드 키를 구축하는 집단, 어떤 쟁점에 대해 보다 많은 것을 겸손하게 학습하는 집단 그리고 도브, 라이프보이, 도메스토스, 세븐스제너레이션 등과 같이 앞서나가 운동의 규모를 확장하는 집단이다. 어떤 브랜드든 목적을 지향하는 여정에서 멀리 나아갈수록 말과 행동의 간극이 줄고, 지지하는 것이 무엇인지 명확하게 말하며, 효과를 발휘하는 다양한 프로그램을 실천한다.

다양한 프로그램으로 소비자와의 접점을 늘려나갈 때 브랜드는 더 크고 깊은 문제를 해결할 것이라는 신뢰를 얻는다. 도브는 6,900만 명이나 되는 청년을 대상으로 강좌를 개설하고 있었기에 자존감에 대해 적법한 방식으로 말할 수 있었다. 라이프보이는 수억 명에게 비누로 손을 씻는 방법을 가르쳤기에 아동 사망률을 낮추는 일에 관여할 수 있었다. 도메스토스는 인도에 화장실 수백만 개를 짓는 데 도움을 주었고 학교 청소 프로그램을 개발했기에 노천 배변이라는 큰 문제를 해결하는 데 힘을 보탤 수 있었다. 브룩본드의 레드라벨 차※는 광고와 마케팅을 통해 인종적인 편견과 성 편견 문제를 정면으로 다루었기에 관련된 작업에 참여할 수 있었다.

브랜드 재활성화 시키기

1800년대부터 이어진 라이프보이 비누의 여정은 유니레버 이야기의 축소판이다.

라이프보이가 오랫동안 초점을 맞추어왔던 도전과제는 충분히 예방할 수 있는 질병 때문에 5세 미만 어린이 수백만 명이 가슴 아픈 죽음을 맞는 문제를 해결하는 것이다.[14] 정기적으로 손을 씻는 습관은 생명을 위협하는 폐렴과 설사라는 두 개의 커다란 질병의 발생률을 각각 23퍼센트와 45퍼센트 줄일 수 있다. 산모와 산파에게 손 씻기 습관을 가르칠 때 생후 한 달 이내에 사망하는 250만 명의 영아 사망자 중 40퍼센트를 살릴 수 있다.

라이프보이의 프로그램은 먼저 아이와 엄마에게 위생 교육을 하는 미디어를 통한 광범위한 홍보로 시작되었다. 그 후 하루에 다섯 번(즉 화장실에서 볼일을 본 뒤, 식사 전, 목욕할 때) 손 씻기를 권장하는 만화책 『다섯을 가르치는 학교School of Five』를 제작 배포했다. 제품으로는 '미키마우스 손 씻기 세트'처럼 손 씻기를 일상적이고도 재미있는 행동으로 만들어주는 것이 있었다.

2010년 이후 이 프로그램들은 아시아와 아프리카 그리고 라틴아메리카의 29개 국가에서 약 5억 명을 대상으로 진행되었다. 유니레버는 이런 프로그램을 진행하면서 다양한 협력관계를 맺었는데 그 가운데 인도의 글로벌백신연합Global Vaccine Alliance과 협력해 비누로 손 씻기와 예방 접종(이 두 가지는 질병을 예방하는 가장 효과적인 방법이다)을 촉진하는 것도 포함되어 있었다. 최근에는 영국 정부와 손을 잡고 1억 달러 규모의 협력관계를 맺어 10억 명이나 되는 사람들이 코로나19에 대한 경각심을 높이고 행동을 바꾸게 했다.[15]

불필요한 죽음을 줄이기 위한 프로그램의 결과는 탁월했다. 설사로 사망하는 어린이의 수는 전 세계적으로 36퍼센트 줄었다. 또한 인도의 2,000가구를 대상으로 한 연구는 라이프보이 교육 프로그램 덕분에 설사는 25퍼센트, 급성호흡기감염은 15퍼센트, 더러운 손으로 눈을 만져 발생하는 안과 질환은 46퍼센트가 줄었다는 사실을 보여주었다. 적절하게 교육받은 산모일수록 아기의 기저귀를 갈거나 모유 수유를 하기 전에 손을 씻을 확률이 높아졌다.

라이프보이의 재무 상태는 수십 년 동안 제자리걸음을 하거나 조금 줄어들었는데 라이프보이가 목적을 지향한 뒤로는 해마다 두 자릿수의 매출 성장을 기록하기 시작했다. 그리고 유니레버의 브랜드 중 10억 유로 명예의 전당에 오른 열두 번째 브랜드가 되었다. 라이프보이는 폴이 유니레버 CEO에서 은퇴할 때 그와 그의 아내의 사진을 넣은 맞춤형 비누를 선물로 주었다(금시계가 아니어도 이 얼마나 멋진가!). 또한 포장에는 라이프보이가 매출을 두 배로 늘리면서도 탄소 발자국을 줄인다는 USLP의 핵심 목표를 달성한 사실이 자랑스럽게 적혀 있다.

이런 성공은 유니레버 문화에도 놀라운 기여를 한다. 지금까지 4만 명이 넘는 직원이 라이프세이버Life Saver 자원봉사자로 손 씻기 행사에 참여했다. 모든 직원은 회사가 수백만 명의 생명을 구하는 데 힘을 보탰다는 사실에 자부심을 느낀다.

사실 유니레버의 목적 지향적인 브랜드 중 대부분은 몇 년 동안 아무런 성과도 거두지 못했다. 그러나 마침내 재성장의 시동이 걸렸다. 수프와 곡물 등 농산물 브랜드인 크노르는 "누구나 이용할 수 있고 저렴하게 먹을 수 있는 완전하고 영양가 높은 식품"을 만드는 목적을 채택했으며 식품의 품질과 접근성과 건강이라는 문제에 초점을 맞추고 작업했다. 크노르의 매출은 수십 년 동안 그저 그런 수준을 유지했지만, 지금은 시장 상황이 매우 나쁨에도 불구하고 경쟁사들의 매출 하락 속에서 꾸준히 높은 매출을 기록하고 있다. 125년이나 된 브랜드 헬만의 마요네즈는 유니레버가 음식물 쓰레기와의 전쟁에서 큰 역할을 할 수 있음을 알게 된 뒤부터 새로운 성장 동력을 찾았다.* 헬만의 경영진은 농가를 방문했으며, 달걀을 공급하는 농가를 내세운 광고와 함께 브랜드를 연결했다. 헬만은 아웃소싱과 메시지를 통해 "진짜 음식을 방어"하는 일에 노력을 쏟았다. 또한 100퍼센트 방사한 닭이 낳은 계란 및 100퍼센트 재활용 플라스틱 포장을 내세워 재성장을 추진했다.

목적 지향적인 브랜드 개발하기

넷 포지티브 사고는 혁신을 추동하고 기존 브랜드에 활력을 불어넣는 것 이상으로 더 많은 일을 하게 한다. 북미 유니레버의 사장이었던 키스 크루위토프는 목적을 지향하는 제품의 포트폴리오는 세 가지 영역에서 비롯된다고 말한다. 도브와 벤앤제리스 경우처럼 핵심 제품을 강화하는 영역과 세븐스제너레이션과 화장품 회사 시어모이스처 경우처럼 브랜드를 인수하는 영역, 마지막으로 처음부터 새로운 제품을 만드는 영역이다.

유니레버는 러브뷰티앤플래닛Love Beauty and Planet이라는 헤어 및 피부 관리 브랜드를 개발할 때 그야말로 아무것도 없는 백지 상태에서 시작했다. 이 브랜드의 제품 포장은 100퍼센트 재활용품이다. 원료는

---

* 미국에서는 매년 7,300만에서 1억 5,200만 톤의 식품이 버려지고 있으며 그중 가장 큰 비중을 차지하는 것이 유제품과 계란이다.

순식물성이고, 원료 가공 과정에서 잔인함이 포함되는 공정은 일절 없으며 또 파라벤이나 염료도 들어가지 않았다. 모든 것은 부정적인 영향을 최소한으로 하고 노동자의 생계를 촉진하는 방식으로 아웃소싱되었다. 나무향이 나는 기름이 나오는 식물, 베티베르 풀은 아이티의 농장에서 사왔다. 유니레버는 이 기름을 웃돈까지 얹어 구매했으며 아이티의 도로 건설이나 의료, 화장실, 전기 등과 같은 지역사회 개발 프로젝트까지 지원했다.

크루위토프가 말하듯이 "그 어떤 유산도 없이 백지 상태에서 시작하며 오로지 사회적인 필요성을 기반으로 제작, 포장, 소통하는 전체 과정을 설계하는 자유로움이 바로 브랜드를 창조하는 데 궁극적으로 필요한 것이다." 백지 상태라는 조건은 브랜드가 어디로 향할 수 있으며 어디까지 확장될 수 있을까 하는 점에서 한계를 설정하지 않는다. 러브뷰티앤플래닛 계열의 제품은 출시 첫해에 5,000만 달러를 벌었다. 전 세계적으로 샴푸와 컨디셔너 제품의 판매는 줄었지만 이 신제품은 빠르게 성장해 출시 1년 만에 상위 20개 샴푸 브랜드에 진입했다.[16] 그리고 불과 2년 만에 40개국에서 판매되었다.

열정적인 직원 로라 프루트먼이 만든 라이트투샤워The Right to Shower (샤워할 권리)라는 브랜드의 개발 과정은 기업이 목적을 추구할 때 무엇을 중시해야 하는지 보여준다. 프루트먼이 만든 도브에서 글로벌 브랜드 관리자로 일할 때 노숙자를 돕고 싶다는 개인적인 목적을 바탕으로 라이트투샤워의 사업계획서를 만들었다. 이 브랜드는 '희망'이나 '존엄성'과 같은 이름으로 비누와 바디워시를 만들고 전체 수익의 30퍼센트를 노숙자들이 샤워를 비롯한 여러 가지 서비스를 누릴 수 있도록 돕는 운동에 기부한다. 그녀는 유니레버에서 자신의 사명을 다하면서 살아갈 수 있는 완벽한 방법을 찾은 것이다. 이제 그녀는 제품 총괄 책임자이자 사내기업가*다.

◀◀ 공동체 및 지역 문화와의 연결성

기업 문화는 회사 안에 존재하는 문화와 회사 바깥에 존재하는 문화를 연결해야 한다. 이때 여러 가지 위험과 보상이 동시에 존재한다.

규범에 도전하기

세계에서 손꼽히는 유니레버의 차 브랜드 브룩본드는 "편견의 세상에서 포용성을 대변하는 것"을 사명으로 삼았다. 마케팅 역량을 활용해 관용 캠페인을 벌이면서 사람들이 함께 둘러앉아서 차를 마시는 경험이 사람들을 하나로 모으는 데 얼마나 큰 도움이 되는지 보여준다. 안타까운 사실이지만 인도에서는 이슬람 신도들을 대상으로 하는 종교적인 폭력이 흔히 일어난다. 바로 이 문제에 브룩본드가 팔을 걷고 나섰다. 이 회사의 광고 하나를 보자. 힌두교도로 추정할 수 있는 인도 가족이 아파트의 문이 잠겨 있어 집으로 들어가지 못한다. 그러자 옆집 무슬림 여성이 이 가족에게 자기 집으로 들어와서 함께

---

* 회사로부터 사업화에 필요한 자금과 인력을 지원받고 실적에 따라 급여 이외의 보너스를 추가로 받는 사람

차를 마시자고 한다. 그 가족은 잠시 망설이지만 결국 초대를 받아들여서 함께 차를 마신다. 이때 "함께 나누는 바로 그 맛"이라는 문구가 화면에 자막으로 뜬다.

또 다른 브룩본드 광고는 트랜스젠더를 차별하는 세태를 다룬다. 할머니와 손녀가 택시를 타고 이동한다. 그런데 억수같이 쏟아지는 비로 교통체증이 무척 심하다. 할머니와 아이는 꼼짝없이 택시에 갇혀 있다. 그때 트랜스젠더 차 장수가 창문을 두드린다. 그러자 할머니는 고개를 저으며 외면하고는 "저런 고약한 트랜스젠더 같으니라구!"라고 중얼거린다. 하지만 그 차 장수는 교통체증으로 꼼짝 못하는 사람들을 위해 무료로 차를 나누어주고 있었다. 결국 할머니는 그 차를 받아들고 따뜻하게 마시고는 차 장수를 부른다. 트랜스젠더의 얼굴을 부드럽게 어루만지면서 "축복받으세요"라고 말하는데 손녀는 이 모습을 바라보면서 관용을 배운다. 힌두스탄 유니레버는 포용성을 확산하기 위해 폭넓은 활동을 벌인다. 인도 최초의 트랜스젠더 밴드의 창설을 지원한 것도 그런 노력의 일환이다. 이 밴드를 소재로 한 영화는 칸영화제에서 황금종려상을 받기도 했다.

이 광고들은 속임수처럼 들릴지라도 진짜처럼 받아들여진다. 여러 가지 활동 덕분에 브룩본드는 최근 인도 최대의 차 브랜드가 되었다. 힌두스탄 유니레버 회장 산지브 메타는 이것이 트랜스젠더나 종교적 관용 때문이라고 딱 잘라서 말할 수는 없어도 "목적을 가슴에 새기고 있는 브랜드, 말만 하는 게 아니라 실천으로 행동하는 브랜드"가 거둔 성공임은 분명하다고 말한다.[17]

어떤 입장을 취할 때는 위험이 뒤따른다. 유니레버의 아이스크림 브랜드가 호주에서 동성애자의 권리를 지지하는 광고를 했을 때 이 제품이 생산된 인도네시아에서도 온라인으로 이 광고를 볼 수 있었다. 그런데 인도네시아는 동성애를 불법으로 규정하고 있었다. 결국 유니레버는 그 광고를 내렸지만 끝까지 포용성을 포기하지는 않았다. 전 세계적으로 유니레버는 고용 및 직원 복지에서 동성 결혼을 인정했고, 인도네시아의 동성애자 커뮤니티는 어떤 회사가 자기들을 환영하는지 알고 있었다. 이런 회사들로 더 많은 인재가 몰려들 것은 당연하다.

그럼에도 불구하고 기업에게 이런 선택은 아슬아슬한 줄타기 같을 수밖에 없다. 그렇기에 자기의 가치관과 원칙을 지켜나가면서도 다른 여러 문화가 반감을 느낄 수 있는 메시지를 내지 않도록 조심해야 한다. 넷 포지티브 기업은 변화를 주창할 것이며, 어려운 도전과제라고 하더라도 기꺼이 마주할 것이다. 특히 이런 행동으로 어떤 집단을 같은 문화적 규범으로 이끌 수만 있다면 더욱 더 그렇다. 우간다에서 게이는 법률에 따라 사형을 받을 수도 있다. 인간 중심적인 사업 관행을 옹호하는 세계 리더들의 모임인 B팀은 우간다 정부에 그 잘못된 관행을 고치지 않으면 보이콧을 하겠다고 위협하는 편지를 썼다. 이 편지 때문이라고는 할 수 없지만 어쨌거나 이 편지가 도움이 되어 우간다의 그 법률은 수정되었다.

형평성에 대한 약속은 유니레버 전체에 걸쳐 통용된다. 도메스토스는 화장실 및 위생 관련 작업에서 인도의 카스트 제도를 영리한 방식으로 다루었다. 도메스토스가 인도에서 수백만 개의 공중화장실을 마련하는 일을 도왔는데 이 화장실을 어떻게 유지보수할 것인가 하는 문제가 쟁점으로 뒤따랐다. 인도에서 화장실 청소는 불가촉천민을 제외한 다른 계급에게는 금기 사항이었기 때문이다. 그래서 도메스토스는 모든 사람이 지역사회의 위생과 복지 작업에 참여하도록 '빗자루를 들자Pick up the Brush'라는 광고를 제작했다. 이 광고에서는 인도 최고의 스타들이 화장실을 청소한다.

카스트 제도에서 금기로 정한 것들은 깨기 어려운 고정관념이다. 그런데 성별에 따른 고정관념은 더 어렵다. 유니레버에서 마케팅 및 커뮤니케이션 부문의 최고책임자로 일했던 키스 위드는 대부분의 광고가 남편은 세탁기조차 조작할 줄 모르고 아내는 언제나 부엌에만 있는 1950년대식의 케케묵은 세계관에 갇혀 있다고 말한다. 전 세계 응답자를 대상으로 한 설문조사에서 40퍼센트 여성이 대부분의 광고에서 자기 모습을 보지 못한다고 대답했다. 여성이 리더 위치에 있는 것으로 묘사하는 광고는 전체 광고의 겨우 4퍼센트뿐이다.[18]

유니레버는 이러한 왜곡된 현실관과 맞서서 싸우기 위해 유엔여성기구UN Women와 IPG, WPP 등과 같은 주요 광고 대행사 그리고 구글, 마즈, 마이크로소프트, 존슨앤존슨 등과 같은 대형 광고주와 함께 탈선입견동맹Unstereotype Alliance을 공동으로 창설했다. 유니레버는 유엔을 의장이자 중재자로 내세워 라이벌이던 P&G도 참여시켰다(참고로 세계에서 가장 큰 광고주 두 곳을 꼽자면 유니레버와 P&G다). 이 동맹은 "광고에서 성별에 대한 고정관념을 결코 묘사하지 않을 것"을 희망한다.[19] 수천억 달러의 광고비가 성 평등을 지지하는 것이다. 이 운동은 포용적인 커뮤니케이션의 효과를 검증하고 측정했는데 이들의 광고는 사람들의 구매 의도를 25퍼센트 높였다.[20]

유니레버는 또한 멕시코와 이집트를 포함한 다양한 국가에서 장애인을 포용해야 한다는 메시지를 전하고 있다. 2021년에는 포지티브 뷰티Positive Beauty 작업*의 일환으로 자사 제품의 광고나 포장에 '정상적인normal'이라는 단어를 전 세계적으로 쓰지 않겠다고 약속했다.[21]

올바른 일과 즉각적인 성과 사이에서 용기 내기

베이비네임즈BabyNames.com라는 웹사이트는 각 이름의 빈도와 의미 등 이름과 관련된 온갖 데이터를 출산 예정 부모에게 제공한다. 미국에서 흑인 조지 플로이드가 경찰에 의해 살해된 뒤 이 회사는 '흑인의 생명도 소중하다' 운동을 강력하게 지지하는 메시지를 만들었다. 홈페이지에 단순한 검은색 상자 하나를 올렸는데, 여기에는 1960년대 이후로 인종차별과 증오 때문에 사망한 흑인 수십 명의 이름이 나열되어 있었다. 그리고 상자 맨 위에는 "이들은 모두 한 때는 누군가의 아기였다"라는 문구가 적혀 있었다.

일반적으로 기업은 논쟁적인 문제와 엮여 관심의 대상이 되는 것을 기피한다. 그러나 무언가를 지지하고 나선다는 것은 이해관계자들에게 특히 직원들에게 중요하다. 리바이스는 브랜드를 이용해 미국에서 일어나는 총기 폭력에 대해 공개적으로 발언하기로 결정했다. 그리고 리바이스는 총기 안전 NGO와 손을 잡고 기업계 리더들과 행동에 나서는 단체를 구성했다. 이들은 한 달에 다섯 시간의 유

• 유니레버가 2021년 3월 발표한 포지티브뷰티비전Positive Beauty vision은 보유 브랜드를 통해 업계를 선도하면서, 보다 공정하고 포용적이며 지속가능한 아름다움의 시대를 열어나가겠다는 취지를 담았다.

급 봉사 시간을 보장해 직원이 정치적인 활동을 할 수 있도록 했다. 리바이스의 회장이자 지속가능성 리더인 칩 버그는 이렇게 말했다. "우리가 살아가고 또 일하는 공동체의 구조를 위협하는 쟁점에 대해 입을 다물고 모르는 척할 수 없다. 아무것도 하지 않는 것은 더 이상 우리의 선택지가 아니며, 어떤 식으로든 태도를 밝히는 것이 우리의 선택이다."[22]

컨설팅 회사, 은행, 홍보 및 광고 회사 등과 같은 서비스 부문에 속한 기업은 문제의 소지가 있는 고객에게 서비스를 제공하기로 할 때마다 과연 얼마나 큰 용기를 갖고 있는지 테스트받는다. 어떤 대가를 치르든 간에 수익을 창출하겠다는 것은 좋은 선택이 아니다. 이런 목적은 어려운 결정을 내려야만 하는 순간으로 이어지고, 어떤 회사는 계속해서 잘못된 결정을 내리기도 한다.

맥킨지는 불리한 도덕적 선택을 계속해서 하고 있다(『뉴욕타임스』 머리기사인 "맥킨지는 어떻게 권위주의 정부들의 위상을 높이는 데 도움을 주고 있는가?"가 좋은 예다).[23] 맥킨지는 제약사 퍼듀파마에게 마약성 진통제 오피오이드의 일종인 옥시콘틴의 매출을 높이는 방법을 '조언' 했다는 이유로 5억 5,900만 달러의 벌금을 부과받았다.[24] 옥시콘틴을 과다복용하는 모든 환자에게 '리베이트'를 지불하는 게 매출 상승에 유리하다고 계산하고 그렇게 조언했던 것이다. 맥킨지 컨설턴트로 일한 적 있는 전략 전문가 톰 피터스는 『파이낸셜타임스』에 공개서한을 실어 "내 이력서에 맥킨지에서 일한 경력을 삭제해야 할까?"라는 말로써 맥킨지를 비판했다.[25]

오피오이드의 가치사슬 안에 있던 많은 회사들에게 고객 한 사람에게 판매하는 약의 개수와 그에 따른 이익을 따지는 산수는 너무도 쉽고 명확했다(존슨앤존슨도 오피오이드의 가치사슬 안에 들어 있었으며 역시 벌금을 부과받았다). 만약 진정한 협력자 역할을 하면서 사회가 이익을 누리도록 하는 방향으로 컨설팅하는 회사라면 오피오이드에 대한 태도를 다시 한 번 생각하고는 발을 뺐을 것이다. 그러나 맥킨지는 그렇게 하지 않았다. 오히려 퍼듀파마가 브랜드를 망치고 장기적인 재무 성과를 망치게 하는 부도덕한 길로 나아가도록 부추겼다.•

유니레버는 올바른 일을 하는 것과 즉각적인 성과를 내는 것 사이 어떤 것을 선택해야만 하는 상황을 지금까지 수없이 만났다. 런던의 한 택배회사가 택배원들에게 최저임금을 지불하지 않았을 때 유니레버는 아이스크림 배달 서비스 협력업체에서 그 회사를 제외했다. 또한 번은 케냐에서 뇌물을 달라는 요구를 받고는 케냐산 원료의 선적을 아예 중단해버렸다. 이런 선택들이 장기적으로는 기업에 더 유리한 도덕적 기준이 된다. 당신 회사의 직원들은 CEO인 당신이 회사를 어떤 방식으로 운영하는지 면밀하게 지켜본다는 사실을 명심하라.

시간의 흐름 속에서 사람과 사업이 변화함에 따라 문화도 바뀐다. 그러나 가치관은 바뀌지 않고 남아서 모든 의사결정과 조직의 모든 선택 그리고 인수합병 대상 기업의 종류까지도 좌우한다. 가치관을 지킨다는 것은 어려운 상황에서도 일관성을 지켜나간다는 뜻이다. 직원을 대상으로 설문조사를 해서 그들이 무슨 말을 하는지 들어라.

• 퍼듀파마는 엄청난 규모의 벌금을 부과받은 뒤 파산했다.

당신이 내리는 의사결정이 너무 느리지 않은지, 지나치게 합의를 지향하지 않는지, 가치관을 지향하는 의지나 노력이 부족하지 않은지 확인하라. 이것은 일회성이 아니라 영원히 지속되어야 할 과정이다.

강력한 문화는 지역사회나 공동체에 영향을 준다. 점점 더 많은 기업이 인종이나 불평등, 기후변화에 대해서 어떤 태도를 드러낼 때 이 문제들이 사회적인 논의로 전환된다. 넷 포지티브 기업의 직원들은 회사 울타리 바깥으로 나가서 문화를 바꾼다. 유니레버에 있다 떠난 많은 임원이 여전히 지속가능성과 넷 포지티브 작업에 초점을 맞추고 일하는 것처럼 말이다. 유니레버에서 연구개발 부문을 책임졌던 키스 크루위토프는 식물 기반 식품 회사 라이브킨들리LIVEKINDLY를 운영하고 있으며, 유니레버의 최고공급망 책임자였던 피어 루이지 지기스몬디는 돌패키지푸드Dole Packaged Food를 운영하고 있다. 유니레버의 문화는 자기만의 방식으로 목적이 같은 다른 회사를 운영할 수 있는 훈련된 임원을 배출하고 있다.

넷 포지티브 기업 문화를 구축하라

▶ 모범적이고 일관된 행동을 통해 가치와 문화를 드러낸다.

▶ 기업 문화를 회사의 핵심 영역으로 녹여내는 운영으로 문화를 구축하고 세상에 봉사한다.

▶ 연구개발, 마케팅, 재무 등 모든 활동에 넷 포지티브 사고방식을 녹여낸다.

▶ 침체된 기업을 활성화하고, 기업가정신을 불어넣는 목적 지향적인 브랜드를 인수하고, 넷 포지티브를 목표로 백지 상태에서 새로운 제품을 만들어낸다.

▶ 직원 및 이해관계자에게 영감을 주고 동기를 부여하는 방식으로 회사 문화를 지역 사회와 연결하고, 문화를 강화하는 데 힘쓴다.

▶ 회사가 속한 지역사회나 국가에 영향을 미치고, 자기 가치관에 어긋나는 규범에는 반기를 든다.

10장

물고기는 물을 떠나서
살 수 없다

우리는 지금 두 갈림길에 서 있다.

하지만 로버트 프로스트의 유명한 시에 등장하는 갈림길과 달리

어떤 길을 선택하든 결과가 마찬가지는 아니다.

우리가 오랫동안 여행해온 길은

놀라운 진보를 가능케 한 너무나 편안하고 평탄한 고속도로였지만

그 끝에는 재앙이 기다리고 있다.

'아직 가지 않은 길'은 지구의 보호라는

궁극적 목적지에 도달할 수 있는 마지막이자 유일한 기회다.

— 레이첼 카슨(『침묵의 봄』 저자)

마라톤 풀코스를 완주하거나 책을 한 권 쓰거나 새로운 언어를 익히는 것 같은 커다란 목표를 세운다고 치자. 이럴 때면 무척 설레고 흥분된다. 하지만 다른 한편으로는 위압감을 느끼기도 한다. 마라톤의 세계에서 말하는 '벽'과 같은 고통스러운 지점을 필연적으로 만난다. 그러나 마침내 최종 목표 지점에 도달할 때의 느낌은 뭐라고 말할 수 없을 정도로 놀랍다.

누구나 새롭게 추구할 어떤 것이 자기 안에 있을 때 흥미진진함을 느낀다. 넷 포지티브를 향한 여정도 비슷하다. 온 세상이 빠르게 돌아가면서 당신이 거둔 성과는 점점 확고한 표준으로 자리 잡을 것이다. 그런데 여기서 제기되는 중요한 질문이 있다. "만일 기업이 넷 포지티브 방향으로 나아간다면 탄소중립의 세상 즉, 지금 세대와 미래 세대 모두가 만족할 정도로 시스템이 바뀌었다는 뜻일까?" 어쩌면 아닐 수도 있다. 하지만 적어도 우리는 거기까지 가는 방법이 무엇인지 또 그렇게 하려면 어떤 문제를 해결해야 할지 알고 있다.

모든 것이 가속화되고 있다

만약 이 작업을 더 일찍 시작했더라면 지금쯤 우리는 상당한 속도로 넷 포지티브를 향해 나아가고 있을 것이고 모든 게 아무런 문제가 없을 것이다. 하지만 현실은 그렇지 않다. 코로나 팬데믹 기간에 불평등은 훨씬 악화되어 가장 부유한 사람들의 주머니로 수조 달러가 들어갔고, 전체 인구의 하위 4분의 1이 불황에 빠져 허우적거리며 새롭게 빈곤층으로 전락했다. 전 세계의 생물물리학적 건강은 계속 나빠지고 있다. 10년 전보다 숲을 더 많이 베어내고 있으며[1] 기후변화와 이상기후는 점점 가속화되고 있다. 캘리포니아 역사상 가장 큰 여섯 건의 화재 중 다섯 건이 2020년에 발생했다.[2] 해수면은 계속 상승할 것이고 자연계의 악순환 고리는 멈출 줄 모른다. 나쁜 상황을 멈추는 것은 순전히 우리가 얼마나 빠른 속도로 넷 포지티브로 나아가느냐에 달려 있다.

하나로 뭉쳐야 할 시점임에도 우리는 민주주의의 쇠퇴와 민족주의 가속화 그리고 이념에 따른 반목과 분리 때문에 서로 멀어지고 있다. 코로나 팬데믹을 통해 전 세계 정부가 위기에 맞서 협력하는 역량이 터무니없이 부족하다는 점이 반증되었다.

기업이 더 많은 책임을 져야 한다는 압력이 커지고 있다. 이 압력은 특히 기업의 직원에게서 나온다. 미국 밀레니얼 세대의 약 절반은 이런저런 사회적 문제에 대응하는 고용주의 행동을 지지하거나 비판하기 위해 목소리를 높인다고 대답했다.[3] 그런데 이들보다 활동적인 Z세대가 그 대열에 합류하면 어떤 일이 일어날까?

전반적으로 행동 대 비행동의 대립이 강화되고 있다. 대부분의 큰 나라들은 탄소중립 약속을 내걸었다(예컨대 중국은 2060년에 탄소중립을 달성하겠다는 목표를 내걸었다). 정책은 가속화되는 경향이 있기에 운송과 건물 분야에서 농업과 임업 분야에서, 제품의 수명과 순환에서, 재생 가능 에너지의 비율을 의무화하는 일 등에서 지금보다 훨씬 더 많은 규칙이 나타날 것이다. 기업계에서는 탄소배출량부터 다양성 수준에 대한 약속까지 모든 것이 빠르게 확산되고 있다.

마침내 투자자들도 이런 흐름에 동참하고 있다. PwC는 2025년까지는 지속가능한 투자가 전 세계 자산의 절반을 넘을 것이라고 추정한다.[4] 또 무디스는 지속가능한 채권 규모가 2021년 6,500억 달러를 넘어설 것으로 예측하는데, 이것은 전체 채권 시장의 8~10퍼센트에 해당하는 규모다.[5] 경험에 따르면 약 20퍼센트 수준이 티핑포인트이며, 그 시점에서 결정적인 가속도가 붙을 것이다.

넷 포지티브 기업은 그 시점에서 최대의 기회를 맞을 것이다. 기업계 리더는 지속적으로 성장하는 긍정적인 영향(포지티브 임팩트)을 창출할 것이고, 성과와 이해관계자와의 연결성 그리고 성장 기회에서 모두 뚜렷한 개선 효과를 누릴 것이다.

넷 포지티브 세상을 만들기 위한 작업이 속도를 냄에 따라 기차역을 빠져나가는 기차에 얼른 올라타지 않은 기업은 뒤처지고 말 것이다. 넷 포지티브의 바퀴가 점점 더 빠르게 돌아가기 때문이다. 이 지점에 냉정한 진실이 놓여 있다. 앞으로 전개될 변화의 속도는 결코 지금처럼 느리지 않을 것이다.

여기서는 넷 포지티브 기업이 직면하게 될 사회 차원의 도전과제 여섯 가지를 살펴보자.

◀◀ 폭넓은 충격에 대해 더 많이 책임져라

넷 포지티브 기업이 첫 번째로 감당해야 할 일은 가치사슬에 끼치는 영향에 대해 책임지는 것이다. 기업의 탄소배출량 측정 기준을 제공하는 협약인 온실가스 프로토콜GreenHouse Gas Protocol을 더 폭넓은 책임을 이야기하는 도구로 사용하자.

이 협약은 기업의 탄소배출을 '스코프'라는 세 개의 범주로 분류한다. '스코프 1'은 기업이 시설 및 차량을 통해 직접적으로 배출하는 것이고 '스코프 2'는 발전소에서 구매한 전기를 사용함으로써 기업이 간접적으로 배출하는 것이다.

그리고 '스코프 3'은 협력업체가 원료나 부품을 생산할 때나 고객이 제품을 사용할 때 배출하는 것이다. 중공업과 운송업 그리고 시설 분야 이외에 속하는 대부분의 기업에서 '스코프 3'은 차지하는 비중이 가장 크다. 또한 공급망에서 배출량이 많은 농업 및 의류업 부문에서는 비중이 작고, 기술 회사와 같은 에너지 사용 제품을 판매하는 부문에서는 비중이 크다.

기업은 협력업체와 시스템을 바꾼다거나 고객에서 비롯되는 영향이 줄어들도록 제품을 설계함으로써 탄소배출을 줄일 수 있다. 예를 들어 기술 회사는 화상회의 시스템을 만들어 직원의 이동에서 발생하는 배출을 줄이는 데 기여한다. 그리고 인공지능 도구는 정밀농업precision agriculture•을 가능하게 만들어 농장에서 사용하는 에너지 소비

• 비료와 농약의 사용량을 줄여 환경을 보호하면서도 농작업의 효율을 개선하는 농업

를 줄인다. 어떤 사람들은 이것을 '회피된 배출' 혹은 비공식적인 용어로 '스코프 4'라고 부른다.

기후변화 NGO 멸종반란Extinction Rebellion의 창설자 록 샌드퍼드와 루퍼트 리드는 기업이 두 가지 차원의 탄소배출을 더 다루어야 한다고 제안한다.[6] 먼저 정치적 영향력도 '스코프 5'로 포함시켜야 한다고 주장한다. 어떤 회사가 기후변화 대응 조치에 반대하는 로비를 할 때 이것은 그 회사만의 탄소발자국을 넘어서서 경제 전반의 탄소배출 증가로 이어질 수 있기 때문이다. 즉 앞서 7장에서 우리가 제안했던 시스템 변화는 '스코프 5'의 활동에 속한다. 그리고 그들은 기업이 광고와 메시지를 통해 미치는 영향을 '스코프 6'이라고 지칭한다. 즉 기업이 과연 소비 기반 문화와 에너지 집약적인 생활 방식을 얼마나 지원하고 있는지 측정해야 한다는 것이다.

한편 지속가능성 브랜드 컨설팅 회사 푸테라의 창업자 솔리테어 타운센드는 '스코프 X'라고 명명한 "건강한 생태계를 복원하고 재생하며 시스템 차원의 배출에 책임을 지는 작업"도 포함되어야 한다고 말한다.[7]

이와 같이 '스코프'라는 용어는 주로 탄소배출에 사용되지만 우리는 이것과 관련된 논의를 확장하고 싶다. 때문에 지금부터는 '스코프'를 '임팩트 수준Impact Level'이라고 부르자. 회사의 직접 운영을 중심으로 확장되는 간접 운영, 가치사슬, 부문 및 지역사회, 시스템 및 정책, 세계 및 사회라는 여섯 개의 영향력 영역을 설정하고 살펴보자 ([그림10-1] 참조). 중심에서 바깥으로 갈수록 회사의 통제력은 줄어들고, 회사가 집중해야 하는 영역은 협력관계로 바뀐다.

그림10-1 임팩트 수준의 6단계

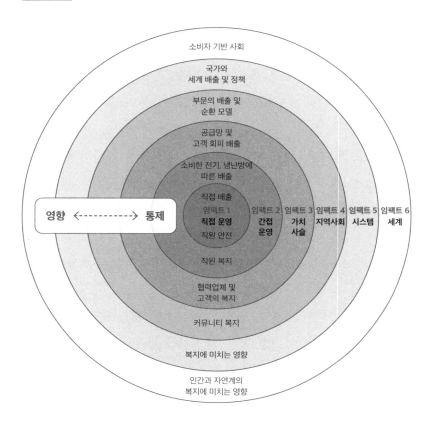

[그림10-1]에서 각각의 배출은 스코프의 틀과 일치한다. 그러나 이 그림에는 복지도 드러난다. 한가운데의 직원 안전을 시작으로 바깥으로 나갈수록 인간과 자연계의 번영으로 확장된다. 이러한 범위가 실제로는 무엇을 의미하는지 몇 가지 예를 들어 살펴보자.

우리는 발루투스Valutus의 대니얼 애런슨과 코퍼레이트에코포럼 Corporate Eco–Forum의 P. J. 사이먼스와 함께 페이스북이라는 회사가 세계에 어떤 영향을 미치는지 알아보았다. 핵심에는 직원들의 생계가 놓인다. 애런슨이 지적하듯이 "인종차별적이고 성차별적인 글을 하루 종일 읽어야 하는 콘텐츠 모더레이터*들은 건강이 나빠질 수밖에 없는데" 그들의 건강은 임팩트 1단계에 속한다. 임팩트 3단계와 4단계에서는 페이스북 가입자들과 그들이 소속된 다양한 커뮤니티가 얼마나 건강한지 살핀다. 여기에는 사랑하는 사람들과 연락하는 행위와 사람을 화나게 해서 조회수를 높이는 행위가 모두 포함된다. 그리고 가장 멀게는 페이스북이 민주주의에 어떤 영향을 주는지 살핀다. 그런데 여담이지만 지금까지 페이스북은 회사 바깥의 영역에 대해서는 아무런 책임을 지지 않고 있다.

기업이 임팩트 5단계와 6단계에서 자기가 지닌 영향력을 사용하는 사례는 2019년 마이크로소프트가 시애틀 지역의 심각한 주택 문제를 해결하는 데 5억 달러를 투자하겠다고 약속한 것이 있다. 이것은 자기 때문에 인근 지역의 생활비가 늘어난 것을 인정하고 여기에 대해 책임감을 느끼며 그 문제를 해결하겠다는 뜻이었다.[8] 또한 유니레버도 소비재 부문에서 녹색채권을 최초로 발행했으며, 협력관계를 맺은 은행에게 산림 벌채 프로젝트를 하는 기업에는 대출을 하지 않겠다는 약속을 요구한 적이 있다.

다만 지나치게 엄격하게 따지면 그 어떤 선택지도 남지 않을 가능성이 있다. 이를테면 디즈니가 2020년 영화《뮬란》을 내놓았을 때 언론은 디즈니가 이 영화를 신장 지역에서 촬영했다고 비판했다.[9] 아무

---

* 온라인상의 유해 콘텐츠를 검열해 플랫폼을 관리하는 사람

리 적게 잡아도 중국 정부가 100만 명이나 되는 위구르 소수민족 무슬림을 수용하고 있는 곳이 바로 신장 지역인데, 보편적인 인권을 외면했다고 지적한 것이다. 그런데 정말 디즈니가 그곳에서 영화를 찍은 것이 잘못되었을까? 인권을 침해하는 정부와는 협력하지 말아야 하는 것이 이 회사가 지켜야 하는 책임일까? 여기에 대해 우리는 확신을 갖고 이렇다 저렇다 말할 수 없지만 그런 기준이라면 미국조차도 촬영 기피 대상국에 포함될 수 있을 것이다.

이해관계자들은 기업이 온갖 영향을 해결해주길 기대한다. 그들은 계속 지켜보고 있으며 질문은 계속해서 날아들 것이다. 그러니 기업은 선제적으로 임팩트의 여러 수준을 생각해두어야 한다.

◀◀ 소비와 성장이라는 개념에 도전하라

인간은 물건을 좋아한다. 사람들이 물건을 사고 또 사용하는 방식은 점점 더 많은 자원을 소비하는 방식으로 바뀌어왔다. 무분별한 소비, 하루가 다르게 바뀌는 유행을 좇는 패스트패션 그리고 굳이 그럴 필요가 없음에도 달려오는 당일배송 등이 이런 현상을 입증한다.

이와 더불어 지구의 한계점이 더 명확해지고 있다. 예를 들어 구리 광석에 함유된 톤당 구리의 양은 10년 동안 25퍼센트 이상 감소했다.[10] 우리는 지구의 이자로 사는 것이 아니라 지구의 자본을 갉아먹고 지구의 역량을 갉아먹으며 살고 있다. 현재의 소비 속도로 약 80억 명이 그럭저럭 괜찮은 삶의 질을 누리며 살아가려면 우리가 사

는 지구 하나에 있는 자원만으로는 부족하고 이런 지구가 여러 개 필요하다.[11]

어떻게든 이 문제를 해결해야 한다. 『자연 자본주의』(공존, 2011)는 이 문제의 해결책을 제시한다. 이 책의 저자 헌터 로빈스Hunter Lovins는 그 계획이 "효율적으로 시간을 버는 것, 모든 제품과 서비스의 생산 및 제공 방법을 재설계하는 것 그리고 모든 기관이 모든 형태의 자본을 재생하도록 관리하는 것"이라고 말한다.[12] 우리는 여기에 동의한다. 효율성을 개선할 대상은 널려 있을 정도로 많다. 생산된 전체 제품 중 재사용되는 것은 채 9퍼센트가 되지 않으며, 전자 쓰레기의 재활용 비율도 20퍼센트가 되지 않고, 전체 식품의 40퍼센트 이상은 농장과 소비자의 식탁으로 이동하는 도중에 사라진다.[13]

자원 고갈 문제를 해결하기 위해 세 가지 경로를 추구해야 한다. 첫째, 생산을 자원에서 분리하는 것(예컨대 탄소배출량은 유지하면서 매출액은 두 배로 늘리겠다는 USLP의 목표를 달성하는 것) 둘째, 순환경제를 구축하는 것 셋째, 재생 해결책을 모색하는 것이다.

최첨단 회사들은 이미 그런 경로를 만들고 있다. 이를테면 신발 회사 팀버랜드는 재활용 소재, 열 대신 공기를 사용해 생산한 단열재, 재생농법을 사용하는 농장에서 생산된 가죽으로 만든 헤리티지 프리미엄 부츠Heritage premium Boots를 판매하고 있다.

우리는 넷 포지티브 모델을 지향하며 끊임없이 노력하는 팀버랜드나 파타고니아와 같은 회사들이 시장에서 높은 점유율을 차지하길 바란다. 제품 하나를 팔면 같은 제품 하나를 도움이 필요한 사람에게 기부하는 안경 체인 와비파커Warbyparker의 앞날도 응원한다.

성장을 다른 시각으로 바라보아야 함은 명확하다. 기업의 성공을 일러주는 몇몇 지표는 한도 없이 무조건 올라가는 것이 옳다. 이것이 넷 플러스 성장이다. 그러나 물질적인 재료라는 점에서 보자면 세상은 재생적이지 않고 순환적이지 않다. 우리가 필요로 하는 것의 양이 과연 얼마나 되느냐 하는 소비에 대한 근본적인 문제가 존재한다. 번영하는 세상은 모든 사람이 기본적인 욕구를 충족하는 세상이다. 수십억 명이 빈곤에서 벗어나야 하므로 기준을 아무리 낮게 설정한다고 하더라도 물질적 수요의 절대적인 양은 크게 늘어날 것이다.

따라서 우리가 설정한 두 개의 장엄한 도전, 즉 기후 문제 해결과 불평등 해소는 정면으로 충돌할 수밖에 없다. 그렇게 하려면 '어떤 것하나'를 포기해야 한다. 이 '어떤 것'은 우리들 중 가장 부유한 10억 명이 하고 있는 헤픈 소비일 수도 있다.

미래에 재생농업이 지배적인 것으로 자리를 잡을 때 또는 설비나 자동차가 완벽하게 청정한 에너지로 가동될 때에만 지구 전체의 탄소 예산* 범위 안에서 현재의 소비 수준이 가능하다. 지금 우리로서는 더 나은 기술이 널리 확산되길 마냥 기다릴 수만은 없다. 그렇다면 우리는 부유한 사람들에게 자기가 원하는 것과 자기에게 필요한 것을 확인해달라고 요청해야 할까? 과연 한 가구가 자동차를 세 대씩 가질 필요가 있을까? 이미 충분히 큰 집을 갖고 있는데 굳이 드넓은 정원이나 마당이 필요할까?

그동안 소수의 기업만 기꺼이 이런 이단적인 질문을 던졌다. 파타

---

* 지구 온도를 특정한 한도 아래로 유지하기 위해 허용 가능한 탄소배출량의 상한선

고니아는 크리스마스 때 "이 재킷을 사지 마세요"라는 광고를 했던 것으로 유명하다. 자기 이름을 딴 의류 회사를 창업한 에일린 피셔는 "어쩌면 굳이 그렇게나 많은 옷을 팔 필요가 없을지도 모른다"라고 말했다.[14] 네덜란드의 항공사 KLM은 (코로나19가 등장하기 이전에) 비행기를 덜 타야 한다는 홍보를 하면서 사람들에게 화상 앱을 사용하거나 짧은 거리는 기차로 이동하라고 제안했다.[15] 이케아는 일부 중고 가구를 대상으로 환매를 진행하고 있는데 2030년까지는 이 계획을 전면적으로 실행하겠다는 목표를 지니고 있다.[16]

이들은 오래가는 좋은 물건을 적게 만들자고, 제트 연료와 같이 재생불가능한 자원을 사용하기 전에 한 번 더 깊이 생각하자고 제안한다. 아쉽지만 이런 제안은 사실상 드물고 또 대부분 작은 규모의 기업에서 나온다. 거대 기업이 이 분야를 선도적으로 이끄는 상황을 상상하기는 어렵다. 그러나 소비자가 그들에게 이 방향을 요청할 수는 있다.

미국 시민과 영국 시민을 대상으로 한 설문조사에서 응답자의 80퍼센트가 기후변화를 막기 위해서라면 팬데믹 기간에 그랬던 것처럼 삶의 방식을 얼마든지 바꿀 수 있다고 대답했다. 즉 플라스틱 사용을 줄이고, 자연 방목이 아닌 산업적으로 생산된 고기를 덜 먹고, 녹색 에너지를 사용하겠다고 했다.[17] 환경 악화를 누구보다 심각하게 우려하는 젊은 사람들은 소비를 기반으로 하는 사회에 문제를 제기하고 행복으로 나아가는 또 다른 경로를 찾아 나선다. 소비와 부를 바라보는 태도를 연구하는 경제학자 줄리엣 스코르는 기본적인 것들을 이미 다 갖춘 사람들이 기존의 경로와는 다른 경로를 선택함으로써 복지를 개선할 수 있음을 보여주었다. 즉 "덜 벌고, 덜 쓰고, 덜 배출하라. 이것이 공식이다. 시간이 많은 사람일수록 삶의 질은 좋아지고 지속가능한 삶을 살기 쉬워진다"라고 말한다.[18]

기업은 소비자가 더 나은 선택을 할 수 있도록 소비자에게 더 많은 정보를 제공한다. 아마존은 크래들투크래들Cradle to Cradle* 인증뿐만 아니라 공정무역기구, 열대우림동맹, 산림관리협회, 그린실Green Seal 등과 같은 신뢰할 수 있는 기관의 인증을 기반으로 '기후친화적인' 제품을 출시했다. 또 7만 개의 제품에 탄소발자국 이력을 넣으려는 유니레버의 노력은 사람들의 의식을 높일 것이다. 다만 사람들의 소비를 줄이도록 하는 노력은 지금까지 그다지 성과를 내지 못했다. 이것은 USLP가 기록한 두드러진 실패 가운데 하나다. 사람들의 샤워나 빨래 습관을 바꿀 수 없었고 또 덜 파는 것 역시 선택지가 아니었기 때문이다.

그렇다면 마케팅 기법을 사용해 넷 포지티브 제품과 서비스에 대한 수요를 창출한다면 어떨까? 물건에서 의미를 찾기보다 남에게 베풀고 사회에 공헌하면서 사는 데서 의미를 찾도록 유도하면 어떨까?

이 일은 어렵기도 하고 불편하기도 하다. 부유한 사람들은 지금 자기가 갖고 있는 것들 중 없어도 잘 살 수 있는 것이 무엇인지 물어야 한다. 마하트마 간디가 말했듯이 "부자가 단순하게 살아야 가난한 사람도 단순하게 살 수 있다."[19]

---

* 원래는 제품의 설계, 제작, 사용에 들어가는 기간뿐만 아니라 새로운 제품으로 재활용되어 사용되는 것까지 포함하는 제품의 수명 주기를 뜻하는 용어

◀◀ 성공의 지표와 구조를 다시 생각하라

우리가 발전이나 성공을 바라보는 방식에는 심각한 결함이 있다. 사람들은 성공의 기준을 그들이 가진 돈이나 그들을 추종하는 사람들의 수로 삼는다. 기업은 주가와 주주가치에 초점을 맞춘다. 국가는 거시경제 수준에서 GDP에 집착하지만, 이것은 한 사회의 복지 수준을 추정하기에는 형편없이 모자란다. 이제는 이러한 지표들을 다시 생각해야 할 때다. 이제는 우리가 소중히 여기는 것을 기준으로 성공 여부를 평가해야 한다.

GDP와 복지의 틀을 새로 짜라

GDP는 무형자산 가치가 등장하기 전의 제조업 시대부터 존재했던 낡은 지표다. GDP는 지출을 늘리는 것이면 무엇이든 다 좋은 것으로 여긴다. 더 많은 암과 더 많은 의료비용, 거대한 태풍이나 전쟁이 휩쓸고 간 뒤의 재건 활동 그리고 오래된 숲의 벌채와 같은 또 다른 형태의 자본청산 등은 모두 GDP 수치를 높여준다. 그러나 GDP는 평화, 정의, 교육의 질, 정신 건강, 대기질 또는 생존에 필요한 자연 자본의 보호 등은 측정 대상으로 삼지 않는다. 로버트 케네디의 말에 따르면 이것은 "가치 있는 삶을 만드는 것을 뺀 나머지 모든 것을 측정 대상으로 삼는다."[20]

GDP를 사용하면서 우리는 우리 스스로를 속인다. NGO 단체 자연자본주의해법Natural Capitalism Solutions의 회장 헌터 로빈스는 저서 『더 나은 미래A Finer Future』에서 다음과 같이 썼다. "GDP는 돈과 물건이 경제에서 유통되는 속도를 이야기해줄 뿐이다. 그러므로 '소비가 아니라 생명을 위해 봉사하는 경제를 만들어낼 용기가 과연 우리에게 있는가?'라고 물어야 한다."21

다시 말하자. 과연 우리는 행복과 건강과 복지를 극대화하기 위해 사회의 여러 시스템을 관리할 의지와 역량을 갖추고 있을까?

노벨상을 수상한 경제학자 조셉 스티글리츠를 포함해 많은 사람이 이미 오래전부터 GDP의 함정에서 벗어나야 한다고 주장했다. 심지어 이 지표의 창시자인 사이먼 쿠즈네츠조차도 이것은 복지와 아무 관련이 없다고 말했다. 그렇다면 GDP를 무엇으로 대체해야 할까? 한 나라의 경제를 측정하고 평가할 강력한 대안으로는 여러 가지가 있다.

- **진보지수**GPI, Genuine Progress Indicator: 경제적·환경적·사회적 변수에 대한 한 국가의 성과를 광범위하게 살핀다.
- **유엔의 인간개발지수**HDI, Human Development Index: 기대수명, 교육, 소득수준 등이 포함된다.
- **지구행복지수**HPI, Happy Planet Index: 복지와 기대수명과 불평등 감소를 생태발자국*으로 나눈다.
- **국민총행복**GNH, Gross National Happiness: 부탄이라는 작은 나라가 1972년에 처음 이 지수를 측정하기 시작했다.

세상은 지속가능성 지표의 필요성을 놓고 더는 논쟁을 벌이지 않

---

* 생태발자국은 사람이 사는 동안 자연에 남긴 영향을 토지의 면적으로 환산한 수치다.

는다. 많은 지표의 중요성이 계속해서 커지기 때문에 그렇다. 우리는 600개가 넘는 새로운 지표에 대해 추적하고 있다. 우리뿐만 아니라 모든 연구자가 너무도 당연한 이 경주에 동참하고 있다. 복지경제연합Wellbeing Economy Alliance이라는 단체는 사회적 건강의 척도를 재규정하기 위해 노력한다. 대부분의 새로운 운동이나 단체는 번영, 지구, 사람, 투명한 지배구조를 원칙으로 더 광범위한 지표에 초점을 맞춘다.

더 광범위한 이 지표가 우리에게 말해주는 것은 무엇일까? 사람들이 한결같이 같은 것을 바란다고 말해준다. 그것은 돈이 아니다. OECD는 행복지수를 개발해 모든 회원국의 행복도를 측정했다. 그 결과 모든 문화권에서 사람들의 우선순위는 비슷했는데 건강, 안보, 자유, 그리고 연결성이 경제적인 풍요로움보다 삶의 만족에 더 많이 기여한다는 사실이 드러났다.[22] 사람들은 돈보다는 존엄성을 필요로 한다. 물론 절대적으로 빈곤한 조건에서는 소득과 행복은 상관성이 있다. 그러나 일단 돈을 '충분하게' 가지면 (이때 충분함의 기준은 나라마다 다른데, 어떤 분석에 따르면 미국에서는 연소득 7만 5,000달러가 기준선으로 작용한다) 그 상관성은 0에 가깝다.[23]

몇몇 국가들은 더 온전한 지표를 마련하려고 노력한다. 가장 주목할 만한 노력은 뉴질랜드의 저신다 아던 총리가 2019년 사상 최초로 발표한 '웰빙예산well-being budget'이다. 아던 총리는 정부가 단지 부와 경제 성장만 아니라 건강과 삶의 만족을 보장해야 한다고 말한다.[24] 또한 몇몇 나라에서는 비공식적으로 인간적인 측면을 더 중요시한다. 예를 들어 코스타리카에서는 "푸라비다pura vida(소박한 인생)"라는 문구가 일상적인 인사말로 사용된다.

무한하지 않은 세상에 살면서 전통적인 경제지표의 수치를 영원히 끌어올릴 수는 없다. 하지만 복지, 기쁨, 연결성, 의미, 사랑 등과 같이 멋진 무형 요소들은 무한하게 키워나갈 수 있다.

기업의 의미를 재정립하라

기업 세계는 새로운 이니셔티브와 두문자어가 많이 등장하면서 더 나은 지표에 초점을 맞추고 있다. EU의 비재무보고지침Non–Financial Reporting Directive, '기후변화 관련 재무정보공개 태스크포스TCFD', 유럽연합택소노미EU Taxonomy, 지속가능성표준위원회Sustainability Standards Board를 만들기 위한 국제회계기준재단IFRS Foundation의 노력 등을 포함한 이 모든 시도는 더 나은 지수로 전환하고자 하는 움직임이다. 이 분야에서는 유럽이 앞서가지만 미국 증권거래위원회에도 새로운 관심이 쏠리고 있다. 이들 단체나 기관은 투명성을 강제함으로써 기업이 사회에 미치는 비용 및 편익을 더 정확하게 측정하고 이해하도록 도와줄 것이다.

환경 데이터 분석 회사인 트루코스트가 수행했던 연구에 따르면 만일 현재 기업들이 공짜로 사용하는 천연 자본 및 자원에 적절한 비용을 지불해야 한다면 대규모 산업 가운데 그 어떤 곳도 적자에서 헤어나지 못한다(바로 이 시점에서 현재 통용되는 '이익'이라는 개념에 의문을 제기할 수 있다. [상자10-1] 참조).[25] 예를 들어 외부효과*를 고려한다면

---

* 금전적인 거래 없이 어떤 경제 주체의 행위가 다른 경제 주체에게 영향을 미치는 효과 혹은 현상

음식을 마련하는 데 들어가는 비용은 지금의 두 배가 될 것이다. 주주 수익 극대화를 기본적인 목표로 설정하는 모든 주요 기업은 유한회사든 유한책임회사든 주식회사든 간에 모두 외부효과를 창출하는 기계인 셈이다.

상자10-1 무엇이 적정 수준의 이익인가

반려동물 사료 분야의 대기업 마즈의 존 마즈가 언젠가 "적절한 이익 수준은 얼마가 되어야 하는가?"라는 질문을 던졌다. 자본주의적 사고방식으로는 "최대한 많이"가 그 대답이 될 것이다. 그러나 마즈의 임원이자 『자본주의 완벽하게 만들기 _Completing Capitalism_』의 저자 제이 야쿱은 존 마즈가 던진 질문의 요점은 우리가 너무 많은 부분을 가져간다면 협력업체들을 쥐어짜는 게 되고 실제로 그들에게 불이익을 줄 수도 있다"라는 뜻이었다고 말한다. 즉 협력업체들로부터 한 푼이라도 더 알뜰하게 뜯어내는 것이 단기 수익을 극대화할지는 몰라도 시스템 자체를 허약하게 만든다는 말이다. 그 질문은 마즈가 개발한 '상호성의 경제학'의 핵심이다. 상호성의 경제학은 넷 포지티브와 마찬가지로 기업과 자본주의의 더 낮고 공정한 형태에 관한 것이다.

그렇다면 만약 어떤 회사가 주주가 아닌 시민에 초점을 맞춘다고 치자. 이때 이 회사는 어떤 모습일까? 그 모습을 가장 잘 보여주는 기업은 비콥 인증을 받은 기업이다. 비콥은 다중이해관계자에게 봉사할 것을 공개적으로 약속한다. 프랑스에는 취지 면에서 비콥과 비슷한 형태인 '사명을 다하는 기업Entreprise à Mission'도 있다.

유니레버의 벤앤제리스와 세븐스제너레이션은 비콥이다. 다농도 60억 달러의 규모의 북미 사업부를 인증받으며 세계에서 가장 규모가 큰 비콥이 되었다. 파타고니아는 매출의 1퍼센트를 환경 단체에게 기부하고, 제너레이션인베스트먼트매니지먼트는 이익의 5퍼센트를 제너레이션재단(이 재단은 지속가능한 자본주의 형태를 촉진하려고 노력한다)에 할당한다.

이해관계자 중심의 넷 포지티브 회사는 전혀 다른 지배구조 형태를 지닐 필요가 있다. 세계 최대 기업인 프랑스 은행 크레디아그리콜은 39개의 지역 은행과 740만 명의 고객 소유자로 구성된 네트워크다.[26] 직원이 회사의 이익 및 통제권의 일부를 갖는 우리사주제도 ESOP(종업원지주제)를 채택한 회사는 지금까지 얼마 되지 않는다. 그렇지만 머지않아 직원을 이사회 구성원으로 포함해야 한다는 압력은 더 커질 것이다. 예를 들어 운송 회사인 퍼스트그룹이 이렇게 하고 있지만 아직 이런 사례는 드물다.[27]

JP모건의 운영 책임자였으며 캐피털인스티튜트의 창업자인 존 풀러턴은 전통적인 방식의 소유권과 금융 시스템에 의문을 제기한다. 그는 에버그린직접투자EDI, Evergreen Direct Investment라는 대안 방식을 추진한다.[28] 이 특이한 방식에서 연기금과 같은 소수의 장기 투자자는 "회사 현금흐름 중 일정한 부분을" 소유한다. 즉, 비현실적인 성장 목표를 추구하지 않고 믿을 만한 수익을 원하는 소수의 장기 투자자들이 이런 투자 방식에 적합하다. 이 방식은 오래된 캐시카우* 브랜드

●　　'캐시카우'는 성장성은 낮지만 수익성이 높은 산업이나 기업을 뜻한다.

와 장기적인 관점을 가진 투자자를 이어주는 완벽한 틀이다.

따지고 보면 회사라는 조직은 그저 하나의 구조일 뿐이고, 회사의 기원은 600년대의 네덜란드 동인도회사로 거슬러 올라간다. 이것은 지금까지 진화하면서 여러 차례 구조를 바꾸었는데, 앞으로도 얼마든지 그럴 수 있다.

◀ 사회 계약을 개선하라

조직화된 모든 사회에는 명시적인 것이든 암묵적인 것이든 어떤 합의가 존재한다. 개인은 마음 내키는 대로 무엇이든 할 수 있는 '자유'를 포기하는 대신 정부는 사회 구조와 안전과 규칙을 제공한다는 내용의 합의다. 모든 사람이 어떤 형태의 황금률 아래 존엄과 존경으로 대우받을 때 사회는 가장 잘 작동한다. 우리는 또한 만물의 어머니인 대자연과도 암묵적인 계약을 맺고 있다. 우리에게 주어진 특권을 남용하지 않으면 그 대가로 대자연이 우리의 생존을 보존해준다는 계약이다.

기업이 노동자에게 안정을 보장해주던 때도 있다. 앤드루의 아버지가 산증인이다. 그는 IBM에서 35년 동안 일한 뒤 은퇴해 연금을 받는다. 그런데 IBM은 종신고용 약속을 깨고 직원을 해고하기 시작했다. 1990년에 처음으로 사람들을 해고했고, 그 뒤 수십 년 동안 노동조합 조합원은 줄어들었으며, 투자자들에게는 이런 해고 행위가 바람직한 경영의 증거로 읽혔다. 이제 우리는 이런 관행을 다시 생각해볼 필요가 있다. 인공지능과 자동화로 대변되는 새로운 기술들이 사회의 모든 분야를 뒤덮으며 일 혹은 업무의 본질이 근본적으로 바뀌고 있다. 맥킨지는 2030년까지 3억 7,500만 명이 직업을 바꾸고 새로운 기술을 습득해야 할 것으로 추정한다.[29] 업무에서 나타나는 패러다임 변화로 특히 청년층은 위험해질 것이다. 국제노동기구ILO는 청년 실업율을 13.6퍼센트로 추산하고, 빈곤선 아래에 있는 가구의 실업률은 12.8퍼센트로 추산한다.[30] 일하지 않는 사람이 많다는 것은 사회 전체로 볼 때 바람직한 현상이 아니다. 일자리가 너무 적으면 생애소득과 성공의 가능성이 줄어들고 사회 불안과 급진주의 그리고 해외 이민이 늘어난다.[31]

생계에 초점을 맞추어라

강력한 사회 계약을 구축하려면 일자리를 창출할 필요가 있고 기업들이 하는 선택이 사람들에게 어떤 영향을 미치는지 살펴봐야 한다. 농업 회사 올람은 한때 아프리카에서 캐슈넛 한 봉지를 생산하는 데 노동자 일곱 명이 필요했다. 그러나 지금은 한 명만 있으면 된다. 올람의 CEO 서니 버기스는 "일자리에서 떨어져나간 사람들에 대해 나는 전혀 책임이 없는가?"라는 질문에 "나에게도 책임이 있다. 신기술 때문에 해고되는 사람들을 구제할 실행가능한 선택지를 찾아내는 것도 회사의 책임이다"라고 대답한다.[32]

유니레버도 올람과 마찬가지로 자동화 비율을 높여왔다. 또 가치사슬 전체에서 기존의 일자리를 보호하고 새로운 일자리를 창출할 방법도 모색해왔다. USLP는 일자리 창출에 대한 더 폭넓은 시각으로 500만 가구의 생계를 보장하겠다는 목표를 갖고 있었다. 폴은 유니레버의 사업 포트폴리오에서 차※ 사업을 유지했는데 이것은 이 사업이 점점 커지는 건강 음료 시장에 서비스를 제공하며 수익을 낼 수 있었기 때문만이 아니라 차 농사를 짓는 수천 명의 농부에게 생계 수단을 보장하기 때문에 그랬다. 또한 차 농장을 잘 관리하는 것은 지구를 위해서도 좋은 일이 될 수 있다. 그럼에도 이런 조치는 자동화 때문에 해고된 공장 노동자에게는 도움이 되지 않음은 명백하다. 기업의 리더들은 일자리를 잃은 사람들이 다른 일자리를 찾아가도록 강력한 가치관과 원칙을 토대로 해서 그들을 도와야 한다.

일자리 창출의 가장 혁신적이면서도 엉뚱한 접근 방식은 열린 채용open hiring이 아닐까 싶다. 뉴욕의 제과 회사 그레이스톤베이커리는 벤앤제리스의 아이스크림에 넣을 브라우니를 납품하는데, 이때 일자리를 찾는 사람들에게 '선착순'으로 일자리를 제공한다. 따라서 이 제과점에서는 누구나 일자리를 얻을 수 있다.˙ 또 이 제과점은 교도소에서 복역하고 출소한 사람이나 노숙자 보호소에서 생활하는 사람 혹은 단 한 번도 합법적인 직업을 가져본 적이 없는 사람들도 고용했다. 그레이스톤베이커리의 CEO였던 마이크 브래디는 기업들이 일반적으로 신원 조사와 같은 장치를 동원해 이런 사람들이 일자리를 갖지 못하도록 하는 데 해마다 30억 달러를 쓴다고 지적하면서[33] 차라리 그 돈을 이들에게 투자하라고 말한다. 그레이스톤베이커리는

˙ "미국에서 일할 권한이 있습니까?", "8시간 동안 서 있을 수 있습니까?", "22.7킬로그램 이상 들어 올릴 수 있습니까?"라는 질문만 통과하면 직원을 채용한다.

성공을 이어가고 있으며, 여기에서 일하는 사람들의 인생역전 이야기는 대중에게 큰 울림을 안겨준다.

우리의 인간애와 사회 계약을 시험하는 가장 큰 쟁점은 난민이 아닐까 싶다. 현재 터키나 이란, 독일 등에 약 8,000만 명의 난민이 거주한다.[34] 앞으로 수십 년 동안 기후 난민의 수는 10억 명 이상으로 늘어날 수 있다.[35] 일부 리더들은 일자리를 통해 난민 위기를 누그러뜨리고자 한다. 초바니요거트의 창업자인 억만장자 함디 울루카야는 '난민을 위한 NGO 텐트 파트너십NGO Tent Partnership for Refugees'을 창설했는데 유니레버도 여기에 가입해 있다. 울루카야가 블룸버그와 했던 인터뷰에서 말했듯이 "난민에게 일은 밤낮이 따로 없다. 난민은 일자리를 가져야만 삶을 계속 이어갈 수 있다."[36] 벤앤제리스는 "난민으로서 영국 땅에 발을 디딘 의욕 넘치는 기업가들"을 대상으로 하는 4개월 훈련 및 멘토링 프로그램인 아이스아카데미Ice Academy를 만들기도 했다.

사회 계약의 개념은 단 하나의 핵심 질문을 중심으로 전개된다. "우리가 서로에게 빚진 것은 무엇일까?" 이 질문에 대한 답변은 복잡하다. 그러나 모든 것이 연결되어 있는 방식과 상태를 염두에 둔다면, 모든 사람이 생존할 수 있는 충분한 자원을 갖도록 해야 하고 번영을 누릴 기회를 갖도록 하는 게 옳다. 유니레버가 최근에 모든 협력업체에게 제품이나 서비스를 납품하려면 2030년까지 모든 직원에게 생활임금을 지급해야 한다는 조건을 걸었던 것도 바로 이런 까닭에서다.[37] 다른 사람을 이용하고 착취해서 돈을 버는 행위는 용납될 수 없다는 뜻이다.

국제노동조합연맹ITUC은 새로운 사회 계약에 필요한 다섯 가지 요구 사항을 발표했다. 첫째, 기후위기에 대응하는 기후 친화적인 일자리 둘째, 모든 노동자의 권리보호 셋째, 보편적 사회 보호universal social protection 즉, 인간의 기본적인 욕구와 존엄성 보장 넷째, 소득과 성性과 인종에서의 평등 다섯째, 포용성. 뒤처지는 사람이 이 세상에서는 아무도 없게 만들기 위한 위대한 틀은 바로 여기에서 시작될 것이다.

◖ 자본주의 곡선을 구부리고 금융 시스템을 개혁하라

팬데믹 기간에 사람들은 너나 할 것 없이 모두 아마추어 통계학자가 되어 가파르게 올라가기만 하는 코로나19 확진자 곡선을 아래쪽으로 구부리는 데 필요한 일에 대해 온갖 얘기를 했다.

그런데 우리에게는 구부려야 할 다른 곡선이 또 있다. 탄소배출량은 인구와 경제 생산량의 증가와 함께 거의 기하급수적으로 수십 년 동안 증가해왔다. 일부 선진국들이 GDP의 달러당 탄소배출량을 안정적으로 유지하며 탄소 곡선을 편평하게 만들었지만, 세계는 여전히 기후와 불평등의 절벽을 향해 질주하고 있다.

자본주의는 인류가 시도했던 다른 경제 체제들과 비교할 때 적어도 복지를 창출하는 데는 확실히 나았다. 그러나 이 시스템의 핵심이 잘못되었다는 인식이 커지고 있다. NGO와 학계뿐만 아니라 CEO와 정부도 이 점을 지적한다. 많은 대기업들도 비록 피상적이기는 하지만 이해관계자 자본주의를 이야기한다. 월마트의 CEO 더그 맥밀런은 "우리를 존재하게 하는 동료, 고객, 협력업체 그리고 지구를 돌보지 않을 때 우리는 살아남지 못할 것"이라며 이해관계자 자본주의 논리를 지지했다.[38] 세일즈포스의 CEO 마크 베니오프는 "우리가 알던 자본주의는 죽었다. 주주의 이익만 극대화하는 데 집착했던 주주 자본주의는 이제 전환점을 지나 꺾이고 있다"라고 말했다.[39]

기업의 리더들은 단기적으로 이윤을 극대화하는 자본주의를 끝장내는 일이 기업계 바깥에서 얼마나 활발히 논의되고 있는지 알아야 한다. 2020년 「에델만 트러스트」 보고서에서 전 세계 응답자의 56퍼센트가 "오늘날 존재하는 자본주의는 이득보다 손해를 더 많이 안겨준다"라는 데 동의했으며 겨우 18퍼센트만이 이 시스템이 자기에게 효과가 있다고 생각한다.[40] 미국인 네 명 중 한 명은 "자본주의 시스템을 점진적으로 없애면서 사회주의 시스템을 더 많이 도입하는 것"을 지지하고, 밀레니얼 세대의 70퍼센트는 사회주의에 투표할 가능성이 높다.[41] 이들 대부분은 정부가 생산수단을 소유한다는 뜻의 사회주의를 지지하지는 않지만 스칸디나비아식 민주사회주의에는 확실히 매력을 느낀다. 그들이 사회주의를 어떻게 정의하든 이런 수치들이 현재의 자본주의 시스템에 대한 경고임은 분명하다.

우리가 하는 논의는 시스템을 '바로잡는' 방법을 수박 겉핥기로만 다룰 수 있다. 사면초가의 절박한 상황으로 내몰린 지구를 구할 자본주의를 새롭게 구상하는 문제에 대해서는 중요한 사상적 리더들이 많이 있으며, 이들의 글을 살펴보는 것은 충분히 그럴 만한 가치가 있다(관련 목록에 대해서는 미주를 참고하라).[42] 요약해서 다룰 수밖에 없는 이 책에서 우리는 자본주의의 두 가지 실패에만 초점을 맞출 것이다. 하나는 가치 있는 자원을 가격으로 매기지 못했다는 것이고, 다른 하나는 금융 시장이 단기적인 관점에 고착되고 말았다는 것이다.

자연 자원에 가격을 매겨라

신자유주의 경제 모델을 추종하는 사람들에게는 다음 두 가지 원칙이 결코 의심할 수 없는 진리다. 하나는 주주 가치가 가장 중요하다는 것, 다른 하나는 자유 시장이 (또는 자유 일반이) 모든 것을 해결해준다는 것이다.

이 세계관 안에서는 어떤 회사가 사회적으로 옳지 않은 일을 하면 사람들은 이 회사의 상품 대신 다른 회사의 상품을 산다. 또 누군가가 환경을 훼손할 때는 소유권과 법률적인 행동이 작동해서 환경을 오염하는 개인이나 조직을 막는다. 하지만 어떤 일이 있더라도 자유가 환경보다 더 중요하다. 이 세계관에서는 자유 시장이 마치 마법과도 같이 그 모든 문제를 처리할 것이라고 사람들은 믿고 또 그렇게 말한다.

실제로 이렇게 될 것이라고 믿으려면, 모든 시장이 완벽한 정보 공유 및 완벽한 경쟁 덕분에 늘 매끄럽게 작동한다는 명백하게 잘못된 생각을 포함한 여러 가지 동화 같은 이야기들도 함께 믿어야 한다. 그러나 현실은 그렇지 않다. 시장의 권력은 소수에게 집중되어 있고, 사람들은 자기가 필요로 하는 정보를 모두 갖고 있지 않으며, 시장은 결코 '자유'롭게 작동하지 않는다. 모든 시장은 외부효과라는 치명적인 결함에 시달리고 있다. 기업 운영에 동반되는 많은 비용 및 편익은 재화나 서비스의 가격에 반영되지 않는다. 대기는 기업이 배출하는 탄소의 무료 매립지 역할을 했고, 그랬기에 탄소배출의 비용은 회계상 0으로 처리되었다. 기후변화 때문에 빚어진 사회적 비용의 규모는 수조 달러가 되고, 이 비용은 사람이 거주할 수 없는 곳에서는 사실상 무한대 규모다. 그러나 기후변화를 유발한 기업들은 이 비용을 한 푼도 내지 않는다.

기후변화는 역사상 가장 큰 시장 실패 사례다. 두 번째 시장 실패 사례는 불평등이다. 임금 시장은 노동력의 실제 가치를 반영하지 않는다. 팬데믹 때 목숨을 걸고 일했던 노동자들은 최저임금밖에 받지 못했다. 하지만 이 사람들 덕분에 다른 사람들은 무사히 살아남았다.

우리가 창출하는 가치가 사용되는 방식을 바꾸려면, 자발적인 가격 책정을 통하든 또는 법률적인 규제나 소비자의 압력을 통하든 간에 그 희소성에 걸맞게 합당한 가격으로 매겨야 한다. 수백 개 기업이 지금까지 자발적으로 사내 탄소세를 부과해왔다. 그러나 대개 이것은 '그림자 가격'*으로만 존재했는데, 탄소세를 실제로 적용할 경우에는 비용이 얼마일지 계산해보아야 한다. 아주 적은 숫자의 기업들만 실제로 자기 사업부에 이 탄소세를 내게 해 그 세원을 여러 기후 행동에 투자한다. 각 기업의 예를 들면 다음과 같다.

- **유니레버**: 탄소 1톤당 40유로의 탄소세를 부과하며 이것을 환경 효율성 프로젝트에 투자한다.
- **LVMH**: 탄소 1톤당 30유로의 탄소세를 부과하며 이것을 탄소 감축

• 　기회비용을 반영하여 결정한 가격으로, 뒤에 가려져 있어 보이지 않는 가격이다.

사업에 투자한다.[43]

- **지멘스**: 영국 지멘스는 탄소 1톤당 31파운드의 탄소세를 부과한다.[44]
- **마이크로소프트**: 탄소 1톤당 15달러의 탄소세를 각 사업부에 부과한다. 이것은 에너지 효율성 또는 청정 기술 분야에 투자된다. 2021년에는 가치사슬에 속한 협력업체들에게도 (즉 '스코프 3'의 영역에도) 탄소 1톤당 5달러의 탄소세를 부과했다.[45]

이들의 노력은 의미 있다. 그러나 경제학자들은 탄소배출을 충분히 빠르게 줄이려면 탄소세가 1톤당 100달러 이상은 되어야 한다고 추정한다.[46] 이론적으로만 보면 탄소에 가격을 매기기란 쉽다. 제각기 다른 형태의 에너지로부터 배출되는 탄소는 물리학 차원의 문제이며 정유소, 주유기 또는 가치사슬 내의 논리적이고 추적 가능한 지점에서 관리할 수 있기 때문이다.

그런데 자연 자본은 이보다 복잡하다. 건강한 숲이 지하수를 정화하거나 홍수를 막아줄 때의 가치를 도대체 얼마로 산정할 수 있을까? 세계경제포럼의 한 보고서는 모든 경제 활동을 뒷받침하는 자연 자본의 가치를 125조 달러로 추정했는데, 이것은 전 세계의 경제를 모두 합친 것보다 규모가 훨씬 더 크다.[48] 자연 자본의 가치를 더 정확하게 추정할 방법을 연구자들은 여러 해 동안 찾아왔다. 전 세계적 연합체 캐피털연합Capitals Coalition은 기업이 자연계에 얼마나 영향을 주고 또 얼마나 의존하는지 측정하는 프로토콜을 개발하기도 했다.

10년 전 케링의 브랜드 푸마는 자연 자원의 가치를 추정하기 위해 환경손익분석회사EP&L를 만들었다. 이때 자연으로부터 무료로 제공

받는 서비스의 가치는 대략 1억 달러로 추산되었고 이는 전체 이익 가운데 상당한 것이었다. 그러나 이런 사실 자체는 무척 흥미로웠지만 이 새로운 사실이 푸마나 해당 기업이 속한 산업 부문의 관행을 크게 바꾸지는 못했다. 외부효과에 가격을 매기지 않을 때 과연 기업의 행동은 근본적으로 바뀔 수 있을까?

그럼에도 불구하고 기업은 시간이 지남에 따라 자기가 한 행동에 책임을 질 수밖에 없다. 자연 자본에 시장 가치가 매겨지지 않았고 또 자연 자본을 거래하는 시장이 없다고 하더라도 이 자원을 남용하는 '가격'은 해당 제품의 판매, 해당 기업의 평판, 직원으로 영입되는 인재 또는 운영 승인 등에서 기업에게 손실로 되돌아온다. 세계지속가능발전기업위원회WBCSD의 피터 바커 회장이 말하듯이 "금융자본의 수익률만으로 최적화할 수 있던 시대는 이제 끝났다."[48]

우리가 의존하는 여러 자원의 가격을 완벽하게 평가할 수는 없다. 그러나 그 가격이 0이 아님은 분명하다. 기업은 넷 포지티브를 지지하면서 설령 불완전하더라도 자연 자원에 실질적인 가격을 매겨야 한다. 또한 가격을 매길 수 없는 것들을 보호하거나 재생해야 한다. 희귀한 것들은 그런 대우를 받을 자격이 있다. 모든 것이 다 측정 가능한 가치를 지니고 있지 않고 또 규제를 받을 수 없다. 넷 포지티브 기업은 이런 사실을 이해한다.

금융 시스템을 개혁하라

캐피털인스티튜트의 창업자 존 풀러턴은 '재생 금융regenerative finance'을 위한 틀을 개발했다.[49] 풀러턴은 금융 시스템이 사람 및 지구에 초점을 맞추길 희망한다. 그는 모든 것을 금융화하고 경제에 미치는 금융의 규모와 영향력을 지속적으로 늘려나가면 자동적으로 성장과 번영이 이루어진다는 '금융에 대한 가정'에 도전한다.

풀러턴은 높은 수준의 투명성, 실질적이고 장기적인 부의 창출, 협력, 회복력으로 건강한 경제를 이끌어내는 것, 경제 안에서 적절한 규모의 금융을 유지하는 것(참고로 2008년 금융위기 때 은행들은 터무니없게도 30퍼센트나 되는 운영수익을 거두었다) 등과 같은 원칙을 지지한다.[50]

우리도 단기 이익 극대화로 해석되는 '수탁자의 신의성실 의무'를 불변의 진리로 떠받드는 발상은 재고할 필요가 있다고 믿는다. 통합보고서* 분야의 세계 최고 전문가 중 한 명으로 꼽히는 밥 에클스가 썼듯이 수탁자의 신의성실 의무가 주주 우선주의와 동일하다는 발상은 "법이 아니라 하나의 이념일 뿐이다."[51] 그러므로 그것은 우리가 얼마든지 새로 쓸 수 있다.

제너레이션재단과 유엔환경계획금융이니셔티브UNEP FI 그리고 책임투자원칙PRI은 전통적인 관점에 도전하고 있다. 책임투자원칙의 CEO 피오나 레이놀즈는 이 프로젝트가 "수탁자의 신의성실 의무에 ESG 요소를 포함시키는 것과 관련된 논쟁을 끝내기 위한 것"이라고 말한다.[52]

다우케미컬의 CEO를 역임한 앤드루 리버리스는 글로벌 기관투자가를 중심으로 한 비영리단체 FCLT글로벌의 설립을 도왔으며, 금융시스템을 바로잡으려고 노력한다. 리버리스는 새로운 정부 정책과

---

* 기존의 연례보고에 지속가능경영 분야 보고를 합친 보고서

강화된 투명성이라는 두 가지 측면에서 투자자들을 수치스럽게 만들 필요가 있다고 말한다.[53] 그는 "증권시장은 도박판과 비슷하고 현실의 실체는 전혀 반영하지 않으므로" 단기 거래와 헤지펀드를 규제해야 한다고 제안한다. 또한 기후변화와 같은 위험, SDGs에 대해 반대하는 회사의 성과를 반영하는 지표들 그리고 새로운 인센티브 등에 대한 공시가 더 많이 이루어져야 한다고 말한다.

일부 장기 투자자들은 내부에서부터 시스템을 바꾸려고 노력한다. 히로 미즈노가 1조 5,000억 달러 규모의 일본공적연금펀드GPIF를 운용할 때 투자의 방향성을 ESG쪽으로 전환한 것이 그 예다. ESG 투자는 장기적인 가치 관리에 대한 생각을 투자자와 시장에 전달하는 가장 좋은 방법이었다. ESG의 각 차원이 모두 "장기적인 규모에서 관련성이 생기기" 때문이다.[54] 한편 ESG가 하나의 위험이라면 "이 위험을 어떻게 피하거나 누그러뜨릴 수 있을까?"라고 미즈노는 묻는다. 이 질문은 기후, 팬데믹, 공급망 붕괴 등에 적용할 수 있다. 미즈노는 "석 달에 한 번씩 분기를 기준으로 자산을 관리하는 것은 기술적으로는 옳지만 전체적으로는 잘못된 것이다"라고 말한다. 우리는 이 말을 진지하게 받아들여야 한다.

◖ 사회를 떠받치는 기둥을 지켜라

정의로운 사회를 뒷받침하는 원칙은 여러 가지로 많다. 민주주의, 자유, 평등, 언론 자유, 과학과 진실 추구 등은 확실히 그 원칙에 포함된다. 그런데 이 모든 사회적 기둥들은 점점 더 노골적으로 공격받고 있다. 언론을 '시민의 적'이라고 대놓고 말할 정도다.

독재 리더들이 나타나면서 기업들은 어려운 선택을 마주할 수밖에 없었다. 인간 중심적인 사업을 옹호하는 세계 리더들의 모임 B팀이 낸 보고서 「시민권 보호의 기업 사례」는 "시민권을 높이 존중하는 국가들은 높은 수준의 경제 성장 및 인간개발을 경험한다"라고 결론 내린다.[55] 팬데믹 기간에는 세계 어디에서나 인권 수준이 악화되었고 현재 세계 인구의 87퍼센트는 인권 등급인 방해obstructed와 억압repressed 그리고 폐쇄closed로 분류*되는 나라에서 살고 있다.[56] 또 전 세계의 절반 이상은 중대한 인권 침해가 자행되는 나라에 살고 있다. 중국의 위구르족 강제수용소, 인도에서 이슬람교도들을 대상으로 자행되는 폭력 그리고 미국과 멕시코 국경에서 어린아이가 부모와 생이별하게 만드는 이민 정책 등이 그런 인권 침해의 사례다. 러시아, 터키, 헝가리, 브라질 그리고 그 밖의 여러 나라에서 독재 정부가 들어서서 자유를 제한하고 있다(미국에서 트럼프 정부 4년 동안 그랬듯이 말이다). 그렇다면 기업은 이런 정부와 협력하지 말아야 할까? 그것은 세상의 절반을 포기하는 것이나 마찬가지다.

기업계 리더들은 가만히 있어서는 안 된다. 정치인politician이 아니라 정치가statesman가 되어야 한다.** 그러니 기업의 리더라면 자기 가치관

- 세계시민단체연합이 분류하는 국가 인권 등급은 폐쇄closed, 억압repressed, 방해obstructed, 좁음narrowed, 개방open 다섯 가지다.
- ·· 정치인은 정치를 직업으로 하는 사람을 뜻하고, 정치가는 특정 정파나 개인의 이익보다는 대의와 공익을 우선시하고 이를 위해 헌신하는 사람을 뜻한다.

에 충실해야 한다. 협력의 파트너인 정부에 대해 도저히 인정할 수 없는 것이 무엇인지 곰곰이 생각해야 한다. 종이 한 장 차이로 판단의 결과가 달라질 수 있다. 말을 너무 많이 하면 정부 리더를 소외시키고 그가 발휘하는 영향력을 줄일 수 있다. 그러나 반대로 말을 너무 적게 하면 독재와 억압을 암묵적으로 지지하는 게 된다. 맥킨지가 모스크바에 있는 자기 직원들에게 푸틴 반대 시위를 지지하지 말라고 지시했을 때 『파이낸셜타임스』는 이것을 일종의 선전전이라고 했으며, 미국의 어떤 상원의원은 이 사건이 "맥킨지의 핵심적인 가치관에 심각한 의문을 제기한다"라고 지적하는 편지를 맥킨지에 보낸 일도 있다.[57]

기업도 정의를 위해 싸울 수 있다. 유니레버는 광고라는 도구를 사용해 줄곧 포용성을 옹호하고 촉진해왔다. 인도에서 이슬람교도들을 대상으로 하는 폭력이 늘어날 때도 그랬다. 사회를 지탱하는 기둥이 공격을 받을 때 기업은 자기 울타리 밖으로 나와서 목소리를 내야 한다. 벤앤제리스는 미국에서 범죄 기록이 있다는 이유로 개인이 투표권을 박탈당하는 일이 일어났을 때 유권자의 권리를 주장하며 항의했다. B팀도 부패나 인권 침해 또는 불법 정치자금에 대해 자주 목소리를 높인다.

2020년에는 미국 선거를 앞두고 일부 단체가 처음으로 목소리를 높였다. 월간지 『사이언티픽 아메리칸』과 주간지 『뉴잉글랜드 의학 저널』이 조 바이든을 지지하고 나섰는데, 그것은 트럼프의 연임으로 과학이 훼손되는 것을 우려했기 때문이다(두 잡지 모두 1800년대로까지 거슬러 올라가는 회사의 역사 속에서 정치적인 발언을 한 적이 한 번도 없다).

기업계 리더들은 자유롭고 공정한 선거를 지지하는 리더십나우프로젝트Leadership Now Project와 시민 참여를 지지하는 시민연합Civic Alliance의 성명서에 각각 서명했다. 그리고 미국 상공회의소와 미국노동총연맹-산업별조합회의AFL-CIO는 이례적으로 공동성명을 발표하면서, 현직 대통령 트럼프가 우편투표의 합법성에 대한 의문을 제기할 때 모든 우편투표가 유효하다는 입장을 내놓았다.

또한 기업은 정부의 나쁜 정책에 회사 운영 차원에서 대응할 수도 있다. 예를 들어 브라질 자이르 보우소나루 대통령이 취임하면서 아마존의 산림 벌채가 늘어나자, 콩과 육류를 브라질에서 구매하는 회사들은 산림 벌채를 중단하고 인권을 존중하라고 공급자들을 압박했다. 이런 것들은 기업이 정치와 상관없이 취할 수 있는 합법적인 조치다. 유니레버는 해당 국가의 정부에서 무슨 일을 추진하든 상관하지 않고 영양이나 건강 및 위생과 관련된 운동처럼 삶의 질을 개선하는 프로젝트를 계속해서 진행한다.

우리가 가장 우려하는 것은 사실과 과학을 훼손하려는 노력이 꾸준히 이어지고 있다는 점이다. '가짜 뉴스'가 크게 늘어나면서 잘못된 정보가 엄청나게 많아졌다. 미국에서 극우 성향의 음모론자 단체인 큐아넌QAnon은 민주당원들이 어떤 피자집에서 아동밀매 조직을 운영한다는 가짜 뉴스를 수백만 명에게 확산시켰다. 미얀마에서는 휴대폰 보급률이 불과 7년 만에 1퍼센트에서 90퍼센트로 급증한 뒤 페이스북이 주요 정보 원천으로 자리를 잡았다.[58] 유엔은 페이스북의 자극적인 가짜 뉴스가 로힝야족에 대한 집단학살 폭력으로 이어졌다고 판단했다.[59] 유니레버는 혐오를 부추기고 가짜 뉴스를 퍼트리는 온라인 플랫폼에서 광고를 내린 초기 기업들 중 하나다.

과학과 진실에 이해관계가 걸려 있는 모든 기업은 현실을 있는 그대로 바라보고 또 인정해야 한다. 그러므로 "우리는 사실과 과학을 믿는다"라고 공개적으로 천명해야 한다. 만일 이렇게 하는 것이 정치적인 발언이 될 수밖에 없다면 정치적인 태도를 분명하고도 공개적으로 취해야 한다. 그런데 역설적이게도 이렇게 공개적으로 드러내는 것이 바로 그것을 탈정치화하는 방법이다. 트럼프 대통령이 코로나19 백신을 서둘러 시장에 내놓겠다는 발언을 한 뒤 세계 최대 제약사들이 자기는 정치가 아닌 과학을 따르겠다는 성명을 발표했다.

역사를 통틀어 모든 세대는 스스로 가장 중요한 시대를 산다고 느낀다. 그러나 지금은 단순한 추정이 아니라 객관적인 사실로서 '가장 중요한 시대'가 아닐까 싶다. 역사적으로 기술이 이렇게 빨리 발전한 적은 없었다. 세상이 이렇게 빠르게 움직인 적도 없었다. 과학적 통찰 덕분에 우리는 세상의 실체를 더 많이 알게 되었다. 공간과 자원을 놓고 경쟁하는 사람들이 이렇게 많았던 적도 없었다.

80억 명에 육박하는 현재의 세계 인구를 고대 그리스인들은 상상도 못했을 것이다. 심지어 전기와 자동차와 비행기 등 우리가 현대적이라고 생각하는 많은 것들이 등장했던 20세기 초를 살았던 사람들도 고대 그리스인들만큼이나 현재의 모습에 충격을 받을 것이다. 그 당시만 하더라도 세계 인구는 약 16억 명이었고, 이들이 세계를 돌아다닐 때는 며칠씩 걸렸다. 그런데 그 이후로 약 100년 뒤 인류의 대부분은 본질적으로 단일한 지구 유기체에 연결되어 있다. 지금은 세계 인구의 3분의 2가 휴대폰을 가지고 있지 않은가![60]

우리는 기업계가 진화하고 번영해 새로운 세상을 만들도록 지금까지 수십 년 동안 일해왔다. 우리는 기업이 우리가 안고 있는 어려운 도전과제들을 해결하는 데 두드러진 역할을 하지 않고서는, 인류가 21세기 중반이라는 시기를 잘 돌파하지 못할 것이라고 생각한다.

우리는 우리의 운명을 함께 선택해나가야 한다. 더 많은 신뢰와 용기와 인간애가 요구되고 있다. 당신은 이런 추세에 동참할 의지를 갖고 있는가? 도덕적 리더십을 지니고 있는가? 만약 당신이 넷 포지티브로 나아가는 정말 중요한 이 여정에 우리와 함께한다면 당신 회사에 돌아갈 보상은 엄청나게 클 것이다. 당신 회사는 전혀 새로운 방식으로 번영을 누릴 것이다.

2004년 노벨상위원회는 케냐의 왕가리 마타이에게 평화상을 수여했다. 3,000만 그루가 넘는 나무를 심고 아프리카 여성 100만 명의 삶을 개선한 업적을 높이 평가했다. 마타이는 수상 연설을 하면서 이렇게 말했다.

"공정한 발전 없이는 평화도 있을 수 없습니다. 민주적이고 평화로운 공간에서 환경을 지속가능한 방식으로 관리하지 않고서는 어떤 발전도 있을 수 없습니다. 역사의 흐름 속에서 인류는 새로운 차원의 의식으로 전환하고 더 높은 도덕적 기반에 도달해야 한다는 요구를 받는 시기가 옵니다. 두려움을 떨쳐버리고 서로에게 희망을 주어야 하는 때, 그때가 바로 지금입니다."[61]

그렇다, 넷 포지티브 세상으로 가야 하는 때는 바로 지금이다.

물고기는 물을 떠나서 살 수 없다

더 많은 책임지기

▶ 자신의 존재가 사회에 어떤 영향을 미치는지 열심히 살핀다.

▶ 행동 및 비행동이 사회와 국가의 정책과 시스템에 어떤 영향을 주는지 고려하고 "침묵으로 우리가 할 수 있는 것은 무엇인가?"라는 질문을 한다.

▶ 사회적 탄소발자국을 개선하는 방법이 무엇인지, 긍정적인 '스코프 6'의 가치를 창출하기 위해서 무슨 일을 해야 하는지 묻는다.

소비와 성장의 개념에 도전하기

▶ 무엇을 하든 재생 방식의 접근법을 기본으로 설정한다. 자기가 가진 것을 사람들 및 사회에 베풀고자 한다. 이른바 '순수(넷) 기부자'가 되고자 한다.

▶ 재생 가능 원료나 대체 재료를 선제적으로 사용한다.

▶ 고객 및 소비자와 대화해 그들이 제품이나 서비스에서 진정으로 바라는 것이 무엇인지 알아낸다.

▶ 자원 절감의 절대적인 목표를 설정하고 완전한 재활용과 재사용을 실천한다(예를 들어 패션 부문은 재활용과 대여, 재판매 사업 모델로 나아가고 있다).

▶ 자연을 보호하고 기후변화에 대응하는 해결책을 제품이나 서비스의 설계 단계에서부터 적용한다.

성공의 지표를 다시 생각하기

▶ 회사의 성공과 이해관계자의 복지 그리고 경제 및 사회의 번영을

총체적으로 측정할 수 있는 일련의 지표를 적극적으로 개발한다.

▶ 비콥, 협동조합, 우리사주제도, 에버그린직접투자 등과 같은 대안적인 소유 구조의 가능성을 모색한다.

▶ 최소 요구 수준을 뛰어넘어 더 광범위한 ESG 지수들을 발표하고 이것을 가치 창출과 명확하게 연결시킨다.

사회 계약을 개선하기

▶ 노동을 비용이 아니라 키워나가야 하는 자산으로 생각한다.

▶ 가치사슬 전체에 걸쳐 인권 및 생활임금을 보장한다.

▶ 일자리가 변화하는 시대에 공정한 전환을 보장하기 위해 여러 전략을 적극적으로 개발한다.

▶ 협력업체와 정부 그리고 시민사회와 협력해 현대판 노예제를 근절하기 위해 노력한다.

▶ 난민, 청년실업 등과 같은 폭넓은 사회 문제 해결에 과감하게 도전한다.

자본주의 곡선을 구부리기

▶ 외부효과에 가격을 매기고, 내부적으로 각 사업부별 탄소배출에 탄소세를 매겨 자금을 모으고, 이 자금을 탄소배출을 줄이는 사업에 투자한다.

▶ 기업의 정치력을 활용해 탄소 규제 가격을 적극적으로 옹호한다.

▶ NGO 및 그 밖의 다른 조직과 협력해 물이나 토지처럼 가격을 측정하기 어려운 자원들에 정확한 가격을 매겨 기업이 나아갈 방향을 유도한다.

▶ 금융 시스템이 지속가능성 투자로 전환하게 하고 회사가 진행하는

ESG 작업이 어떻게 가치를 창출하는지 선제적으로 설명함으로써, 금융 시스템이 ESG 및 장기적인 관점을 높게 평가하도록 유도한다.

사회의 기둥을 지키기

▶ 민주주의, 자유, 과학 그리고 진실을 지키기 위해 공개적으로 발언한다. 이것은 과학을 기반으로 하는 기업에게만 적용되는 문제가 아니다.

▶ 직원들의 잘못된 인식을 바로잡는 작업을 한다.

▶ 공급망에서의 구매 행위처럼 자기가 지닌 힘을 이용해 시스템을 변화시킬 여러 가지 방법을 모색한다.

▶ 장기적인 관점으로 지역사회와 직접적인 협력을 이어나간다. 설령 인권이나 민주주의 문제가 심각한 나라에서 기업 활동을 한다고 하더라도 그래야 한다.

감사의 말

책 한 권을 만드는 데 정말 많은 사람이 힘을 모았다. 우리에게 영감과 아이디어를 제공할 뿐만 아니라 건설적인 역할을 해준 사람들이 많았다. 이 사람들이 우리 곁에 없었더라면 이 책이 지금 우리 앞에 존재하지도 않을 것이다.

제프 시브라이트에게는 고맙다는 말을 어떻게 해야 할지 모를 정도로 고맙다. 이 책의 세 번째 저자로 이름을 올렸어야 마땅할 정도다. 제프는 우리가 전화를 할 때마다 충실하게 응대했고, 초고를 하나도 빼놓지 않고 다 읽었으며, 새로운 아이디어를 제시했고, 우리가 가진 모든 이론과 발상에 충실한 지침을 제시했다. 제프가 가진 경험은 누구도 대신할 수 없는 것이었다. 유니레버에서 최고지속가능책임자로 보냈던 시간이 그렇고, 그 이전에 소비자 제품 및 에너지 산업 분야의 여러 다국적기업에서 그가 했던 역할이 그렇고, 또 미국 정부에서 일했던 경험도 그렇다. 제프는 "위대함을 향할 것"이라고 늘 말하면서 이 프로젝트를 도왔다. 만약 우리가 문제의 핵심에 조금이라도 더 가까이 접근했다면, 순전히 제프 덕분이다.

유니레버의 사례에 대해 자기가 가진 솔직한 관점 및 시간을 너그럽게 나누어준 사람들도 많다. 어떤 작가도 토로했듯이, 누군가와 길고 매혹적인 대화를 나눈 다음에 그 대화의 내용을 단 하나의 인용문으로 요약하기란 정말이지 고통스러운 일이다. 우리와 대화를 나누었던 그 모든 사람의 견해가 부족한 문장에서나마 충실하게 요약되고 반영되었기를 바랄 뿐이다. 다음에 열거하는 모든 사람에게 고맙다는 인사를 전한다. 제임스 앨리슨, 조너선 앳우드, 더그 베일, 더그 베이커, 피터 바커, 이리나 바흐티나, 헤만트 박시, 찰리 비버, 데이비드 블랜차드, 데이비드 블러드, 로미나 보리니, 샤란 버로우, 제이슨 클레이, 도이나 코코베, 조너선 도너, 토니 더니지, 마크 엥겔, 카렌 해밀턴, 리베카 헨더슨, 셰릴 힉스, 제프 홀랜더, 로지 허스트, 앨런 조프, 재닌 저긴스, 앤 켈리, 팀 클라이네벤, 키스 크루위토프, 앙겔리크 라스케비츠, 앤디 리버리스, 민디 러버, 레베카 마못, 마르셀라 마루벤스, 마크 매튜, 산지브 메타, 스티브 마일스, 히로 미즈노, 쿠미 나이두, 리나 네어, 개빈 니스, 프랭크 오브라이언-베르니니, 샌디 오그, 론 오스왈드, 미구엘 베이가-페스타나, 존 레플로글, 존 사우벤, 피어 루이지 지기스몬디, 사미르 싱, 조스테인 솔하임, 에밀로 테누타, 해럴드 톰슨, 샐리 우렌, 서니 버기스, 얀 키스 비스, 도미닉 워프레이, 키스 위드. 또한 이 책에 영감을 준 기업과 NGO와 학계와 정부의 여러 리더에게도 고맙다는 인사를 함께 전한다.

이 책에는 500개 가까운 주가 달려 있다. 우리가 하는 말들이 정확한 근거가 있음을 밝히기 위해 상세한 조사가 필요했다. 이 작업을 우리는 연구조사 책임자인 제니퍼 존슨과 연구원 로라 자카니노에게 크게 의존했는데, 이 두 사람은 우리가 원하던 자료를 빈틈없이 제공했다. 디자이너인 피오나 펑도 고마운 사람이다. 그녀는 본문에 들어가는 도표와 그림을 보기 좋게 만들었다. 또 유니레버와 관련된 정보를 추적하거나 확인하는 작업에서 우리에게 많은 도움을 준 데이비드 코트니지, 클리프 그랜섬, 제임스 후, 이스프리트 싱에게도 고마운 마음을 전한다.

우리는 초고를 완성한 뒤 몇몇 이들에게 초고를 읽고 솔직한 의견을 달라고 부탁했다. 많은 시간을 할애해 꼼꼼하게 피드백을 준 사람들에게 고마운 마음을 어떻게 표현해야 할지 모르겠다. 맷 블룸버그, 매츠 그랜리드, 제프 고디, 앤디 호프먼, 헌터 로빈스, 헨리크 매드슨, 콜린 메이어, 제레미 오펜하임, 조너선 포릿, 그리고 P. J. 사이먼스가 그들이다.

우리가 이 책의 원고를 쓰는 동안 우리의 각자 다른 회사가 예전과 다름없이 잘 굴러가도록 해준 팀원들에게도 고맙다는 인사를 꼭 해야 한다. 앨리지 매드슨과 샤론 파커 그리고 디나 사트리알레로 구성된 핵심 팀은 앤드루에게 절대적인 존재였다. 이매진에서 폴을 지지하고 지원한 사람으로는 켈시 핀켈스타인과 제나 솔터 그리고 공동 창업자인 발레리 켈러를 가장 먼저 꼽을 수 있다. 제나 크리드는 이 프로젝트를 시작하도록 도왔으며, 아들을 낳고 육아휴직을 보낸 뒤 다시 합류했다. 제나는 이 책의 구성을 발전시키고 중요한 의논을 함께했던 동반자였다.

하버드비즈니스리뷰 출판사에서 우리 책을 담당했던 팀은 세계 정상급이다. 우리의 편집자는 제프 케호였다. 대규모 팀이 달라붙어서 이 책을 멋진 책으로 만들었다. 책 표지를 훌륭하게 디자인해준 스테파니 핑크스, 편집장 멜린다 메리노, 제작 책임자 젠 워링 그리고 마라톤편집제작서비스의 크리스틴 마라에게도 고맙다는 인사를 전한다. 또 이 책을 제대로 된 길로 이끌어서 전 세계에 판매하는 운영팀과 마케팅팀 사람들에게도 고맙다. 한 명씩 소개하면 다음과 같다. 에리카 헤일먼, 샐리 애쉬워스, 줄리 데볼, 린지 디트리히, 브라이언 갤빈, 알렉산드라 케파트, 줄리아 매그녀슨, 엘라 모리시, 존 쉬플리, 펠리시아 시누사스, 알리산 잘. HBR의 리더십팀과 알리 이그나티우스(그는 폴이 이 프로젝트를 함께하도록 설득하는 데 핵심적 역할을 했다) 그리고 그룹퍼블리셔Group Publisher에게도 고마운 마음을 전한다.

마지막으로 우리 가족에게도 고맙다는 말을 해야 한다. 서로 멀리 떨어져 있는 우리 저자들이 길고도 낯선 작업을 수행하는 동안 우리가 하는 모든 것에 영감을 주고 응원했다. 앤드루의 부모인 잰 윈스턴과 게일 윈스턴은 수십 년 동안 아들을 무조건적으로 응원하고 아들의 일과 삶에 나침반이 되는 도덕심을 심어주었다. 두 분은 끝없는 감사를 받을 자격이 있다. 경험이 풍부한 사업가이자 앤드루의 아내인 크리스틴 윈스턴은 오랫동안 앤드루에게 최고의 편집자 역할을 했다. 그녀는 직업을 따로 갖고 있으면서도 앤드루가 자기 일에 빠져 있는 동안에 집안이 별 탈이 없도록 모든 일을 떠맡아서 훌륭하게 처리했다. 이 두 사람의 아들인 조슈아와 제이콥은 앤드루가 첫 번째 책을 출판했을 때 갓난아기와 신생아였지만 그 사이에 모두 10대 소년으로 성장했다. 번영하는 세상으로 이끌려면 Z세대에 의지해야 하는데, 앤드루는 두 아들이 세상에 나가서 좋은 일을 할 것이라고 기대한다.

폴은 올바른 가치관을 심어주었을 뿐만 아니라 훌륭한 본보기가 되었던 가족을 무한하게 자랑스러워하고 고마워한다. 폴의 부모인 베르투스 폴먼과 리아 폴먼은 소박한 사명을 지니고 인생을 살았다. 바로 아이들에게 더 낫고 의미 있는 삶을 마련해주는 것이었다. 두 사람은 이 사명을 가지고 더 큰 선을 실천하는 데 헌신했다. 폴의 아내 킴 폴먼은 사고방식의 근본적인 전환을 통해 동정심이 넘치고 지속가능한 세상을 만들겠다는 사명을 가진 사회적 기업 리부트더퓨처 Reboot the Future의 창업자이자 대표로서 믿을 수 없을 정도로 바쁜 삶을 살고 있다. 그녀는 또한 아프리카 시각 장애인의 문맹 퇴치를 위해 노력하는 킬리만자로블라인드트러스트 Kilimanjaro Blind Trust의 의장이기도 하다. 킴은 책을 출판한 적이 있어서 책 한 권을 완성하기까지 어떤 것들이 필요한지 잘 안다. 저녁도 잊은 채 늦은 시각까지 책에 대해 토론하며 창의성을 자극하기도 했다.

폴과 킴의 세 아들인 크리스티안과 필립과 세바스찬은 이들 부부가 바쁜 와중에도 열심히 그리고 치열하게 일하도록 만드는 자극제다. 이들은 각자 나름대로 넷 포지티브 인생을 살아가려고 노력한다. 밀레니얼 세대는 우리가 알고 있는 것보다 훨씬 더 큰 규모의 추세를 이미 시작했을지도 모른다. 그 점에 대해서 무척 고맙다.

아울러 번영하는 넷 포지티브 세상을 만드는 일에 기꺼이 동참하고자 하는 모든 독자에게도 고맙다는 인사를 드린다.

들어가며 유니레버가 워런 버핏의 164조 인수 제안을 거절한 이유는?

1 Arash Massoudi, James Fontanella-Khan, and Bryce Elder, "Unilever Rejects $143bn Kraft Heinz Takeover Bid," Financial Times, February 17, 2017, https://on.ft.com/3eHeNM4.

2 Daniel Roberts, "Here's What Happens When 3G Capital Buys Your Company," Fortune, accessed March 3, 2021, https://fortune.com/2015/03/25/3g-capital-heinz-kraft-buffett/.

3 Arash Massoudi and James Fontanella-Khan, "The $143bn Flop: How Warren Buffett and 3G Lost Unilever," Financial Times, February 21, 2017, https://www.ft.com/content/d846766e-f81b-11e6-bd4e-68d53499ed71.

4 Ron Oswald (IUF), interview by author, September 28, 2020.

5 Harold Thompson (Ash Park), interview by author, April 24, 2020.

6 Vincent Lee (Bernstein), email communication with author, March 3, 2021.

7 "Unilever Announces Covid-19 Actions for All Employees," Unilever global company website, accessed March 3, 2021, https://www.unilever.com/news/news-and-features/Feature-article/2020/unilever-announces-covid-19-actions-for-all-employees.html.

8 "From Our CEO: We Will Fight This Pandemic Together," Unilever global company website, accessed March 4, 2021, https://www.unilever.com/news/news-and-features/Feature-article/2020/from-our-ceo-we-will-fight-this-pandemic-together.html.

9 Uday Sampath Kumar and Bhattacharjee Nivedita, "Kraft Heinz Discloses SEC Probe, $15 Billion Write-Down; Shares Dive 20 Percent," Reuters, February 22, 2019, https://www.reuters.com/article/us-kraft-heinz-results-idUSKCN1QA2W1; Gillian Tan and Paula Seligson, "Kraft Heinz Taps as Much as $4 Billion of Credit Line," Bloomberg, March 16, 2020, https://www.bloomberg.com/news/articles/2020-03-16/kraft-heinz-is-said-to-tap-as-much-as-4-billion-of-credit-line.

10 Mark Engel (Unilever), interview by author, May 14, 2020.

11 William McDonough and Michael Braungart, The Upcycle (New York: Northpoint Press, 2013), 35-36.

12 Kim Polman, Imaginal Cells (self-published, 2017), 8.

13 "Unilever, Patagonia, Ikea, Interface, and Natura &Co Most Recognized by Experts as Sustainability Leaders According to 2020 Leaders Survey," GlobeScan(blog), August 12, 2020, https://globescan.com/unilever-patagonia-ikea-interface-top-sustainability-leaders-2020/.

14 Dominic Waughray (WEF), 저자와의 인터뷰, 2020년 9월 25일.

15 The Private Sector: The Missing Piece of the SDG Puzzle, OECD, 2018.

16 "Citing $2.5 Trillion Annual Financing Gap during SDG Business Forum Event, Deputy Secretary-General Says Poverty Falling Too Slowly," UN, Meetings Coverage and Press Releases, accessed March 4, 2021, https://www.un.org/press/en/2019/dsgsm1340.doc.htm; "International Aid Reached Record Levels in 2019," New Humanitarian, April 17, 2020, https://www.thenewhumanitarian.org/news/2020/04/17/international-aid-record-level-2019.

17 Emily Flitter, "Decade after Crisis, a $600 Trillion Market Remains Murky to Regulators," New York Times, July 22, 2018, https://www.nytimes.com/2018/07/22/business/derivatives-banks-regulation-dodd-frank.html.

18 2020 Edelman Trust Barometer, Edelman, January 2020, https://www.edelman.com/trust/2020-trust-barometer.

19 "A Message from Our Chief Executive Officer," 2020 ESG, accessed March 4, 2021, https://corporate.walmart.com/esgreport/a-message-from-our-chief-executive-officer.

20 Eben Shapiro, "'It's the Right Thing to Do.' Walmart CEO Doug McMillon Says It's Time to Reinvent Capitalism Post-Coronavirus," Time, October 21, 2020, https://time.com/collection-post/5900765/walmart-ceo-reinventing-capitalism/.

21 "Earth Overshoot Day–We Do Not Need a Pandemic to #MoveTheDate!" Earth Overshoot Day, accessed March 14, 2021, https://www.overshootday.org/.

22 Kenneth Boulding, "The Economics of the Coming Spaceship Earth," in Radical Political Economy, ed. Victor D. Lippit (Armonk, NY: M. E. Sharpe, 1966), 362.

23 Niall McCarthy, Report: Global Wildlife Populations Have Declined 68% in 50 Years Due to Human Activity [Infographic], Forbes, accessed March 7, 2021, https://www.forbes.com/sites/niallmccarthy/2020/09/10/report-global-wildlife-populations-have-declined-68-in-50-years-due-to-human-activity-infographic/.

24 "Rate of Deforestation," TheWorldCounts, accessed March 7, 2021, https://www.theworldcounts.com/challenges/planet-earth/forests-and-deserts/rate-of-deforestation/story; Alexander C. Kaufman, "Fossil Fuel Air Pollution Linked to 1 in 5 Deaths Worldwide, New Harvard Study Finds," HuffPost, accessed March 5, 2021, https://www.huffpost.com/entry/fossil-fuel-air-pollution_n_6022a51dc5b6c56a89a49185.

25 자연계의 여러 시스템과 인간의 건강 사이의 시스템 차원의 연관성은 새롭게 떠오르는 학문인 지구 건강 분야의 핵심 주제다. 더 많은 내용을 알고 싶으면 다음을 참조하라. www.planetaryhealthalliance.org.

26 Luke Baker, "More Than 1 Billion People Face Displacement by 2050–Report," Reuters,

September 9, 2020, https://www.reuters.com/article/ecology-global-risks-idUSKBN2600K4; see also Chi Xu et al., "Future of the Human Climate Niche," *Proceedings of the National Academy of Sciences* 117, no. 21 (May 26, 2020): 11350-55, https://doi.org/10.1073/pnas.1910114117.

27 Tim Cook (Apple), in keynote speech at Ceres 30th Anniversary Gala, October 21, 2019.

28 "A Fifth of Countries Worldwide at Risk from Ecosystem Collapse as Biodiversity Declines, Reveals Pioneering Swiss Re Index," Swiss Re, accessed March 14, 2021, https://www.swissre.com/media/news-releases/nr-20200923-biodiversity-and-ecosystems-services.html.

29 "World Economy Set to Lose up to 18% GDP from Climate Change If No Action Taken, Reveals Swiss Re Institute's Stress-Test Analysis," Swiss Re, accessed May 6, 2021, https://www.swissre.com/media/news-releases/nr-20210422-economics-of-climate-change-risks.html.

30 "AT&T Commits to Be Carbon Neutral by 2035," AT&T, accessed March 7, 2021, https://about.att.com/story/2020/att_carbon_neutral.html.

31 "Cases, Data, and Surveillance," Centers for Disease Control and Prevention, February 11, 2020, https://www.cdc.gov/coronavirus/2019-ncov/covid-data/investigations-discovery/hospitalization-death-by-race-ethnicity.html.

32 SDG AMBITION: Introducing Business Benchmarks for the Decade of Action, UN Global Compact, 2020.

33 "Nearly Half the World Lives on Less than $5.50 a Day," World Bank, accessed March 14, 2021, https://www.worldbank.org/en/news/press-release/2018/10/17/nearly-half-the-world-lives-on-less-than-550-a-day; "Learning Poverty," World Bank, accessed March 6, 2021, https://www.worldbank.org/en/topic/education/brief/learning-poverty; World Hunger Is Still Not Going Down after Three Years and Obesity Is Still Growing—UN Report, accessed March 6, 2021, https://www.who.int/news/item/15-07-2019-world-hunger-is-still-not-going-down-after-three-years-and-obesity-is-still-growing-un-report; "Children: Improving Survival and Well-Being," source: World Health Organization, accessed March 6, 2021, https://www.who.int/news-room/fact-sheets/detail/children-reducing-mortality.

34 "Secretary-General's Nelson Mandela Lecture: 'Tackling the Inequality Pandemic: A New Social Contract for a New Era' [as Delivered]," United Nations Secretary-General, July 18, 2020, https://www.un.org/sg/en/content/sg/statement/2020-07-18/secretary-generals-nelson-mandela-lecture-%E2%80%9Ctackling-the-inequality-pandemic-new-social-contract-for-new-era%E2%80%9D-delivered.

35 Mellody Hobson, "The Future of Sustainable Business Leadership," Ceres 2021, Virtual event, https://events.ceres.org/2021/agenda/session/430203.

36 Nick Hanauer and David M. Rolf, "America's 1% Has Taken $50 Trillion from the Bottom 90%," Time, accessed March 7, 2021, https://time.com/5888024/50-trillion-income-inequality-america/.

37 Rick Watzman, "Income Inequality: RAND Study Reveals Shocking New Numbers," accessed March 7, 2021, https://www.fastcompany.com/90550015/we-were-shocked-rand-study-uncovers-massive-income-shift-to-the-top-1.

38 Vincent Wood, "Britons Enjoying Cleaner Air, Better Food and Stronger Social Bonds Say They Don't Want to Return to 'Normal,'" Independent, April 17, 2020, https://www.independent.co.uk/news/uk/home-news/coronavirus-uk-lockdown-end-poll-environment-food-health-fitness-social-community-a9469736.html.

39 Leslie Hook, "World's Top 500 Companies Set to Miss Paris Climate Goals," Financial Times, June 17, 2019, https://on.ft.com/2UAlNB3.

40 Sally Uren (Forum for the Future), 저자들과의 이메일 소통, 2021년 3월 22일.

41 "About Donella 'Dana' Meadows," Academy for Systems Change (blog), accessed March 7, 2021, http://donellameadows.org/donella-meadows-legacy/donella-dana-meadows/.

42 Jim Harter and Annamarie Mann, "The Right Culture: Not Just about Employee Satisfaction," Gallup.com, April 12, 2017, https://www.gallup.com/workplace/231602/right-culture-not-employee-satisfaction.aspx.

43 "Unilever's Purpose-Led Brands Outperform," Unilever global company website, accessed March 7, 2021, https://www.unilever.com/news/press-releases/2019/unilevers-purpose-led-brands-outperform.html.

44 "Research Highlights," NYU Stern Center for Sustainable Business, accessed March 7, 2021, https://www.stern.nyu.edu/experience-stern/faculty-research/new-meta-analysis-nyu-stern-center-sustainable-business-and-rockefeller-asset-management-finds-esg.

45 "Announcing the 2021 Rankings of America's Most JUST Companies," JUST Capital (blog), accessed March 7, 2021, https://justcapital.com/reports/announcing-the-2021-rankings-of-americas-most-just-companies/.

46 "Record Number of Billion-Dollar Disasters Struck U.S. in 2020," National Oceanic and Atmospheric Administration," accessed March 9, 2021, https://www.noaa.gov/stories/record-number-of-billion-dollar-disasters-struck-us-in-2020.

47 Larry Fink, "BlackRock Client Letter–Sustainability," BlackRock, accessed March 9, 2021, https://www.blackrock.com/corporate/investor-relations/blackrock-client-letter; Jennifer Thompson, "Companies with Strong ESG Scores Outperform, Study Finds," Financial Times, accessed March 9, 2021, https://www.ft.com/content/f99b0399-ee67-3497-98ff-eed4b04cfde5.

48 Sophie Baker, "Global ESG-Data Driven Assets Hit $40.5 Trillion," Pensions & Investments, July 2, 2020, https://www.pionline.com/esg/global-esg-data-driven-assets-hit-405-trillion.

49 "Sustainable Bond Issuance to Hit a Record $650 Billion in 2021," Moody's, accessed March 9, 2021, https://www.moodys.com/research/Moodys-Sustainable-bond-issuance-to-hit-a-record-650-billion--PBC_1263479.

50 "Larry Fink CEO Letter," BlackRock, accessed March 9, 2021, https://www.blackrock.com/corporate/investor-relations/larry-fink-ceo-letter.

51 Kathleen McLaughlin (Walmart), 저자들과의 대화, 2020년 9월 20일.

52 "What on Earth Is the Doughnut," accessed March 9, 2021, https://www.kateraworth.com/doughnut/.

53 "Sustainable Business Could Unlock US$12 Trillion, Creating 380 Million Jobs," Unilever global company website, accessed March 9, 2021, https://www.unilever.com/news/news-and-features/Feature-article/2017/Sustainable-business-could-unlock-12-trillion-dollars-and-380-million-jobs.html.

54 Hanna Ziady, "Climate Change: Net Zero Emissions Could Cost $2 Trillion a Year, ETC Report Says," CNN Business, September 16, 2020, https://edition.cnn.com/2020/09/16/business/net-zero-climate-energy-transitions-commission/index.html.

55 "CGR 2021," Circularity Gap Reporting Initiative, accessed March 14, 2021, https://www.circularity-gap.world/2021.

56 "Solar's Future Is Insanely Cheap (2020)," Ramez Naam, May 14, 2020, https://rameznaam.com/2020/05/14/solars-future-is-insanely-cheap-2020/.

57 Brian Murray, "The Paradox of Declining Renewable Costs and Rising Electricity Prices," Forbes, accessed March 9, 2021, https://www.forbes.com/sites/brianmurray1/2019/06/17/the-paradox-of-declining-renewable-costs-and-rising-electricity-prices/.

58 Levelized Cost of Energy Analysis, vol. 14, Lazard, November 2020, https://www.lazard.com/perspective/levelized-cost-of-energy-and-levelized-cost-of-storage-2020/.

59 Paul Eisenstein, "GM to Go All-Electric by 2035, Phase Out Gas and Diesel Engines," NBC News, accessed March 9, 2021, https://www.nbcnews.com/business/autos/gm-go-all-electric-2035-phase-out-gas-diesel-engines-n1256055; Joshua S. Hill, "Honda to Phase Out Diesel, Petrol Cars in UK in Favour of EVs by 2022," accessed March 9, 2021, https://thedriven.io/2020/10/21/honda-to-phase-out-diesel-petrol-cars-in-uk-in-favour-of-evs-by-2022/.

60 Fred Lambert, "Daimler Stops Developing Internal Combustion Engines to Focus on Electric Cars–Electrek," accessed March 9, 2021, https://electrek.co/2019/09/19/daimler-stops-developing-internal-combustion-engines-to-focus-on-electric-cars/.

61 Gina McCarthy, "Press Briefing by Press Secretary," White House, January 27, 2021, https://www.whitehouse.gov/briefing-room/press-briefings/2021/01/27/press-briefing-by-press-secretary-jen-psaki-special-presidential-envoy-for-climate-john-kerry-and-national-climate-advisor-gina-mccarthy-january-27-2021/.

62 "Why Corporations Can No Longer Avoid Politics," Time, accessed March 9, 2021, https://time.com/5735415/woke-culture-political-companies/.

63 Tracy Francis and Fernanda Hoefel, "Generation Z Characteristics and Its Implications for Companies," McKinsey, accessed March 9, 2021, https://www.mckinsey.com/industries/consumer-packaged-goods/our-insights/true-gen-generation-z-and-its-implications-for-companies.

1   "Decline of Global Extreme Poverty Continues but Has Slowed," World Bank, September 19, 2018, https://www.worldbank.org/en/news/press-release/2018/09/19/decline-of-global-extreme-poverty-continues-but-has-slowed-world-bank.

2   David Gelles, "Rose Marcario, the Former C.E.O. of Patagonia, Retreats to the Rainforest," New York Times, February 18, 2021, https://www.nytimes.com/2021/02/18/business/rose-marcario-patagonia-corner-office.html.

3   Jasmine Wu, "Wayfair Employees Walk Out, Customers Call for Boycott in Protest over Bed Sales to Texas Border Detention Camp," CNBC, June 26, 2019, https://www.cnbc.com/2019/06/26/wayfair-draws-backlash-calls-for-boycott-after-employee-protest.html.

4   Kati Najipoor-Schuette and Dick Patton, "Egon Zehnder Survey: CEOs Are Too Unprepared for Leadership," Fortune, April 24, 2018, https://fortune.com/2018/04/24/egon-zehnder-ceos-leadership/.

5   Stephane Garelli, "Top Reasons Why You Will Probably Live Longer Than Most Big Companies," IMD, December 2016, https://www.imd.org/research-knowledge/articles/why-you-will-probably-live-longer-than-most-big-companies/.

6   Jason M. Thomas, "Where Have All the Public Companies Gone?" Wall Street Journal, November 16, 2017, https://www.wsj.com/articles/where-have-all-the-public-companies-gone-1510869125.

7   "The Risk of Rewards: Tailoring Executive Pay for Long-Term Success," FCLTGlobal, accessed May 25, 2021, https://www.fcltglobal.org/resource/executive-pay/.

8   Short termism: Insights from Business Leaders, CPPIB and McKinsey & Company, 2014, 5, exhibit 3, https://www.fcltglobal.org/wp-content/uploads/20140123-mck-quarterly-survey-results-for-fclt-org_final.pdf.

9   Dominic Barton, James Manyika, and Sarah Keohane Williamson, "Finally, Evidence That Managing for the Long Term Pays Off," Harvard Business Review, February 7, 2017, https://hbr.org/2017/02/finally-proof-that-managing-for-the-long-term-pays-off.

10   "Peter Drucker Quote," A-Z Quotes, accessed May 10, 2021, https://www.azquotes.com/quote/863677.

11   David MacLean, "It's Not About Profit," Whole Hearted Leaders (blog), October 12, 2016, https://www.wholeheartedleaders.com/its-not-about-profit/; "Henry Ford Quotes," The Henry Ford, accessed March 11, 2021, https://www.thehenryford.org/collections-and-research/digital-resources/popular-topics/henry-ford-quotes/.

12   Saikat Chatterjee and Thyagaraju Adinarayan, "Buy, Sell, Repeat! No Room for 'Hold' in Whipsawing Markets," Reuters, August 3, 2020, https://www.reuters.com/article/us-health-coronavirus-short-termism-anal-idUSKBN24Z0XZ.

13   Bhakti Mirchandani et al., "Predicting Long-Term Success for Corporations and Investors Worldwide," FCLTGlobal, September 2019, https://www.fcltglobal.org/resource/predicting-long-term-success-for-corporations-and-investors-worldwide/.

14   "As Jobs Crisis Deepens, ILO Warns of Uncertain and Incomplete Labour Market Recovery," International Labour Organization, June 30, 2020, http://www.ilo.org/global/about-the-ilo/newsroom/news/WCMS_749398/lang--en/index.htm.

15   Andrew Liveris (Dow), 저자들과의 인터뷰, 2020년 8월 27일.

16   2019 Survey on Shareholder Versus Stakeholder Interests, Stanford Graduate School of Business and the Rock Center for Corporate Governance, 2019, 2.

17   "Our Credo," Johnson & Johnson, accessed March 11, 2021, https://www.jnj.com/credo/.

18   Jessica Shankleman, "Tim Cook Tells Climate Change Sceptics to Ditch Apple Shares," Guardian, March 3, 2014, http://www.theguardian.com/environment/2014/mar/03/tim-cook-climate-change-sceptics-ditch-apple-shares.

19   "Fact Sheet: Obesity and Overweight," World Health Organization, April 1, 2020, https://www.who.int/news-room/fact-sheets/detail/obesity-and-overweight.

20   "Malnutrition Is a World Health Crisis," World Health Organization, September 26, 2019, https://www.who.int/news/item/26-09-2019-malnutrition-is-a-world-health-crisis.

21   "The World Bank and Nutrition—Overview," World Bank, October 4, 2019, https://www.worldbank.org/en/topic/nutrition/overview.

2장   비즈니스 리더는 어떻게 세상을 구하는가

1   Adam Smith, The Theory of Moral Sentiments, Stewart Ed. (London: Henry G. Bohn, 1853), https://oll.libertyfund.org/title/smith-the-theory-of-moral-sentiments-and-on-the-origins-of-languages-stewart-ed#lf1648_label_001.

2   "The Theory of Moral Sentiments," Adam Smith Institute, accessed March 12, 2021, https://www.adamsmith.org/the-theory-of-moral-sentiments.

3   Smith, The Theory of Moral Sentiments.

4   Kumi Naidoo, 저자들과의 인터뷰, 2020년 10월 6일.

5   Colin Mayer, Prosperity: Better Business Makes the Greater Good, 1st ed. (Oxford, United Kingdom: Oxford University Press, 2018).

6   Yvon Chouinard, Let My People Go Surfing: The Education of a Reluctant Businessman (New York: Penguin, 2005), 1.

7   Viktor E. Frankl, Man's Search for Meaning: An Introduction to Logotherapy, 3rd ed. (New York: Touchstone, 1984).

8   "State of Workplace Empathy: Executive Summary," Businessolver, 2020, https://info.businessolver.com/en-us/empathy-2020-exec-summary-ty.

9   Jostein Solheim (Unilever), 저자들과의 인터뷰, 2020년 8월 28일.

10   Clifton Leaf, "Why Mastercard Isn't a Credit Card Company, According to Its Outgoing CEO Ajay Banga," Fortune, December 3, 2020, https://fortune.com/longform/mastercard-ceo-ajay-banga-credit-card-payment-company/.

11   "Wipro Chairman Premji Pledges 34 Percent of Company Shares for Philanthropy," Reuters, March 13, 2019, https://www.reuters.com/article/us-wipro-premji-idUSKBN1QU21H; "None Can Take Away Your Humility: Azim Premji," Bengaluru News–Times of India, accessed July 15, 2021, https://timesofindia.indiatimes.com/city/bengaluru/none-can-take-away-your-humility-azim-premji/articleshow/60140040.cms.

12   Nimi Princewill, "First Black Woman to Lead WTO Says She Will Prioritize Fair Trade, Access to Covid-19 Vaccines," CNN Business, accessed March 12, 2021, https://www.cnn.com/2021/02/15/business/ngozi-okonjo-iweala-wto-announcement-intl/index.html.

13   Ann McFerran, "'I Keep My Ego in My Handbag,'" Guardian, August 1, 2005, https://www.theguardian.com/world/2005/aug/01/gender.uk.

14   "Jesper Brodin," Ingka Group, accessed March 14, 2021, https://www.ingka.com/bios/jesper-brodin/.

15   "Maya Angelou Quotes: 15 of the Best," Guardian, May 29, 2014, http://www.theguardian.com/books/2014/may/28/maya-angelou-in-fifteen-quotes.

16   "Climate Change: The Massive CO_2 Emitter You May Not Know About," BBC News, December 17, 2018, https://www.bbc.com/news/science-environment-46455844.

17   "Sustainability Practices Followed in Dalmia Bharat Group," Dalmia Bharat Group, accessed March 12, 2021, https://www.dalmiabharat.com/sustainability/.

18   We Mean Business Coalition, "Dalmia Cement CEO Mahendra Singhi on Setting Bold Science-Based Targets," YouTube, published September 14, 2018, https://www.youtube.com/watch?v=fgNioqdrSKE.

19   Elizabeth Kolbert, "The Weight of the World: The Woman Who Could Stop Climate Change," New Yorker, August 17, 2015, https://www.newyorker.com/magazine/2015/08/24/the-weight-of-the-world.

20   Arun Marsh, "Christiana Figueres on 'Godot Paralysis' and Courage," video, UN Global Compact Speaker Interviews, Guardian, October 18, 2013, https://www.theguardian.com/sustainable-business/video/christiana-figueres-godot-paralysis-courage.

21   Stack, It's How We Play the Game, 279.

22   Stack, It's How We Play the Game, 279.

23   Stack, It's How We Play the Game, 286.

24   Stack, It's How We Play the Game, 295.

25 Rachel Siegel, "Dick's Sporting Goods Reports Strong Earnings as It Experiments with Reducing Gun Sales," Washington Post, August 22, 2019, https://www.washingtonpost.com/business/2019/08/22/dicks-sporting-goods-stock-surges-strong-nd-quarter-earnings/.

26 Bill George, "Courage: The Defining Characteristic of Great Leaders," op-ed, Harvard Business School Working Knowledge, April 24, 2017, http://hbswk.hbs.edu/item/courage-the-defining-characteristic-of-great-leaders.

27 Angie Drobnic Holan, "In Context: Donald Trump's 'Very Fine People on Both Sides' Remarks (Transcript)," PolitiFact, April 26, 2019, https://www.politifact.com/article/2019/apr/26/context-trumps-very-fine-people-both-sides-remarks/.

28 Adam Edelman, "Merck CEO Quits Trump Council over President's Charlottesville Remarks," NBC News, accessed March 11, 2021, https://www.nbcnews.com/politics/donald-trump/merck-ceo-quits-advisory-council-over-trump-s-charlottesville-remarks-n792416.

29 Amelia Lucas, "Merck CEO Kenneth Frazier: George Floyd 'Could Be Me,'" CNBC, June 1, 2020, https://www.cnbc.com/2020/06/01/merck-ceo-george-floyd-could-be-me.html.

30 Jeffrey Sonnenfeld, "CEOs and Racial Inequity," Chief Executive, September 9, 2020, https://chiefexecutive.net/ceos-and-racial-inequity/.

31 Nicole Schuman, "Airbnb CEO Delivers Empathetic, Transparent Message Regarding Layoffs," PRNEWS, May 7, 2020, https://www.prnewsonline.com/airbnb-ceo-delivers-empathetic-transparent-message-regarding-layoffs/.

32 Ed Kuffner, "It Was a Relatively Easy Decision: J&J Exec Shares Experience Working in the Frontlines," Yahoo! Finance, June 1, 2020, https://finance.yahoo.com/video/relatively-easy-decision-j-j-170640381.html.

33 Hannah Tan-Gillies, "The Biggest Challenge Facing Our Generation"–Kering Commits to Net Positive Impact on Biodiversity by 2025, Moodie Davitt Report, August 4, 2020, https://www.moodiedavittreport.com/the-biggest-challenge-facing-our-generation-kering-commits-to-net-positive-impact-on-biodiversity-by-2025/.

3장 목적은 어떻게 기업의 전략이 되는가

1 Paul R. Lawrence and Nitin Nohria, Driven: How Human Nature Shapes Our Choices, 1st ed. (San Francisco: Jossey-Bass, 2002).

2 Tom Johnson, "Unilever Nabs Bestfoods for $24.3B," CNN Money, June 6, 2000, accessed March 10, 2021, https://money.cnn.com/2000/06/06/deals/bestfoods/.

3 Short Termism: Insights from Business Leaders, Focusing Capital on the Long Term, CPPIB and McKinsey & Company, January 2014, p. 5, exhibit 3, https://www.fcltglobal.org/wp-content/

uploads/20140123-mck-quarterly-survey-results-for-fclt-org_final.pdf.

4 "Risk Report Reveals Pandemic Forced Companies to Review Strategy," Board Agenda, July 15, 2020, https://boardagenda.com/2020/07/15/risk-report-reveals-pandemic-forced-companies-to-review-strategy/.

5 Sandy Ogg (Unilever), interview by authors, April 4, 2020.

6 "Unilever Issues First Ever Green Sustainability Bond," Unilever global company website, March 19, 2014, https://www.unilever.com/news/press-releases/2014/14-03-19-Unilever-issues-first-ever-green-sustainability-bond.html.

7 Marc Mathieu (Unilever), interview by authors, August 26, 2020.

8 Keith Weed (Unilever), interview by authors, November 10, 2020.

9 Robert Lofthouse, "Purpose Unlocks Profit," accessed March 15, 2021, https://www.alumni.ox.ac.uk/quad/article/purpose-unlocks-profit.

10 Lauren Hirsch, "People Thought Hubert Joly Was 'Crazy or Suicidal' for Taking the Job as Best Buy CEO. Then He Ushered in Its Turnaround," CNBC, June 19, 2019, https://www.cnbc.com/2019/06/19/former-best-buy-ceo-hubert-joly-defied-expectations-at-best-buy.html.

11 Adele Peters, "This Food Giant Is Now the Largest B Corp in the World," Fast Company, April 12, 2018, https://www.fastcompany.com/40557647/this-food-giant-is-now-the-largest-b-corp-in-the-world.

12 "Danone: Annual General Meeting of June 26, 2020: Shareholders Unanimously Vote for Danone to Become the First Listed 'Entreprise a Mission,'" GlobeNewswire, June 26, 2020, http://www.globenewswire.com/news-release/2020/06/26/2054177/0/en/Danone-Annual-General-Meeting-of-June-26-2020-Shareholders-unanimously-vote-for-Danone-to-become-the-first-listed-Entreprise-%C3%A0-Mission.html.

13 Thomas W. Malnight, Ivy Buche, and Charles Dhanaraj, "Put Purpose at the Core of Your Strategy," Harvard Business Review, September 1, 2019, https://hbr.org/2019/09/put-purpose-at-the-core-of-your-strategy.

14 "Announcing the 2021 Rankings of America's Most JUST Companies," JUST Capital, accessed March 7, 2021, https://justcapital.com/reports/announcing-the-2021-rankings-of-americas-most-just-companies/.

15 "Becoming Irresistible: A New Model for Employee Engagement," Deloitte Review 16, January 27, 2015, https://www2.deloitte.com/us/en/insights/deloitte-review/issue-16/employee-engagement-strategies.html.

16 "B Corp Analysis Reveals Purpose-Led Businesses Grow 28 Times Faster Than National Average," Sustainable Brands, March 1, 2018, https://sustainablebrands.com/read/business-case/b-corp-analysis-reveals-purpose-led-businesses-grow-28-times-faster-than-national-average.

17 "2018 Cone/Porter Novelli Purpose Study: How to Build Deeper Bonds, Amplify Your Message and Expand the Consumer Base," Cone Communications, accessed March 14, 2021, https://www.conecomm.com/research-blog/2018-purpose-study; Meet the 2020 Consumers Driving Change, IBM and National Retail Federation, 2020, 1.

18 Dr. Wieland Holfelder, in "Chance of a Lifetime? How Governments and Businesses Are Achieving a Green Economic Recovery," Facebook video, The Climate Group: Climate Week NYC, September 22, 2020, https://www.facebook.com/TheClimateGroup/videos/chance-of-a-lifetime-how-governments-and-businesses-are-achieving-a-green-econom/629022581139808/ (see minute 36).

19 "Report Shows a Third of Consumers Prefer Sustainable Brands," Unilever global company website, January 5, 2017, https://www.unilever.com/news/press-releases/2017/report-shows-a-third-of-consumers-prefer-sustainable-brands.html

20 "Our History," Unilever UK & Ireland, accessed March 27, 2021, https://www.unilever.co.uk/about/who-we-are/our-history/.

21 Claire Phillips, "Hubris and Colonial Capitalism in a 'Model' Company Town: The Case of Leverville, 1911-1940–Benoit Henriet," Comparing the Copperbelt(blog), October 2, 2017, https://copperbelt.history.ox.ac.uk/2017/10/02/hubris-and-colonial-capitalism-in-a-model-company-town-the-case-of-leverville-1911-1940-benoit-henriet/.

22 Gavin Neath, 저자들과의 인터뷰, 2020년 4월 10일.

23 Jonathan Donner (Unilever), interview by authors, October 1, 2020.

24 William W. George, Krishna G. Palepu, Carin-Isabel Knoop, and Matthew Preble, "Unilever's Paul Polman: Developing Global Leaders," HBS Case no. N9-413-097(Boston: Harvard Business School Publishing, 2013), 7, https://www.hbs.edu/faculty/Pages/item.aspx?num=44876.

25 "Mars CEO Speaks on How Gen Z Are Changing the Company's Workplace," Corporate Citizenship Briefing (blog), February 28, 2020, https://ccbriefing.corporate-citizenship.com/2020/02/28/mars-ceo-speaks-on-how-gen-z-are-changing-the-companys-workplace/.

26 Jack Kelly, "Millennials Will Become Richest Generation In American History as Baby Boomers Transfer over Their Wealth," Forbes, October 26, 2019, https://www.forbes.com/sites/jackkelly/2019/10/26/millennials-will-become-richest-generation-in-american-history-as-baby-boomers-transfer-over-their-wealth/.

27 "The Deloitte Global Millennial Survey 2020," Deloitte, June 2020, https://www2.deloitte.com/global/en/pages/about-deloitte/articles/millennialsurvey.html.

28 "2016 Cone Communications Millennial Employee Engagement Study," ConeCommunications, accessed March 14, 2021, https://www.conecomm.com/research-blog/2016-millennial-employee-engagement-study.

29 Brandon Rigoni and Bailey Nelson, "For Millennials, Is Job-Hopping Inevitable?" Gallup, November 8, 2016, https://news.gallup.com/businessjournal/197234/millennials-job-hopping-inevitable.aspx.

30 "Engage Your Employees to See High Performance and Innovation," Gallup, accessed March

14, 2021, https://www.gallup.com/workplace/229424/employee-engagement.aspx.

31 "Open Letter to Jeff Bezos and the Amazon Board of Directors," Amazon Employees for Climate Justice, Medium, April 10, 2019, https://amazonemployees4climatejustice.medium.com/ public-letter-to-jeff-bezos-and-the-amazon-board-of-directors-82a8405f5e38.

32 Jay Greene, "More than 350 Amazon Employees Violate Communications Policy Directed at Climate Activists," Washington Post, January 27, 2020, https://www.washingtonpost.com/ technology/2020/01/26/amazon-employees-plan-mass-defiance-company-communications-policy-support-colleagues/.

33 "Goldman Sachs to Offer Employees Clean Home Energy," Smart Energy Decisions, February 8, 2021, https://www.smartenergydecisions.com/renewable-energy/2021/02/08/ goldman-sachs-to-offer-employees-clean-home-energy.

34 "Members," Time to Vote, accessed March 14, 2021, https://www.maketimetovote.org/ pages/members; Jazmin Goodwin, "Old Navy to Pay Store Employees to Work Election Polls in November," CNN Business, September 1, 2020, https://www.cnn.com/2020/09/01/business/old-navy-employee-pay-election-poll-workers/index.html.

35 "Employers Boosting Efforts to Create Respect and Dignity at Work," Yahoo! Finance, February 5, 2020, https://finance.yahoo.com/news/employers-boosting-efforts-create-respect-155356022.html.

36 Claudine Gartenberg, Andrea Prat, and Georgios Serafeim, "Corporate Purpose and Financial Performance," HBS working paper 17-023 (Boston: Harvard Business School, March 23, 2017), https://dash.harvard.edu/handle/1/30903237.

4장 넷 포지티브를 방해하는 한계 뛰어넘기

1 David Causey, "When We Fear the Unknown," Warrior's Journey, accessed March 14, 2021, https://thewarriorsjourney.org/challenges/when-we-fear-the-unknown/.

2 Christiana Figueres, Tom Rivett-Carnac, and Paul Dickinson, "86: The Scientific Case for the Race to Zero with Johan Rockstrom," January 28, 2021, in Outrage + Optimism, podcast, https://outrageandoptimism.libsyn.com/86-the-scientific-case-for-the-race-to-zero-with-johan-rockstrm.

3 Gavin Neath (Unilever), 저자들과의 이메일 소통, 2020년 4월 10일.

4 "Unilever Opens $272m Manufacturing Plant in Dubai," Sustainable Brands, December 27, 2016, https://sustainablebrands.com/read/press-release/unilever-opens-272m-manufacturing-plant-in-dubai.

5 "2019 Sustainability in a Generation Plan," Mars, Incorporated, accessed March 14, 2021, https://www.mars.com/sustainability-plan.

6 "Top 25 Quotes by Azim Premji," A-Z Quotes, accessed March 14, 2021, https://www.azquotes.com/author/11855-Azim_Premji.

7 Tim Cook (Apple), in keynote speech at Ceres 30th Anniversary event, New York, October 21, 2019.

8 Jemima McEvoy, "Sephora First to Accept '15% Pledge,' Dedicating Shelf-Space to Black-Owned Businesses," Forbes, June 10, 2020, https://www.forbes.com/sites/jemimamcevoy/2020/06/10/sephora-first-to-accept-15-pledge-dedicating-shelf-space-to-black-owned-businesses/.

9 Dana Givens, "Sephora Relaunches Business Incubator to Help BIPOC Beauty Entrepreneurs," Black Enterprise, February 10, 2021, https://www.blackenterprise.com/sephora-relaunches-business-incubator-to-help-bipoc-beauty-entrepreneurs/.

10 "Unilever Commits to Help Build a More Inclusive Society," Unilever global company website, January 21, 2021, https://www.unilever.com/news/press-releases/2021/unilever-commits-to-help-build-a-more-inclusive-society.html.

11 "Companies Taking Action," Science Based Targets, accessed March 14, 2021, https://sciencebasedtargets.org/companies-taking-action.

12 "330+ Target-Setting Firms Reduce Emissions by a Quarter in Five Years since Paris Agreement," Science Based Targets, January 26, 2021, https://sciencebasedtargets.org/news/330-target-setting-firms-reduce-emissions-by-a-quarter-in-five-years-since-paris-agreement.

13 Brad Smith, "Microsoft Will Be Carbon Negative by 2030," The Official Microsoft Blog (blog), January 16, 2020, https://blogs.microsoft.com/blog/2020/01/16/microsoft-will-be-carbon-negative-by-2030/.

14 Brad Smith, "One Year Later: The Path to Carbon Negative–A Progress Report on Our Climate 'Moonshot,'" The Official Microsoft Blog (blog), January 28, 2021; Chuck Abbott, "Land O'Lakes, Microsoft in Carbon Credit Program," Successful Farming, February 5, 2021, https://www.agriculture.com/news/business/land-o-lakes-microsoft-in-carbon-credit-program.

15 Alan Jope, 저자들과의 이메일 소통, 2021년 3월 23일.

16 Sundar Pichai, "Our Third Decade of Climate Action: Realizing a Carbon-Free Future," Google–The Keyword (blog), September 14, 2020, https://blog.google/outreach-initiatives/sustainability/our-third-decade-climate-action-realizing-carbon-free-future/.

17 Justine Calma, "IBM Sets New Climate Goal for 2030," The Verge, February 16, 2021, https://www.theverge.com/2021/2/16/22285669/ibm-climate-change-commitment-cut-greenhouse-gas-emissions; 또한 IBM은 2030년에는 상쇄나 격리 없이 90~100퍼센트 재생 가능 에너지를 확보할 것이라고 전망한다.

18 Brian Moynihan, Feike Sijbesma, and Klaus Schwab, "World Economic Forum Asks All Davos Participants to Set a Net-Zero Climate Target," World Economic Forum, January 17, 2020, https://www.weforum.org/agenda/2020/01/davos-ceos-to-set-net-zero-target-2050-climate/.

19 "Ingka Group Produces More Renewable Energy than It Consumes–2020 Report," Energy Capital Media (blog), January 28, 2021, https://energycapitalmedia.com/2021/01/28/ingka-group-ikea/.

20 Doug McMillon, "Walmart's Regenerative Approach: Going Beyond Sustainability," Walmart Inc., September 21, 2020, https://corporate.walmart.com/newsroom/2020/09/21/walmarts-regenerative-approach-going-beyond-sustainability.

21 Arjun Kharpal, "Apple pledges to make products like the iPhone from only recycled material and end mining," CNBC, April 20, 2017, https://www.cnbc.com/2017/04/20/apple-mining-end-recycled-material-products.html.

22 "Morgan Stanley Announces Commitment to Reach Net-Zero Financed Emissions by 2050," Morgan Stanley, September 21, 2020, https://www.morganstanley.com/press-releases/morgan-stanley-announces-commitment-to-reach-net-zero-financed-e. ; "Bank of America Announces Actions to Achieve Net Zero Greenhouse Gas Emissions before 2050," Bank of America Newsroom, February 11, 2021, https://newsroom.bankofamerica.com/content/newsroom/press-releases/2021/02/bank-of-america-announces-actions-to-achieve-net-zero-greenhouse.html; "New Citi CEO Jane Fraser Unveils Net-Zero Targets on First Day at the Helm, " Financial News, accessed March 11, 2021, https://www.fnlondon.com/articles/new-citi-ceo-jane-fraser-unveils-net-zero-targets-in-first-day-at-the-helm-20210301.

23 Graham Readfearn, "Insurance Giant Suncorp to End Coverage and Finance for Oil and Gas Industry," Guardian, August 21, 2020, http://www.theguardian.com/environment/2020/aug/21/insurance-giant-suncorp-to-end-coverage-and-finance-for-oil-and-gas-industry.

24 "2019 CDP Climate Response," Target Corporation, 2019, https://corporate.target.com/_media/TargetCorp/csr/pdf/2019-CDP-Climate-Response.pdf.

25 "Tesco Set to Become First UK Retailer to Offer Sustainability-Linked Supply Chain Finance," Tesco PLC, accessed May 13, 2021, www.tescoplc.com/news/2021/tesco-set-to-become-first-uk-retailer-to-offer-sustainability-linked-supply-chain-finance/.

26 "Salesforce Suppliers Must Maintain Sustainability Scorecard," Environment + Energy Leader (blog), April 30, 2021, https://www.environmentalleader.com/2021/04/salesforce-suppliers-must-maintain-sustainability-scorecard-or-pay-climate-remediation-fee/.

27 "Tackling Climate Change," Starbucks Coffee Company, accessed March 14, 2021, https://www.starbucks.com/responsibility/environment/climate-change.

28 Lauren Wicks, "Panera Bread Commits to Making Half of Its Menu Plant-Based," EatingWell, January 10, 2020, https://www.eatingwell.com/article/7561530/panera-bread-plant-based-menu/.

29 "Zero Hunger, Zero Waste," Kroger Co., accessed March 14, 2021, https://www.thekrogerco.com/sustainability/zero-hunger-zero-waste/.

30 Hannah Tan-Gillies, "The Biggest Challenge Facing Our Generation"–Kering Commits to Net Positive Impact on Biodiversity by 2025, Moodie Davitt Report, August 4, 2020, https://www.moodiedavittreport.com/the-biggest-challenge-facing-our-generation-kering-commits-to-net-positive-impact-on-biodiversity-by-2025/.

31 Mandy Oaklander, "Suicide Is Preventable. Hospitals and Doctors Are Finally Catching Up," Time, October 24, 2019, https://time.com/5709368/how-to-solve-suicide/.

32 Jane Fraser, "The Incoming CEO of Citigroup, on How to Smash the Glass Ceiling," interview by Eben Shapiro, Time, October 21, 2020, https://time.com/collection-post/5900752/jane-fraser-citibank/.

33 "Mastercard Commits to Connect 1 Billion People to the Digital Economy by 2025," Mastercard Center for Inclusive Growth, April 28, 2020, http://www.mastercardcenter.org/content/mc-cig/en/homepage/press-releases/mastercard-commits-to-connect-1billion-by-2025.html.

34 "Ørsted (Company)," Wikipedia, accessed March 2, 2021, https://en.wikipedia.org/w/index.php?title=%C3%98rsted_(company)&oldid=1009848863.

35 "Climate Change Action Plan," Ørsted, accessed March 14, 2021, https://orsted.com/en/sustainability/climate-action-plan.

36 BP Annual Report and Form 20-F 2019, 152; Ørsted Annual Report 2020, 98. (Note: Ørsted reports in DKK (Danish Kroner); 이 수치는 2021년 3월 13일의 환율 기준으로 환산한 것이다.

37 "Neste Reports Slump in Oil Sales but Growth in Renewables," Yle Uutiset, May 2, 2021, https://yle.fi/uutiset/osasto/news/neste_reports_slump_in_oil_sales_but_growth_in_renewables/11775415.

38 Megan Graham, "Unilever Pauses Facebook and Twitter Advertising for Rest of 2020 Due to 'Polarized Atmosphere' in U.S.," CNBC, June 26, 2020, https://www.cnbc.com/2020/06/26/unilever-pauses-facebook-and-twitter-advertising-for-rest-of-2020-due-to-polarized-atmosphere-in-us.html.

5장 한없이 투명한 세상에서 살아남는 유일한 방법

1 Alexander C. Kaufman, "Fossil Fuel Air Pollution Linked to 1 In 5 Deaths Worldwide, New Harvard Study Finds," HuffPost, February 9, 2021, https://www.huffpost.com/entry/fossil-fuel-air-pollution_n_6022a51dc5b6c56a89a49185.

2 Geoffrey Mohan and Ben Welsh, "Q&A: How Much Pollution Did VW's Emissions Cheating Create?" Los Angeles Times, October 9, 2015, https://www.latimes.com/business/la-fivw-pollution-footprint-20151007-htmlstory.html.

3   Jack Ewing, "Volkswagen Says 11 Million Cars Worldwide Are Affected in Diesel Deception," New York Times, September 22, 2015, https://www.nytimes.com/2015/09/23/business/international/volkswagen-diesel-car-scandal.html.

4   Naomi Kresge and Richard Weiss, "Volkswagen Drops 23% After Admitting Diesel Emissions Cheat," Bloomberg Business, September 21, 2015, https://www.bloomberg.com/news/articles/2015-09-21/volkswagen-drops-15-after-admitting-u-s-diesel-emissions-cheat.

5   Associated Press, "Volkswagen Offers 830 Mln-Euro Diesel Settlement in Germany," US News and World Report, February 14, 2020, https://www.usnews.com/news/business/articles/2020-02-14/volkswagen-offers-830-mln-euro-diesel-settlement-in-germany.

6   Jessica Long, Chris Roark, and Bill Theofilou, "The Bottom Line on Trust," Accenture Strategy, 2018, https://www.accenture.com/_acnmedia/Thought-Leadership-Assets/PDF/Accenture-Competitive-Agility-Index.pdf.

7   2021 Edelman Trust Barometer, Edelman, 2021, 19, https://www.edelman.com/sites/g/files/aatuss191/files/2021-01/2021-edelman-trust-barometer.pdf.

8   Paul J. Zak, "The Neuroscience of Trust," Harvard Business Review, January-February 2017, 84-90, https://hbr.org/2017/01/the-neuroscience-of-trust.

9   2020 Edelman Trust Barometer, Edelman, 2020, 2, https://www.edelman.com/trust/2020-trust-barometer.

10   Romesh Ratnesar, "How Microsoft's Brad Smith Is Trying to Restore Your Trust in Big Tech," Time, September 9, 2019, https://time.com/5669537/brad-smith-microsoft-big-tech/.

11   Peter Tchir, "What If Buffett Is the One Swimming Naked?" Forbes, accessed March 14, 2021, https://www.forbes.com/sites/petertchir/2020/05/04/what-if-buffett-is-the-one-swimming-naked/.

12   "ESG Trends in the 2019 Proxy Season," FrameworkESG (blog), July 18, 2019, http://staging.frameworkesg.com/esg-for-cxos-2019-proxy-season-trends/.

13   "S&P Global Makes over 9,000 ESG Scores Publicly Available to Help Increase Transparency of Corporate Sustainability Performance," S&P Global, February 16, 2021, http://press.spglobal.com/2021-02-16-S-P-Global-makes-over-9-000-ESG-Scores-publicly-available-to-help-increase-transparency-of-corporate-sustainability-performance.

14   BlackRock, "Climate Risk and the Transition to a Low-Carbon Economy," Investment Stewardship Commentary. February 2021, https://www.blackrock.com/corporate/literature/publication/blk-commentary-climate-risk-and-energy-transition.pdf.

15   "Intangible Asset Market Value Study," Ocean Tomo, accessed March 15, 2021, https://www.oceantomo.com/intangible-asset-market-value-study/.

16   Jan Kees Vis (Unilever), 저자들과의 인터뷰, 2020년 5월 20일.

17   "Larry Fink CEO Letter," BlackRock, accessed March 9, 2021, https://www.blackrock.com/

corporate/investor-relations/larry-fink-ceo-letter.

18 "Unilever Completes Landmark Fragrance Disclosure in Industry-Leading Move," Unilever USA, January 22, 2019, https://www.unileverusa.com/news/press-releases/2019/Unilever-completes-landmark-fragrance-disclosure.html.

19 "Unilever Has Raised the Bar for Fragrance Transparency," Environmental Working Group, January 22, 2019, https://www.ewg.org/release/ewg-unilever-has-raised-bar-fragrance-transparency.

20 "The No No List," Panera Bread, April 16, 2018, https://www-beta.panerabread.com/content/dam/panerabread/documents/panera-no-no-list-05-2015.pdf; "Panera Bread's Food Policy Statement," Panera Bread, June 3, 2014, https://www.panerabread.com/content/dam/panerabread/documents/nutrition/panera-bread-food-policy.pdf.

21 "Unilever Sets out New Actions to Fight Climate Change, and Protect and Regenerate Nature, to Preserve Resources for Future Generations," Unilever global company website, June 15, 2020, https://www.unilever.com/news/press-releases/2020/unilever-sets-out-new-actions-to-fight-climate-change-and-protect-and-regenerate-nature-to-preserve-resources-for-future-generations.html.

22 "Unilever: How AI Can Help Save Forests–Journal Report," MarketScreener, accessed March 11, 2021, https://www.marketscreener.com/quote/stock/UNILEVER-PLC-9590186/news/Unilever-nbsp-How-AI-Can-Help-Save-Forests-Journal-Report-31682505/.

23 Doina Cocoveanu (Unilever), 저자들과의 인터뷰, 2020년 5월 21일.

24 Tim Kleinebenne (Unilever), 저자들과의 인터뷰, 2020년 9월 9일.

25 "Unilever Commits to Help Build a More Inclusive Society," Unilever global company website, January 21, 2021, https://www.unilever.com/news/press-releases/2021/unilever-commits-to-help-build-a-more-inclusive-society.html.

26 Sharan Burrow (International Trade Union Confederation), 저자들과의 인터뷰, 2020년 5월 18일.

27 James Davey, "UK Food Retailers Hand Back $2.4 Billion in Property Tax Relief," Reuters, December 3, 2020, https://www.reuters.com/article/us-sainsbury-s-business-rates/uk-food-retailers-hand-back-2-4-billion-in-property-tax-relief-idUSKBN28D1DC.

28 Joshua Franklin and Lawrence Delevingne, "Exclusive: U.S. Companies Got Emergency Government Loans despite Having Months of Cash," Reuters, May 7, 2020, https://www.reuters.com/article/us-health-coronavirus-companies-ppp-excl/exclusive-u-s-companies-got-emergency-government-loans-despite-having-months-of-cash-idUSKBN22J2WO.

29 "Ikea Planning to Repay Furlough Payments," BBC News, June 15, 2020, https://www.bbc.com/news/business-53047895.

30 Darrell Etherington, "Medtronic is sharing its portable ventilator design specifications and code for free to all," TechCrunch, March 30, 2020, https://techcrunch.com/2020/03/30/

medtronic-is-sharing-its-portable-ventilator-design-specifications-and-code-for-free-to-all/.

31 Lauren Hirsch, "IBM Gets Out of Facial Recognition Business, Calls on Congress to Advance Policies Tackling Racial Injustice," CNBC, June 8, 2020, https://www.cnbc.com/2020/06/08/ibm-gets-out-of-facial-recognition-business-calls-on-congress-to-advance-policies-tackling-racial-injustice.html.

32 그들이 옳았다. 결국 169개 SDGs 목표 가운데 150개가 기업의 성공을 필요로 했다.

33 Geoffrey Jones, "Managing Governments: Unilever in India and Turkey, 1950-1980," HBS, working paper 06-061 (Boston: Harvard Business School, 2006), https://www.hbs.edu/ris/Publication%20Files/06-061.pdf.

34 Shaun Walker, "30 Greenpeace Activists Charged with Piracy in Russia," Guardian, October 3, 2013, http://www.theguardian.com/environment/2013/oct/03/greenpeace-activists-charged-piracy-russia.

35 Kumi Naidoo, 저자들과의 인터뷰, 2020년 10월 9일.

6장 함께하면 "1+1=11"이 되는 마법

1 Tony Dunnage (Unilever), 저자들과의 인터뷰, 2020년 6월 10일.

2 "Sustainable Business Could Unlock US$12 Trillion, Creating 380 Million Jobs," Unilever global company website, accessed March 9, 2021, https://www.unilever.com/news/news-and-features/Feature-article/2017/Sustainable-business-could-unlock-12-trillion-dollars-and-380-million-jobs.html.

3 Jonathan Hughes and Jeff Weiss, "Simple Rules for Making Alliances Work," Harvard Business Review, November 1, 2007, https://hbr.org/2007/11/simple-rules-for-making-alliances-work.

4 Steve Miles (Unilever), 저자들과의 인터뷰, 2020년 10월 7일.

5 Mark Engel (Unilever), 저자와의 인터뷰, 2020년 5월 14일.

6 Mark Engel (Unilever), 저자와의 인터뷰, 2020년 7월 17일.

7 Marc Benioff, Trailblazer (New York: Currency, 2019).

8 Maria Gallucci, "Apple's Low-Carbon Aluminum Is a Climate Game Changer," Grist (blog), July 31, 2020, https://grist.org/energy/apples-low-carbon-aluminum-is-an-climate-game-changer/.

9 "What Is ELYSIS?" ELYSIS, January 31, 2019, https://elysis.com/en/what-is-elysis.

10 Stephen Nellis, "Apple Buys First-Ever Carbon-Free Aluminum from Alcoa-Rio Tinto Venture," Reuters, December 5, 2019, https://www.reuters.com/article/us-apple-aluminum/apple-buys-first-ever-carbon-free-aluminum-from-alcoa-rio-tinto-venture-idUSKBN1Y91RQ.

11 Felicia Jackson, "Low Carbon Aluminum Boosted By Audi's Use in Automotive First,"

Forbes, accessed March 26, 2021, https://www.forbes.com/sites/feliciajackson/2021/03/24/low-carbon-aluminum-boosted-by-audis-use-in-automotive-first/.

12 "LCA Study Finds Corrugated Cardboard Pallets as the Most 'Nature-Friendly' Standardized Loading Platform," KraftPal Technologies, August 6, 2020, https://kraftpal.com/news/lca-study-corrugated-cardboard-pallet/.

13 Leveraging Modular Boxes in a Global Secondary Packaging System of FMCG Supply Chains, Consumer Goods Forum, 2017, 7.

14 "Agricultural Land (% of Land Area)," World Bank Group, DataBank, accessed March 10, 2021, https://data.worldbank.org/indicator/AG.LND.AGRI.ZS; Tariq Khokhar, "Chart: Globally, 70% of Freshwater Is Used for Agriculture," World Bank Blogs (blog), March 22, 2017, https://blogs.worldbank.org/opendata/chart-globally-70-freshwater-used-agriculture; Natasha Gilbert, "One-Third of Our Greenhouse Gas Emissions Come from Agriculture," Nature News, October 31, 2012, https://doi.org/10.1038/nature.2012.11708.

15 A New Textiles Economy: Redesigning Fashion's Future, Ellen MacArthur Foundation, 2017, figure 6.

16 "About the RBA," Responsible Business Alliance, accessed March 10, 2021, http://www.responsiblebusiness.org/about/rba/.

17 "ICT Industry Agrees Landmark Science-Based Pathway to Reach Net Zero Emissions," GSMA Association, February 27, 2020, https://www.gsma.com/newsroom/press-release/ict-industry-agrees-landmark-science-based-pathway-to-reach-net-zero-emissions/.

18 Global Warming Potential (GWP) of Refrigerants: Why Are Particular Values Used? United Nations Environment Programme; Rob Garner, "NASA Study Shows That Common Coolants Contribute to Ozone Depletion," NASA, October 21, 2015, http://www.nasa.gov/press-release/goddard/nasa-study-shows-that-common-coolants-contribute-to-ozone-depletion.

19 Amy Larkin and Kert Davies, Natural Refrigerants: The Solutions, Greenpeace, 2009, https://www.greenpeace.org/usa/wp-content/uploads/legacy/Global/usa/planet3/PDFs/hfc-solutions-fact-sheet.pdf.

20 "Coca-Cola Installs 1 Millionth HFC-Free Cooler," Coca-Cola Company, January 22, 2014, https://www.coca-colacompany.com/press-releases/coca-cola-installs-1-millionth-hfc-free-cooler; "Mission Accomplished," Refrigerants, Naturally!, June 25, 2018, https://www.refrigerantsnaturally.com/2018/06/25/mission-accomplished/.

21 Amy Larkin, 저자들과의 이메일 소통, 2020년 10월 12일.

22 Lillianna Byington, "Diageo and PepsiCo Will Debut Paper Bottles in 2021," Food Dive, July 14, 2020, https://www.fooddive.com/news/diageo-and-pepsico-will-debut-paper-bottles-in-2021/581512/.

23 Hannah Baker, "Asda, Costa and Morrisons among retailers to sign up to scheme to cut single-use plastic," Business Live, November 12, 2019, https://www.business-live.co.uk/retailconsumer/asda-single-use-plastic-refill-17241796.

24   "Indonesia In-Store Refill Station Launches with 11 Unilever Brands," Unilever global company website, June 3, 2020, https://www.unilever.com/news/news-and-features/Feature-article/2020/indonesia-in-store-refill-station-launches-with-11-unilever-brands.html.

25   Rebecca Marmot, 저자와의 인터뷰, 2020년 6월 22일.

26   Charlie Beevor, 저자와의 인터뷰, 2020년 10월 6일. 비버는 23억 명이 안전한 변기에 접근하지 못하며, 45억 명은 인간의 배설물이 안전하게 관리되지 않는 환경에 놓여 있다고 말한다.

27   Marmot, 위 인터뷰와 동일.

28   Sanjiv Mehta, 저자들과의 인터뷰, 2020년 10월 21일.

29   Global Market Report: Tea, International Institute for Sustainable Development, 2019, 1.

30   "The World's Top Tea-Producing Countries," WorldAtlas, September 17, 2020, https://www.worldatlas.com/articles/the-worlds-top-10-tea-producing-nations.html; "Rwandan Tea Sector," Gatsby, accessed March 10, 2021, https://www.gatsby.org.uk/africa/programmes/rwandan-tea-sector.

31   "Unilever Tea Rwanda Project Inaugurated in Nyaruguru District," MINAGRI Government of the Republic of Rwanda, accessed March 10, 2021, https://minagri.prod.risa.rw/updates/news-details/unilever-tea-rwanda-project-inaugrated-in-nyaruguru-district-1.

32   Cheryl Hicks (TBC), 저자들과의 이메일 소통, 2021년 4월 1일.

33   Doug Baker (Ecolab), 저자들과의 인터뷰, 2020년 5월 12일.

7장 시스템을 바꾸면 나타나는 놀라운 편익

1   Barry Newell and Christopher Doll, "Systems Thinking and the Cobra Effect," United Nations University, Our World (blog), September 16, 2015, https://ourworld.unu.edu/en/systems-thinking-and-the-cobra-effect.

2   Adam Mann, "What's Up With That: Building Bigger Roads Actually Makes Traffic Worse," Wired, June 17, 2014, https://www.wired.com/2014/06/wuwt-traffic-induced-demand/.

3   Karl Evers-Hillstrom, "Lobbying Spending Reaches $3.4 Billion in 2018, Highest in 8 Years," OpenSecrets, Center for Responsive Politics, January 25, 2019, https://www.opensecrets.org/news/2019/01/lobbying-spending-reaches-3-4-billion-in-18/.

4   World Bank, "State and Trends of Carbon Pricing 2020" (Washington, DC: World Bank, May 2020), https://openknowledge.worldbank.org/bitstream/handle/10986/33809/9781464815867.pdf?sequence=4.

5   Anne Kelly (Ceres), 저자들과의 인터뷰, 2020년 5월 28일.

6   Sharan Burrow (International Trade Union Confederation), 저자들과의 인터뷰, 2020년 5월

18일.

7   Gabriela Baczynska and Kate Abnett, "European Politicians, CEOs, Lawmakers Urge Green Coronavirus Recovery," Reuters, April 14, 2020, https://www.reuters.com/article/us-health-coronavirus-climatechange-reco-idUKKCN21W0F2.

8   "Business for Nature," Business for Nature, https://www.businessfornature.org.

9   "A New Mandate to Lead in An Age of Anxiety," Edelman, accessed May 15, 2021, https://www.edelman.com/trust/2021-trust-barometer/insights/age-of-anxiety.

10   Fiona Harvey, "Industry alliance sets out $1bn to tackle oceans' plastic waste," Guardian, January 16, 2019, http://www.theguardian.com/environment/2019/jan/16/industry-alliance-sets-out-1bn-to-tackle-oceans-plastic-waste.

11   Tim Kleinebenne, 저자들과의 인터뷰, 2020년 9월 9일.

12   Duncan Clark, "Which Nations Are Most Responsible for Climate Change?" Guardian, April 21, 2011, http://www.theguardian.com/environment/2011/apr/21/countries-responsible-climate-change.

13   "Deforestation: Solved via Carbon Markets?" Environmental Defense Fund, accessed March 10, 2021, https://www.edf.org/climate/deforestation-solved-carbon-markets.

14   Data calculated from "Oilseeds: World Markets and Trade," Global Market Analysis, Foreign Agricultural Service/USDA, March 2021, https://apps.fas.usda.gov/psdonline/circulars/oilseeds.pdf, table 11.

15   Eoin Bannon, "Cars and Trucks Burn Almost Half of All Palm Oil Used in Europe," Transport & Environment, accessed March 26, 2021, https://www.transportenvironment.org/press/cars-and-trucks-burn-almost-half-all-palm-oil-used-europe.

16   Bhimanto Suwastoyo, "Activists Welcome New Indonesia Oil Palm Plantation Data but Want Follow-Ups," Palm Scribe, January 21, 2020, https://thepalmscribe.id/activists-welcome-new-indonesia-oil-palm-plantation-data-but-want-follow-ups/.

17   저자들과의 인터뷰, 2020년 4월 10일.

18   Rebecca Henderson, Hann-Shuin Yew, and Monica Baraldi, "Gotong Royong: Toward Sustainable Palm Oil," HBS Case 316-124 (Boston: Harvard Business School, 2016).

19   Henderson, Yew, and Baraldi, "Gotong Royong."

20   John Sauven (Greenpeace), 저자들과의 인터뷰, 2020년 4월 27일.

21   David Gilbert, "Unilever, World's Largest Palm Oil Buyer, Shows Leadership. Will Cargill?" Rainforest Action Network, The Understory (blog), December 11, 2009, https://www.ran.org/the-understory/unilever_world_s_largest_palm_oil_buyer_shows_leadership_will_cargill/.

22   Impacts and Evaluation Division, RSPO Impact Report 2016, Kuala Lumpur: Roundtable on Sustainable Palm Oil, 2016, https://rspo.org/library/lib_files/preview/257.

23   Dominic Waughray (World Economic Forum), 저자들과의 인터뷰, 2020년 9월 25일.

24   Sauven, 위 인터뷰와 동일.

25 A. Muh and Ibnu Aquil, "Indonesia Reduces Deforestation Rate as Researchers Urge Caution," Jakarta Post, June 9, 2020, https://www.thejakartapost.com/news/2020/06/08/indonesia-reduces-deforestation-rate-as-researchers-urge-caution.html.

26 Central Institute of Economic Management, Ministry of Planning and Investment, Exploring the Links Between International Business and Socio-Economic Development of Vietnam: A Case Study of Unilever Vietnam, Vietnam, 2009.

8장 기업이 더는 눈감을 수 없는 9가지 핵심 쟁점

1 Mindy Lubber (Ceres), 저자들과의 인터뷰, 2020년 4월 16일.

2 Rupert Neate, "New Study Deems Amazon Worst for 'Aggressive' Tax Avoidance," Guardian, December 2, 2019, https://www.theguardian.com/business/2019/dec/02/new-study-deems-amazon-worst-for-aggressive-tax-avoidance.

3 Jesse Pound, "These 91 Companies Paid No Federal Taxes in 2018," CNBC, December 16, 2019, https://www.cnbc.com/2019/12/16/these-91-fortune-500-companies-didnt-pay-federal-taxes-in-2018.html.

4 Alan Murray and David Meyer, "The Unfinished Business of Stakeholder Capitalism," Fortune, January 12, 2021, https://fortune.com/2021/01/12/unfinished-business-of-stakeholder-capitalism-executive-ay-contract-workers-taxes-ceo-daily/.

5 OECD Centre for Tax Policy and Administration, "Revenue Statistics 2020–The United States," https://www.oecd.org/tax/revenue-statistics-united-states.pdf.

6 OECD Centre for Tax Policy and Administration, "Revenue Statistics 2020–Sweden," https://www.oecd.org/ctp/tax-policy/revenue-statistics-sweden.pdf.

7 "Countries Urged to Strengthen Tax Systems to Promote Inclusive Economic Growth," United Nations Department of Economic and Social Affairs, February 14, 2018, https://www.un.org/development/desa/en/news/financing/tax4dev.html.

8 FACTI Panel Interim Report, United Nations, September 2020, https://www.factipanel.org/documents/facti-panel-interim-report.

9 Bob Eccles (Saïd Business School at Oxford), 저자와의 이메일 소통, 2020년 8월 31일.

10 Janine Juggins (Unilever), 저자와의 대화, 2020년 9월 20일.

11 "A Responsible Taxpayer," Unilever, accessed March 8, 2021, https://www.unilever.com/planet-and-society/responsible-business/responsible-taxpayer/.

12 The Business Role in Creating a 21st-Century Social Contract, Business for Social Responsibility, 2020, 28.

13 Janine Juggins (Unilever), 저자와의 대화, 2020년 9월 20일.

14 Sean Fleming, "Corruption Costs Developing Countries $1.26 Trillion Every Year–Yet Half of EMEA Think It's Acceptable," World Economic Forum, December 9, 2019, https://www.weforum.org/agenda/2019/12/corruption-global-problem-statistics-cost/.

15 Ending Anonymous Companies: Tackling Corruption and Promoting Stability through Beneficial Ownership Transparency, The B Team, 2015.

16 Ending Anonymous Companies, 4.

17 David McCabe, "TikTok Bid Highlights Oracle's Public Embrace of Trump," New York Times, September 4, 2020, https://www.nytimes.com/2020/09/04/technology/oracle-tiktok-trump.htm; Kelly Makena, "Oracle Founder Donated $250,000 to Graham PAC in Final Days of TikTok Deal," The Verge, October 17, 2020, https://www.theverge.com/2020/10/17/21520356/oracle-tiktok-larry-ellison-lindsey-graham-super-pac-donation-jaime-harrison.

18 David Montero, "How Managers Should Respond When Bribes Are Business as Usual," Harvard Business Review, November 16, 2018, https://hbr.org/2018/11/how-managers-should-respond-when-bribes-are-business-as-usual.

19 "CEO Pay Increased 14% in 2019, and Now Make 320 Times Their Typical Workers," Economic Policy Institute, August 18, 2020, https://www.epi.org/press/ceo-pay-increased-14-in-2019-and-now-make-320-times-their-typical-workers/.

20 Drew Desilver, "For Most Americans, Real Wages Have Barely Budged for Decades," August 7, 2018, https://www.pewresearch.org/fact-tank/2018/08/07/for-most-us-workers-real-wages-have-barely-budged-for-decades/.

21 Theo Francis and Kristin Broughton, "CEO Pay Surged in a Year of Upheaval and Leadership Challenges," Wall Street Journal, April 11, 2021, sec. Business, https://www.wsj.com/articles/covid-19-brought-the-economy-to-its-knees-but-ceo-pay-surged-11618142400.

22 "Pay Gap between CEOs and Average Workers, by Country 2018," Statista, November 26, 2020, https://www.statista.com/statistics/424159/pay-gap-between-ceos-and-average-workers-in-world-by-country/.

23 David Gelles, "The Mogul in Search of a Kinder, Gentler Capitalism," New York Times, May 15, 2021, sec. Business, https://www.nytimes.com/2021/05/15/business/lynn-forester-de-rothschild-corner-office.html.

24 Roger Lowenstein, "The (Expensive) Lesson GE Never Learns," Washington Post, October 12, 2018, https://www.washingtonpost.com/business/the-expensive-lesson-ge-never-learns/2018/10/12/6fb6aafa-ce30-11e8-a360-85875bac0b1f_story.html.

25 Thomas Gryta, Theo Francis, and Drew FitzGerald, "General Electric, AT&T Investors Reject CEO Pay Plans," Wall Street Journal, May 4, 2021, sec. Business, https://www.wsj.com/articles/general-electric-at-t-investors-reject-ceo-pay-plans-11620147204.

26 The Business Role in Creating a 21st-Century Social Contract, 29.

27 Adele Peters, "Gravity Payments Expands Its $70,000 Minimum Wage to Idaho Office,"

Fast Company, April 28, 2020, https://www.fastcompany.com/90477926/gravity-payments-is-expanding-its-70000-minimum-wage-from-seattle-to-idaho.

28   William Lazonick et al., "Financialization of the U.S. Pharmaceutical Industry," Institute for New Economic Thinking (blog), December 2, 2019, https://www.ineteconomics.org/perspectives/blog/financialization-us-pharma-industry.

29   John R. Graham, Campbell R. Harvey, and Shiva Rajgopal, "The Economic Implications of Corporate Financial Reporting," Journal of Accounting and Economics 40 (December 2005): 3-73.

30   William Lazonick, Mustafa Erdem Sakinc, and Matt Hopkins, "Why Stock Buybacks Are Dangerous for the Economy," Harvard Business Review, January 7, 2020, https://hbr.org/2020/01/why-stock-buybacks-are-dangerous-for-the-economy.

31   Jonathon Ford, "Boeing and the Siren Call of Share Buybacks," Financial Times, August 4, 2019, https://www.ft.com/content/f3e640ee-b537-11e9-8cb2-799a3a8cf37b; "Boeing–Research (R&D) Spending 2006-2018," AeroWeb, http://www.fi-aeroweb.com/firms/Research/Research-Boeing.html.

32   Rashaan Ayesh, "New Boeing CEO David Calhoun Criticizes Predecessor, Looks to Future," Axios, May 6, 2020, https://www.axios.com/new-boeing-ceo-criticizes-predecessor-looks-future-648df2a3-5973-492e-bb59-5f1cd35f9dc8.html.

33   "Predicting Long-Term Success for Corporations and Investors Worldwide," FCLTGlobal, September 29, 2019, https://www.fcltglobal.org/resource/predicting-long-term-success-for-corporations-and-investors-worldwide/.

34   "S&P 500 Buyback Index," S&P Dow Jones Indices, https://www.spglobal.com/spdji/en/indices/strategy/sp-500-buyback-index/#overview.

35   Saikat Chatterjee and Adinarayan Thyagaraju, "Buy, Sell, Repeat! No Room for 'Hold' in Whipsawing Markets," Reuters, August 3, 2020, https://www.reuters.com/article/us-health-coronavirus-short-termism-anal-idUSKBN24Z0XZ.

36   "Stewardship Code–Sustainable Investing," Robeco, November 16, 2020, https://www.robeco.com/en/key-strengths/sustainable-investing/glossary/stewardship-code.html.

37   Shaimaa Khalil, "Rio Tinto Chief Jean-Sebastien Jacques to Quit over Aboriginal Cave Destruction," BBC News, September 11, 2020, https://www.bbc.com/news/world-australia-54112991.

38   Ben Butler and Calla Wahlquist, "Rio Tinto Investors Welcome Chair's Decision to Step Down after Juukan Gorge Scandal," Guardian, March 3, 2021, http://www.theguardian.com/business/2021/mar/03/rio-tinto-investors-welcome-chairs-decision-to-step-down-after-juukan-gorge-scandal.

39   Tensie Whelan, "U.S. Corporate Boards Suffer from Inadequate Expertise in Financially Material ESG Matters," NYU Stern Center for Sustainable Business, January 1, 2021, https://ssrn.

com/abstract=3758584.

40   Tim Quinson, "Corporate Boards Don't Get the Climate Crisis: Green Insight," Bloomberg Green, January 13, 2021, https://www.bloomberg.com/news/articles/2021-01-13/corporate-boards-don-t-get-the-climate-crisis-green-insight.

41   Ceres, Running the Risk: How Corporate Boards Can Oversee Environmental, Social and Governance (ESG) Issues, November 2019, 6.

42   J. Yo-Jud Cheng, Boris Groysberg, and Paul Healy, "Your CEO Succession Plan Can't Wait," Harvard Business Review, May 4, 2020, https://hbr.org/2020/05/your-ceo-succession-plan-cant-wait; Karlsson Per-Ola, Martha Turner, and Peter Gassman, "Succeeding the Long-Serving Legend in the Corner Office," Strategy+Business, Summer 2019, https://www.strategy-business.com/article/Succeeding-the-long-serving-legend-in-the-corner-office?gko=90171.

43   Deb DeHaas, Linda Akutagawa, and Skip Spriggs, "Missing Pieces Report: The 2018 Board Diversity Census of Women and Minorities on Fortune 500 Boards," The Harvard Law School Forum on Corporate Governance (blog), February 5, 2019, https://corpgov.law.harvard.edu/2019/02/05/missing-pieces-report-the-2018-board-diversity-census-of-women-and-minorities-on-fortune-500-boards/.

44   Richard Samans and Jane Nelson, "Integrated Corporate Governance: Six Leadership Priorities for Boards beyond the Crisis," Forbes, June 18, 2020, https://www.forbes.com/sites/worldeconomicforum/2020/06/18/integrated-corporate-governance-six-leadership-priorities-for-boards-beyond-the-crisis/.

45   "40 Million in Modern Slavery and 152 Million in Child Labour around the World," International Labour Organization, September 19, 2017, http://www.ilo.org/global/about-the-ilo/newsroom/news/WCMS_574717/lang--en/index.htm.

46   Global Estimates of Modern Slavery: Forced Labour and Forced Marriage, International Labour Office, 2017, 25.

47   "Nearly Half of Global Workforce at Risk as Job Losses Increase Due to COVID-19: UN Labour Agency," UN News, April 29, 2020, https://news.un.org/en/story/2020/04/1062792.

48   Rosey Hurst (Impactt), 저자들과의 인터뷰, 2020년 10월 1일.

49   Corporate Human Rights Benchmark, 2019 Key Findings, World Benchmarking Alliance, 2019, 4.

50   Corporate Human Rights Benchmark, 2020 Key Findings, World Benchmarking Alliance, 2020.

51   "Investors BlackRock, NBIM and CalSTRS vote against Top Glove directors after quarter of workforce reportedly contract COVID-19," Business & Human Rights Resource Centre, January 7, 2021, https://www.business-humanrights.org/fr/derni%C3%A8res-actualit%C3%A9s/investors-blackrock-nbim-vote-against-top-glove-directors-after-a-quarter-of-its-workforce-reportedly-contracted-covid-19/.

52 Sharan Burrow (International Trade Union Confederation), 저자들과의 인터뷰, 2020년 5월 18일.

53 Jane Moyo, "Gap Inc. Publishes Its Supplier List to Boost Supply Chain Transparency," Ethical Trading Initiative (blog), December 2, 2016, https://www.ethicaltrade.org/blog/gap-inc-publishes-its-supplier-list-to-boost-supply-chain-transparency.

54 "Billionaires Got 54% Richer during Pandemic, Sparking Calls for 'Wealth Tax,'" CBS News, accessed May 27, 2021, https://www.cbsnews.com/news/billionaire-wealth-covid-pandemic-12-trillion-jeff-bezos-wealth-tax/.

55 Nichola Groom, "Big Oil Outspends Billionaires in Washington State Carbon Tax Fight," Reuters, October 31, 2018, https://www.reuters.com/article/us-usa-election-carbon/big-oil-outspends-billionaires-in-washington-state-carbon-tax-fight-idUSKCN1N51H7.

56 Center for Responsive Politics, "US Chamber of Commerce Profile," OpenSecrets, https://www.opensecrets.org/orgs/us-chamber-of-commerce/summary?id=D000019798. OpenSecrets tracks 5,500 organizations and their lobbying spending. The Chamber topped them all.

57 David Roberts, "These Senators Are Going After the Biggest Climate Villains in Washington," Vox, November 18, 2019, https://www.vox.com/energy-and-environment/2019/6/7/18654957/climate-change-lobbying-chamber-of-commerce.

58 "CVS Health Leaves U.S. Chamber of Commerce," Washington Post, July 7, 2015, https://www.washingtonpost.com/news/wonk/wp/2015/07/07/cvs-health-leaves-u-s-chamber-of-commerce/.

59 Hal Bernton and Evan Bush, "Energy Politics: Why Oil Giant BP Wants Washington Lawmakers to Put a Price on Carbon Pollution," Seattle Times, January 21, 2020, https://www.seattletimes.com/seattle-news/politics/new-bp-ad-campaign-calls-on-washington-legislature-to-put-a-price-on-carbon-pollution-from-fossil-fuels/.

60 Steven Mufson, "French Oil Giant Total Quits American Petroleum Institute," Washington Post, January 15, 2021, https://www.washingtonpost.com/climate-environment/2021/01/15/french-oil-giant-total-quits-american-petroleum-institute/.

61 "Financing Democracy: Funding of Political Parties and Election Campaigns and the Risk of Policy Capture" (Paris: Organisation for Economic Co-operation and Development, 2016), https://www.oecd-ilibrary.org/governance/financing-democracy_9789264249455-en, Table 2.6.

62 Alex Blumberg, "Forget Stocks or Bonds, Invest in a Lobbyist," Morning Edition, January 6, 2012, https://www.npr.org/sections/money/2012/01/06/144737864/forget-stocks-or-bonds-invest-in-a-lobbyist.

63 "Corporate Carbon Policy Footprint—the 50 Most Influential," InfluenceMap, October 2019, https://influencemap.org/report/Corporate-Climate-Policy-Footpint-2019-the-50-Most-Influential-7d09a06d9c4e602a3d2f5c1ae13301b8.

64 Andrew Ross Sorkin, "IBM Doesn't Donate to Politicians. Other Firms Should Take Note,"

New York Times, January 12, 2021, https://www.nytimes.com/2021/01/12/business/dealbook/political-donations-ibm.html.

65 Diversity Wins: How Inclusion Matters," McKinsey & Company, May 2020, 4, https://www.mckinsey.com/~/media/mckinsey/featured%20insights/diversity%20and%20inclusion/diversity%20wins%20how%20inclusion%20matters/diversity-wins-how-inclusion-matters-vf.pdf.

66 Vijay Eswaran, "The Business Case for Diversity in the Workplace Is Now Overwhelming," World Economic Forum, April 29, 2019, https://www.weforum.org/agenda/2019/04/business-case-for-diversity-in-the-workplace/.

67 Sarah Coury et al., "Women in the Workplace," McKinsey & Company, September 30, 2020, https://www.mckinsey.com/featured-insights/diversity-and-inclusion/women-in-the-workplace#.

68 "The Top Jobs Where Women Are Outnumbered by Men Named John," New York Times, The Upshot (blog), April 24, 2018, https://www.nytimes.com/interactive/2018/04/24/upshot/women-and-men-named-john.html?mtrref=undefined&gwh=02D75850C7633B545BCB33CF0AD30264&gwt=regi&assetType=REGIWALL.

69 Ellen McGirt and Aric Jenkins, "Where Are the Black CEOs?" Fortune, February 4, 2021, https://fortune.com/2021/02/04/black-ceos-fortune-500/.

70 Lesley Slaton Brown, "HP Unveils Bold Goals to Advance Racial Equality and Social Justice," HP Development Company, L.P., HP Press Blogs (blog), January 15, 2021, https://press.hp.com/us/en/blogs/2021/HP-unveils-bold-goals-to-advance-racial-equality.html.

71 Caroline Casey, "Do Your D&I Efforts Include People with Disabilities?" Harvard Business Review, March 19, 2020, https://hbr.org/2020/03/do-your-di-efforts-include-people-with-disabilities.

72 "Work and Employment," World Report on Disability, World Health Organization, 2011, 242.

73 Getting to Equal: The Disability Inclusion Advantage, Accenture, 2018, 4.

74 Silvia Bonaccio et al., "The Participation of People with Disabilities in the Workplace across the Employment Cycle: Employer Concerns and Research Evidence," Journal of Business and Psychology 35, no. 2 (2020): 135-158, https://doi.org/10.1007/s10869-018-9602-5; Valentini Kalargyrou, "People with Disabilities: A New Model of Productive Labor," Proceedings of the 2012 Advances in Hospitality and Tourism Marketing and Management Conference, Corfu, Greece, 2012, https://scholars.unh.edu/cgi/viewcontent.cgi?article=1017&context=hospman_facpub.

75 "Disability Inclusion Overview," World Bank, October 1, 2020, https://www.worldbank.org/en/topic/disability; Design Delight from Disability–Report Summary: The Global Economics of Disability, Rod-Group, September 1, 2020, 3; calculated from statistic that 52 percent of GDP in the EU is household spending, and GDP is twenty-one trillion: "Household Consumption by Purpose," Eurostat, November 2020, https://ec.europa.eu/eurostat/statistics-explained/index.php/

Household_consumption_by_purpose.

76   Tim Cook (Apple), 세레스(Ceres)의 30차 연례총회 연설에서, 2019년 10월 21일.

77   "Goldman's Playbook for More Diverse Corporate Boards," New York Times, January 24, 2020, https://www.nytimes.com/2020/01/24/business/dealbook/goldman-diversity-boardroom.html.

78   Sarah Coury et al., "Women in the Workplace."

79   "Unilever achieves gender balance across management globally," Unilever global company website, accessed March 14, 2021, https://www.unilever.com/news/press-releases/2020/unilever-achieves-gender-balance-across-management-globally.html.

80   David Bell, Dawn Belt, and Jennifer Hitchcock, "New Law Requires Diversity on Boards of California-Based Companies," The Harvard Law School Forum on Corporate Governance (blog), October 10, 2020, https://corpgov.law.harvard.edu/2020/10/10/new-law-requires-diversity-on-boards-of-california-based-companies/.

81   "OneTen," accessed March 9, 2021, https://www.oneten.org/.

9장 넷 포지티브 기업 문화를 구축하라

1   Alan Jope (Unilever), 저자들과의 인터뷰, 2020년 7월 8일.

2   Natalie Kitroeff, "Boeing Employees Mocked F.A.A. and 'Clowns' Who Designed 737 Max," New York Times, January 10, 2020, https://www.nytimes.com/2020/01/09/business/boeing-737-messages.html.

3   Jim Harter and Kristi Rubenstein, "The 38 Most Engaged Workplaces in the World Put People First," Gallup, accessed March 5, 2021, https://www.gallup.com/workplace/290573/engaged-workplaces-world-put-people-first.aspx.

4   Jeff Hollender (Seventh Generation), 저자들과의 인터뷰, 2020년 8월 11일.

5   Jope, 위 인터뷰와 동일.

6   Emily Graffeo, "Companies with More Women in Management Have Outperformed Their More Male-Led Peers, According to Goldman Sachs," Markets, Business Insider, November 11, 2020, https://markets.businessinsider.com/news/stocks/companies-women-management-leadership-stock-market-outpeformance-goldman-sachs-female-2020-11-1029793278.

7   "Bloomberg's 2021 Gender-Equality Index Reveals Increased Disclosure as Companies Reinforce Commitment to Inclusive Workplaces," Bloomberg L.P., press announcement, accessed March 23, 2021, https://www.bloomberg.com/company/press/bloombergs-2021-gender-equality-index-reveals-increased-disclosure-as-companies-reinforce-commitment-to-inclusive-workplaces/; "Bloomberg Opens Data Submission Period for 2021 Gender-Equality Index," Bloomberg L.P., press announcement, June 1, 2020, https://www.bloomberg.com/company/press/bloomberg-opens-data-submission-period-for-2021-gender-equality-index/.

8 James Ledbetter, "The Saga of Sundial: How Richelieu Dennis Escaped War, Hustled in Harlem, and Created a Top Skin Care Brand," Inc., September 2019, https://www.inc.com/magazine/201909/james-ledbetter/richelieu-dennis-sundial-shea-butter-black-skin-care-liberia-refugee.html.

9 Elaine Watson, "Sir Kensington's Joins Unilever: 'This Allows Us to Expand Distribution While Holding True to Our Values,'" Food Navigator, April 20, 2017, https://www.foodnavigator-usa.com/Article/2017/04/21/Sir-Kensington-s-joins-Unilever-in-bid-to-scale-more-rapidly.

10 Hollender, 위 인터뷰와 동일.

11 John Replogle (Seventh Generation), 저자들과의 인터뷰, 2020년 7월 28일.

12 Kees Kruythoff (Unilever), 저자들과의 인터뷰, 2020년 10월 5일.

13 "Unilever's Purpose-Led Brands Outperform," Unilever global company website, accessed March 6, 2021, https://www.unilever.com/news/press-releases/2019/unilevers-purpose-led-brands-outperform.html.

14 여기에서 인용하는 모든 통계의 출처는 다음이다. Lifebuoy Way of Life Social Mission Report 2019, Unilever, 2019.

15 "UK Aid and Unilever to Target a Billion People in Global Handwashing Campaign," UK Government - Department for International Development, March 26, 2020, https://www.gov.uk/government/news/uk-aid-and-unilever-to-target-a-billion-people-in-global-handwashing-campaign.

16 Shawn Paustian, "Insights from the New Brand Builders, Part 2," Numerator (blog), June 4, 2019, https://www.numerator.com/resources/blog/insights-new-brand-builders-part-2.

17 Sanjiv Mehta (Unilever), 저자들과의 인터뷰, 2020년 10월 21일.

18 Keith Weed (Unilever), 저자들과의 인터뷰, 2020년 11월 10일. 위드는 탈선입견동맹 (Unstereotype Alliance)이 파악한 모든 자료를 우리에게 제공했다.

19 "Launch of Unstereotype Alliance Set to Eradicate Outdated Stereotypes in Advertising," Unilever global company website, June 20, 2017, https://www.unilever.com/news/press-releases/2017/launch-of-unstereotype-alliance-set-to-eradicate-outdated-stereotypes-in-advertising.html.

20 Weed, 위 인터뷰와 동일.

21 Brett Molina, "Unilever Drops 'Normal' from Beauty Products to Support Inclusivity," accessed March 14, 2021, https://www.usatoday.com/story/money/2021/03/09/unilever-drops-normal-beauty-products-support-inclusivity/4641160001/.

22 "Ending the Gun Violence Epidemic in America," Levi Strauss & Co, September 4, 2018, https://www.levistrauss.com/2018/09/04/ending–gun–violence/.

23 Walt Bogdanich and Michael Forsythe. "How McKinsey Has Helped Raise the Stature of Authoritarian Governments." New York Times, December 15, 2018, https://www.nytimes.com/2018/12/15/world/asia/mckinsey–china–russia.html.

24　Andrew Edgecliffe–Johnson, "McKinsey to Pay Almost $574m to Settle Opioid Claims by US States," Financial Times, February 4, 2021, https://www.ft.com/content/85e84e12–6dda–4c91–bde4–8198e29a6767.

25　Tom Peters, "McKinsey's Work on Opioid Sales Represents a New Low," Financial Times, February 15, 2021, https://www.ft.com/content/82e98478–f099–44ac–b014–3f9b15fe6bc6.

10장 물고기는 물을 떠나서 살 수 없다

1　"Rate of Deforestation," TheWorldCounts, accessed March 7, 2021, https://www.theworldcounts.com/challenges/planet–earth/forests–and–deserts/rate–of–deforestation/story.

2　"Top 20 Largest California Wildfires," State of California Department of Forestry and Fire Protection, accessed March 10, 2021, https://www.fire.ca.gov/media/4jandlhh/top20_acres.pdf.

3　"Half of Millennial Employees Have Spoken Out about Employer Actions on Hot–Button Issues," Cision PR Newswire, accessed March 6, 2021, https://www.prnewswire.com/news–releases/half–of–millennial–employees–have–spoken–out–about–employer–actions–on–hot–button–issues–300857881.html.

4　Siobhan Riding, "ESG Funds Forecast to Outnumber Conventional Funds by 2025," Financial Times, October 17, 2020, https://www.ft.com/content/5cd6e923–81e0–4557–8cff–a02fb5e01d42.

5　Moody's Investors Service, "Sustainable Bond Issuance to Hit a Record $650 Billion in 2021," February 4, 2021, https://www.moodys.com/research/Moodys–Sustainable–bond–issuance–to–hit–a–record–650–billion—PBC_1263479.

6　Roc Sandford and Rupert Read, "Breakingviews–Guest View: Let's Gauge Firms' Real CO2 Footprints," Reuters, August 14, 2020, https://www.reuters.com/article/us–global–economy–climatechange–breaking–idUKKCN25A1AO.

7　Solitaire Townsend, "We Urgently Need 'Scope X' Business Leadership for Climate," Forbes, June 29, 2020, https://www.forbes.com/sites/solitairetownsend/2020/06/29/we–urgently–need–scope–x–business–leadership–for–climate/.

8　Microsoft News Center, "Microsoft Commits $500 Million to Tackle Affordable Housing Crisis in Puget Sound Region," January 17, 2019, https://news.microsoft.com/2019/01/16/microsoft–commits–500–million–to–tackle–affordable–housing–crisis–in–puget–sound–region/.

9　Isaac Stone Fish, "Opinion: Why Disney's New 'Mulan' Is a Scandal," Washington Post, September 7, 2020, https://www.washingtonpost.com/opinions/2020/09/07/why–disneys–new–

mulan–is–scandal/.

10   G. Calvo et al., "Decreasing Ore Grades in Global Metallic Mining: A Theoretical Issue or a Global Reality?" 2016, https://doi.org/10.3390/resources504003.

11   "Goal 12: Ensure Sustainable Consumption and Production Patterns," United Nations Sustainable Development Goals, accessed March 6, 2021, https://www.un.org/sustainabledevelopment/sustainable–consumption–production/.

12   Hunter Lovins, 저자들과의 인터뷰, 2021년 2월 25일.

13   "CGR 2021," accessed March 14, 2021, https://www.circularity–gap.world/2021;Scott Johnson, "Just 20 Percent of E–Waste Is Being Recycled," Ars Technica, December 13, 2017, https://arstechnica.com/science/2017/12/just–20–percent–of–e–waste–is–being–recycled/; Dana Gunders, "Wasted: How America Is Losing Up to 40 Percent of Its Food from Farm to Fork to Landfill," NRDC, August 16, 2017, https://www.nrdc.org/resources/wasted–how–america–losing–40–percent–its–food–farm–fork–landfill.

14   Adele Peters, "How Eileen Fisher Thinks about Sustainable Consumption," Fast Company, October 31, 2019, https://www.fastcompany.com/90423555/how–eileen–fisher–thinks–about–sustainable–consumption.

15   Antonia Wilson, "Dutch Airline KLM Calls for People to Fly Less," Guardian, July 11, 2019, http://www.theguardian.com/travel/2019/jul/11/dutch–airline–klm–calls–for–people–to–fly–less–carbon–offsetting–scheme.

16   Derrick Bryson Taylor, "Ikea Will Buy Back Some Used Furniture," New York Times, October 14, 2020, https://www.nytimes.com/2020/10/14/business/ikea–buy–back–furniture.html.

17   Solitaire Townsend, "Near 80% of People Would Personally Do as Much for Climate as They Have for Coronavirus," Forbes, June 1, 2020, https://www.forbes.com/sites/solitairetownsend/2020/06/01/near–80–of–people–would–personally–do–as–much–for–climate–as–they–have–for–coronavirus/.

18   Juliet Schor, "Less Work, More Living," Daily Good, January 12, 2012, https://www.dailygood.org/story/130/less–work–more–living–juliet–schor/.

19   "'Live Simply So Others May Simply Live,' Gandhi," Natural Living School(blog), April 23, 2012, https://naturallivingschool.com/2012/04/22/live–simply–so–others–may–simply–live–gandhi/.

20   Simon Rogers, "Bobby Kennedy on GDP: 'Measures Everything except That Which Is Worthwhile,'" Guardian, May 24, 2012, http://www.theguardian.com/news/datablog/2012/may/24/robert–kennedy–gdp.

21   L. Hunter Lovins et al., A Finer Future: Creating an Economy in Service to Life (Gabriola Island, BC, Canada: New Society Publishers, 2018), 3.

22   Romina Boarini et al., "What Makes for a Better Life? The Determinants of Subjective

Well–Being in OECD Countries–Evidence from the Gallup World Poll," working paper, OECD, May 21, 2012, https://doi.org/10.1787/5k9b9ltjm937–en.

23 Belinda Luscombe, "Do We Need $75,000 a Year to Be Happy?" Time, September 6, 2010, http://content.time.com/time/magazine/article/0,9171,2019628,00.html.

24 Sigal Samuel, "Forget GDP–New Zealand Is Prioritizing Gross National Well–Being," Vox, June 8, 2019, https://www.vox.com/future–perfect/2019/6/8/18656710/new–zealand–wellbeing–budget–bhutan–happiness.

25 David Roberts, "None of the World's Top Industries Would Be Profitable If They Paid for the Natural Capital They Use," Grist (blog), April 17, 2013, https://grist.org/business–technology/none–of–the–worlds–top–industries–would–be–profitable–if–they–paid–for–the–natural–capital–they–use/.

26 "Credit Agricole," Wikipedia, accessed March 1, 2021.

27 "The Business Role in Creating a 21st–Century Social Contract," BSR, June 24, 2020, https://www.bsr.org/en/our–insights/report–view/business–role–creating–a–21st–century–social–contract.

28 "Finance for a Regenerative World," Capital Institute, accessed March 7, 2021, https://capitalinstitute.org/finance–for–a–regenerative–world/.

29 Sapana Agrawal et al., "To Emerge Stronger from the COVID–19 Crisis, Companies Should Start Reskilling Their Workforces Now," McKinsey & Company, May 7, 2020, https://www.mckinsey.com/business–functions/organization/our–insights/to–emerge–stronger–from–the–covid–19–crisis–companies–should–start–reskilling–their–workforces–now#.

30 International Labour Organization, Global Employment Trends for Youth 2020: Technology and the Future of Jobs (Geneva: International Labour Office, 2020), https://www.ilo.org/wcmsp5/groups/public/——dgreports/——dcomm/——publ/documents/publication/wcms_737648.pdf

31 Ronald McQuaid, "Youth Unemployment Produces Multiple Scarring Effects," London School of Economics (blog), February 18, 2017, https://blogs.lse.ac.uk/europpblog/2017/02/18/youth–unemployment–scarring–effects/.

32 Sunny Verghese (Olam), 저자들과의 인터뷰, 2020년 6월 3일.

33 Melanie Kaplan, "At Greyston Bakery, Open Hiring Changes Lives," US News and World Report, June 5, 2019, https://www.usnews.com/news/healthiest–communities/articles/2019–06–05/at–greyston–bakery–open–hiring–changes–lives.

34 United Nations High Commissioner for Refugees, "UNHCR–Refugee Statistics," accessed March 7, 2021, https://www.unhcr.org/refugee–statistics/.

35 Luke Baker, "More Than 1 Billion People Face Displacement by 2050–Report," Reuters, September 9, 2020, https://www.reuters.com/article/ecology–global–risks–idUSKBN2600K4.

36 Ezra Fieser, "Yogurt Billionaire's Solution to World Refugee Crisis: Hire Them," Bloomberg Business, August 28, 2019, https://www.bloomberg.com/news/articles/2019–08–28/yogurt–

billionaire-s-solution-to-world-refugee-crisis-hire-them.

37 "Unilever Commits to Help Build a More Inclusive Society," Unilever global company website, January 21, 2021, https://www.unilever.com/news/press-releases/2021/unilever-commits-to-help-build-a-more-inclusive-society.html.

38 Eben Shapiro, "Walmart CEO Doug McMillon: We Need to Reinvent Capitalism," Time, October 22, 2020, https://time.com/collection/great-reset/5900765/walmart-ceo-reinventing-capitalism/.

39 "10 Bold Statements on Advancing Stakeholder Capitalism in 2020," JUST Capital (blog), accessed March 7, 2021, https://justcapital.com/news/bold-statements-on-advancing-stakeholder-capitalism/.

40 2020 Edelman Trust Barometer, Edelman, January 2020, https://www.edelman.com/trust/2020-trust-barometer.

41 "Annual Survey Shows Rise in Support for Socialism, Communism," Victims of Communism Memorial Foundation, October 21, 2020, https://victimsofcommunism.org/annual-survey-shows-rise-in-support-for-socialism-communism/.

42 자본주의를 재고하는 만만치 않은 작업을 하는 모든 연구자의 저작을 살펴볼 방법은 없다. 그렇게 하려면 솔직히 마르크스까지 돌아가야 한다. 현대에서도 다음과 같은 연구자의 저작을 살펴볼 수 있다. Gar Alperowitz, Bob Costanza, Michael Dorsey, John Elkington, John Fullerton, Stu Hart, Rebecca Henderson, Jeffrey Hollender, Hunter Lovins, Colin Mayer, Mariana Mazzucato, Njeri Mwagiru, Jonathon Porritt, Kate Raworth, Bob Reich, and Tony Seba, Raj Sisodia, 그리고 Pavan Sukhdev이 있다. 이 분야는 현재 빠르게 성장하고 있으므로 이 목록은 그저 전체의 한 부분일 뿐이다.

43 "LVMH Carbon Fund Reaches 2018 Objective Two Years after Its Creation with 112 Projects Funded," LVMH, accessed March 12, 2021, https://www.lvmh.com/news-documents/press-releases/lvmh-carbon-fund-reaches-2018-objective-two-years-after-its-creation-with-112-projects-funded/.

44 "Sustainability Information 2020," Munich: Siemens, 2020, https://assets.new.siemens.com/siemens/assets/api/uuid:13f56263-0d96-421c-a6a4-9c10bb9b9d28/sustainability2020-en.pdf.

45 Brad Smith, "One Year Later: The Path to Carbon Negative-a Progress Report on Our Climate 'Moonshot,'" The Official Microsoft Blog (blog), January 28, 2021, https://blogs.microsoft.com/blog/2021/01/28/one-year-later-the-path-to-carbon-negative-a-progress-report-on-our-climate-moonshot/.

46 Eric Roston and Will Wade, "Top Economists Warn U.S. Against Underestimating Climate Damage," Bloomberg Quint, February 15, 2021, https://www.bloombergquint.com/onweb/top-economists-warn-u-s-against-underestimating-climate-damage.

47 Sean Fleming, "How Much Is Nature Worth? $125 Trillion, According to This Report," World Economic Forum, October 30, 2018, https://www.weforum.org/agenda/2018/10/this-iswhy–putting–a–price–on–the–value–of–nature–could–help–the–environment/.

48 "Natural Capital Protocol," Capitals Coalition, accessed March 7, 2021, https://capitalscoalition.org/capitals–approach/natural–capital–protocol/.

49 "Finance for a Regenerative World," Capital Institute (blog), accessed March 7, 2021, https://capitalinstitute.org/finance–for–a–regenerative–world/.

50 Kathleen Madigan, "Like the Phoenix, U.S. Finance Profits Soar," Wall Street Journal, March 25, 2011, https://www.wsj.com/articles/BL–REB–13616.

51 Tim Youmans and Robert Eccles, "Why Boards Must Look Beyond Shareholders," MIT Sloan Management Review, Leading Sustainable Organizations, September 3, 2015, https://sloanreview.mit.edu/article/why–boards–must–look–beyond–shareholders/.

52 Fiduciary Duty. Fiduciary Duty in the 21st Century–from a Legal Case to Regulatory Clarification around ESG, 2019, YouTube, uploaded by PRI, November 22, 2019, https://www.youtube.com/watch?v=t_EK1pPPLBo.

53 Andrew Liveris (FCLTGlobal), 저자들과의 인터뷰, 2020년 8월 27일.

54 Hiro Mizuno, 저자들과의 인터뷰, 2020년 4월 27일.

55 "The B Team: The Business Case for Protecting Civic Rights," The B Team, accessed May 30, 2021, https://bteam.org/our–thinking/reports/the–business–case–for–protecting–civic–rights.

56 "Country Rating Changes–Civicus Monitor 2020," accessed July 15, 2021, https://findings2020.monitor.civicus.org/rating–changes.html.

57 Henry Foy, "McKinsey's Call for Political Neutrality Only Serves Vladimir Putin," January 27, 2021, Financial Times, https://www.ft.com/content/6110fe11–98e4–42ec–9522–f86d0a458ea2.

58 "How Facebook's Rise Fueled Chaos and Confusion in Myanmar," Wired, accessed March 14, 2021, https://www.wired.com/story/how–facebooks–rise–fueled–chaos–and–confusion–in–myanmar/.

59 Daniel Arkin, "U.N. Says Facebook Has 'Turned into a Beast' in Violence–Plagued Myanmar," NBC News, accessed March 14, 2021, https://www.nbcnews.com/news/world/u–n–investigators–blame–facebook–spreading–hate–against–rohingya–myanmar–n856191.

60 Ash Turner, "How Many People Have Smartphones Worldwide," bankmycell(blog), July 10, 2018, accessed March 2021, https://www.bankmycell.com/blog/how–many–phones–are–in–the–world.

61 "The Nobel Peace Prize 2004," NobelPrize.org, accessed March 12, 2021, https://www.nobelprize.org/prizes/peace/2004/maathai/26050–wangari–maathai–nobel–lecture–2004/.

옮긴이 **이경식**

서울대학교 경영학과와 경희대학교 대학원 국문학과를 졸업했다. 옮긴 책으로 『챗GPT 인생의 질문에 답하다』, 『무엇이 옳은가』, 『도시의 생존』, 『컨버티드』, 『넛지: 파이널 에디션』, 『댄 애리얼리 부의 감각』, 『플랫폼 기업전략』 등이 있다. 저서로는 소설 『상인의 전쟁』, 산문집 『치맥과 양아치』, 평전 『유시민 스토리』 등이 있다.

넷 포지티브

1판 1쇄 발행 2023년 5월 26일

발행인 박명곤 **CEO** 박지성 **CFO** 김영은
기획편집 채대광, 김준원, 박일귀, 이승미, 이은빈, 이지은, 성도원
디자인 구경표, 임지선
마케팅 임우열, 김은지, 이호, 최고은
펴낸곳 (주)현대지성
출판등록 제406-2014-000124호
전화 070-7791-2136 **팩스** 0303-3444-2136
주소 서울시 강서구 마곡중앙6로 40, 장흥빌딩 10층
홈페이지 www.hdjisung.com **이메일** main@hdjisung.com
제작처 영신사

"Inspiring Contents"
현대지성은 여러분의 의견 하나하나를 소중히 받고 있습니다.
원고 투고, 오탈자 제보, 제휴 제안은 main@hdjisung.com으로 보내주세요.